博约集

BOYUEJI

汤 亮◎著

中国文史出版社

汤亮（2014年）

辑一———

经济纵论

粮食市场机制分析：产量与价格的互动

粮食安全是我国始终面临的重要问题。确保一定水平的粮食产量和国内保障能力，对我国实现经济快速发展和社会长期稳定至关重要。同时，维持粮食价格的基本稳定也是国家宏观调控的重要方面。2003年以来，我国实现了连续9年粮食增长，创造了持续增长的历史纪录。但是粮食价格一直波动较大，给宏观经济调控尤其是通货膨胀的控制带来新的挑战。本文将对粮食产量与价格之间的互动关系进行实证分析研究，为有关决策提供参考并提出政策建议。

一、文献综述

对粮食增产尤其是单产增加的研究可以分为两个方面：技术因素和市场因素。技术因素主要集中在化肥、机械化水平、农业技术等对产量增长的贡献上；市场因素主要集中在粮食产量与粮食价格尤其是收购价格的关系上。

对我国粮食生产和价格波动问题，国内学者做了大量的研究。张治华（1997）通过对粮食生产和价格之间的周期性变化分析，认为价格对我国粮食生产起着明显的调节和促进作用，同时粮食产量也引起价格的变动。由于粮食供给价格弹性比粮食需求价格弹性大，因而粮食价格对供给调节相对容易，对需求调节则比较困难。

蒋乃华（1998）认为，粮食生产的波动是引起价格波动的最基本因素，而价格杠杆对调节农户的粮食生产行为有着至关重要的作用。孙娅范等（1999）应用Granger因果关系检验和时间序列分析，也得出类似的结论，即粮食价格与粮食产量存在因果关系，粮食收购价格对粮食产量的影响要大于对粮食市场零售价格的影响。

占绍文等（2008）利用1950—2007年中国农业生产统计数据，运用C-D函数和蛛网理论分析我国粮食价格波动对其播种面积的影响，能够得出结论：粮食价格上涨对农民增加种植面积、增加农业生产投入有显著影响。

粮食生产中面临的价格，不仅是粮食收购价格，它还要面临上游价格。也就是说，农民需要考虑成本效益两个方面。因此，本文从总体数据角度，首先对蛛网模型的两个重要关系——粮食产量对价格的影响和价格对粮食产量的影响进行实证检验，然后本文将分析粮食真实价格——粮食与工业品比价——的变化与粮食生产的关系，从而分析农民是否能够对市场变化做出主动反应。

二、粮食产量影响因素与数据

对粮食市场的实证分析首先应该去除意外波动的影响。这种意外波动主要来自自然灾害。由于自然灾害在发生频率、发生强度上有较大差异，所以会导致粮食产量数据的较大波动。要进行数据分析，就需要去除这种外生的波动。

粮食产量的决定因素主要有四个方面：粮食播种面积，化肥施用量，技术条件如农业机械化水平、良种推广水平等，自然灾害的影响。在数据分析中，技术条件在短期内没有大的变化，尤其是在总体数据上看更是如此；水利设施、降水等因素可以考虑在自然灾害的影响之中。因此，通过对粮食产量与粮食播种面积、化肥施用量、成灾面积的关系，即可以分析技术条件没有较大变化时的粮食产量影响因素。

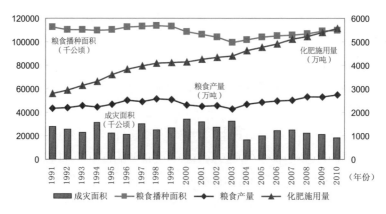

图1　粮食产量影响因素

资料来源：国家统计局，《中国统计年鉴》，2011。

4

从图1可以看出，粮食播种面积、成灾面积两个变量的波动比较大；而化肥施用量基本上是一个不断上升的趋势，但是在不同年份的变化率差异较大；粮食产量曲线也有波动，但是幅度小于播种面积和成灾面积。变量之间的回归结果见表1。

表1　粮食产量贡献因素分析

应变量：粮食产量				
Sample：1991—2010				
自变量	Coefficient	Std.Error	t-Statistic	Prob.
粮食播种面积	0.591	0.04	14.78	0.0000
化肥施用量	4.038	0.22	18.59	0.0000
成灾面积	−0.141	0.032	−4.45	0.0004
C	−29333.86	5077.24	−5.78	0.0000
R-squared	0.97	Akaike info criterion		15.88
Adjusted R-squared	0.97	F-statistic		186.75
Durbin-Watson stat	1.87	Prob（F-statistic）		0.000000

除掉灾害因素，重估如果没有灾害影响应该得到的粮食产量：

校正粮食产量=0.591×种植面积+4.038×化肥使用量−29333.86

同时，利用粮食播种面积去除校正后的粮食产量，可以得到校正后的粮食单产水平。校正后的粮食产量和单产数据以及化肥施用数据见表2。

表2 粮食产量校正

年份	粮食产量（万吨）	校正产量（万吨）	粮食单产（吨/公顷）	校正后单产（吨/公顷）	化肥总平均施用量（吨/公顷）	化肥总平均施用量（公斤/亩）
1991	43529	48349.35	3.876	4.305	0.250	16.65
1992	44266	47818.2	4.004	4.325	0.265	17.67
1993	45649	48683.25	4.131	4.405	0.285	19.01
1994	44510	48783.4	4.063	4.453	0.303	20.19
1995	46662	50201.89	4.240	4.561	0.327	21.77
1996	50454	52617.5	4.483	4.675	0.340	22.67
1997	49417	53449.54	4.377	4.734	0.353	23.50
1998	51230	54382.4	4.502	4.779	0.359	23.93
1999	50838.6	54176.48	4.493	4.788	0.364	24.30
2000	46217.5	51490.07	4.261	4.747	0.382	25.49
2001	45263.7	50515.83	4.267	4.762	0.401	26.73
2002	45705.8	49568.05	4.399	4.771	0.418	27.85
2003	43069.53	47212.49	4.333	4.749	0.444	29.59
2004	46946.95	49418.15	4.620	4.864	0.456	30.42
2005	48402.19	51520.46	4.642	4.941	0.457	30.47
2006	49804.23	52574	4.745	5.009	0.469	31.30
2007	50160.28	53703.34	4.748	5.084	0.484	32.23
2008	52870.92	54915.03	4.951	5.142	0.491	32.71
2009	53082.08	56878.51	4.871	5.219	0.496	33.06
2010	54647.71	58039.61	4.974	5.282	0.506	33.75

注：校正后单产数字为估计值。化肥施用量高于实际数值，因为统计数据中化肥不只用于粮食生产，还用于蔬菜、果木等的生产。

资料来源：国家统计局，《中国统计年鉴》，2011。

在价格数据中，本文采用历年统计年鉴提供的居民消费价格分类指数中的粮食价格指数（如2011年《中国统计年鉴》的表9-6）与工业品出厂价格指数（2011年《中国统计年鉴》的表9-11），转化为年度变化率后以二者之差作为粮食真实价格的变化率。

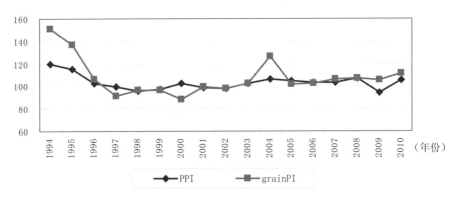

图2 工业品价格指数与粮食消费价格指数

三、实证分析

（一）对蛛网模型的检验

在对农业产品供给与需求的分析中，一般都认为农产品价格与产量之间存在着蛛网模型动态关系。在蛛网模型中，供给量取决于上期价格水平，同时下一期的价格水平又受本期产量的影响。因此，供给量就会表现出对价格变化的追赶，最终形成一种价格与供给量的循环。

通过对校正后粮食产量变化率与滞后一期的粮食价格变化率的回归（表3），可以看出，二者确实有较好的拟合。在统计意义上可以证明，存在粮食价格对下一期校正后产量的先导关系。同时，从表4可以看出，使用校正后粮食产量的变化率确实具有比未校正的粮食产量变化率更好的统计学特征。使用未校正数据，在5%的统计水平上不能证明这种先导关系。这是因为，数据校正排除了自然灾害对粮食产量的影响。

表3 校正后产量变化率对滞后一期粮价变化率的回归

应变量：校正后粮食产量变化率				
样本期（调整后）：1995—2010				
自变量	Coefficient	Std.Error	t−Statistic	Prob.
粮食价格变化率（−1）	0.0997	0.0414	2.409	0.0304
C	0.0041	0.00734	0.557	0.586
R−squared	0.293	Akaike info criterion		−4.288
Adjusted R−squared	0.243	F−statistic		5.802
Durbin−Watson stat	1.588	Prob（F−statistic）		0.0304

表4 未校正产量变化率对滞后一期粮价变化率的回归

应变量：粮食产量变化率				
样本期（调整后）：1995—2010				
自变量	Coefficient	Std.Error	t−Statistic	Prob.
粮食价格变化率（−1）	0.134	0.0667	2.011	0.064
C	0.00417	0.0118	0.353	0.73
R−squared	0.224	Akaike info criterion		−3.33
Adjusted R−squared	0.169	F−statistic		4.043
Durbin−Watson stat	2.64	Prob（F−statistic）		0.064

　　在验证了粮价对产量的先导关系之后，还需要验证蛛网模型的另一方面，即实际产量对下一期粮食价格的影响。通过回归分析（表5）可以看出，这种关系在统计学意义上也确实存在。同时粮食价格变化率也受前一期变化率的显著影响。粮食产量1%的增加，将会引起下一期粮食价格下跌1.4个百分点。同时，前一期粮食价格的波动，将会有约56%传递过来。这种机制背后是货币等因素的影响，价格变动的传导不仅局限于一期，而是会影响多期。

表5 从滞后一期粮价变化率到实际产量对变化率的回归

应变量：粮食价格变化率				
样本期（调整后）：1995—2010				
自变量	Coefficient	Std.Error	t-Statistic	Prob.
粮食价格变化率（−1）	0.562	0.129	4.356	0.0008
粮食产量变化率（−1）	−1.395	0.448	−3.113	0.0082
C	0.022	0.022	1.028	0.3229
R−squared	0.633	Akaike info criterion		−2.066
Adjusted R−squared	0.576	F−statistic		11.194
Durbin−Watson stat	1.344	Prob（F−statistic）		0.00149

但是，表5中的回归结果仍然存在一个问题，那就是其常数项的标准差太大，显示这一模型仍有需要的变量没有考虑进来。这一变量就是货币发行。事实上，如果供求关系没有发生大的变化，任何商品和资产的价格都是货币现象。对粮食价格尤其如此，因为其需求基本保持稳定。选取M2变化率作为新的自变量重新模拟，就得出了一个在各个统计指标上都非常优良的回归结果（表6）。

表6 包含了货币因素的粮价决定模型

应变量：粮食价格变化率				
样本期（调整后）：1995—2010				
自变量	Coefficient	Std.Error	t-Statistic	Prob.
粮食产量变化率（−1）	−1.226	0.494	−2.481	0.0276
货币发行（M2）变化率	1.695	0.482	3.516	0.0038
C	−0.252	0.091	−2.775	0.0158
R−squared	0.537	Akaike info criterion		−1.835
Adjusted R−squared	0.466	F−statistic		7.534
Durbin−Watson stat	1.463	Prob（F−statistic）		0.0067

表6的回归结果表明，如果直接以货币变化来代替上期价格的影响，模型结果更为合理。上期粮食产量的负面影响仍然较大，1个百分点的产量增长会带来下期约1.2%的下跌；而当期货币影响更大，如果M2发行量增发1个百分点，将带来当期粮价1.7个百分点的上涨。从现实市场的经验看，这两个结果都是比较吻合的。

从以上分析可以看出，粮食市场中确实存在着蛛网模型的运转机制。首先，前一期的粮食价格走势会影响到下一期粮食供给的积极性，粮价上涨，供给意愿增加。如果没有自然灾害的意外影响，供给会趋于增加。其次，当年的粮食实际产量增长，会影响第二年的粮食价格，如果排除掉其他因素如货币供应量、收购价政策、补贴等的变化，前期产量增加，后期的价格就会下降。

（二）适应性预期还是理性预期？

蛛网模型的隐含机制是生产者的适应性预期形式，即认为上一期的价格会成为本期的价格，或者会以一定比例进入本期。因此生产者会按上期的价格来推测本期的效益水平并决定当期的预期生产量。然后，这种预期生产量在合并了本期发生的各种事件包括自然灾害等形成了本期的实际生产量，之后又参与下一期价格的形成。尽管在统计意义上存在粮价与产量（校正后）的动态互动关系，但是这并不代表农民只能受蛛网型循环走势的影响。根据实际损失，农民能够对各方面信息进行综合，调整自己的生产行为。

为分析粮食生产者的行为，对校正后的粮食产量和单产的变化与真实粮食价格——去除工业品价格变化因素后的粮食价格变动进行回归。通过计量分析可以看出，校正后粮食产量、校正后粮食单产与滞后一期的粮食真实价格变化的关系在统计上的显著性反而不如对当期价格变化（表7、表8、表9、表10）。在这里，真实粮食价格变化等于粮食价格指数减去工业品出厂价格指数，再除以100转化为变化率。

表7 校正后粮食产量与真实价格变化的回归结果

应变量：校正后粮食产量变化率				
样本期（调整后）：1996—2010				
自变量	Coefficient	Std.Error	t—Statistic	Prob.
真实粮价变化率	0.236	0.0792	2.984	0.0124
真实粮价变化率（-1）	0.146	0.0754	1.942	0.0782
C	0.00498	0.00809	0.615	0.551
AR（1）	0.2512	0.232719	1.079262	0.304
R—squared	0.587	Akaike info criterion		−4.501
Adjusted R—squared	0.474	F—statistic		5.205
Durbin—Watson stat	1.070	Prob（F—statistic）		0.0176
Inverted AR Roots	.25			

表8 校正后粮食产量与真实价格变化的回归结果

应变量：校正后粮食产量变化率				
样本期（调整后）：1995—2010				
自变量	Coefficient	Std.Error	t—Statistic	Prob.
真实粮价变化率	0.182	0.075	2.423	0.0296
C	0.007	0.007	0.956	0.355
R—squared	0.295	Akaike info criterion		−4.292
Adjusted R—squared	0.245	F—statistic		5.869
Durbin—Watson stat	1.043	Prob（F—statistic）		0.030

表9 校正后粮食单产与真实价格变化的回归结果

应变量：校正后粮食单产变化率			
样本期（调整后）：1996—2010			
自变量	Coefficient	Std.Error	t-Statistic	Prob.
真实粮价变化率	0.074	0.023	3.234	0.008
真实粮价变化率（-1）	0.031	0.022	1.417	0.184
C	0.008	0.003	3.196	0.009
AR（1）	0.339	0.280	1.212	0.251
R-squared	0.619	Akaike info criterion		-6.973
Adjusted R-squared	0.515	F-statistic		5.950
Durbin-Watson stat	1.045	Prob（F-statistic）		0.0115
Inverted AR Roots	.34			

表10 校正后粮食单产与真实价格变化的回归结果

应变量：校正后粮食单产变化率			
样本期（调整后）：1996—2010			
自变量	Coefficient	Std.Error	t-Statistic	Prob.
真实粮价变化率	0.061	0.020	3.053	0.010
AR（1）	0.583	0.250	2.327	0.038
C	0.009	0.004	2.147	0.053
R-squared	0.581	Akaike info criterion		-7.011
Adjusted R-squared	0.511	F-statistic		8.304
Durbin-Watson stat	1.342	Prob（F-statistic）		0.00545
Inverted AR Roots	.58			

从以上回归结果可以看出，在生产决策上，农民能够综合考虑收购价格与投入品的价格。尤其是最能反映生产者增产意愿的校正后粮食单产对真实价格变化的回归，显示了良好的统计学特征。从这一点可以看出，农民具有一定程度的理性预期。

四、总结与政策讨论

本文利用计量经济方法去除灾害对产量的影响，对粮食价格与产量之间的相互关系进行了分析。结果表明，从总体数据的角度看，蛛网模型的动态互动机制确实存在。因此，如果外界条件不变，没有大的灾害或者政策变化，粮食市场将会呈现周期性的波动。同时，货币供给量的变化对粮食市场价格有影响，从而对产量也将有很大影响。农民作为粮食生产者，不仅会受到历史价格的影响，而且能够对粮食真实价格的变化，即工农业产品比价的变化做出反应。

因此，为维持粮食安全和市场稳定，应该采取以下措施：第一，保持粮食价格稳定，并保持对工业品价格的一定比较优势。可以通过对粮食直补，对化肥、农用柴油等生产资料的补贴以及农业科技应用来提高粮食生产的真实效益。维持粮食价格稳定，对于保障国内粮食生产和供应具有重要意义。第二，保持货币供给的稳定，避免出现较大幅度的波动。因为货币供应对粮食价格波动具有较大的推动作用。一旦出现货币超量供应，将会引起粮食市场的剧烈波动。第三，加强农业基础设施建设，提高粮食生产应对自然灾害的能力。这有助于实现粮食市场的稳定。

参考文献

［1］张治华.价格对我国粮食生产影响的实证分析及政策建议［J］.中国农村经济，1997（9）：11—18.

［2］蒋乃华.价格因素对我国粮食生产影响的实证分析［J］.中国农村观察，1998（5）：14—20.

孙娅范，余海鹏.价格对中国粮食生产的因果关系及影响程度分析［J］。农业技术经济，1999（2）：36—38.

［3］占绍文、冯中朝、肖卫：浅析粮食价格变动对粮食播种面积的影响［J］.内蒙古大学学报（哲学社会科学版），2008（5）：54—58.

［4］何蒲明、黎东升、王雅鹏，粮食产量与价格波动的相互关系研究［J］。经济经纬（河南财经学院学报），2010（1）：115—118.

循环经济模式有效提高生物乙醇的技术经济效率

生物燃料乙醇，一般是指以植物为最初原料来源，经工业过程制取的，体积浓度达到99.5%以上的无水乙醇。生物燃料乙醇是燃烧清洁的高辛烷值燃料，是可再生能源。制取生物燃料乙醇的作物主要有玉米、甘蔗、甜高粱、小麦、水稻等。同时，各国也积极致力于利用纤维素即作物秸秆和林业剩余物制取乙醇。对生物乙醇燃料的发展一直存在较大争论，主要集中在与粮争地和经济效益不高两方面。本文通过对能量利用效率分析和应用循环经济模式的效果分析，认为生物乙醇通过循环经济可以获得更高的能量利用效率和经济效益，因此可以作为一种有效的可再生能源。

一、生物乙醇的化石能量效率已经能够满足作为替代能源的要求

对生物乙醇燃料的净能源平衡（全过程能源投入减去能源产出）和温室气体排放的研究有很多，其研究结论也差异较大。对全周期的能源投入与能源产出的分析结果，其净能源有负向的，有中性的，也有正向的。相应地，温室气体排放的估计结果也有很大差异。这些结果上的差异有的是由于新、旧数据的差异造成的，有些则是由于对副产品的不同考虑造成的。

加州大学（伯克利）能源和资源研究小组的Alexander Farrell及其同事最近研究了一个生物燃料分析模型（Biofuel Analysis MetaModel，EBAMM）来研究这些问题。小组首先复制了已经发布的六个EBAMM研究结果，然后在四个方向上调整这六个结果：（a）增加副产品；（b）应用一个一致的系统边界；（c）计算不同的能源类型；（d）计算与政策有关的变化。EBAMM对3个案例给出了结果，包括CO_2排放较多情形的乙醇、今天的乙醇、纤维素乙醇和汽

油的能效和温室气体排放的对比。结果显示，从传统玉米中制取的乙醇与汽油相比，每单位能源的温室气体排放仅有很小的区别，但是传统玉米乙醇需求的石化产品投入要少得多。另外，从纤维素制取乙醇可以显著地减少温室气体排放和石化产品投入。

国际能源署（IEA）对利用玉米和小麦生产乙醇燃料的能效和温室气体排放的对比见表1。

表1　利用玉米和小麦生产乙醇的能量产出和减排效益

研究机构	原料	燃料生产全过程能量效率（投入/产出）	从油井到车轮的GHG减排率（相对于石化柴油）
GM/ANL，2001	玉米	0.5—0.55	n/a
Pimentel，2001/9	玉米	1.65	−30%
Levelton，2000	玉米	0.67	38%
Wang，2001a	玉米	0.54—0.57	32%—25%
Levy，1993	玉米	0.85—0.95	33%—30%
Marland，1991	玉米	0.78	21%
Levington，2000	小麦	0.9	29%
ETSU，1996	小麦	0.98	47%
EC，1994	小麦	1.03	19%
Levy，1993	小麦	0.81	32%

资料来源：IEA, Biofuels for Transportation: An International Perspective, 2004.

除玉米路径之外，还有多种其他植物资源可以用于生产乙醇燃料。表2是其他植物资源的化石能源比率。同时，玉米乙醇生产过程中能源投入品种的选择对温室气体排放也有显著的影响。从全生命周期看，生物能源生产过程的能源效率普遍高于化石能源（见表2）。

表2　不同植物资源生产乙醇燃料的化石能源比率

原料，国家	化石能源比率
甘蔗，巴西	7.9
甜菜，英国	2.0
玉米，美国	1.4
糖蜜，印度	48
糖蜜，南非	1.1
玉米秸秆，美国	5.2
小麦秸秆，英国	5.2
蔗渣，印度	32
汽油，美国	0.8
电力，美国	0.4

资料来源：J.Sheehan, et al.1998.An Overview of Biodiesel and Petroleum Diesel Life Cycles.

　　我国燃料乙醇工艺生产技术路线以四个大型生产企业为代表，其中又以中粮肇东（黑龙江）的玉米"半干法"生产工艺较为先进。其国产二期乙醇装置（产量18万吨/年）主要技术指标为：吨无水燃料乙醇（99.5%）玉米单耗3.3吨，水耗约8.7吨（主装置），蒸气消耗4.8吨（主装置），饲料乙醇比为77%，能量输出输入比为1.09；三期美国产装置产量15万吨/年〔美国Delta-T公司的技术，由康泰斯（Chemtex）公司设计，采用玉米半干法生产乙醇〕，吨无水燃料乙醇（99.5%）玉米单耗3.18吨，新鲜水耗仅为1.66吨（主装置），蒸汽消耗3.3吨（主装置），饲料乙醇比为87%（岳国君等，2007）。

　　从以上结果看，生物燃料乙醇的利用可以有效减少化石能源的投入，能够起到推动能源可持续发展的作用。

二、生物乙醇单纯路线没有实现能源最优化利用

从生物乙醇的全周期过程来看，作为最终产品的乙醇只代表了生物质生长过程中集聚的化学能的一部分。目前代表性的生物乙醇生产过程只是把作物中的淀粉、糖类等物质转化为乙醇。除这一过程的能量消耗外，其他生物质如蛋白质、纤维素、木质素等中含有的化学能没有转化为可用能源。这其实也是目前导致生物乙醇行业利润业绩不佳的重要因素。

从更宏观的角度，生物能源制取是更广泛的生态系统的一部分活动。作为生物能源原来来源的作物，既可以用于能源用途，也可以用于人类食用，和用于饲养牲畜再供人类食用。如果其所生长的土地不被使用，这些土地也可以用作生态用途，即保持不被人类干扰和改变的状态，如森林、草原、湿地等形式。

因此，即使如前所述，作物用于生产生物能源可以产生比化石能源更好的化石燃料效率，即可以节约化石能源的消耗，比直接使用化石燃料减少温室气体的排放，它在这两个方面也可能不如直接作为食物，甚至不如通过牲畜再间接成为食物。

从生态系统能量流动的角度看，粮食用于食用的能量效率明显高于用于能源目的。密歇根州立大学研究人员发表在EST上的最新研究表明[①]，粮食供人们食用的能源利用效率比用来生产乙醇高很多。研究结论：一个人食用玉米吸收的能量（15MJ/kg）远比1kg玉米所生产乙醇的能量（8MJ）高。谷物作为食物比用来生产燃料的能源效率高出36%。最理想的是种植玉米作为食物，并且将一半的玉米秸秆和叶子还田，另一半用来生产纤维素乙醇。以玉米为例，研究表明如果全部玉米粒作为食物，剩余的秸秆等物质一半用来生产生物燃料，其能源效率比有机种植方式高48%，比免耕种植高37%。

从能量利用效率看，用可作为食物的谷物生产乙醇的能源效率是低下的，而用诸如草类的纤维素原料生产乙醇的能源效率更高。但是，由于纤维素

① Study Finds Using Food Grain to Make ethanol is Energy-inefficient. Environmental Science&Technology，2010，May 15：3648.

乙醇生产过程需要较多的原材料和水资源投入，其转化率目前也比较低，其经济效益还不足以满足规模化生产。

三、通过循环经济模式可以提高能量利用率

如果不采用循环经济模式，只是利用生物质制取乙醇，能源技术效率较低。而在采用循环经济模式之后，考虑到副产品中所携带的能量，整个过程的能源技术效率将会有明显改观。

李胜、路明、杜凤光（2007）利用河南天冠公司（南阳）的数据，研究了小麦制取生物乙醇燃料路线的全生命周期能量平衡。根据对新、旧两种生产工艺的研究对比（新工艺延长了产品流，增加了麸皮和谷朊粉两个子系统，实现饲料、食品与生物质能燃料乙醇联动生产），得出以下结论：

（1）如不考虑副产品能量价值，旧工艺和新工艺的NEV（净能量值）分别为−17022MJ/t燃料乙醇和−11778MJ/t燃料乙醇，R值（能量产投比）分别是0.64和0.72，无论是旧工艺还是新工艺NEV都为负。如考虑副产品能量价值，旧工艺和新工艺的NEV分别为2271MJ/t燃料乙醇和11249MJ/t燃料乙醇，R值分别是1.05和1.27，新旧工艺NEV都为正值，R值大于1。也就是说，如果不采用循环经济模式拓展产业链，对过程副产品加以循环利用，小麦制取燃料乙醇实际是一个负的能量效益过程。只有通过循环经济模式，小麦制取生物乙醇才是一个能源技术经济学上合理的项目。

（2）采用新工艺可将每吨小麦燃料乙醇转换的能源需求由24563MJ降到18923MJ，同时，副产品综合利用能值则从19293MJ增加到23027MJ。天冠集团小麦燃料乙醇生产的实践证明：采用先进的工艺，燃料乙醇生产不但可以实现更低的能耗，而且在生产小麦燃料乙醇的同时，通过延长农业产业链，提升副产品综合利用能源价值，可以有效提高其能源经济性。

目前，我国燃料乙醇企业也是通过政府补贴保持微利。现在国家发改委对燃料乙醇项目给予的是弹性补贴制。以丰原生化（安徽省）为例，公司2009年实际燃料乙醇补贴标准为2246元/吨，2008年燃料乙醇补贴标准为2185元/吨。这种情况的出现与生产企业没有充分利用循环经济模式有关，也与国内企

业的技术水平不过关有关。举例来说，作物生物乙醇重要副产品的DDGS[①]，美国DDGS产品是重要的牛饲料组分，其经济效益较好，冲抵后可以使燃料乙醇的每升生产成本降低0.1美元。而国内DDGS产品的质量则是燃料乙醇厂面临的一个难题，可以说其质量一直没有过关。即使美国DDGS产品运送到国内市场销售，也要比国内产品售价每吨低100元左右。

以玉米为原料生产燃料乙醇的典型技术路线在循环经济模式下其内部可以形成5个产业链，即玉米→乙醇→DDGS；玉米→玉米油→DDGS；废水→沼气→燃料；废水→污泥→燃料；煤→灰渣→建材。据钮劲涛等（2010）的研究，年产40万吨燃料乙醇的企业每年还可以生产副产品DDGS32.8万吨，玉米油2.25万吨，灰及废渣27.936万吨，$CO_2$33.173万吨，沼气0.352万吨。这些副产品的销售或利用可以有效地降低燃料乙醇的单位生产成本，如2006年吉林玉米基燃料乙醇生产成本为4988.4元/吨，但经过副产品折算后降为3921.1元/吨。以国家对燃料乙醇的定向收购价为5000元/吨计，补贴前企业即可实现盈利。结合企业实际可知，目前该企业生产模式中还有一些不足，倘若再增补CO_2回收、有机肥及其他一些下游产业链，则企业内部的循环经济模式将更加完善，乙醇成本将进一步降低，所以从经济效益上分析发展玉米基燃料乙醇也是可行的。那么，生物乙醇行业随着技术的进一步发展，完全可以提高能量利用效率，在不长的时间内摆脱依赖国家补贴的局面。

四、总结

生物乙醇作为一种可再生能源，从一开始出现就伴随着激烈的争论。其焦点之一就是生物乙醇与粮争地，如果大规模发展将威胁到贫困人口的生存和国家的粮食安全；第二个争论就是生物乙醇的经济效益低于化石能源，需要依靠财政补贴。循环经济模式的应用，为生物乙醇提供了可行的技术路径，缓解

---

① 玉米DDGS（干酒糟高蛋白）饲料主要指在现代化技术和设备的燃料乙醇工厂，用玉米子实与精选酵母混合发酵生产乙醇和二氧化碳后，剩余的发酵残留物通过低温干燥形成的共生产品。在生产乙醇过程中，玉米中占子实2/3的淀粉发酵形成乙醇和二氧化碳，另外的1/3则形成共生产品，由于这些共生产品蛋白含量高，故称为蛋白质饲料。

与粮争地和经济效益不高的问题。

首先，生物乙醇生产过程的部分副产品仍然可以回食物链之中。作为与粮争地的玉米乙醇路线，由于多数玉米目前都是作为畜牧业的饲料粮，而非直接食用。玉米乙醇生产的副产品DDGS是非常优良的饲料，因此玉米乙醇生产对粮食产量的冲击实际上是被高估了。其他生物乙醇生产路线，如甘蔗、甜高粱、甜菜等路线，基本不与粮争地。在发达国家，食糖已经出现了很多糖分低、甜度高的替代商品，对人的健康是有利的，因此如果适当调整种植结构和食品结构，生物乙醇与粮争地的问题可以大大缓解。

其次，循环经济模式大大提高了生物乙醇生产的经济效益。如果再辅以技术进步等措施，伴随着化石燃料稀缺性增加和价格的提高，在不久的将来生物乙醇实现稳定利润水平是完全可能的。因此，从政策上应逐步减少对生物乙醇的补贴，激励有关企业加大技术创新力度，提高副产品精深加工水平，有效循环利用废水、废渣和余热，通过循环经济模式提高企业利润水平。

参考文献

［1］李胜，路明，杜凤光.中国小麦燃料乙醇的能量收益［J］.生态学报，2007年9月。

［2］钮劲涛，陶梅，金宝丹.玉米基燃料乙醇的综合效益分析［J］.湖南农业科学，2010年21期（112），105—107页。

［3］岳国君，武国庆，郝小明.我国燃料乙醇生产技术的现状与展望［J］.化学进展，2007（7/8）：1085—1090.

［4］Alexander E.Farrell，Richard J.Plevin，Brian T.Turner，Andrew D.Jones，Michael O'Hare，Daniel M.Kammen（2006）.Ethanol Can Contribute to Energy and Environmental Goals.SCIENCE VOL 311.JANUARY 27 2006.

［5］Christopher Pala（2010）.Study finds using food grain to make ethanol is energy-inefficient. Environ.Sci.Technol.，44（10），pp.3648—3648.

［6］IEA，Biofuels for Transportation：An International Perspective，2004.

［7］J.Sheehan，et al.An Overview of Biodiesel and Petroleum Diesel Life Cycles，1998.

［8］Mark O.Barnett（2010）.Biofuels and Greenhouse Gas Emissions: Green or Red? Environmental Science & Technology, 44（14）, May 1: 5330—5331.

［9］Study finds using food grain to make ethanol is energy-inefficient. Environmental Science & Technology, 2010, May 15: 3648.

公开信息与国债市场价格的发现过程

——基于中国的经验实证分析

一、引言

中国的债券市场的价格如何反映基本面信息的变化？或者，进一步的，中国政府债券市场诸如市场分割状况、存贷款利率管制以及缺乏做空机制等一系列制度性缺陷对债券市场的价格发现过程有何影响？对上述问题的考察是本文的研究重点。由于制度上的缺陷，我们并不期望我国的债券市场的价格能够准确地反映经济基本面的变化，但是，考察中国债券市场对公开信息的价格反应过程仍然是一个值得研究的问题。首先，1998年亚洲金融危机以后，中国政府一直致力于发展其政府债券市场，并试图使其逐步成为中国其他金融市场的定价基准。但是，一个不容忽视的问题是，我国的政府债券市场仍然被人为分割成交易所和银行间两个市场。在这两个市场上，交易方式、参与者主体都有着严格的区分。现有的市场微观结构理论的研究成果已经表明，债券市场的交易制度以及市场微观结构将会对债券市场对公开信息的价格反应产生重要影响[1]。遗憾的是，在现有的研究文献当中，关于市场分割对政府债券市场价格发现过程的影响方面的研究非常少见[2]。我们已经看到，中国政府正在致力于推动两个市场的连通。自从2002年财政部首次跨市场发行了一期7年期政府债

---

[1]　Stefania ALBANSEI和BrabaraRINDI（2000）的研究成果表明，在1994年引入超级做市商和1997年实施做市商间市场匿名制的改革之后，意大利债券市场的质量得到了改善。

[2]　一个可能的原因是，在美、英、加拿大等发达国家，政府债券只在OTC市场上交易。即便是在拥有交易所和OTC两个债券市场的国家，投资者可以自由地选择交易场所，资金可以自由地在不同的市场自由流动（易纲，2002）。而在中国，商业银行只能在银行间市场进行交易。大部分债券也不能在两个市场进行自由地相互转托管。

券以来，中国的跨市场发行和流通债券数量正在得到快速的增长。我们的研究试图对中国政府的上述改革措施进行评估。

其次，对好消息和坏消息的反应程度。目前，中国政府债券市场尚不存在卖空机制。在不存在卖空机制的情况下，当"坏"的公开信息发布时，债券市场投资者是否采取行动取决于其是否拥有债券。如果拥有债券就会及时卖出，否则就不会采取任何买卖行动。因此，相对于利好消息，债券市场的价格在面临利空消息时候，就可能存在反应不足的情况。我们的研究试图检验这种情况是否在中国政府债券市场存在。

本文的其他部分安排如下：在第二部分，我们描述了中国政府债券市场的市场结构，并对我们所采用研究方法和数据加以说明。第三部分，我们运用事件研究法对前文提到的两个问题进行经验研究。第四部分是对实证研究结果的解释和政策含义。

二、研究样本和研究方法

（一）中国国债市场结构

中国的债券二级市场主要由交易所市场（场内市场）和银行间市场（场外市场）组成，其中，交易所市场的绝大部分交易集中在上海证券交易所，场外债券交易的绝大部分集中在银行间市场[①]。前者实行集中撮合竞价，后者实行一对一询价。

与西方发达国家不同，中国这两个市场的参与者主体、交易券种、债券清算和托管机构都有着较为严格的区分。在交易所市场，保险公司、基金管理公司、证券公司等机构投资者是主要的市场参与者，商业银行不具有在交易所进行债券交易的资格。截至2004年9月，在上海证券交易所挂牌交易的债券共有26支国债。其中，除了9只跨市场国债以外[②]，其余债券只允许在交易所市场

[①] 除了上述两个市场以外，中国的国债二级市场还包括商业银行柜台市场，但是，自国债柜台交易自2002年开办以来，柜台市场的交易量始终非常清淡。

[②] 2002年之前，中国并不存在跨市场国债。2002年12月，为了连通交易所市场和银行间市场，财政部首次在交易所市场、银行间和柜台市场同时发行了一支7年期跨市场国债，发行总量为600亿元。该债券可同时在三个市场进行交易，并可在不同市场之间进行转托管。此后，截至2004年9月，财政部共发行了9支跨市场债券。

进行交易，而不能转到银行间市场。在上海证券交易所上市交易的债券由中国证券登记公司上海分公司负责登记、托管和清算。

银行间市场的形成和发展具有鲜明的中国特色。1997年下半年，为防止银行资金流入股市，中国人民银行发布文件，宣布商业银行全部退出交易所债券市场，并单独成立银行间债券市场。随后，有关主管部门逐步放开了银行间市场的准入限制，市场成员和类型不断增加。符合规定条件的外资银行、保险公司、信用联社、证券公司和投资基金等都被允许进入银行间市场交易。但是，商业银行仍然只能在银行间市场交易的基本格局并没有改变。目前，共有58只国债在银行间市场上市交易。除了9只跨市场流通国债以外，其他债券只能在银行间市场交易，不得转托管到交易所市场。银行间市场的债券登记、托管和结算在中央国债登记结算有限公司进行。

（二）样本数据和研究方法

1. 研究样本

本文主要采用事件研究法考察通货膨胀率这一公开信息的发布对债券价格波动性的影响。通货膨胀的衡量采用国家统计局每月定期发布的消费者物价指数（CPI）。尽管国家统计局还发布工业出厂品价格指数（PPI），中国人民银行也定期发布企业商品价格指数，但是，从中国债券市场的实际情况看，债券市场投资者关注程度和熟悉程度最高的仍然是CPI，同时，CPI也是国际上衡量一国通货膨胀水平的最常用指标。本文采用的数据为2002年1月2日到2004年9月10日期间在上海证券交易所挂牌交易的国债每日价格数据，数据来源于红顶债券操盘家系统。在此样本期内，在上海证券交易所仍在挂牌交易的国债共有26支，其中包括9支跨市场国债。采用交易所国债价格作为本文研究对象的原因有二：首先，中国银行间市场国债的流动性远远低于交易所市场，极容易存在价格失真现象；其次，由于跨市场债券可以同时在交易所市场和银行间市场进行交易和转托管，因此，相对于只能在交易所市场上市、交易和托管的国债品种而言，跨市场债券的价格波动能够更好地反映市场总体资金的供求情况，跨市场债券的价格也更好地融合了不同市场参与主体对未来通货膨胀水平和利率走势的看法。通过对跨市场债券和只在交易所市场交易的债券价格波动行为的比较，就能大致反映债券市场分割对债券价格发现过程的影响。

2. 研究方法

本文采用的方法是事件研究方法。事件研究法一般考察CPI发布前后某一时期内债券的每日平均超额收益率（Average Abnormal Return，即AAR）变化。超额收益率是指超过"正常"收益率的收益率，正常收益率是指如果事件不发生，预计可以得到的收益率。根据超额收益是否为正，我们把CPI这一公开信息分为两类，一类是好消息，另一类是坏消息。由于在CPI发布之前，市场会对CPI的高低有所预期。如果公布的CPI高于市场预期，通常债券价格表现为一个下跌过程，表现为超额收益率为负，这个消息对于债券市场而言就是"坏消息"。相反，如果在CPI发布之日，所研究债券的平均超额收益率为正，则认为这个消息就是"好消息"。衡量正常收益率的方法主要有三种：市场调整法、均值调整法和市场模型法。为简单起见，我们采用均值调整法计算正常收益率，即以每只债券在估计期内的平均收益为正常收益率。具体而言，本文的每日平均超额收益的计算过程如下：

首先，事件定义为CPI的发布。事件发生点定义为时间0，时间考察期为（–3，3），即CPI发布的前后3个交易日。正常收益率的估计期为（–10，–4）。某个CPI发布的时点前后的某只债券的收益率序列作为一个样本。在此基础上，AAR计算过程如下：

1）计算债券在（–10，3）每日的实际收益率：

在t日的实际收益率定义为：$R_{it} = R_{it} / R_{it-1} - 1$

其中，t表示时间，R_{it}和R_{it-1}分别表示债券在t日的收盘价，i=1，…，N，N为样本数。

2）计算正常收益率$\overline{R}_{it}$。

正常收益率为估计窗口的平均收益率，即：$\overline{R}_{it} = \sum_{t=-10}^{-4} R_{it}$

3）计算超额收益率AR

$$AR_{it} = R_{it} - \overline{R}_{it}$$

4）计算所有样本的平均超额收益率AAR

$$AAR_t = \frac{1}{N} \sum_{i=1}^{N} AR_{it}$$

假设事件发生对债券价格不产生影响，则AAR服从均值为0的t分布，这样就可以对AAR是否显著不为零进行统计检验，即：

检验假设：H_0：$AAR_t = 0$

检验统计量为：
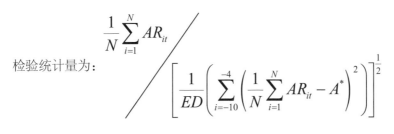

$$\frac{1}{N}\sum_{i=1}^{N}AR_{it} \bigg/ \left[\frac{1}{ED}\left(\sum_{i=-10}^{-4}\left(\frac{1}{N}\sum_{i=1}^{N}AR_{it}-A^{*}\right)^{2}\right)\right]^{\frac{1}{2}}$$

其中，$A^{*}=\dfrac{1}{ED\cdot PV}\sum_{t=-10}^{-4}\sum_{i=1}^{N}AR_{it}$

三、实证分析结果

事件研究法结果

图1是跨市场流通债券的债券价格对两类消息的反应。

好消息：

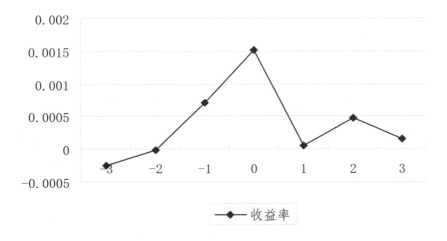

图1　跨市场流通券对好消息和坏消息的反应

坏消息：

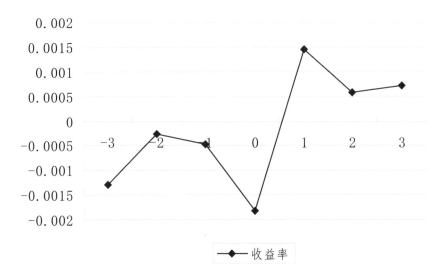

从图1可以大致看出，对于好消息而言，在CPI发布的前一天，跨市场债券的价格已经开始一定程度的上涨。在CPI发布的当天，债券的价格达到顶峰，随后迅速回落。对于坏消息而言，在CPI发布的前一天，跨市场债券的价格有一定程度的下跌。在CPI发布当天债券价格进一步下跌。但是，CPI发布的第二天债券价格有一个很大的反弹。初步判断是，跨市场债券有超跌现象。

图2是跨市场流通债券的债券价格对两类消息的反应结果。

好消息：

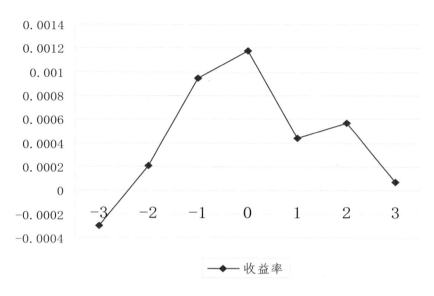

图2　仅在交易所流通的债券对好消息和坏消息的反应

坏消息：

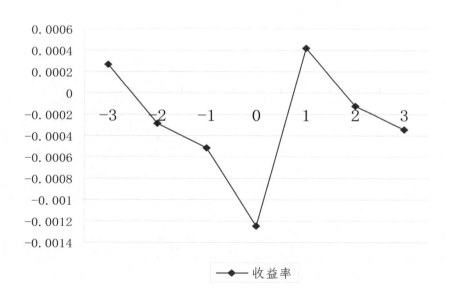

从图2可以大致看出，对于好消息而言，在CPI发布的前两天，仅在交易所市场交易的债券跨市场债券的价格已经开始一定程度的上涨，在时间上比跨市场债券提前一天。在CPI发布的当天，债券的价格达到顶峰，随后逐步回落。对于坏消息而言，在CPI发布的前两天，跨市场债券的价格有一定程度的下跌。在CPI发布当天债券价格进一步下跌。但是，CPI发布的第二天债券价格有一个很大的反弹。因此，对于坏消息而言，与跨市场债券相似，仅在交易所市场交易的债券同样有超跌现象。

表1和表2分别显示了跨市场流通债券以及仅在交易所交易的债券价格的显著性检验结果。

表1 跨市场流通债券的收益率波动

	好消息			坏消息		
	AR（%）	t统计量	p值	AR（%）	t统计量	p值
−3	−0.0002	−0.5003	0.6211	−0.0013	−3.9936**	0.0005
−2	0.0000	−0.0157	0.9876	−0.0003	−0.8169	0.4212
−1	0.0007	1.4457	0.1602	−0.0005	−1.4084	0.1704
0	0.0015	3.0889**	0.0047	−0.0018	−5.5601**	0.0000
1	0.0001	0.1130	0.9109	0.0014	4.4412**	0.0001
2	0.0005	0.9536	0.3491	0.0006	1.8012	0.0829
3	0.0002	0.3175	0.7534	0.0007	2.2174*	0.0352

表2 交易所流通债券的收益率波动

	好消息			坏消息		
	AR（%）	t统计量	p值	AR（%）	t统计量	p值
−3	−0.0003	−0.7865	0.4329	0.0003	1.6573	0.0988
−2	0.0002	0.5533	0.5809	−0.0003	−1.7659*	0.0787
−1	0.0009	2.4819**	0.0142	−0.0005	−3.2049**	0.0015
0	0.0012	3.0984**	0.0023	−0.0012	−7.7604**	0.0000
1	0.0004	1.1679	0.2448	0.0004	2.6245**	0.0092
2	0.0006	1.5010	0.1356	−0.0001	−0.7803	0.4360
3	0.0001	0.1981	0.8433	−0.0003	−2.1512	0.0325

注：**表示在1%的水平上显著。*表示在5%的水平上显著。

由表1看出，在CPI公布之前，跨市场流通债券不存在提前反应。对于好消息，跨市场流通债券在CPI公布之后的第1个交易日，迅速恢复到正常收益率水平。对于坏消息，跨市场流通债券存在反应过度情况。在CPI公布当日，跨市场流通债券的收益率显著低于正常收益率，但是，在CPI公布之后的第1、2、3个交易日，跨市场流通债券的超额收益率显著为正，表明跨市场流通债券价格在经历了显著下跌之后，又迅速上升，该类债券对坏消息存在反应过度情况。

由表2看出，在CPI公布之前，交易所流通债券存在提前反应。对于好消息，交易所流通债券的价格在CPI公布前一日就开始上涨；对于坏消息，交易所流通债券的价格在CPI公布前三个交易日就开始下跌。在是否存在反应过度方面，交易所流通债券的情况与跨市场债券相似，即在CPI公布后的第1个交易日，债券的价格就迅速恢复正常。但对于坏消息，在经历了CPI公布当日的下跌之后，债券价格在第1个交易日有明显反弹，即存在反应过度情况。

四、对实证研究结果的解释以及政策含义

本文试图通过研究两种不同类型债券（跨市场流通债券和仅在交易所流通债券）对CPI的不同价格反应模式，考察中国特有的债券市场结构对债券价格行为的影响。我们发现：

1. 两种类型的债券对CPI的反应不同步，交易所市场的债券发现效率高于跨市场债券。主要表现在，在CPI公布之前，交易所流通债券的价格存在提前反应[①]，而跨市场流通债券价格则不存在提前反应情况。一个可能的解释是，证券公司、基金公司等机构投资者是交易所市场的主要参与者，债券市值是考核其债券投资业绩的重要指标。而作为银行间市场的主要投资者的商业银行，其债券投资收益的核算主要是依据债券面值计算。因此，商业银行对利率或者债券价格波动的敏感性要远远低于证券公司和基金公司。投资行为的差异导致交易所市场的机构投资者更加关注CPI等宏观经济信息的变化，并因此导致交易所市场对CPI的预测能力强于银行间市场。由于两个市场间套利行为

---

① 更早的一个研究发现（陈军泽、柳勇，2000），交易所债券对人民银行的降息公告也存在提前反应。

的存在，商业银行对债券价格的不敏感性在跨市场流通债券的价格上也有所体现。即跨市场债券对CPI的反应不敏感。因此，就CPI这一公开信息而言，信息是从交易所向银行间市场扩散，而不是相反。表现在债券价格上，就是交易所债券的价格往往在CPI公布前1至2个交易日，就提前有所反应。这表明，仅就CPI而言，交易所市场的债券的价格发现效率高于跨市场债券。

交易所债券的价格发现效率高于跨市场债券，有两个政策含义：首先，交易所债券市场在相当长的一段时间内仍然有存在的必要。相对于银行间市场而言，交易所市场主要是中小机构投资者进行债券交易的场所。在这样一个市场上，集中撮合竞价的交易制度能够满足中小投资者的需要，且其价格的形成机制具有更大的透明度。而且，由于交易所市场投资者更为多元化，使得这一市场比银行间市场更具流动性。其次，跨市场流通债券价格发现效率低于交易所市场债券，它只是折射出中国债券市场本身的一些固有缺陷，并不表明跨市场债券没有存在的必要。相对于发达债券而言，中国的债券市场投资者分布极不均匀。在中国，商业银行持有的国债份额占60%以上，且集中在银行间市场交易。银行间市场投资者的同质性成为银行间市场债券流动性差的最根本原因。在这样一个市场上，尽管跨市场债券能够更好地反映市场整体资金的供求状况，但并不能从根本上改变商业银行占主导地位的格局。相反，银行间市场资金需求的趋同性通过两个市场的套利行为，在跨市场债券上有所体现。在场外市场做市商制度还没有发展起来的情况下，中小投资者还无法通过做市商的双边报价参与债券交易，而只能在交易所市场进行。因此，中国债券市场的统一化进程，不能完全依靠债券的跨市场发行和流通来完成。只有当债券投资主体的多元化，以及包括做市商制度在内等交易制度发展到一定程度以后，中国债券市场才能真正实现以OTC市场为主体的转型。在以大宗交易为主要交易特征的债券市场上，OTC市场的发展壮大，才是一个高效、健康的债券市场的真正标志。

2. 债券价格对好消息和坏消息的反应不对称。在面临坏消息的时候，无论是交易所债券，还是跨市场流通债券，都普遍存在反应过度情况。而对于好消息，两种类型的债券价格则在经历了CPI公布当日的上涨之后，很快就回复到正常水平。尽管理论上预期，卖空机制的缺乏将使得债券价格对坏消息反应不足，但是，我们的研究结果并不支持这一理论预期。这个实证研究结果可能同我们选取的样本时期有关。从2002年开始，随着中国经济逐步走出通货紧缩，中国经济步入了新一轮的升息周期。对于通货膨胀和经济过热的担忧在2003年下半年年后表现得尤其明显，2003年下半年以后债券市场也进入了恐慌性抛售时期。在我们所考察的样本期内，坏消息有19个，而好消息只有12个。这也从另一个侧面表明，在本文所研究样本期的大部分时间，中国通货膨胀发展超过了市场的预期。在缺乏做空机制情况下，债券市场投资者遵循的是"做多才能盈利"的盈利模式。做多才能盈利有两个方面的含义。一是债券市场投资者必须持有债券，这样才能有盈利的可能。二是只有当债券价格上涨的时候，投资者盈利的可能才会转化为现实。从理论上讲，当投资者预期债券价格将要下跌时，就应该采取主动交易策略，及时调整其债券资产组合，以避免债券价格下跌带来的损失。但是，在缺乏做空机制的情况下，由于债券市场投资者无法通过恰当的风险管理工具锁定收益，即使对未来市场趋势判断正确，也有可能因波动幅度过大而面临无法承受的损失。而且，过分频繁的对债券现货资产的调整，也会使投资者面临较高的交易成本，因此，债券市场的持续下跌往往容易引发恐慌气氛。从而造成了债券市场的超跌情况的出现。

上述研究结果的一个政策含义是，发展包括利率期货在内的债券衍生品市场，在维护债券市场稳定，抑制价格过度波动方面，将起到积极的促进作用。发展债券衍生品市场，可以建立起与现货交易下迥然不同的"双向盈利"模式，即无论是价格上涨和下跌，总会有一部分债券市场的投资者会因价格的波动而获利，而对于套期保值者而言，则可通过在衍生品市场建立与现货相反的头寸，缩小投资组合在投资期限内的风险，锁定部分甚至全部收益。在这种情况下，买卖交易的双方可以更为积极主动的根据市场情况的变化，及时调整自己的资产组合，无论是促使债券价格上涨还是下跌的信息，都可以在债券的买卖行为中得到体现，从而使价格所反映的信息更加充分，同时也可以吸引更多的投资者和投机者，使得债券价格的形成更具有代表性，真正反映社会整体的资金供求状况。

参考文献

[1] Balduzzi, Pierluigi, Edwin J.Elton, and T.Clifton Green, 2011, Economic news and bond prices: Evidence from the U.S.Treasury market, Journal of Financial and Quantitative Analysis 36, 523—543

［2］鲍建平，杨建明（2004），利率期货交易对债券现货市场价格发现的影响分析，《金融研究》，2004年第4期.

［3］陈泽军，柳勇（2000），国债市场的降息效应分析，《浙江大学学报》，2000年第3期.

［4］Michael W.Brandat and Kenneth A.Kavajecz, 2003, Price discovery in the U.S Treasury Market: The Impact of Orderflow and Liquidity on the Yield Curve, NBER Working Paper, 9529

［5］Fleming和Remolona, 1997, What moves the bond market? FRBNY Economic Policy Review, December 1997

［6］Stefania ALBANSEI and BrabaraRINDI, 2000, the Quality of the Italian treasury bond market, asymmetric information and transaction costs, The Annals of Economics and Statistics, No.60

http：//www.adres.prd.fr/annales/anciensnumeros/sommaires/index.htm#60

［7］T.Clifton Green, 2004, Economic news and the impact of trading on bond prices, Journal of Finance 59, 1201—1232

［8］易纲（2002），建设高流动性的中国债券二级市场《中国货币市场》，2002年第12期.

借力钢铁期货　提升上海软实力

发展期货市场对于上海建设国际金融中心具有十分重要的意义，钢铁期货是今后上海期货市场的重要发展方向。随着交易参与度及价格公信力的提高，钢铁期货对上海金融中心建设、促进长三角区域经济发展、中国经济长期竞争力的提升以及维护中国钢铁企业和其他相关企业的利益，都将发挥积极的作用。我国期货市场发展并不长，开通钢铁期货之后，出现一些问题和反复其实很正常。问题的关键并不在于不出问题，而是对于出现的问题应有相应的预案，并且积极应对。20世纪90年代开始期货市场之后，也出过很多问题，但是事实证明都是可以克服和解决的。期货市场发展的关键仍然在于企业和金融机构的参与程度。随着钢铁期货交易参与度及价格公信力的提高，其对金融中心建设及铁矿石定价权具有潜在的巨大的作用。无论是政策制定层，还是生产和经销企业以及最后用户，都不必过于担心投机炒作。相反，没有大规模投机炒作，价格反倒容易被操纵。

发展期货市场——上海的必然选择

上海建设国际金融与航运中心是国家既定的发展战略。《国务院关于推进上海加快发展现代服务业和先进制造业建设国际金融中心和国际航运中心的意见》（国发〔2009〕19号）提出，推进上海加快发展现代服务业和先进制造业，加快建设国际金融中心、国际航运中心和现代国际大都市，是我国现代化建设和继续推动改革开放的重要举措，是继续发挥上海在全国的带动和示范作用的必然选择。

服务全国乃至东亚

目前，上海已经成为中国最大的金融中心和证券交易中心，聚集了大量的金融机构，航运、仓储、物流等行业发展很快，在中国经济地位日渐突出。但是，我们也应该看到，上海在国际经济中的地位远远不能满足中国经济快速发展的要求。中国经济已经成为世界第三大经济体，上海作为我国最大的经济中心，在世界现代服务型都市的地位却远远落后。在最新一次伦敦市组织的国际金融中心排名中，上海排名第35，比前一次反而下滑一名。既不能和纽约、伦敦等国际金融中心相比，也落后于中国香港和东京、新加坡等亚洲城市。

上海作为中国经济的龙头，其定位不仅仅是促进自身的发展，更要服务全国乃至整个东亚的经济发展。要想确立和加强这一龙头地位，上海必须建设成一个服务全国甚至整个东亚的服务业中心。这个服务业中心，绝不仅是单一的金融服务中心，而是能够整合产业发展、科技创新与产业研发、仓储物流、现代金融服务的复杂系统。一句话，必须有一个大规划的全面现代服务体系。世界上的国际金融中心的建设，无一不是综合性的高端服务业中心，比如纽约、伦敦、芝加哥、东京、法兰克福、新加坡、孟买和中国香港等，都具有带动大区域经济发展的综合能力和服务平台。

带动产业经济发展

建设国际金融中心，其基本目的是建立服务产业经济发展的平台，而商品期货市场是产业发展服务体系的最佳选择。这是因为，任何国际金融中心，都是要服务背后的广大纵深的产业发展，而不是一个城市独立发展。上海经济功能的定位，首先要服务长三角区域经济的发展，其次是服务整个长江流域经济的发展，再次是服务全国经济的发展，最后是服务整个东亚经济的发展。无论是长三角，还是整个东亚地区，当前的发展重点都是以出口为导向的工业发展。这一地区还是目前世界上最大出口商品生产地、大宗商品贸易基地，包括石油、煤炭的贸易，铁矿石的贸易，钢材的贸易，有色金属的贸易，工业制成品的贸易。中国尤其是长三角地区是最重要的大宗商品贸易发生地。大宗产品贸易对价格避险机制的需求尤其强烈，需要为企业提供有效的平台来锁定预期成本。同时，发展期货市场也有利于促进仓储物流产业发展，促进商品生产的标准化和信息化。而且，发展期货市场有利于把控重要商品定价的国际话语权，保护中国产业发展和民族企业利益，规避国际市场价格波动带来的风险。

期货市场意义重大

从国际金融中心的发展经验来看，期货市场对于国际金融中心建设的意义非常重大。无论是传统的国际金融中心，还是新兴市场的国际金融中心，期货市场都发挥了重要的作用。比如伦敦有伦敦金属交易所（LME）、伦敦国际石油交易所（IPE）、伦敦国际金融期货期权交易所（LIFFE），纽约有纽约商品交易所（NYMEX）、芝加哥期权交易所（CBOE），东京有东京工业品交易所（TOCOM），法兰克福有欧洲期货交易所（EUREX），新加坡有新加坡交易所（SGX），香港有香港交易所（HKEX）。这些期货市场在国际金融中心的建设中都起到了很大的作用。

目前，上海集聚了大批金融机构，也是国内重要的证券交易市场所在地。但是期货市场的发展还远远滞后，期货品种相对较少，交易量小，参与企业少，对重要商品的定价能力还有待加强。这种状况无法满足上海作为国际金融中心的定位，无法实现带动产业发展的定位。因此，未来应该寻找重要商品期货作为突破口，吸引更多企业参与，加快期货市场的建设和发展，提高期货价格的公信力。

钢铁期货——发展期市的突破口

选择适宜的重要大宗商品作为期货品种，是发展期货市场的关键。目前上海期货交易所已经有燃料油、铜等交易品种，发挥了一定的市场引导作用。为进一步提高上海期货市场对产业发展的服务职能，应进一步选择符合条件且影响巨大的大宗商品作为期货交易品种。

缺乏钢材定价权

钢铁工业是国民经济的支柱行业，也是我国发展最快的工业行业。目前我国已经成为世界最大的钢铁生产国和铁矿石进口国。2008年中国钢产量达到3.52亿吨，钢产量占世界钢产量的比例上升至31%，消费钢材5.4亿吨，铁矿石进口量为4.44亿吨，对外依存度高达59%。但是，作为最大的钢材生产和消费国，中国到目前为止并没有掌握钢材的定价权。2005年以来，中国钢铁企业被迫接受国际矿业巨头铁矿石大幅涨价的要求。在此背景下，国内业界对恢复钢材期货交易的呼声日渐高涨。如何成为国际钢材定价中心，维护中国的经济利益，成为越来越多的人关注的焦点。

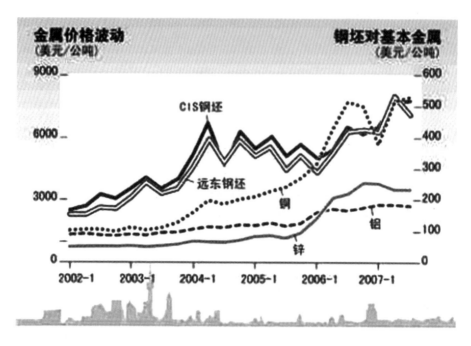

国际市场上，印度、阿联酋（迪拜）已经推出了钢材期货，日本推出了废钢期货，伦敦则推出钢坯期货交易，纽约等地也在为推出钢材期货积极准备，全球钢铁定价中心的争夺成为新的焦点。我国应尽早运用世界最大钢铁生产与消费国的优势，趁国际钢材定价中心尚未最终形成的契机，积极发展钢材期货市场，增强我国在国际钢铁贸易定价体系中的话语权，为上海国际金融中心的建设作出贡献。

线材期货是中国特色品种

资料显示，1993年后中国钢材价格全面放开，价格完全由市场决定。在14家试点期货交易所中，有7家交易所（北京商品交易所、上海商品交易所、天津联合期货交易所、沈阳商品交易所、苏州商品交易所、成都联合期货交易所和重庆商品交易所）曾上市直径6.5mm线材期货合约，成交量总计达100多万吨。在1993年至1994年期间，全国线材期货交易累计成交总量达到4.52多亿吨，成交金额计1.32多万亿元，交割总量251多万吨，成为当时全国成交量最大的商品期货品种。过去的线材期货交易经验显示，线材期货品种是具有中国特色的好品种。

一直以来，钢材价格波动较大，市场风险较为明显。钢材生产、贸易和消费企业缺乏权威的价格信号来指导生产和经营，也无法规避价格波动的风险。这次国际金融危机中，相关行业企业运用铜、铝等有色金属期货交易在应对价格剧烈波动风险方面发挥了积极作用，钢材现货企业利用钢材期货市场来发现价格并进行套期保值的需求也日益强烈。

帮助企业规避价格波动

2008年钢材价格经历了大幅波动，给国内钢铁企业以及涉钢企业带来了较大损失。值得一提的是，包括铜、铝、锌在内的有色金属，2007年的价格波动幅度并不亚于钢铁，然而由于期货品种的存在，给相关企业提供了可靠的避险工具，它们遭受的损失要比钢铁企业小得多。近几年来，由于钢材价格波动加剧，相关企业亟需一种工具来规避价格风险，推出钢材期货的时机已经成熟。

钢材期货的推出，不仅有利于企业规避价格波动风险，也有利于从另一个角度应对国际铁矿石巨头垄断价格对中国企业造成的不利影响。目前情况下，国际铁矿石价格波动成为影响我国钢铁企业的重要因素。如果中国企业能够掌控钢材市场的价格，那么中国企业就能够实现有效的成本锁定。同时，期货价格的变化也为中国钢铁企业对上游铁矿石资源企业的谈判提供了有利依据。

提高参与度——发展钢铁期货的关键

期货市场有助于提高市场定价的透明性和可预见性。但是，钢铁产业品种多，规格复杂，绝不是有了钢铁期货就能够解决定价权问题。期货市场的发展取决于能否实现广泛的参与度。没有众多生产企业、营销企业、最终用户、投资机构的广泛参与，钢铁期货无法实现对产业的指导功能，也就无法确立公信力。

印度在2004年3月推出了钢平板期货和钢条期货，日本在2005年10月推出废钢铁期货合约，2008年4月，伦敦金属交易所推出钢铁期货交易。成立时间最长的印度期货，交易并不活跃，价格波动也很大。目前国际上的钢铁主要期货品种英国钢坯期货、日本废钢期货、印度钢铁期货、迪拜螺纹钢期货的总体成交数量偏小，在国际上还缺乏定价权威。

中国的钢铁期货能否获得国际上的定价权，还是一个未知数。同时，我们也不能把国际定价权作为钢铁期货的唯一目标。目前选定的线材和螺纹钢品种，国内客户仍然是重要的销售对象，当然出口量也不在少数。如果期货市场能够为国内企业提供稳定的预期和有效的避险工具，也是一大成功。

可以考虑从以下三个方面提高上海钢铁期货市场的参与度和公信力。

首先，广泛吸引生产企业和经销商参与期货交易十分必要。我国钢材生产企业销售钢材的方式有三种：一是企业直供；二是通过经销商流通环节销售；三是通过钢厂的分支机构销售。通过流通环节销售的钢材约占国内钢材销售量的60%左右。经销商在钢材现货市场中是市场的活跃力量，既可以投机也可以接货、抛货。我国各类钢铁企业已达1100多家，经销商更是达到了15万家之多。这些经销企业如果进入钢铁期货市场，则市场的繁荣就指日可待了。

其次，可以促进金融投资机构进入市场。没有大量金融资本的参与，市场的活跃程度就会偏低，不利于价格信息的充分显现，也就不利于定价权的最终形成。如果缺乏活跃的投机者群体，市场就会在暴涨和暴跌间反复。未来钢材相关企业能否顺利利用期货市场转嫁风险，还需要看钢材期货市场能否为广大的投机者提供充足的空间。目前，部分生产企业可能担忧过度投机导致市场价格过大波动。实际上，这种担忧是对期货市场的不理解造成的。近两年的国际原油市场的价格波动幅度可谓剧烈了，但是并没有给石油企业带来损失，相反使他们赚足了钱。即使出现了期货市场与现货市场的背离，钢铁企业仍然可以采取非期货市场的方式进行定价。

最后，钢铁期货市场还应与发展国际航运中心的战略相配合，向世界全面开放，吸引外国企业和金融机构参与进来。中国作为全球最大的钢铁生产大国，不仅面临快速增长的国内市场，也面临巨大的国际市场。同时，中国钢铁产品的进口数量也很大。随着人民币升值，中国也有可能成为国外钢铁产品的巨大市场。上海作为中国最大的贸易港口，其钢铁期货市场也需要国际企业和机构的深度参与，这也完全符合发展国际航运中心的国家战略。

建设便捷的交割系统——发展钢铁期货的必要条件

建立便捷的交割体系是吸引广泛参与的关键基础。我国推出钢铁期货最根本的目标是服务业内企业，只有企业感到从期货市场直接购买最为经济、快捷、有保证之后，企业才会愿意进入。要达到这种效果，便捷的交割体系是必要条件。

从国际经验看，伦敦金属交易所（LME）的钢铁期货品种在主要市场附近都设有交割仓库。亚洲地区马来西亚的柔佛港、韩国的仁川港、土耳其的泰基尔达港和科贾埃利港以及阿联酋的迪拜港等地，都设有LME的交割仓库。

上海发展钢铁期货市场，同样也需要建设完善的交割仓库体系。与钢铁产品大规模国际贸易的特征相适应，可以在保税区内发展期货交割仓库。这样做有利于通过期货市场这一金融工具带动保税区的快速发展，也有利于实现贸易、物流、仓储等诸多行业的协同发展，形成上海新的增长点。

此外，目前入选的9家交割仓库都位于上海周边地区，这种情况无法为全国范围内的客户提供足够服务。我国的钢铁生产企业、经销企业、终端客户遍及全国，如果都需要在上海附近交割，对很多企业来说不方便。因此，也应从建设交割仓库体系入手，在主要市场附近包括东北、华北、华中、华南、西南等地逐步设立交割仓库，便利入市企业的参与。甚至未来还可以在主要的国外钢铁贸易中心建立海外的交割仓库。

（原载于《国际金融报》2009年6月24日第6版）

跨国公司在华获得了什么？

1992年，我国政府正式提出了"以市场换技术"的战略，修改了《合资企业法》，放宽了对"三资"企业的股权、市场、技术等限制条件。各地也对外资敞开大门，竞相给予优惠政策，甚至采用"零地价"政策，导致外商投资迅猛增长。

经过十几年的发展，我们有必要对跨国公司在中国市场上的表现进行一下总结，研究它们的成功经验，分析其下一步的动向，为国内企业和有关部门的决策提供参考。

全面控制市场是企业的战略核心

跨国公司在中国发展战略的最大特点就是全面市场控制，控制了市场就等于建立长期的竞争优势，就等于确保了长期的利润流。谁拥有控制权，谁就能将产业链中最具有价值的研发、供应链、销售、服务等业务掌控在自己手中，同时在设备采购、技术转让费、技术支持费等领域赚取更多的利益。

跨国公司的市场控制主要通过三个方式实现。

第一，通过合资和本地化生产、系列化的优质商品和服务占领市场，挤占国内企业的市场份额。毋庸讳言，跨国公司在技术上、商品质量上对国内企业都有较大的优势。跨国公司往往不是提供单一的商品，其市场销售经常是提供一系列的商品与服务的组合，这种组合更加强化了跨国公司的优势。消费者一旦选用了它们的商品和服务，就会很快形成依赖。除非出现特殊情况，这种依赖轻易不会改变。营销的系列化、服务化是一种很有效果的市场控制策略。比如，德国汉高公司在华建立11家企业，生产金属化学品、民用黏合剂，家用洗涤剂、化妆美容用品和工业用油脂化学品。汉高的六大系列产品，5个来到中国。德国巴斯夫（BASF）在中国合资的10家企业，从二基苯、苯乙烯、聚苯乙烯、乙烯、分散体等原材料到尼龙、地毯、涂料、染料、乳胶、维生素等系列加工产品，形成了原料配套供应的分工体系。

第二，通过上游商品供应即提供核心产品、核心服务包括核心设备、知识产权等控制市场。很多行业跨国公司在市场份额上并没有占据绝对优势，甚至还受到了国内企业的强有力竞争。但是，目前绝大多数工业行业的核心产品与核心服务都控制在跨国公司手里。在控制核心技术的情况下，国内企业往往不是与跨国公司展开竞争，而是成为其下游客户，国内企业做得越好，跨国公司盈利越多，市场控制越紧。

中国的发电设备制造曾经是优势产业之一，是世界上少数能制造大型发电机组的国家之一。但是三峡工程首批全部涡轮机的供应均由跨国公司得标。国内最好的哈尔滨动力设备公司几乎无力在国际市场上参与竞争。

国内汽车工业目前形成了国内品牌与合资品牌四六开的市场格局，但高端市场几乎是跨国公司的一统天下。尽管中国出让了市场，但是汽车关键零配件设计制造、整车设计技术仍然完全控制在外资公司手中。国内汽车企业实际上多为装配厂，核心部件甚至一半的汽车板材都要从国外进口或者由外方独资公司供应。在此过程中，跨国公司通过转移定价获得了外人难以估量的收入。

一个例子是北京现代：在销售权上，韩方把持着定价权和销售网络，刚刚上市的北京现代途胜偏高的价格，据说就是韩方的意志。在零部件采购方面，中方一直想搞国产化配套，但目前，给北京现代配套的一级企业中90%都是韩资或中韩合资企业。北汽不可能从零配件供应体系中"分利"，只能赚取"加工利润"。零部件基本上要占到整车制造成本的60%—70%，高昂的采购成本一直让合资中方不满。

即使在电信、银行、铁路、石油甚至军工等基本没有对外开放的领域，跨国公司仍然通过提供核心设备与技术服务实现了市场控制。提供关键设备使跨国公司掌握了谈判的主动权，在获得高额利润的同时也实现了市场控制。

第三，利用国际国内两个市场营销渠道和供应链管理实现产业整合，达到市场控制。对于企业来讲，营销渠道是公司的生命线，控制了销售渠道就控制了市场，对渠道的垄断屏蔽了潜在竞争者的进入。国内出口的60%以上是通过跨国公司来实现的，对国际市场渠道的控制使得跨国公司牢牢控制了国内企业，使其成为自己的打工者。同时，在国内销售份额日渐扩大的同时，国内销售渠道的控制水平也越来越高。典型的案例比如沃尔玛、家乐福对渠道的建设。

对供应链的管理也是整合产业的一个重要方面。毫无疑问，跨国公司在供应链管理方面具有国内企业无法比拟的经验和技术优势。对行业上游的控制同样也起到了屏蔽潜在竞争者的作用。

利用各地税收优惠
最大化公司盈利

据税务总局1999年测算，所得税的负担，内资企业是外资企业的两倍。外资企业平均所得税负担是13%，内资企业不到30%。这种情况至今没有变化。

在这些税收优惠之外，各地的开发区还有很多税收、收费等方面的优惠。由于内外资企业税收上的优惠，导致许多国内企业非常乐于与跨国公司进行合资，这也为跨国公司控制国内产业提供了方便。

除了这些税收优惠之外，跨国公司还多采用转让定价来规避税收。转让定价是跨国企业进行国际纳税筹划的重要方法之一。跨国公司为适应瞬息万变的国际市场环境，减少经营风险，大多把经营管理权分到设在各国的责任中心。各责任中心都以其所在跨国公司制定的内部转让作为内部控制和结算的依据。在不违背东道国税收法规及有关的国际税收协定的前提下，跨国公司可制定较高转让价格把设在高税率国家子公司的利润转移出去，也可以较低的转让价格使设在低税率国家子公司的利润增加以减少税负，提高跨国公司总体利润水平。

由于在跨国公司的母公司与子公司之间、子公司与子公司之间、总机构与分支机构之间有密切关系，母公司或总机构可以通过把各种名目的费用列入转让价格，调整各子公司或分支机构的产品成本，转移公司的利润。跨国公司转移定价有四种方式：

第一种是实物交易中的转移定价。实物交易中的转移定价具体包括产品、设备、原材料、零部件购销、投入资产估价等业务中实行的转移定价，这是目前转移定价最重要、也是使用最频繁的一种方式。其主要手段是采取"高进低出"或"低进高出"，借此转移利润或逃避我国税收。

第二种是货币、证券交易中的转移定价。主要是指跨国公司关联企业间货币、证券借贷业务中采用的转移定价，通过自行提高或降低利率，在跨国公司内部重新分配利润。例如，某中港合资企业向其香港关联公司举借年利率高达15%的高息贷款，超过同期香港市场商业银行贷款利率一倍，贷款利息作为费用可免除所得税，纳税时应予以扣除，借此大量转移利润，还同时享受"开始获利年度"的税收时间优惠待遇，推迟纳税时间。

第三种是劳务、租赁中的转移定价。劳务、租赁中的转移定价存在于境内外关联企业之间相互提供的劳务和租赁服务中，他们高报或少报，甚至不报服务费用。更有甚者，有的竟将境外企业发生的庞大管理费用摊销到境内公司，以此转移利润，逃避税收。

第四种是无形资产的转移定价。主要指获得专有技术、注册商标、专利等无形资产过程中的转移定价。跨国公司企业间通过签订许可证合同或技术援助、咨询合同等，以提高约定的支付价格，转移利润。对关联企业间的非专利技术和注册商标使用权的转让，由于其价格确定存在极大困难，我国没有收费的明确规定，而且由于其专有性，无可比市场价格，其价格的确定更是难以掌握。

有资料显示，2004年度外资企业自报亏损额高达1200亿元，60%的在华外商直接投资企业自称亏损。没有任何人相信跨国公司会在中国如此优厚的待遇下出现全面亏损，转移定价是造成这种状况的根本原因。

在华跨国公司发展的下一步动向

最近，国内对于中国对外开放的具体政策、FDI和跨国公司在中国经济发展中的作用有很多争论，跨国公司对国内产业的控制意图越来越被国内所认识。跨国公司追逐利益的动机永远不会改变，问题不在于中国是否应该开放市场，也不在于跨国公司本身。从本质上讲，所有试图利益最大化的企业都会试图控制市场、整合产业，只不过跨国公司的力量更强大，技巧更熟练而已。

概括起来，在华跨国公司下一步将会有以下几个动向。

第一，更多地寻求政府的支持。在中国开展生意，入乡随俗，跨国公司必然会加强与政府的联系。目前各级政府尤其是地方政府与跨国公司的关系都十分融洽，在未来，这种关系仍会加强。

第二，跨国公司会越来越多地采用并购的方式进行直接投资。并购对于尽快获得国内市场的渠道，整合现有市场资源，是一种最为便捷的方法。随着国内区域间壁垒的日渐减少，跨国公司在国内的并购行为将会越来越多，而所遇到的阻力会越来越少。

第三，生产的本土化与管理的国际化将会并行下去。为了利用中国越来越大的市场和持续走低的劳动力价格，跨国公司将会把越来越多的生产能力转移到中国。但是这种产业转移并不代表着先进技术的转移。为了加强对中国市场的控制，跨国公司在华分支机构的管理仍然会依赖国际人才，而非本土的管理人才。

第四，跨国公司将会继续加强对行业的整合控制力度，营销渠道控制和供应链管理是跨国公司进行行业整合的最有力武器。对政府部门的游说能力也是实现行业整合的保证之一。

（原载于《中国投资》）

外汇储备适度规模的分析与建议

在亚洲金融危机后的五年里，世界上共有54个国家由于国际收支管理不当，先后发生对外支付困难、拖欠对外欠款、请求债权人（外国政府，国际金融机构或国际商业银行）债务减免或延期还本付息。我国是世界上仅次于日本的第二大外汇储备国，也成为外汇储备损失最为严重的发展中国家之一。因此，正确测算外汇储备的适度规模、适时调整外汇储备结构、抓准时机、增加黄金储备、抑制外汇储备规模过大和减轻人民币升值的压力，已成为我们急待解决的问题。

1994年底，我国外汇储备已达516亿美元，比上年同期净增长304亿美元，创造了我国的历史最高纪录。导致我国外汇储备迅猛增长的原因主要有两个方面：一方面是，金融宏观调控、贸易和资本项目顺差等因素的影响；另一方面是，外汇体制改革带来临时性因素的影响。外汇储备总量的快速增长对我国经济发展和经济政策产生了深刻的影响，它将增加政府执行货币政策的难度和复杂性，由此引发了国际上各界人士的关注和争论。针对外汇储备迅速增长的局面，在外汇储备总规模控制上产生了不同的观点：一种观点认为，我国的外汇储备过多，不利于国民经济的正常发展；另一种观点则认为，我国的外汇储备与对外经济贸易发展的需求相对不足，应进一步扩大。那么，我国的外汇储备规模到底多大才算适度呢？

我国外汇储备的阶段状况

根据不同时期外汇储备规模的大小，将我国外汇储备分为四个阶段。1994年外汇体制改革之前为第一阶段。在此阶段，我国外汇储备的增长速度很慢，规模也很小，直到1990年我国的外汇储备才突破百亿美元。从1994年起，随着外汇管理体制改革程度的不断深入，中国银行的外汇结存不再列入国家外汇储备，只有国家外汇结存才算作官方储备。在1991—1993年期间，我国的外汇储备规模与1994年的516亿美元相比是很小的。1994—1997年为第二阶段。1994年1月1日，以汇率并轨和结售汇为基本内容的人民币汇率制度改革取得了可喜的阶段性成果，国家外汇储备大幅度增加和人民币对美元的汇率稳中有升。1993年底我国外汇储备仅为212亿美元，1994年底迅速增加到516亿美元，一年内增长了143%，净增304亿美元。此后三年的外汇储备年增加额与1994年大致相当。1995—1996年，虽然国家政策变动因素逐步减弱，但外汇储备涨势依然强劲，连续突破了700亿美元和1000亿美元的大关，成为世界上仅次于日本的外汇储备第二大国。到1997年底，外汇储备增至1399亿美元，1994—1997年，外汇储备累计增长了1187亿美元，平均每年增加近300亿美元。第三阶段是1998—2000年。1997年由泰铢贬值引发的亚洲金融危机使东南亚各国货币大幅度贬值，资金急剧外流，外汇储备大量流失。从国际收支情况看，危机对我国外贸形势及引资状况短期内影响并不明显。当时，由于中国政府采取了鼓励出口和优惠外资的政策，人民币汇率一直保持着稳定，外汇储备仍然增加，只是增加速度有所放慢。全年外汇储备增量超过1996年，达到348亿美元。在1998-2000年危机的影响才逐年显现出来。这三年外汇储备已经达到1656亿美元，累计增长257亿美元，增长额低于危机前四年的平均增长额。第四阶段是2001—2004年。从2001年起，中国走出了亚洲金融危机的阴影，宏观经济和国际收支状况都有了很大程度的改善，外汇储备又出现新的增长势头。2001年外汇储备出现净增466亿美元的历史纪录，突破了2000亿美元，年底达到2122亿美元。使我国经济保持持续、快速增长趋势，为国际收支顺差奠定了基础。2002年是我国加入世界贸易组织的第一年，为了落实我国加入世界贸易组织的承诺，我国政府进一步扩大对外贸易、改善投资环境，加之西方经济处于低迷，促使外国直接投资大幅度增加。2002年全年外汇储备净增742亿美元，年底达到2864亿美元，再创历史新记录。2003年底和2004年底，中国的外汇储备分别达到4033亿美元和6099亿美元，2004年底比1993年底增加了28.7倍，比1996年底增加了5.8倍，这在世界发展中国家的外汇储备增长史上是独一无二的。

（亿美元）

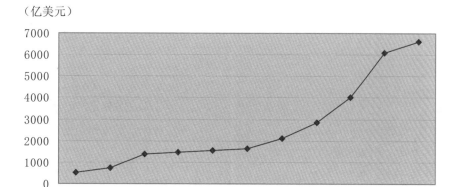

图1　1994—2005年外汇储备变化趋势

近两年，我国的外汇储备规模剧增。据《中国货币政策执行报告》显示，2005年第一季度中国外汇储备余额已达6591.4亿美元，比上年末增加492.1亿美元，比上年同期多增492.1亿美元，这在很大程度上与人民币升值预期引发的大量资金流入有关。巨额的外汇储备，表明了中国的经济地位在不断提高，抵御国际金融风险的实力不断增强。然而，任何一个国家外汇储备若超过适度规模水平，就会蕴藏着一定的风险，对经济诸多方面产生不利影响。

资料来源：1996—1997年的《中国人民银行统计季报》，2005年第四期《中国经济景气月报》。

外汇储备适度规模的定量分析

外汇储备在国际储备资产构成中占有十分重要的地位。

外汇储备的适度规模是国际收支平衡的体现。适度的外汇储备规模不仅应能保证满足调节短期国际收支平衡的需要，使持有外汇储备的机会成本最小，而且还能够干预外汇市场，支持汇率。所以，对任何一个国家来讲，外汇储备规模不足意味着这个国家的贸易逆差过大，是不可取的；外汇储备规模过大，意味着这个国家的贸易顺差过大，也会造成国际收支的失衡。

由于影响外汇储备规模的因素很多，因此确定适度外汇储备规模的难度也随之增大，在经济发展的不同阶段，对外汇储备规模的要求也有所不同。一个国家外汇储备规模究竟多大为宜，并没有一个固定的衡量标准，这里我们采取国际上多数学者所运用的三种方法进行衡量：

1. 外汇储备与进口的比率法：根据一个国家经济发展水平最快时可能出现的对外支付所需要的外汇储备来确定上限，表明该国拥有充分的国际清偿能力；根据该国经济发展水平，保证这个最低限度进出口贸易总量所必需外汇储备来确定下限，表明国民经济发展的临界制约点，上、下限之间为适当的外汇储备区间，即适度外汇储备规模。一般来说，一国外汇储备量占贸易进口额的40%为适度规模，20%为下限，若低于35%就应采取调节措施。全年储备对进口的比例计算，一个国家的国际储备与其进口的比率应维持在25%左右，即应能满足其三个月的进口外汇需求。这种比率法，曾被作为国际货币基金组织用以评价成员国国际储备规模的方法。但它忽视了劳务收支和资本项目对国际收支的影响，显得过于简单，因此经济学家们先后对该比率法进行了修正，分别采用储备与国际收支差额的比率、储备和国内货币供给的比率等方法进行测算。如今，特里芬的比率法仍以其简便直观而被广泛采用。

外汇储备量与月平均进口额之比，是根据全世界储备总量占进口总额的比而得出的。一个国家进口越多，外汇储备需要也越多。考虑到我国是一个发展中国家，外汇储备对进口的比率就会比发达国家要高，另外，发达国家的自由化程度比我国高，我国对进口和外资流入的规模控制能力比发达国家强的情况，所以外汇储备对进口的比率不应定得过高。笔者认为，我国外汇储备规模大约在25%—30%为宜。例如：1994年中国进口额达1157亿美元，较1993年增长11.3%。假定按此比率增长，1995年的中国进口额将达1300亿美元左右。按照储备与进口的比率法推算，1995年中国的外汇储备应维持在325亿美元左右为宜。当然外汇储备与进口比率并不能看成是决定外汇储备规模的唯一因素。

2. 结合进口支付与外债还本付息的比率法：这种方法在比率法的基础上，加以按外债余额的10%计算的还本付息额。它反映了一国对外的清偿能力和国际信誉。目前我国实行银行结售汇制，外债本息的偿还是通过到外汇指定银行购汇来实现。因此，当年的外汇储备要素应包括偿还外债本息部分，以防止出现债务危机。这种测算方法在世界上，尤其是在一些外债负担较大的国家较为流行。

从1993年开始，中国在世界上吸引外国直接投资额仅次于美国，已达260亿美元。1994年实际利用外资458亿美元，其中外商直接投资为338亿美元，较1993年增长30%。据《中国金融展望1995》报告数字，1994年底我国外债余额达1030亿美元，较1994年上升了26.2%，已成为世界上第五大债务国。外债总额越大，外汇储备的要求也越高，说明外债总额与外汇储备量也呈正比例关系。所以外汇储备的规模成为一个国家对外借款的制约条件，也是一个国家对外资讯的标志。1994年我国外债本金支付达228.97亿美元，本金利息支付达253.93亿美元。按外债余额的10%计算，我国至少需要保留100亿美元的额外储备作为应付外债本息支付。按照上述比率法，1995年我国的外汇储备应维持在430亿美元左右为宜。2004年，我国外债总额已超过1000亿美元，要保证外债到期还本付息，就必须建立占外债总额的10%—20%的外债偿还基金，即应该准备100亿—200亿美元的外债偿还基金。

3. 结合外商直接投资资金回流的综合比率法：这种方法是对上述第二种比率法的补充，它将外商直接投资资金汇出对外汇储备的影响考虑在内，假设资金回流对外汇储备的额外需求大约为汇出利润的10%—20%（假定为15%）。在这里我们以1994年底的数字为例：我国累计利用外商直接投资达992亿美元，若按15%的利润率测算，则每年汇出利润约为150亿美元。利用综合比率法测算，利润汇出对我国外汇储备的额外需求应为15亿—30亿美元，加上进口支付和外债还本付息对外汇储备的需求，中国1995年外汇储备应维持在450亿美元左右。

为了将问题分析得更清楚，我们以上述比率计算方法为前提，建立我国外汇储备适度规模模型，其表达式为：

$$FR^* = [(IMP)40\% + DF] \div (1 + df - r - 5\%)$$

式中：FR表示国家外汇储备；IMP表示全年进口额；DF表示偿还外债本限额；df表示国内投资收益率；r表示外币利息率。

在这里我们以2004年底的数字为例，我国的进口额为5087.7亿美元，偿还外债本息为2232.73亿美元，以美元为单位的储备货币利息率为5%，国内投资收益率为20%，则2004年我国外汇储备适度规模为：$FR^* = (5087.7 \times 40\% + 2232.73) / (1 + 20\% - 5\% - 5\%) = 3879.57$亿美元。

2004年底我国外汇储备规模为6099亿美元，同比增长了51.3%。造成外汇储备高增长的主要原因是国际收支顺差。经济学理论告诉我们，当一国货币供给目标确定后，外汇储备的持续增加，将相应地减少国内信贷规模。

我国外汇储备要与外贸进口额保持一定比例。如果以进口平均额三个月为标准，则我国2003年进口额约为1100亿美元，三个月平均额计算仅这一项就要保留270亿美元。

综上所述，我国在正常情况下，应当保持700亿美元左右的外汇储备为适度规模。

对我国外汇储备适度规模的政策建议

央行5月26日发布的第一季度《中国货币政策执行报告》显示，3月末国家外汇储备余额为6591.4亿美元，比上年末增加492.1亿美元，比上年同期多增126.4亿美元。造成外汇储备高增长的主要原因是国际收支顺差。

2005年以来我国对外贸易在总量继续较快增长的同时，贸易顺差出现了持续扩大的势头。而贸易顺差和外汇储备快速增长，使得货币政策有效性面临严峻挑战。因此，进一步深化外汇管理体制改革，促进国际收支平衡，是近期货币政策取向和趋势之一。

目前，我国外汇储备的各项指标均高于国际警戒线。巨额的外汇储备一方面为金融安全增加了保险系数，有利于增强中国经济的国际信用度，但另一方面却导致高成本低效率占用资源、导致经济结构失衡等负面影响。保持外汇储备的适度规模是政府部门进行国民经济宏观调控能力的重要目标之一，为此，对我国提出外汇储备适度规模的政策建议。

1. 适度改变目前外贸进出口政策，实行外汇储备规模的目标管理。由于外贸进出口高速增长业已成为导致外汇储备增长的核心因素之一，因此，在进行下一或几个年度的经济形势分析时，外汇储备管理机构要充分依据国内外的各种经济信息，尤其是要依据我国进出口的增长速度、外债余额和偿债比率的变动情况，对适度的外汇储备规模进行合理推测。

2. 改革包括强结汇制度和放宽外汇需求管理等在内的一些制度安排，使外汇供需达到某种程度上的平衡，促进人民币汇率市场化机制的形成。

3. 为抑制国内外对人民币汇率升值的强烈预期，既要控制或降低外汇储备消费价格指数的上涨速度，以缓解人民币利率上升压力，又要谨慎调升人民币利率，使人民币利率保持低于美元利率水平，以阻止外汇的继续流入，降低国内外市场对人民币汇率升值预期。如此看来，削减中国外汇储备的工作是相当艰巨的。同样，我们也千万别小看巨额外汇储备增加的宏观影响。

（原载于《国际经济合作》）

以金融改革推动供给侧结构性改革，实现中国经济的顺利升级

在当前经济增长速度换挡期、结构调整"阵痛期"以及前期刺激政策消化期"三期叠加"的复杂形势下，中央审时度势地作出了引导我国经济持续增长的基本政策——供给侧结构性改革，旨在匹配有效供给与消费，以期化解过剩产能，推动结构优化升级。金融服务是能否实现供给侧结构性改革的关键支撑，如何推动金融改革，为供给侧结构性改革提供动力，成为一个重要课题。

一、供给侧结构性改革是中国经济的必经之路

改革开放以来，我国抓住了经济全球化和发达国家制造业向外转移的机遇，发挥劳动力资源丰富、成本低的比较优势，有效促进了国内就业和经济快速发展。现在我国经济的比较优势正在发生变化。一方面我国劳动力低成本的优势正在弱化，人口红利正在减少，依靠劳动力以及土地、能源、资源、环境等低成本的发展模式已经难以为继；另一方面，经过30多年的发展，我国经济新的比较优势正在形成，为经济转型升级提供了必要条件。我国劳动力素质快速提高，基础设施和产业配套体系不断完善，特别是我国的市场规模随着工业化、城镇化推进，中等收入群体扩大，消费结构升级且具有巨大潜力。只有推动经济转型升级，才能更好地扬长避短，克服传统比较优势弱化的影响，更好地培育和利用新的比较优势。

去年底召开的中央经济工作会议明确提出："推进供给侧结构性改革，是适应和引领经济发展新常态的重大创新，是适应国际金融危机发生后综合国力竞争新形势的主动选择，是适应我国经济发展新常态的必然要求"，要"推

54

动我国社会生产力水平整体改善"。这是审时度势的深刻论述和推进经济转型升级的重大决策部署。

过去10多年我国发展速度很快，但经济结构优化升级缓慢，经济发展的资源与环境成本过大，创新能力不足，这是当前经济发展中诸多矛盾的症结所在。

而随着中国人口红利的结束，中国工业化也步入尾声，从2015年工业经济数据来看，从下游的汽车，到中上游的钢铁、水泥、发电几乎全面陷入负增长，而这也意味着信贷驱动的工业化模式已经走到了尽头。而2015年以来内外需求更是持续低迷。

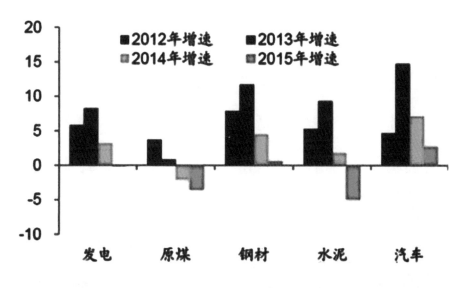

图1　2015年工业产品全面负增（%）

资料来源：搜狐财经，http://business.sohu.com/20160803/n462315298.shtml。

全球实体经济竞争态势出现新变化，我国面临的国际竞争压力增大。发达国家纷纷提出以振兴制造业和发展新兴产业为核心的再工业化战略，其目的一方面是为了重振制造业，增加国内就业岗位；另一方面是要抢占新工业革命的先机和制高点。在正在兴起的高技术领域，我国与发达国家总体上处在相同的起跑线上，因而新一轮工业革命为我国提供了迎头赶上的历史机遇。与此同时，全球制造业转移正在出现新变化。在发达国家再工业化政策支持下，一部分跨国公司的制造企业向发达国家本土回流；另一部分制造企业或制造环节向劳动力成本更低的发展中国家转移。我国经济只有加快转型升级，在全球价值链阶梯奋力向上攀升，才能既应对发达国家制造业从高端并向中端延伸的竞争，又应对新兴市场和发展中国家制造业从低端并向中端发展的竞争。

一方面，我国许多重要资源短缺，人均占有量显著低于世界平均水平；另一方面，我国资源消耗量越来越大，2011年我国经济总量占全球10.5%，却消耗了全球约30%的资源。到目前，欧、美等发达国家只有10多亿人口，它们依靠本国优越的自然条件和全球资源，用二三百年时间实现了工业化、城市化。我国有13亿多人口，自然条件和资源禀赋远不如欧、美等西方国家，又要在不到100年的时间实现工业化、城镇化，如果不转变高投入、高消耗、高排放的粗放型发展方式，不仅我国的资源和环境承载不了，全球的资源和环境也承载不起。

我国必须以加快转变经济发展方式为主线，大力推进经济结构战略性调整和升级，包括需求结构升级，从主要依靠投资、出口拉动转向内需为主、投资与消费协调拉动；促进工业化、信息化、城镇化、农业现代化同步发展，促进产业结构、城乡结构、区域结构全面优化升级。

二、供给侧革命的最大障碍是缺乏足够的金融服务

我国实体经济出现成本上升、技术升级困难现象有多方面的原因。归根结底，制造业发展困难有两个主要原因：一是融资成本过高，导致一般制造业尤其是中小企业的利润空间大幅缩小，甚至无法盈利；而房地产行业的利润水平明显高于一般制造业，所谓办企业不如炒房，中国有约30%的上市公司一年的盈利不够在北京上海的中心区买一套住房。而房地产行业的高利润，背后无疑有金融支持的原因。

我国传统的金融体系就是以国有大中型企业为服务对象而设计的。在银行体系中，大银行由于信息和规模的经济优势，具有天然大企业倾向，股份制银行在一定程度上推行了国有大银行的经营策略。中小企业特别是

小型企业的融资成本大大高于国有企业。搜狐财经2014年对各种融资渠道的资本成本做了比较。可以看出，这种利率水平，对于一般制造业企业来说是难以长期承受的。

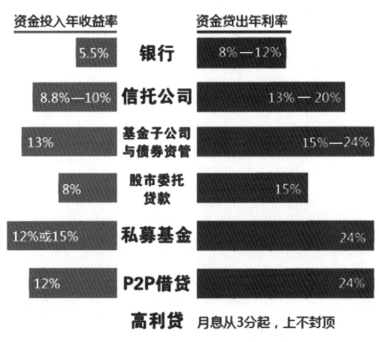

图2　最新国内各融资渠道资金成本比较

资源来源：搜狐财经，http://business.sohu.com/20140725/n402710486.shtml。

海通证券对我国实际利率的分析，用金融机构一般贷款加权平均利率和当月PPI同比之差作为实际利率的近似的话，会发现我国的实际利率水平自2015年以来一直维持在10%以上，处于2009年以来的最高点。实际利率高企对于投资和消费均会产生抑制作用。

图3　中国实际利率走势

资料来源：搜狐财经，http://business.sohu.com/20140725/n402710486.shtml。

由于金融服务的缺乏，作为国民经济基础的制造业对资本来说缺乏竞争力，难以吸收我国规模巨大的货币。这导致了当前我国宏观经济调控出现了一定程度的困难。在经济增速放缓至25年来最低之际，国内的投资机会明显稀缺，导致中国企业持币观望情绪浓厚，今年第二季度现金持有量同比大增18%，为六年来的最高增幅。M1与M2增速之差持续扩大，M1占M2比重持续上升。同期，企业中长期贷款增速却不断下滑，目前已降至3%以下，这与企业存款增速大幅上行形成鲜明反差（央行数字）。这意味着，货币流动性并未真正进入实体经济。

没有金融服务与货币流动性的支持，产业升级无法实现，就无法为原有产业的就业与产能提供出路，供给侧结构性改革的预期效果也就难以达到。

三、金融改革的总体设计

为从根本上解决问题，近年来我国金融改革的主要方向包括丰富金融服务主体、疏通传导机制、创新融资渠道，建设一个多层次、多元化、功能齐全和富有弹性的金融市场体系。

债券市场发行规模不断扩大，截至2015年末，债券市场债券托管总额达到47.9万亿元，其中，银行间市场托管额为43.9万亿元。包括主板、中小板、创业板市场成长快速，到2015年末，沪、深两市共有上市公司2827家，总市值为53.13万亿元。随着货币市场、外汇市场、期货市场、黄金市场、主板市场、新三板市场、私募股权市场以及互联网金融等快速增长，一个层次分明、结构合理的金融市场格局逐步完善。

涉及全局性的金融改革，通过统揽全局的顶层制度设计，"自上而下"统一部署和行动，在全国范围内贯彻实施。而涉及各区域经济结构性特点的金融改革，更多地尊重基层的首创精神，采取"自下而上"的市场选择，探索可复制、可推广的经验。

今年发布的《"十三五"规划》第十六章专门提出"加快金融体制改革"。金融体制改革要完善金融机构和市场体系，促进资本市场健康发展，健全货币政策机制，深化金融监管体制改革，健全现代金融体系，提高金融服务实体经济效率和支持经济转型的能力，有效防范和化解金融风险。这一章内容共分为三节，第一节是丰富金融机构体系，第二节是健全金融市场体系，第三节是改革金融监管框架。从这一政策文件可以看出"十三五"期间的金融改革方向，就是发展市场，增加金融服务的供给，加强对市场的监管。

从目标导向出发，"十三五"时期金融改革要着力于建设现代金融体系，这主要包括以下几方面内容。

一是加强市场建设，完善治理良好、结构合理、竞争力强、充满活力和创造力的金融机构体系，健全多层次、多元化、互补型、功能齐全和富有弹性的金融市场体系。健全金融基础设施，营造良好金融生态环境。扩大金融业双向开放，服务全方位开放新格局，完善国际经济治理体系。

二是加强监管能力建设，建立符合现代金融特点、统筹协调、有力有效的现代金融监管框架。完善金融市场基础设施；统筹金融业综合统计和监管信息共享平台；加快信用体系建设；加强金融法制体系建设。

三是健全货币政策框架，完善宏观政策体系。有效发挥货币政策在宏观调控中的作用；健全宏观审慎政策框架；优化货币政策目标体系；完善货币政策传导机制；创新货币政策工具；推动货币政策框架从数量型为主向价格型为主转变。

四是提高增强金融服务实体经济能力，稳妥推进金融业综合经营；规范发展互联网金融等新业态；大力发展普惠金融；发展完善科技金融体系；积极发展绿色金融；统筹推进区域金融创新先行先试。

五是建立更加有力、有效的国家金融安全网，切实有效防范金融风险。积极防范化解系统性风险隐患；坚决遏制区域性风险传染蔓延；整顿规范金融秩序；建立健全风险预警与处置机制；构建国家金融安全保障体系。

四、金融改革支持供给侧结构性改革的主要政策建议

（一）培育多层次资本市场，提高直接融资比重。

"十三五"规划建议明确提出积极培育公开透明、健康发展的资本市场，降低杠杆率。首先，应为未来向民营资本开放银行业务、投行业务创造条件。可以在适当地域，比如温州，扩大对民营银行、社区银行的试点。

其次，适当放宽民间融资管制，对那些不以欺诈为目的的直接融资行为，尤其是在亲友之间的直接融资行为，应给予保护。对于私营企业之间的股权、债权行为，也要进行有效保护。

再次，稳步推进新股发行注册制改革，疏通创业、创新企业利用资本市场融资通道，以资本趋利的市场选择原则，优化金融资源配置结构，淘汰过剩产能，扶持新兴产业。

最后，借助供给侧改革推动信托制度功能和跨市场优势得到充分发挥，开展私募股权投资业务，为创新、创业企业提供全方位的综合金融服务。

（二）提供差异化金融服务，解决"双创"融资难题。

首先，要建立现代金融服务市场所需的支持体系，包括：覆盖所有企业法人和大多数自然人的信用信息系统；完善资产评估体系和相应的信息体系；完善相关的会计师与律师体系；完善对相关财务行为与法律行为的规制与管理体系。只有相应配套体系建设完善，才能有效降低融资风险与成本，提高融资效率。

其次，紧贴产业特点建立合理的信贷管理和评审制度，加快金融产品创新，稳妥推进保理、应收账款融资、订单融资、知识产权质押融资、供应链融资、融资租赁等弱化抵押的信贷产品，稳步推进无还本续贷、循环贷款等适合

小微企业实际的信贷方式。

最后，相关金融机构要尽快清理金融服务不合理收费项目，改变将本该由银行承担的抵押登记费、评估费等转嫁给借款人，以及在放贷时要求企业缴纳财务顾问费或提供一定的存款等违规设立收费项目，切实减轻小微企业负担。

（三）紧跟传统产业升级改造，提供多元化融资。

首先，银行业金融机构要转变观念，面对未来的去产能、去杠杆趋势，不能一味抽贷，应针对传统行业特点，创新金融服务产品，比如转变质押方式等方式，提高资产利用效率。

其次，金融机构可以转变质押方式，实现业务和产品创新，比如选择易变现、易保管、价格稳定、权属清晰的货物纳入动产质押物范围，选择第三方物流仓储企业保管，给予融资支持，帮助企业盘活存货，降低因存货增加而带来的资金周转压力。

再次，加强资产运营业务能力。在传统产能行业洗牌、转型升级的过程中，更多通过兼并重组等方式帮助企业渡过难关，鼓励行业内企业以并购贷款、可转换债券等方式筹集资金开展兼并重组，支持改造传统产能。

最后，利用资产证券化盘活存量资产，增强资产流动性，针对传统大型企业长期持有大量应收账款、应收票据等流动性差变现困难的资产，加快其资产证券化进程，促进产业优化重组，盘活资产存量，突破产业升级面临融资难瓶颈。

（四）选择战略新兴产业，合理配置金融资源。

首先，金融业要聚焦"中国制造2025"重点领域，从自身的经营特点和经营优势出发，充分释放互联网、物联网、移动技术、大数据技术等在金融创新中的应用，拓宽为战略新兴产业服务的渠道，提升金融功能与产业转型升级的契合度。同时也应注意新兴产业的潜在风险。

其次，推动战略新兴产业融资模式由传统的"信贷收益覆盖风险的平衡"向"以股权高溢价收益弥补信贷损失的高概率风险平衡"转变，通过产业投资基金进行战略性持股，降低信贷风险，同时谋求资产收益的最大化。

再次，不同类型的金融机构要找准服务战略新兴产业的创新点，实行差别化信贷政策，加快信贷产品创新，通过知识产权质押、能效贷款、排污权抵押贷款，选择低风险风投机构合作，加大对高新企业及项目技术改造和设备更新的投入力度。

　　最后，在供给侧与需求侧改革思路的引导下，立足大数据分析，完善消费信用体系，拓展消费金融的覆盖范围，发展消费金融为不同类型消费者提供差异化、定制化服务。

走出"流动性过剩"陷阱

2004年以来，伴随中国经济的快速发展，中国积累了世界上最大规模的外汇储备，中国资产价格的上涨也吸引了国际资金的流入。国际化的流动性过剩这一新问题开始考验中国的货币政策，所谓"热钱"也成为国内受关注的焦点。本文将对流动性过剩问题的国际背景、货币政策面临的考验，"热钱"的作用，以及有关的政策选择进行分析。

一、中国面临的流动性过剩问题是全球经济增长机制的必然结果

中国经济日益成为世界经济的一个重要组成部分，对世界经济的影响越来越大。因此，研究对中国经济的影响也要放在世界经济的大框架下进行，要解决中国经济的问题也必须在世界经济分工的格局内来考虑。图1显示了世界经济的分工格局。

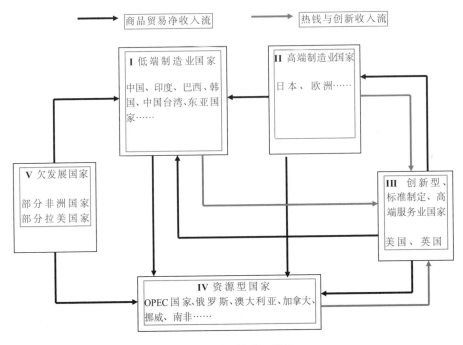

图1 世界经济分工格局

在世界贸易和产业分工长期发展形成的这一国际分工格局中，中国经济目前还扮演着一个低端制造的角色。在图1所演示的机制下，世界各经济体被分为了五大类型。第一类以中国、印度等国为主的低端制造业国家，为世界生产着大批量的低端商品；第二类是以日本、欧洲为主的高端制造业国家，它们制造各种高技术含量的商品；第三类是以美国、英国为代表的创新型和高端服务型国家，借助其制度优势和人力资源优势，发展技术创新和金融服务，吸纳各种金融资源；第四类就是资源型国家，凭借大自然的厚爱，拥有丰富的矿产资源，为世界经济提供资源产品；第五类则是部分非洲、拉美等地的部分国家，经济发展遇到了很多障碍。

当世界经济在美国经济和中国经济的共同拉动下进入高速增长周期时，由于企业效益好、行业利润水平高，企业和居民资金宽裕，同时石油等资源价格上涨，又导致资源型国家如OPEC国家石油美元增多进入资本市场，出口型国家赚得大量美元外汇也要进入资本市场。这些因素共同作用，导致资本市场内资金供应充足，推动各类资产价格快速上涨，房地产、股市也次第进入牛市。这就导致了全球范围内的流动性过剩。中国通过出口创汇的快速增加和多年的FDI流入，也积累了日益严重的流动性过剩问题。

在城市化过程启动之后，中国的房地产市场迅速升温，价格快速上涨。这种趋势也吸引了国外资金曲线流入中国的房地产市场，进一步加剧了流动性过剩。

在美国、中国共同拉动的世界经济增长格局中，各类国家面对美元贬值、资源价格上涨时受到的影响也不尽相同。美国经济尽管也将支出大量美元购买石油等，但是这些美元最终还要回流回来，因此从宏观上来讲，美国经济基本没有受到太大的损失，美国的问题是它需要不断地创造出新的金融产品来满足热钱的投资需求。当它的金融产品出问题的时候，美国和世界经济尤其是金融部门都要受到冲击。次贷危机就是这样产生的。

二、国际"热钱"仅是中国流动性过剩中的一个次要部分

近期国内对"热钱"的关注度很高，曾有学者估计五年来流入中国的"热钱"规模约为1.75万亿美元，仅2005年至2007年三年就流入了8211亿美元。德意志银行最新一份研究报告估算，今年头四个月，中国实际热钱流入量可能达到3700亿美元。

但是这些所谓的"热钱"，并不是似1997年触发东南亚金融危机的"量子基金"那样的"热钱"。中国所谓的"热钱"，实际上是通过高报出口、冒充国外直接投资、华人华侨的汇兑、地下钱庄等渠道曲线进来的套利资金。这些套利资金无法在中国实现快进快出，其目的不外是想分享一下中国资产价格——主要是房地产价格的快速上涨收益。

这些钱一旦进入中国，要享受中国房地产价格的上涨红利是很容易的，但是要快速进出资本市场并快速撤出中国，却要面临较高的成本。这些成本包括增加的房地产交易环节各种税收，汇兑成本，以及对汇出金额的限制，等等。在中国经济增长长期看好和人民币长期升值的预期下，这些钱往往不是快速撤出中国，而是留在中国继续享受资产升值的红利。

自加入WTO以来，中国已允许外国银行在华开展人民币业务，并给出了一定额度允许外国投资机构来华参与资本市场投资，但中国的资本项目至今尚

未开放，金融自由化发展到目前还没有时间表，人民币除了在我国香港和澳门地区可以自由兑换外，在国际上仍无法实现自由兑换。

在金融体系内部，银行在整个金融体系中仍占主导地位，尽管资本市场处在快速发展之中，但衍生性金融市场发展却非常迟缓，私募基金也没有完全合法化。

在这种背景下，即使有较多的所谓"热钱"，也不会对中国金融体系造成严重的冲击。这些钱无论进入还是退出中国市场，都要花相对较高的成本。中国经济的增长对外国资金的依赖很小，大量储蓄资金停留在银行的账上，加上留在股市的资金，数量更是巨大。即使有几千亿的外资流出，也不会形成对中国经济增长的约束。何况，在中国经济长期增长的前景下，这些钱也不会一下子跑光。这与1997年日本、韩国、东南亚各国有本质的区别。

三、流动性过剩条件下货币政策面临重大挑战

流动性过剩真正带给中国的是货币政策在汇率与通货膨胀之间的平衡问题。如果提高利率就会吸引更多的国际资金；如果降低利率，货币乘数放大，也将推动资产价格上扬；如果人民币升值则很可能引起出口产业衰落，同时热钱加速流入；不升值则顺差难以削减，外汇储备将继续快速增加，国内货币供给被动增加，同时储备越多升值压力越大。

2006年之前，伴随劳动力、资本、资源与环境的不断投入，在技术引进消化吸收过程中，由于市场扩大、学习曲线带来的规模经济效益，企业生产成本存在一个降低的趋势，这个机制导致了1998年之后价格长期稳定，甚至在部分年份有通缩的趋势。很多人把这种趋势归结为产能过剩。某些年份还采取了"砸锭"这种破坏产能的做法。

但是在2003年之后，伴随着中国经济进入新一轮高速增长周期的来临，资源性投入遇到了存量约束。石油、铁矿石、各种有色金属资源和非金属资源都由于资源紧缺出现了快速价格上涨，污染物排放也大大超过环境容量，人力资源的紧缺打破了中国劳动力无限供给的假说。种种迹象表明，中国经济已经进入了资源与环境约束的时代。

同时，由于中国出口快速增长，外汇储备日益增长，目前中国已经成为

世界上最大的外汇储备持有国之一，接近2万亿美元的外汇储备使得中央银行货币政策空间十分有限。如何维持经济增长、通货膨胀、汇率波动之间的脆弱平衡，是中国经济必须面对的难题。

无论从理论上讲，还是从各国的实践经验来看，在开放经济环境下，用紧缩性货币政策来调控经济过快增长是无效的。

开放经济下的货币政策主要功能是平衡外部经济，尤其是在资本项目没有开放的情况下，货币政策难以用来实现国内经济目标，因为利率与汇率是正相关的。本国利率上升必将导致本币升值，本币升值预期则会吸引国际资本流入，进而引起汇率升值。利率与汇率间的这种正反馈机制将导致利率与汇率的轮番上升，直至利率与汇率完全背离经济基本面而导致经济出现根本性问题。

但是，2004年以来的宏观调控试图让紧缩性的货币政策同时承担起控制投资增长速度、通货膨胀和资产价格等多项功能，从而导致宏观调控的尴尬局面。实际上，市场上并不缺乏资金，不管这些资金是哪里来的。紧缩性货币政策只是提高了利率，又助长了人民币升值预期。

四、打破升值预期是解决流动性过剩困境的前提

由上述分析可以看出，流动性过剩是当前中国经济尤其是货币政策制定者必须面对的首要问题。而人民币升值预期加剧了流动性过剩。

人民币持续单边升值，全球市场夸大了对升值的预期，全世界人民都认为人民币会持续升值，这刺激了更多的热钱进入中国，增加了从紧货币政策的执行难度。在这种情况下，要想打破货币政策面临的困境，就必须打破对人民币升值的预期。

较为可取的政策组合应当是以紧缩性财政政策为主、以中性的（即保持既定利率和汇率稳定的）货币政策加以匹配的政策组合，在此基础上还要积极推行结构性改革政策，以此为宏观调控提供有效的微观基础。

当前汇率调整的重点和目标不应是追求汇率水平充分市场化，而是应该尽快打破市场对人民币的升值预期，把汇率水平保持在目前的水平上。对于中国部分商品出口增长过快的问题，可以通过出口行业性自律、出口税、资源税、环境税、劳动保护等方法来解决，这样的政策更有针对性。而不会像汇率

政策那样，对所有行业"一刀切"，影响很多战略性行业的增长和国际竞争力的形成。比如2008年以来，在开征出口税的作用下，我国钢铁工业在出口量减少的同时实现了出口价格上涨和收益增加的成绩。

相比之下，所谓"热钱"只是这些问题的表象。只要升值预期还存在，国际性的套利资金总会想方设法进来。

五、解决流动性过剩问题的政策体系

流动性过剩不是一个孤立的问题，它是我国经济结构性问题在开放条件下的一个突出反映。因此，要解决流动性过剩问题，也需要一个系统的政策体系。

改革开放之后，我国很多产业的出口快速增长是以环境、资源破坏和低工资为代价实现的。这种出口结构对于我国开始时积累原始资金、推动就业和经济增长有积极意义，但是显然是不可持续的，也是形成我国目前外汇储备过多、流动性过剩难题的根源所在。因此，要解决问题，还是要从这些根源上着手。另外，我国已经积累了将近2万亿美元的外汇储备，也要为这些钱寻找出路。

在所有政策之外，中国政府还应让世界明白，中国经济增长对世界经济有巨大的贡献，人民币升值不会改善一些国家的经济问题，却会导致全球范围内的通货膨胀。那种把人民币汇率当作本国经济问题替罪羊的做法是错误的、有害的。

1. 实施收入政策，启动内需

启动内需已经说了很多年，但是一直没有很大的起色。其关键问题在于尚未建成完善的社会保障体系。教育、医疗、住房对居民支出预期有很强负面影响，影响到居民的消费行为。社会阶层分化日益加剧，富裕阶层的消费需求基本满足，而贫困阶层的收入水平在局部地区还有恶化的趋势。工薪阶层很多沦为房奴、卡奴，却贡献了个人所得税的绝大部分。

因此，要想真正启动内需，就必须实施全面的收入政策。首先是要建立覆盖全体居民的社会保障体系；其次，应逐步理清针对工薪阶层和普通消费者的税、费。比如降低个人收入所得税，减轻普通居民财产交易税收，取消存款利息税，降低地方政府在房地产开发中征收的各类费用水平，等等。

2. 在降低总体税负水平的基础上开征环境税、资源税

要想调整出口结构，限制"两高一资"产品出口，必须借助资源税、环境税等价格机制，以及提高能耗、排放标准等措施改变企业成本结构，从而达到节能减排、减少贸易顺差的政策目标。但是，这些政策不可避免地要改变经济的价格基础，影响到各社会阶层的利益分配。因此，有必要分析各项政策的系统性效果，确保和促进社会公平，促进经济又好又快发展。

由于我国税负水平已经较高，因此在开征新的税种的时候，要注意与旧有税种的衔接，尽量有征有减，应及时调整整个税收体系，避免重复征收、过度征收。具体来讲，应该逐步以环境税替代各种资源费，同时确保总体税负水平不再上升。

3. 扩大对外投资

中国积累的大量外汇储备，和中国经济已经具有的较强的竞争力，将引导中国从一个资本输入国转变为一个资本输出国。无论是外汇储备管理部门和经济管理部门，还是中国的各类企业，都应放眼世界，利用两个市场、两种资源，学会在全球范围内配置资源和生产能力、营销机构，最大程度地利用现代信息技术带来的便利，最大程度地享受全球化带来的好处。

同时，在对外投资过程中，也应充分注意国际经济中的风险，包括主权风险和汇率风险。

4. 改善金融体系，强化金融风险管理

毋庸讳言，我国的金融体系还很不完善，金融资产的质量还存在很大问题，金融创新和相应的管理措施都还不健全。金融安全不在于热钱有多少，而在于自身的体系建设是否健康。金融体系也应加快改革进程，并最终建立现代化的金融体制。

5. 建立国际性货币市场，藏富于民，让金融资本进入国际货币

中国经济要想成为真正的经济强国，最终还是要实现资本项目的全面对外开放，甚至将来人民币也可能成为像美元一样的世界货币。要想实现这些目标，首先要建立符合现代经济规范的货币市场，要拥有像纽约、伦敦那样的世界金融中心。

一个真正健康的大国经济体是不害怕"热钱"的。正常条件下，"热

钱"流入代表了世界经济对一个国家经济增长潜力的信心。国际资金的流入，对于促进本国现代服务业的发展、现代金融业的创新、高新制造业的升级，都是有好处的，就像现在的美国经济，担心的恰恰是外资的撤离。

中国已经拥有了近2万亿美元的外汇储备，加上企业和居民持有的外汇，中国经济的高速发展必将吸引更多的国际资金进入中国，这些条件足够支撑一个国际性的货币市场。只有建立了这样的货币市场，才能在货币国际定价权上取得发言权，让人民币汇率合理合法、有利有节地反映中国经济的真实需求。这样做的另一个好处是，中央银行可以只持有一部分外汇作为储备，其他部分可以由机构和居民持有并在货币市场中运转。

（原载于《第一财经日报》）

建设东亚油气交易中心 提升上海经济领导力

上海石油天然气交易中心正式运行，是我国石油天然气行业的重大事件，标志着我国石油天然气资源市场化运作迈入了一个新的时期。同时，上海石油天然气交易所的正式运行，也是上海市建设中国经济龙头城市、实现城市经济高端化、专业化、金融化的一个难得的历史机遇。上海市应抓住这一机遇，切实优化经济要素布局，提升上海经济在全国和东亚地区的领导力。

一、上海经济作为龙头城市需要实现实业经济与总部经济的高度融合

经过"十二五"的发展，上海市第三产业年均增长9.7%左右，增加值占GDP的比重超过67%，服务经济为主的产业结构基本形成。同时，上海也较早地进入经济"新常态"，从2008年开始上海经济增速就回落到6%—7%的水平。由于步入新的发展阶段，上海面临的结构性矛盾也日益凸显，经济发展新旧动能更迭的内在要求较为紧迫。与此同时，已进入工业化后期的上海，也正面临新的问题和挑战：制造业成本上升、规模增速放缓、压力加大。

上海市作为大规模现代化都市，制造业成本上升是经济发展的必然规律。因此，上海市迫切需要调整产业发展布局，实现从传统制造业向生产性服务业和现代服务业的转型，以此实现经济的高端化和在高成本下的可持续发展。高端化、集约化、服务化和二产三产融合发展方针，是上海市经济发展的必由之路。

由于上海市在全国经济中的龙头地位，上海市必须建成与我国经济实力和国际地位相适应、具有全球资源配置能力的国际经济、金融、贸易、航运中心，这是全国对上海的期望。如果上海市不能做到这一点，就会有其他城市比

如天津、深圳等取而代之。

上海市也是中国最有潜力成为国际经济、金融、贸易、航运中心的城市。长三角地区是中国经济最发达、产业链配套最齐全、基础设施和人力资源条件最好的地区，上海市在金融、商贸、现代服务业方面有长期的积累，港口设施得天独厚。由于长三角地区经济总量巨大，本地区和长江经济带对能源尤其是石油、天然气的需求也最大。上海也是中国和东亚地区的经济中心、金融中心、贸易中心和航运中心。在上海市建设中国石油天然气交易中心是必然之选。

上海市提出的建设国际经济中心、国际金融中心、国际贸易中心和国际航运中心，在石油天然气交易中心的建设上，可以有效实现一体化发展。石油天然气交易中心，不仅需要金融结算、金融工具的创新，也需要石油天然气国际贸易、航运、仓储、交割、物流和配套产业的发展。利用上海市建设自贸区的历史机会和雄厚产业基础，上海市将有望成为中国和东亚的石油天然气贸易中心和定价中心，为增强中国经济的全球竞争力作出贡献。

同时，石油天然气交易中心的建设，也将促进上海自贸区与整个上海市的产业布局优化，推动各产业之间的相互融合，提高上海市在全国和东亚地区的经济辐射能力，使上海市顺利实现产业升级和高端化，从而实现二三产业的融合发展。

二、上海应以建设东亚石油天然气交易中心为目标

（一）东亚地区能源合作有重要意义

美国页岩气革命之后，国际能源版图发生了巨大变化。不断增长的油气产量使美国从全球最大的油气进口国转型成为全球最大的油气生产国之一。这一转变正在重塑能源贸易流向和与之相关的地缘政治格局。美国能源对外依存度持续下降，提高了其他能源进口国家在全球范围内的可获取量。

东亚地区已经成为世界上最大的能源消费者，同时，世界主要的能源供给者也都位于东亚及周边地区。中国目前已经成为世界上第二大油气消费市场，紧随美国之后。中国成为世界能源市场的重要力量，是俄罗斯、中东和非洲产油国的竞争对象，在美国原油出口解禁之后也成为了美国石油的买家，同

时对煤炭和天然气也都有很大的进口需求。

这是中国与外国进行经济贸易活动的最大资源。虽然中国能源资源并不丰富，巨大的市场仍然可以成为中国的优势，它为中国通过合理利用世界能源资源来优化能源结构提供了条件。中国可以利用世界范围内的优质资源，实现自身能源供给与消费结构的优化，降低综合能源成本，实现绿色能源，保护国内资源与环境，提升能源安全保障水平，促进中国经济的持续健康发展。

利用国际优质能源资源，有利于中国推动国内的能源市场化改革和资源优化配置。同时，利用各国普遍欢迎"一带一路"倡议的机会，通过加强与世界能源出口国、进口国、跨境国的合作，也有利于维护区域的和平与稳定，推动周边地区与世界的融合发展。

"一带一路"是中国和亚太地区新的发展机遇。中国能源供给对国际市场的依存度逐年提高，亚洲是世界能源市场的重要组成部分，也是我国石油、天然气、煤炭进口的主要来源地。同时，亚洲地区也是主要的能源消费地区，东亚地区更是主要的能源买方。中国是世界上最大的能源生产国、消费国。但是长期以来，亚洲和中国在全球能源价格上的话语权不足，导致亚洲的能源成本明显高出欧美地区。

（二）东亚地区缺乏天然气定价中心

东亚地区是世界主要的能源消费区，各国家和地区能源消费很大程度上依赖进口，为获得稳定的能源供应，很容易在国际油气贸易中成为价格竞争对手，竞相加价，以致造成双输的不利博弈结果。因此，中国、日本和韩国等应加强合作，建立能源合作机制，建立完善便利的信息交流渠道，维护共同利益。

东亚地区是全球天然气需求增长最快的地区。但是东亚地区没有形成统一的天然气价格，也没有对进口天然气的定价权。相较石油价格而言，世界天然气市场的价格并不一致，不同地区的天然气价格差异很大。总体来说，东亚地区的天然气价格是最高的。

2009年以来全球天然气供应过剩，英美、欧洲和亚太三大天然气市场体系间建立了价格互动。东北亚、中亚、西亚、南亚、东南亚统一的天然气管网也正在建设和完善，东亚地区已经具备建立天然气交易和定价中心的条件。

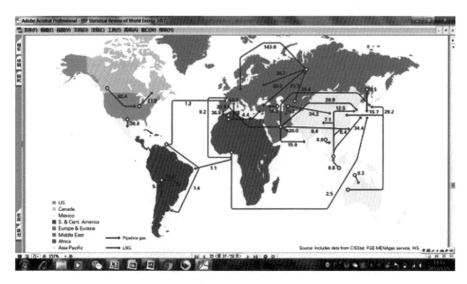

图1　2016世界天然气贸易流（10亿立方米）

资料来源：BP Statistical Review of World Energy 2017.

　　建设东亚天然气交易与定价中心，是解决这一市场多年来供求关系不稳这一问题的关键。上海石油天然气交易中心正式运行，是加快国家能源行业市场化改革的重要举措，有助于增强上海能源要素市场的国际影响力，对加快上海"四个中心"和自贸试验区建设，都具有非常重要的意义。

　　上海石油天然气交易中心注册会员近300家。会员主要为上游生产企业和下游一些燃气公司。目前，交易中心发布了中国LNG(液化天然气)出厂价格指数、中国华南LNG交易价格指数和中国汽油、柴油批发价格指数等多项反映中国油气市场运行情况的指数，为行业提供价格参考，市场价格指数基本形成。

（三）建设东亚天然气交易中心的主要措施

　　天然气是未来发展前景最好的能源，中国和东亚对天然气需求潜力巨大。中国应对大气污染和雾霾的主要解决方案就是天然气，日本、韩国、中国台湾和东南亚地区实施天然气对核电和煤电的替代，也都将需要大量天然气。与石油市场不同，东亚天然气市场尚无一个覆盖全区域的定价中心。中国与东亚的油气合作中，最突出的问题是没有形成统一的价格，需要从油气的上游、中游、下游等方面进行改革，增强市场竞争，建设共同市场。

东亚天然气定价中心的建设，前提是建设统一的天然气管网，核心是完善市场竞争，需要分步骤、分阶段逐步实施。

（1）建立东亚和东南亚天然气定价中心，首先需要完善东北亚、中亚、西亚、东南亚天然气管网，形成互连互通的、统一的市场。中国应进一步推进跨东盟输气管道项目（TACP）建设，把东南亚国家主要天然气产区和消费中心连接起来。同时，完善油气储备库，调节市场终端价格和井口价格。

（2）借鉴欧美天然气储备库建设经验，完善天然气储备库的建设，实施管输分离、独立运营的管理办法，调节市场终端价格和井口价格，增加市场的竞争性。

（3）降低市场准入门槛，鼓励更多民营企业进入市场尤其是上游生产领域参与竞争，加强天然气资源上、中、下游企业的竞争性。

（4）设计和发展天然气金融衍生品，加快天然气现货、期货贸易的电子交易和实货交易平台建设，设计天然气现货和期货产品及合约，发挥市场发现价格的功能，为建立具有影响力的天然气基准价格打牢基础。

（5）培育具有市场影响力的报价和指数机构，建立天然气市场的报价体系，为天然气贸易商签订合同提供定价依据。

（6）探索天然气价格与其他可替代能源和竞争性能源的比价关系，引导天然气资源合理配置，推动与其他能源的合理竞争。

三、围绕油气交易中心建设能源交易综合保障体系

上海市已经具备了发展天然气贸易、仓储、交割、物流配套体系的港口和基础设施条件。上海市临港经济开发区作为高端制造业总部经济基地正在形成临港地区规划面积315平方千米，是上海重点发展的六大功能区域之一，由装备产业区、物流园区、主产业区、综合区、临港奉贤园区、南汇新城六大功能板块组成，是目前世界上少有的集航空、海运、铁路、高速公路、内河运输等五种交通功能于一体的区域。

其中临港物流园区规划面积 16 平方千米。作为上海自贸区的重要组成部分，临港物流园区依托洋山保税港和浦东国际航空港，发挥铁路集装箱中心

站、重工码头岸线、专用铁路等功能优势，大力发展保税物流和非保税物流。便捷的运输网络、完备的配套设施、一流的国际化服务，吸引了众多国际国内知名航运、物流企业竞相抢占先机。马士基、DHL、德国全球货运、卡特彼勒、普洛斯、中远、中海等著名物流运营和配套供应商，整合装备制造业基地国内外供应链，开启高品质物流综合服务体系，成为全球供应链的亚洲枢纽。以港口航运、第三方物流、国际采购、保税加工为特征的国际航运物流业快速发展，物流园区集保税区、保税物流园区和出口加工区功能于一体，低成本、高效率的集疏运能力得以体现。

（一）发展天然气交易平台和相关产业

为建设上海油气交易中心，除了金融交易场所和交易系统的建设之外，还需要建设与实物贸易、交割的整套基础实施体系。具体来说，包括以下内容。

（1）LNG接收站项目。LNG是海上天然气贸易的主要形式。LNG接收站项目可以分为陆上接收站和海上浮动接收站两种形式。这两种形式可以根据具体需要进行设计和配置。为满足未来长三角地区对LNG的大量需求，设计规模应该留有余地，远期应规划2000万吨/年或以上的接收能力。

（2）天然气电子交易平台和相关基础设施。依托天然气基础设施，在实体贸易的基础上，完善天然气电子交易平台，形成LNG储运、交割、结算为一体的天然气市场。进而汇聚信息流、资金流、物流，整合资源，获取规模效益，与银行、担保公司、物流公司进行广泛的合作，进行仓单质押、融资、物流等方面的服务，提升商户交易规模，推动中国能源交易市场的发展，加快企业的国际化步伐。

（3）天然气价格指数的开放。价格指数是商品交易中心的灵魂。未来应建立亚洲天然气交易指数，引导区域天然气交易价格。

（4）天然气延伸产业链，和下游消费市场的建设。在交易中心和天然气贸易物流体系的支持下，上海需要引导社会资本建设能源产业相关项目，实现LNG产业链的延伸，从而建立庞大的LNG交易市场。

（二）发展现代能源贸易物流系统

在能源、交通等硬件基础设施之外，还要更多考虑货币、资本、商贸、金融方面的合作，尤其是通过共享金融平台的方式推动亚洲能源共同市场的形成。加快建设东北亚、中亚和东南亚三个区域性的能源共同市场,并依托21世纪海上丝绸之路提出建设东亚、东亚的天然气交易中心,将对整个亚洲经济的发展起到重要的促进作用。

推动能源市场价格改革,应注重推动国际能源期货市场发展,注重油气金融衍生品的设计与发展,加快油气现货、期货贸易的电子交易和实货交易平台建设,以及天然气现货和期货产品及合约的设计,利用亚太地区作为全球能源消费重要区域的地位,参与全球能源价格制订,为建立亚太地区油气市场定价中心,推出具有影响力的油气基准价格打牢基础。

四、以建设油气交易中心为契机,推动上海市优势资源重组和产业高端化

(一)推进上海自贸试验区建设

上海市需要完善工作机制,系统推进各项改革试点任务,把上海自贸试验区建设成为投资贸易自由、规则开放透明、监管公平高效、营商环境便利的国际高标准自由贸易园区,形成更多可复制可推广的经验。

(二)推动上海成为亚太地区的能源金融中心

发展亚太能源合作机制,推动亚太能源市场的一体化,增强亚太地区在全球能源市场上的话语权,对于提高中国能源安全保障,降低能源成本,推动能源生产革命、消费革命、技术革命、体制革命都有重要的意义,是我国能源对外合作战略的重要组成部分。

随着上海石油天然气交易中心的投入试运行,上海自贸区的大宗商品平台集聚效应将进一步彰显。"在期货交易方面,此前上海期货交易所设立了上海国际能源交易中心,年内有望推出首个国际化的原油期货品种,而在现货市场方面,此前自贸区也批准设立8家大宗商品国际交易平台,覆盖金属、化工等主流品种。"随着国际化的开放平台相继设立,有望打通国内国际两个市场,企业便利使用国内国外两种资源,提高市场效率。

利用上海油气交易中心的发展机会,采取有效措施,推动以油气为主,包括其他能源和化工品种的全方位、多产品能源与化工产品交易中心和定价中心的建设,把上海市建设成为亚太地区最有影响力的能源金融中心,并带动相

关产业向上海及周边地区的集聚，并成为中国经济的最大增长极。

（三）围绕专业化配套基础设施的建设，对上海市产业布局进行再优化

建议在上海金融核心区，以证券金融、商品期货、商贸保险等金融服务业为主，发展高端生产性服务业，切实提高上海市对全国和东亚地区的经济辐射力和领导力。基本建成与我国经济实力以及人民币国际地位相适应的国际金融中心。

在自贸区和临港物流园区，建议发展以油气航运、接收、仓储、交割、物流为主的大商贸产业，发展覆盖油气、金属和非金属、制造业商品的现代物流服务产业。加强上海作为国际贸易中心的地位，基本建成具有国际国内两个市场资源配置功能、与我国经济贸易地位相匹配的国际贸易中心。形成在全球贸易投资网络中起枢纽作用的重要城市，基本形成与高标准国际贸易投资规则衔接的制度体系。最终要形成以上海为中心、以江浙为两翼、以长江流域为腹地的国际航运枢纽港，基本形成服务中国长江经济带大规模物流需求和产业需求的现代化港口集疏运体系和国际航空枢纽港，并形成对整个东亚地区的经济领导地位。

辑二

课题研究

跨国公司汇率风险管理研究

第一章 导论

第一节 研究背景和选题意义

当今世界经济是全球化的经济，各国经济之间的依存度日渐提高，国际企业间的竞争越演越烈，双边、多边和区域层次的国际协调进一步加强，全球的宏观经济和微观经济都在发生新的深刻变化。在这一进程中，跨国公司发挥了经济全球化的原动力和加速器的关键作用。

跨国公司在经济全球化进程中的角色越来越重要，从企业的原创地到投资东道国，从一方市场走向全球市场，跨国公司成了推动经济全球化的核心力量。据世界投资报告提供的数字，全球的跨国公司已达到6万余家，拥有分支机构50万家，企业遍及160多个国家和地区，它们正以庞大的规模和雄厚的实力左右着世界经济的发展。其中，4.5万家的跨国公司生产总值占西方发达国家总产值的40％，囊括世界贸易总额的60％，控制着75％的技术转让和90％的生产技术，支配着80％以上的对外直接投资。20世纪90年代以来，跨国公司的发展产生了一系列新变化，其重要的方面就是跨国公司的发展战略目标选择由单一的经济目标发展为经济与社会等多元目标，亦形成了发展目标多元化的态势。这对于跨国公司的可持续发展，尤其在投资东道国的发展具有"革命性"的意义。

由于经济全球化为释放市场力量创造了有利条件，跨国公司本身也获得了更大的施展身手的舞台，进一步提高了自己的国际化进程和竞争力。

伴随着世界经济贸易环境的变革，国际货币体系本身也处于一个变动过程之中。国际货币体系是为便利国际支付而设置的服务机构、法律及管理程序的总称。它包括以下几方面的内容：（1）各国货币比价的确定；（2）各国货币的兑换性及国际结算的原则；（3）国际货币和储备资产的确定。

国际货币体系的演变大致可以分为三个阶段：第二次世界大战以前的金本位制，第二次世界大战结束至1973年的布雷顿森林国际货币体系，以及之后的国际货币体系。

布雷顿森林体系崩溃后，国际货币金融领域一直处于变动之中。美元的国际地位不断下降，国际储备呈现多元化。各国纷纷实行浮动汇率，全球性国际收支失衡现象日益严重，国际货币体系一度呈现真空状态。直至1978年4月1日，修改后的国际货币基金协定（即牙买加协定）正式生效，国际货币体系进入牙买加国际货币体系时代。但牙买加协定的通过并未改变当时国际货币金融领域混乱的局面，包括之后的各种国际货币体系改革措施，以至于国际市场普遍认为当前的国际货币体系是没有体系的体系。

所谓的牙买加体系实际上是没有体系的汇率体系。目前世界上各主要发达国家都采取了浮动汇率制，其他国家也都有向浮动汇率制靠拢的趋势。钉住汇率制在提供一个稳定的汇率预期的同时，并不能完全消除汇率风险，只是有利于企业与主要出口国之间的贸易。钉住汇率制给金融管理部门造成干涉市场的压力，为了维持一个稳定的汇率水平，中央银行势必要随时对市场进行调控。实际上就是把企业的风险加总到一起推给了中央银行。尽管仍然还有一些国家采取，但是在1997年的亚洲金融危机之后，钉住某种货币（主要是美元）的固定汇率制度的弱点也逐渐暴露了出来。越来越多的国家选择了有管理的浮动汇率制。

在浮动汇率制下，汇率波动已经成为国际金融中的一种常态，成为各国中央银行、商业银行、跨国公司等机构必须纳入日常事务的常规工作。

在这种大背景下，2005年7月21日，中国人民银行宣布进行汇率形成机制改革，从即日起放弃单一钉住美元的人民币汇率政策，开始实行以市场供求为基础、参考一篮子货币进行调节、有管理的浮动汇率制度，中国的汇率体制变成为有管理的浮动汇率。汇改当日，人民币升值2%。之后，人民币汇率一直维持着一个升值的趋势。到2007年4月30日，人民币对美元汇率即期询价报7.7055：1，汇改以来人民币对美元的累计升值幅度接近5%。

20世纪90年代以来，世界经济的一个热点问题就是全球货币与金融问题。先后爆发了墨西哥金融危机和东南亚金融危机。频发的金融危机给跨国公司的财务管理带来了困难。因此，跨国公司如何规避和控制风险，减少汇率波动造成的损失，加强其财务管理，已经成为跨国公司战略管理和日常财务工作的一个重要部分。

跨国公司同时在多个国家开展业务，因此在经营过程中面临着各种各样的风险。而在这些风险中，财务风险是其根本所在。目前多数国家都已实行浮动汇率制度，因此，汇率风险则是跨国公司最经常面对的风险。汇率变动成为跨国公司经常面对的风险，不仅会给跨国公司带来意外的损失，也经常会产生未预计到的利润。

改革开放以来尤其是2001年加入WTO之后，中国经济已经成为世界经济中越来越重要的一个组成部分。中国经济已经成为世界上最为开放的经济体之一，已从"请进来"到"请进来与走出去"并重的阶段。2006年，中国超过德国成为世界第二大贸易国，各类商品的进出口都处于世界前列。世界上中国经济的发展离不开世界经济，世界经济中也越来越具有更多的中国因素。

随着中国经济的快速增长，中国企业的力量也在增强，并且迅速地进入国际市场。在此过程中，越来越多的中国企业走出国门，成为跨国企业。中国新兴的跨国公司也在成长壮大。世界500强中的中国公司将会逐年增加。因此，加强对跨国公司的研究，对于中国的改革开放和经济发展、培养中国经济的核心竞争力具有十分重要的意义。

成长中的中国跨国企业，要在世界经济的大潮中经风雨、见世面，就必需面对复杂的汇率风险的挑战。即使在人民币钉住美元的汇率制度下，中国企业也要面对汇率风险。因为出口市场不止美国一家，美元与其他货币的相对币值变化，都会影响到中国进出口商品的实际价格变化，进而影响到中国企业的财务指标。

因此，对跨国公司汇率风险的控制方法和体系进行深入研究，对于指导中国正在壮大中的跨国企业健全财务制度，在经济全球化的背景下控制汇率风险，有着十分重要的实践意义。同时，对于中国今后吸引外资工作，对于中国有关政府部门加强对在华投资外国企业尤其是跨国企业监管的有效性，也都有着十分重要的理论和实践意义。

第二节　文献综述

一、浮动汇率制度下跨国公司管理的国际难题

跨国公司国际管理中的一个基本问题就是经理如何有效地控制和协调跨国公司的运作。国内公司和跨国公司在各自的业务领域面对着目标冲突以及信息不对称的问题，这种状况以分支机构是母公司的代理人为特征（Roth和O'Donnel，1996；Zajac和Westphal，1996）。目标冲突的问题假设公司首脑和它各自的商业代理人都是自我本位、效用最大化者而非风险偏好不同因而组织战略和业绩不同的经营者。例如，公司的远景强调销售或者投资的高回报率，而在新产品市场中的各自单位也许追求销售收入的最大化，因此，两者的目标不一致。如果两者差异较大，那么，这些分歧就会引起难以调和的产品定价、资本投资和个人补偿计划，进而损害公司的整体业绩。

减少代理问题主要依靠母公司，它们或者付出监督成本以保证业务单位实行较少具有偏好性的公司政策，或者付出设计成本以建立业务单位遵循公司政策的激励机制（Jensen和Meckling，1976）。国外跨国公司的分支机构之间的关系更适合这种控制模型的代理分析。跨国公司的母公司也许没有能力为国外分公司做出决策，因为它们经常缺乏根植于国外分支机构个人和集团中的专业化和特殊化知识。但是，跨国公司的母公司不愿意放弃所有对国外分支机构战略的判断，因为这可能会导致大量政策和战略的偏差以及有损于世界范围内的联网运作（Nohria 和 Ghoshal，1994）。

Oxelheim和Wihlborg（1997）研究了在许多跨国公司中应用的绩效和控制衡量方法，这些方法表明它们是在一个封闭的市场环境中运作，这个环境更适合仅有国内分支机构的公司。在该环境下，与预算操作相关的业绩可以方便地用来理解控制和评估分支机构的方法。简单地说，预算变动分析的根据是比较以下两者：实际业绩（事后记录的无论是销售、操作支出还是会计收入）和相应的在跨国公司预算年度开始时事前预测的预算量。在国际背景下，实际发生量和预算量之间的差异可以从价格或者数量的变动方面进行解释。任何一点变动都要追溯到国外分支机构管理中内生或外生因素的变化，这种行为是对来自于内生因素的预算变化负责。国际管理体系的独特之处在于由本地货币预算转化成参考货币预算要使用的外汇汇率是可变的。

在一篇研讨会论文中，Lessard 和 Lorange（1977）解决了在草拟事前预算

和衡量事后业绩时用何种汇率的问题，他们建议预测的汇率应该纳入预算和追踪业绩的过程中。他们的方法允许国外分支机构就一个"国内远期汇率"和跨国公司母公司进行谈判，该比率较好地反映了它对汇率变化的预期。这种汇率将加强跨国公司母公司和国外分支机构之间的目标相容性以及保证评估经理绩效的公正性，因为他们不会因未预期到的波动引发的业绩变化而受责骂和褒奖。当地分支机构的运营实际上不受未预见到的汇率变化的影响，然而，母公司则像银行家一样按照预算安排以一种事前列明的远期汇率购买国外分支机构的外国货币。在他们的模型中隐含着一种中性的假定：国外分支机构自己面对由通涨——货币贬值周期带来的经济风险，这样恰好形成了一种平衡。

事前国外分支机构编制预算时使用预测的外汇汇率，然后根据实际汇率评估事后国外分支机构业绩的方法由来已久（Business International， 1982）。这种方法允许分支机构就一个国内远期汇率和它的母公司进行谈判，同时鼓励分支机构随着预算计划的进行根据定价、原材料来源、运作资金需求融资调整操作策略。但是，当地分支机构管理层要对预测的错误负责，同时在经营周期内随着或有费用的上升，管理层要适时调整经营策略。另外，McCallum（1984）建议要把由购买力评价所决定的标准化外汇汇率纳入预算编制和追踪监测的全过程。Jacque 和 Lorange （1984）研究了业绩评估过程中的曲解，该曲解来自于在恶性通货膨胀国家中通胀和货币贬值周期所引发的经济风险。他们研究出一种熨平变量模型，该模型用因政府调控所修正的影子部门价格和基于购买力事项的影子汇率对预算的运作进行调节。但是，他们的方法没有将产品定价、市场份额调整纳入预算之中。该预算受到分支机构所在地货物和资本市场中未预期到的通货膨胀和汇率变化的影响。为了弥补其中一些缺陷，Lessard 和 Sharp （1984）为跨国公司研究了一种随机预算的方法，该方法的特征是多重情况假定、对已存在的汇率可能发生的出人意料的背离进行分析，并且对与这种意外相关的成本和现金流动进行调整。但是，如果实际运行状况与事前所阐述的不相关的设想发生不同，那么，多重情况假定就会失去效果；当实际状况与这些离散的情形不同时，预算的方差分析就会失败。改善这个方法的途径就是在实际运行中可能出现的意外和应对意外的最优管理对策之间建立一个客观的、连续的联系。

二、汇率风险的概念

公司的价值和财务指标会因汇率的变动而受到影响，从事贸易的进出口商受到的影响可能更大。但即使是一家完全不从事进出口的国内企业，还是会间接受到其他国内厂商以及汇率风险的影响。公司价值因为受到汇率的变动进而可能影响其收益、成本、资产现值等现金流量，进而是公司的价值上升或下降。因此，在现今经济日益全球化的环境下，企业无论是否从事国际贸易，是否成为跨国企业，都会直接或间接地面临汇率的问题。

目前国内的研究多集中于宏观层面，即主要研究汇率风险对宏观经济、国际竞争力、进出口的影响，比如张斌和何帆（2005）、张志超（2002）、张志超（2003）等。

汇率风险有广义和狭义之分，广义的汇率风险是指由于汇率、利率变化以及交易者到期违约和外国政府实行外汇管制给外汇交易者可能带来的任何经济损失和经济利益。狭义的汇率风险仅指因两国货币汇率的变动给交易双方中的任何一方可能带来的损失或收益。

在研究外汇风险管理的文献中，汇率风险暴露（exchange rate exposure，有时简称"汇率暴露"或者"暴露"）是一个重要的概念。通常将承受汇率风险的外汇金额称为"受险部分"或"暴露"（exposure），也就是说，如果做定量分析的话，可通过分析外汇的暴露程度来判断汇率风险的大小。暴露的外汇处于风险状态。从这里我们可以看出，外汇交易之所以产生汇率风险是因为一部分外汇头寸处于暴露状态。

汇率风险，又称外汇暴露（foreign exchange exposure），是指汇率变动使跨国公司蒙受损失的可能性。

公司汇率暴露最早的定义由Shapiro（1975）提出。一个常用的定义由Madura（1989）给出，指未预期的汇率变化对企业价值的影响。特别地，它被定义为由汇率变动引起的企业现金流、资产和负债、净利润进而其股票市值等的可能的直接损失（由未对冲的暴露所引起）和间接损失。为管理国际企业固有的汇率风险，企业需要判断风险暴露的特定类型、对冲策略和可选择的对冲工具。

为测算汇率变动对企业以外币计价的财务操作的影响，即汇率变动导致的风险价值（value-at-risk，VaR），需要区分企业面临的风险类型（Hakala

和 Wystup，2002）。汇率风险一般可以分为三类（Shapiro，1996； Madura，1989），即交易上的汇率风险、折算上的汇率风险和经济上的汇率风险，简称交易暴露（transaction exposure）、折算暴露（translation exposure）和经济暴露（economic exposure）。

交易风险。由于汇率变动导致的交易性账户暴露的影响，如收入（出口合约）、支出（进口合约）或者股息派发等。这些合约的计价货币的任何汇率变动都会导致直接的汇率风险。

折算风险。主要与资产负债表有关的风险，指汇率变动对国外分支机构价值，进而对总企业合并报表价值的影响。国外分支机构折算暴露的测算一般为其净资产（资产减去负债）对潜在的汇率变动的暴露。在合并财务指标时，折算可以采用期末汇率或者期内平均汇率，取决于账户管理规则。选择哪种折算方法对总公司有很大影响。

经济风险。基本上反映企业未来运营产生的现金流的现值受汇率变动的影响。本质上，经济风险反映汇率变动对收入项（国内销售和出口）和运营支出（国内投入和进口的成本）的影响。经济风险通常表示为企业总公司和国外分支机构未来现金流的现值。不同类型的汇率风险，以及其测算方法，对企业如何选择汇率风险管理策略至为重要。

三、理论模型

（一）汇率风险暴露形成机制

企业的汇率暴露是一个测算其现金流对汇率变化的敏感性的概念。由于企业的现金流很难测算，多数研究者通过研究企业市值、预期现金流的现值等指标如何对汇率变化做出反应来研究汇率风险暴露。

Adler和Dumas（1984）首次提出从投资者的角度看待汇率风险暴露问题，并提出了Adler-Dumas模型，该模型的建立提供了一个可以对大样本公司进行比较的工具，并可用来对汇率风险暴露进行定价。

根据Alder 和 Dumas （1984）给出的数学定义，企业在一特定时间水平上对一篮子外币的价值暴露可以测算为能够产生企业未来价值的最小方差。令$R_{t,t+j}^{S}$代表企业股票在时间t和t+j之间随机变动的本币计价回报率，考虑在时刻t卖出于时刻t+j到期的B_i单位以货币i计价的远期合约来对冲持有该股票的风险，如果即期汇率E_t^i和远期合约率$F_{t,t+j}^i$以每单位外币的国内货币价值来衡量，且$R_{t,t+j}^i=(E_{t+j}^i/E_t^i)-1$，则该对冲资产可表示为：

$$RP_{t,t+j}=R_{t,t+j}^s-\sum_{i=1}^n b^i R_{t,t+j}^i-\sum_{i=1}^n b^i\left(\frac{F_{t,t+j}^i-E_t^i}{E_t^i}\right)$$

其中，$b^i\equiv\left(B^i E_t^i/S_t\right)$为币种i的卖出合约的本币现值，以当期股票价格的分数表示。现在来看Alder和Dumas（1984）的定义：

定义1：企业在时期（$t,t+j$）对币种$i=1,2,\cdots,n$的汇率风险暴露可以定义为能够最小化$Var\left(RP_{t,t+j}\right)=Var\left(R_{t,t+j}^s-\sum_{i=1}^n b_{t,t+j}^i R_{t,t+j}^i\right)$的对冲比率向量。

或者说，这些汇率风险暴露$\left(b_{t,t+j}^1,b_{t,t+j}^2,\cdots,b_{t,t+j}^n\right)$是下面线形回归的斜率系数：

$$R_{t,t+j}^s=a_{t,t+j}^s+\sum_{i=1}^n b_{t,t+j}^i R_{t,t+j}^i+u_{t,t+j}^s$$

其中，$a_{t,t+j}^s$为常数，$u_{t,t+j}^s$为误差项。

如果$b_{t,t+j}^i$为正，则意味着本币对币种i的贬值将使企业回报率上升。反之，如果$b_{t,t+j}^i$为负，则会使企业回报率因而其股票价值下降。

但Adler-Dumas模型自身也还存在着一些不足，因此后来的研究者进行了大量的理论和实证研究后，将市场收益率加入到模型当中，并使用了单个汇率进行衡量。为了对汇率风险暴露进行有效的估计，后来的研究者也对不同的单位时间水平和时滞的影响进行了考虑。影响汇率风险暴露的因素也是多种多样的。企业规模、所处行业、海外销售、是否为跨国公司、海外资产、行业层次的贸易，这些都可能影响到企业的汇率风险暴露，但总的来说，风险暴露是每个公司的特定现象。

（二）汇率风险暴露的对冲策略

Copeland夫妇在他们的论文"Managing Corporate FX Risk：A Value Maximizing approach"（1999）中研究了检验最优对冲政策的模型，并且根据该模型提出了确定企业汇率风险暴露的最优对冲比率，进而提出了最优对冲策略。

根据他们的研究，公司必须在选择策略之前对对冲的收益和成本进行评估。但是，仅仅有现金流波动的最小化不足以保证公司平稳的运作，还必须观察现金流入和流出的比率以及减少对由外汇对冲成本引起的现金流的操作。该模型考虑的因素有公司现金流的波动性，汇率、期货合约中汇率传播的波动性以及商业损失的成本。首先它找到在特定时段内有助于减少商业损失概率的对冲比例，然后对对冲的成本收益进行评估。该模型的基础假设是，对冲策略取决于对冲预期成本（通常很低但概率高）和商业损失预期成本（通常很高但发生概率低）之间的平衡。

正如Copeland夫妇所强调的，以往许多关于对冲的研究都集中于关于减少方差的研究（Howard 和DiAntonio，1984；Lindahl，1989；Kerkvliet和Moffet，1991）。但是，根据这些学者的研究，减少方差既不是一个减少商业损失概率的必需条件，也不是一个充分条件。

Copeland夫妇提出了一种评价衍生产品减轻汇率风险的方法。认为，减小方差既不是减轻商业风险的必要条件，也非充分条件。最优的对冲比例取决于在一个预定的时间段内，例如一年，营业损失概率的最小化。特别是，影响现金流模式的因素是现金流下降到发生商业中断（预期的发生中断的时点）临界点的概率。对于一个有益的对冲计划，它必须推迟发生中断的时点。如果现金流入恰好超过并且上升趋势快于固定的现金成本，同时营运现金流的可变性很低，那么，预期发生损失的时间实际上也许是难以估计的，因此，总的来说对冲是不必要的。

对商业中断的预期时点的求解过程显示，除了对现金流进行对冲之外，其他各变量也是重要的。第一，营运现金流对现金流出水平的比率，它代表了商业中断的边界，即覆盖率（coverage ratio）。有高覆盖率的大企业的商业中断风险很低，因此它们不需要对冲。第二，引起外汇对冲成本的营运现金流的变动（交易成本和汇率的未预期变动）。进而，最优对冲比率为方差最小对冲β_x（定义为外汇合约回报与未对冲现金流之间线性回归的斜率），并由对冲成本μ_x（外汇合约中的每单位方差）进行了调整。例如，季度合约中，14个基点的交易成本使最优对冲比率降低了20%。

（三）运营类汇率风险管理政策

就财务风险管理方面而言，最优对冲理论说明了在效率不完全的资本市场中，提供公司使用衍生性金融产品规避风险的动机，而Smith 和 Stulz（1985）认为，对冲将可能减少公司价值的波动及发生财务困难时的成本。

虽然有些公司本身风险头寸小或者公司能够有效利用其他方法来管理外汇暴露，并未从事衍生性金融产品来规避汇率暴露的风险，但是Nance、Smith和Smithson（1993）仍认为运用衍生性金融产品，能够减少公司预期的交易成本及其他财务成本，进而增加公司的价值。而Simkins和Laux（1997）、Pantzalis、Simkins和Laux（1999）与Allayannis和Ofek（2001）的实证结果都证实了公司运用衍生性金融产品来降低外汇风险暴露的程度。

对暴露的汇率风险利用衍生金融产品进行对冲是跨国公司汇率风险管理最为常用的一种方式（称为金融性政策，financial policy）。但是，除此之外，跨国公司还有其他选择。选择之一，是对分支机构布局的调整。即可以在产品需求较大或者劳动力优势明显的国家设立生产厂，把汇率风险消灭在产生之前。跨国公司的这种非金融类汇率风险管理方法称为运营政策（operational policy）。

有些公司也利用运营对冲（在不同区域不同国家设立分支机构）的方式来达到规避汇率风险的效果（Kogut和Kulatilaka，1994）。当跨国公司海外涉及的国家越多时，它就会获得运营弹性上的优势。因为跨国公司可以广泛的网络结构，在多个国家内转移资源（包括生产、营销、研发、财务等资源），避开各国的汇率波动风险。如果跨国公司海外据点过于集中在某一国家，就可能导致运营弹性上的优势丧失，反而提高了公司汇率风险的暴露程度。

与金融类对冲合约不同，企业的运营政策很可能影响公司的预期利润。例如，在多个国家拥有生产厂允许企业在观察到汇率变化之后把生产转移到以本币计量成本最低的国家去。这种生产的流动性可以产生一个正的收益（Dasu和Li，1994；Eiteman、Stonehill和Moffett，1998）。

另一种非金融性的汇率风险管理政策是汇率转嫁，即通过定价权在不同国家实施差别定价，尽可能把汇率风险带来的可能损失转嫁给上游厂商或消费者。当然这与金融性对冲政策并不矛盾。

国际经济学中有大量关于贸易商品价格对汇率变化的反应，即汇率转嫁的文献。汇率价格转嫁机制的定义通常对汇率转移机制（exchange rate pass-through）的一个比较规范的定义是"进口国与出口国之间汇率变动1％，会引起本币表示的进口品价格变动的百分比"（Goldberg和Knetter，1997）。换句话说，就是"以目的地国家货币表示的贸易商品价格，对汇率变动的反应程度"（Rincon等，2005）。

多数理论研究采用不完全竞争作为分析框架，把不完全汇率转嫁作为在国际市场上出售产品的企业实施利润最大化战略的内生结果。实证文献中，有大量证据表明，市场力在最优转嫁程度的决定中扮演着重要作用。然而大多数研究是基于美国的数据，欧洲等其他地区的研究相对较少（Campa和 Minguez，2004；Anderton，2003；Warmedinger，2004；Faruquee，2004）。

其中的一个研究方向是汇率变化对出口型企业的市场力、成本结构和竞争力的影响，以及汇率转嫁的含义等。库诺特垄断模型中的一个重要关系是出口商在目标市场的市场份额和汇率的关系。特别地，出口商所在国的货币升值，增加了他们的成本，减少了其市场份额（Shy，1996）。如果其货币贬值，则反之。如果在实证研究中不考虑这种关系，对汇率转嫁的估计就会偏低。然而，Bernhofen 和 Xu（2000）以及Brissimis 和 Kosma（2004）的研究，在其估计中考虑了这种内生性之后，仍然没有得出市场力及其与汇率的关系是研究汇率转嫁的基础因素的结论。

其后果，就得寻找其他影响转嫁的因素。产业组织理论研究最近的进展指出了创新活动的重要性，尤其是工艺革新，影响了企业的最优产量和定价策略。工艺革新，减少了生产现有产品的成本，影响了价格。企业采用工艺革新的动力，市场结构保证了一个更大的市场份额导致更大的激励去投资工艺改善的R&D投资。在国际化环境中，由于汇率的存在而更加复杂。汇率变化，对出口企业在目标市场中的市场份额有负面影响。因此，汇率变化通过影响市场份额，影响了创新活动并进而影响了成本和价格。如果汇率、市场份额、创新活动和价格之间的这些关系都考虑进实证研究之中，就可能会消除汇率转嫁估计中的偏差。

（四）实证研究

公司汇率风险暴露是对公司现金流关于汇率变化敏感性的测度。由于现金流很难测度，很多研究者通过研究公司市场价值、预期现金流的现值对汇率变化的反应来测度风险暴露。

汇率变动除了对当前公司运营的现金流造成影响之外，对于公司未来现金流以及评估现金流价值的贴现率也都会产生影响。因此，衡量公司外汇风险暴露程度，已是现今国际财务管理领域的重要课题。

早期文献多以美国为研究对象，Jorion（1990）以公司股票月报酬率为应变量，名义汇率月度变动率和市场月度报酬率为自变量，检验了1971年到1987年美国跨国公司外汇风险暴露的情况，其实证研究成果表明汇率风险暴露并不显著。其他学者如Amihud（1994）、Bodnar 和 Gentry （1993）、Bartov 和 Bodnar（1994）、Khoo （1994）以及Choi 和 Prasad（1995），其研究结果也显示当期汇率变动对当期股票报酬率并没有显著的影响，许多学者接着探讨没有显著影响的原因，Chamberlain、Howe 和 Popper（1997）认为利用日数据就可得到比较显著的结果，因此建议应该利用日数据来进行外汇风险暴露的研究。

Bodnar、Dumas 和 Marston （1999）提供了一个清楚的理论模型，发现了较高水平的风险暴露。但是他们的模型是对一组疑似高暴露的日本公司进行的估计，因为其目的就是为了研究高暴露水平的公司在风险暴露和转嫁（pass-through）之间的关系。

汇率风险与出口的关系自20世纪70年代早期固定汇率制崩溃之后一直受到关注。Ethier （1973）认为汇率风险会由于利润风险而降低出口水平。De Grauwe （1988）则认为企业为对冲潜在的收入损失而增加出口。Broll 和 Eckwert （1999）认为，选择出口就会增加汇率风险。Pozo （1992）揭示，汇率风险对英国向美国出口有负面影响。Chowdhury （1993）以及Arize （1995，1996，1997）发现了汇率对美国、欧洲和G7国家出口的负面影响。Weliwita、Ekanayake和Tsujii （1999）以及Fang 和 Thompson （2004）提供了汇率风险对发展中国家和地区（斯里兰卡和中国台湾）出口的负面影响。Arize、Osang和Slottje （2000）以及Arize、Malindretos和Kasibhatla （2003）利用了一个移动样本标准差模型得出结论，汇率风险对欠发达国家出口有负面影响。与此相反，Asseery 和 Peel （1991）发现，汇率风险对英国以外的多边出口有正面的影响。Kroner 和 Lastrapes （1993）揭示，汇率风险对法国、德国和日本的出口有正面影响，而对英国和美国的出口有负面影响。McKenzie 和 Brooks （1997）报告了对德国和美国的正面的影响。最后，Klaassen （2004）发现，汇率风险对美国向G7国家的月度双边出口没有影响。

大量理论和实证模型试图对汇率风险对出口的影响作出定量化分析，这些模型往往都是在对称性假定下进行的，暗含的意思是，汇率的贬值和升值的风险影响没有什么区别。Tse 和 Tsui（1997）发现，贬值产生对未来流动性的冲击比相同幅度的升值带来的影响大得多。因此，升值和贬值之间存在着不同的影响条件。

最近几份研究讨论了美国以外的国家，Di Iorio 和 Faff（2000）使用日数据检验了澳大利亚的产业外汇风险暴露情形，实证结果确实发现了日汇率变动对公司股价日报酬率影响远比月汇率变动对公司股价月报酬率的影响更显著。而Dominguez 和 Tesar（2001）则认为早期全球资本市场整合程度不够高，导致汇率变动和公司价值的关系非常薄弱，但近年来随着全球资本市场的整合，汇率变动和公司价值的关系也应随之增加。因此，针对智利、法国、德国、日本、意大利、泰国、英国及荷兰等八国的个别公司及产业为研究对象，实证结果发现不论是个别公司还是产业类的股价都会受到汇率变动的影响。因此，汇率变动对企业价值是否有影响，可能因研究国家或样本选取期间不同而有不同的结论。

对汇率风险暴露的决定因素，例如Jorion（1990）的研究，指出跨国公司的外销程度可能是影响汇率暴露的原因。实证结果发现外汇暴露与外销比率呈现显著的正相关。

此外，根据Chow、Lee 和 Solt（1997）以及He 和 Ng（1998）实证结果指出，大公司相对小公司而言，因财务危机而产生的破产成本较小，因此比较没有动力去避险，所以大公司的外汇风险暴露程度较高。而Warner（1977）也认为较小的公司可能发生破产的概率较大，因此规模较小的公司比较可能从事避险，使得小公司汇率风险暴露水平较低。然而Nance、Smith 和 Smithson（1993）却认为大公司对避险活动比较有经济规模，避险成本较低，也乐于避险，所以大公司的外汇风险暴露程度较低。因此公司规模大小与汇率暴露之间关系尚无定论。

最后一个可能影响外汇暴露的原因是股票的波动，Pantzalis、Simkins 和 Laux（1999）以最高股价来代替公司的总风险，此值越高，表示股价越不稳定，而外汇风险暴露为总风险的一部分，因此二者之间应具有正向的关系。

直接检验汇率风险的对称性或不对称性的文献比较少。有一些文献研究了出口价格对汇率所做的调整（Krugman，1987；Sercu和Vanhulle，1992；

Knetter，1993；Kanas，1997；和Mahdavi，2000）。这些文献建立了经济暴露显示不确定性的假设，即实际贬值和升值引起的出口价格变化是不同的。Fang和Thompson（2004）表明，出口对货币贬值有反应，而且是负向的，但是只对出口有很小的影响。

Fang、Lai和Miller（2005）表明，传统的汇率风险在总量水平上在影响是对称的假定是有问题的。对印度尼西亚、日本、韩国、菲律宾和中国台湾的研究表明，汇率贬值时的风险对出口的影响是显著的，但是只有三个国家——日本、新加坡和泰国在升值时的影响是显著的。

由于中国长期以来一直实际执行的是固定汇率制，中国的跨国公司也远未成长起来，因此针对中国公司的汇率风险管理的实证研究还无法进行。

第三节　本文的研究结构

一、研究对象

如本文的题目所示，本文将对跨国公司的汇率风险管理进行研究。根据联合国贸发会议的解释，跨国公司是"在两个或更多国家建立子公司或分公司，由母公司进行有效控制和统筹决策，从事跨国界生产经营活动的经济实体"。

在本文研究中，有时使用"国际企业"这个词来代替跨国企业，这样可以把那些只做进出口而没有国外子公司的涉及贸易的企业纳入进来（这些企业随时都可能成为跨国公司）。另外，本文将主要研究非金融类的跨国公司/国际企业，这类企业首要的目标是规避汇率波动带来的风险，这一点与金融类企业很不相同。金融企业很可能在汇率波动中幸灾乐祸，浑水摸鱼。如果没有汇率风险，它们倒很可能失去很多业务。

汇率风险有广义和狭义之分，广义的汇率风险是指由于汇率、利率变化以及交易者到期违约和外国政府实行外汇管制给外汇交易者可能带来的任何经济损失和经济利益。狭义的汇率风险仅指因两国货币汇率的变动给交易双方中的任何一方可能带来的损失或收益。本文中涉及的汇率风险，并没有详细区分广义与狭义，但更多的是指狭义的汇率波动。

另外，本文所谓汇率风险管理，只限于微观层次的企业所进行的风险管理活动，而不是指中央银行、财政部门以及非政府机构（NGO）。

二、结构安排

本文后面的章节安排如下，第二章将在本章文献综述的基础上，利用数理模型对汇率风险的发生机制以及汇率风险管理的传导机制进行分析，对汇率风险暴露的产生机理和如何确定暴露进行数理分析。其中前两节建立了一个较接近实际的三国模型，允许企业在多个国家组织生产和销售，阐明了汇率风险暴露的产生机制；第三节对汇率风险管理的财务机制进行了数理模拟，得出的结论是为控制汇率风险，应该对全部风险暴露进行对冲；第四节则应用Copeland 和 Copeland模型，得出了对汇率风险暴露最优对冲比率的数量结果；第五节研究了跨国公司通过定价策略实现汇率风险转嫁的机制。

第三章在第二章数理模型分析的基础上，从实际操作需要出发研究汇率风险的管理政策和可以使用的对冲工具。第一节对汇率风险暴露按照具体的发生机制分为折算暴露、交易暴露和经济暴露；第二节讨论了汇率风险管理的目标、原则与方法；第三节详细讨论了汇率风险管理工具；第四节研究了利用金融衍生工具和运营手段（包括分散网络、转移定价、创新等）对汇率风险暴露进行对冲的策略。对比可以看出，本章的汇率风险管理政策与第二章的数理模型是一一吻合的。

第四章对跨国公司汇率风险管理的国际实践进行了研究，对以通用汽车（GM）为首的31家大型跨国公司的汇率风险管理策略和美国、日本、中国台湾企业的策略进行了总结，进一步印证了第三章的政策研究成果。

第五章对我国汇率风险问题进行了研究。第一节首先讨论了中国企业面临的汇率风险状况，指出，即使在固定汇率时期，中国企业也面临着汇率风险，只是当时没有引起重视。目前的人民币升值压力也不会是一种常态，企业既要注意升值带来的风险，也要注意未来可能的贬值风险。第二节研究了中国企业目前的汇率风险管理状况。第三节对中国企业如何健全汇率风险管理机制提出了政策建议。第四节就出口企业如何应对当前人民币升值的环境进行了具体的探讨。第五节则提供了一个成功案例。

三、本文的分析方法

本文将综合采用数理模型分析方法和案例研究方法。基本思路是，在数理模型的研究基础上，提出企业汇率风险管理的政策建议，再通过案例研究进行验证。由于目前中国关于企业汇率风险暴露的数据十分不理想，所以暂时无法进行计量经济学研究。这是本研究的一个遗憾。

四、本文的创新之处与后续研究建议

目前国内从数理模型角度全面分析企业汇率风险管理的文献尚不多见，本文是国内该研究领域的一个有益补充。本文提出的汇率风险暴露三国模型是对该领域的一个创新，用一个十分接近真实世界的理论模型对汇率风险暴露的产生机制进行生动的解释，为后面提出的管理策略提供数理基础，清楚地刻画了汇率风险管理政策的传导机制。

本文也对汇率风险的管理政策进行了全面的评述，对这些政策的组合效果及其作用机理进行深入的分析，与数理模型的结论一一吻合。这为中国企业开展汇率风险管理提供了很好的参照。

本文对中国企业提出了汇率风险管理政策建议。提出，首要任务是建立工作机制，而不是盲目地应用金融工具。

本文目前的不足，一是无法进行计量经济学研究，二是如果能够进行一个较大样本的企业调查就会更有说服力。希望能够在以后的研究中继续深入。

第二章　关于汇率风险的几个模型

第一节　汇率风险暴露的一个简单模型[①]

一、汇率风险暴露的数学表达式

按照定义，外汇暴露是指企业市值或预期现金流的现值对汇率变化的反应，即汇率变化一个单位，企业市值或预期现金流因而变化的数量。Bodnar和 Marston（1998）对参加Wharton/CIBC 1998年非金融企业风险管理调查的美国企业的外汇暴露情况的分析表明，风险暴露与净外汇收入和利润相关，进行对冲操作可以有效地保护企业免受汇率波动冲击。模型基于企业利润最大化的假定，没有采用惯用的公司股票价格行为对外汇暴露的研究方法，而是通过公司的外币收入和成本直接估计外汇暴露。

根据定义，公司的现值是所有未来预期现金流的现值之和：

---

① 本节模型来自Bodnar和Marston（2000）。

$$V = \sum_{t=1}^{\infty} \frac{CF_t}{(1+\rho)^t} \qquad (2\text{-}1)$$

其中，CF_t代表预期现金流入，等于税后利润减去净投资，p为折现率。假定净投资为0，则现金流预期为每年恒定。于是，公司现值可写为：

$$V = \frac{CF}{\rho} = \frac{(1-\tau)}{\rho}\pi \qquad (2\text{-}2)$$

其中，t为税率，π为税前利润。外汇暴露的基本测度是dV/dS，测度的是以本币表示的汇率暴露的名义值。

$$dV/dS = [(1-\tau)/\rho]d\pi/dS \qquad (2\text{-}3)$$

其中，S为汇率（本币/外币）。

因此，外汇暴露与外币表示的现期利润的导数成正比。在本章的以后分析中，我们忽略$[(1-\tau)/\rho]$部分，而只讨论$d\pi/dS$。

二、汇率风险暴露

为研究公司间的外汇暴露，设定一个考虑汇率风险的企业模型如下：

（1）企业可以在国内生产，并可以同时出口和国内销售；

（2）企业可以使用国内生产和进口的零部件；

（3）企业可以在国外工厂生产与国内相同或不相同的产品。

下面的企业是一个使用国内和进口零部件的国际企业，在国内和国外均可生产和销售。定义如下变量：

X、X^*分别表示国内产品在本国和国外的销售。

Z、Z^*分别表示国外生产商品在本国和国外的销售，由国内企业的国外工厂生产。

C、C^*表示成本函数，分别由本币和外币定义，代表生产国内商品（$X+X^*$）的生产成本。

K、K^*为成本函数，分别由本币和外币表示，代表国外生产商品（$Z+Z^*$）的成本。

S为汇率，即本币/外币。

根据以上假定，公司的利润为：

$$\Pi = XD(X) + SX^*D^*(X^*) - C(X + X^*) - SC^*(X + X^*)$$
$$+ ZF(Z) + SZ^*F^*(Z^*) - K(Z + Z^*) - SK^*(Z + Z^*) \quad （2\text{-}4）$$

由于公司为国内外两个市场生产两种商品，为实现利润最大化，有四个一阶条件：

$$(d\Pi/dX) = D(X) + XD_0(X) - C_0(X + X^*) - SC_0^*(X + X^*) = 0$$
$$(d\Pi/dX^*) = SD^*(X^*) + SX^*D_0^*(X^*) - C_0(X + X^*) - SC_0^*(X + X^*) = 0$$
$$(d\Pi/dZ) = F(Z) + ZF_0(Z) - K_0(Z + Z^*) - SK_0^*(Z + Z^*) = 0$$
$$(d\Pi/dZ^*) = SF^*(Z^*) + SZ^*F_0^*(Z^*) - K_0(Z + Z^*) - SK_0^*(Z + Z^*) = 0$$

$$（2\text{-}5）$$

其中下标0表示各函数对产量的导数。

企业的外汇暴露可以通过求利润对汇率的微分获得：

$$d\Pi/dS = [d\Pi/dX](dX/dS) + [d\Pi/dX^*](dX^*/dS) + [d\Pi/dZ](dZ/dS)$$
$$+ [d\Pi/dZ^*](dZ^*/dS) + \{[X^*D^*(X^*) - C^*(X + X^*)] + Z^*F^*(Z^*) - K^*(Z + Z^*)]\}$$

$$（2\text{-}6）$$

根据此方程式，企业利润有两个渠道随汇率变化进行调整。第一，可以调整产量（即式（2-6）的上面一行）；第二，可以按比例随外币表示的在国外的外币净收入进行调整（式（2-6）的下面一行）。

这一表示可以通过式（2-5）进行简化，在当期平衡条件下，利润对产出的调整等于0。其含义是，如果企业选择了最优化的产量，只有汇率对利润的直接影响发挥作用。因此外汇暴露可以表述如下：

汇率风险暴露：

$$d\Pi/dS = \{[X^*D^*(X^*) - C^*(X + X^*)] + Z^*F^*(Z^*) - K^*(Z + Z^*)]\}$$

$$（2\text{-}7）$$

即企业的汇率风险暴露等于外币净收入。

三、汇率风险暴露弹性

实证研究文献一般估计暴露弹性（即汇率变化1个百分点引起的利润变化百分点数），而较少估计暴露的名义值。暴露弹性定义如下：

$$\delta = (d \ln \Pi / d \ln s)$$
$$= S\{[X^* D^*(X^*) - C^*(X + X^*)] + Z^* F^*(Z^*) - K^*(Z + Z^*)]\}/\Pi$$

（2-8）

如果定义以下几个变量，式（2-8）可简化：

$R = 总收入 = XD(X) + SX^* D^*(X^*) + ZF(Z) + SZ^* F^*(Z^*)$

$M = 总成本 = C(X + X^*) + SC^*(X + X^*) + K(Z + Z^*) + SK^*(Z + Z^*)$

$h_1 = 外汇计价收入占总收入比例 = S[X^* D^*(X^*) + Z^* F^*(Z^*)]/R$

$h_2 = 外汇计价成本占总成本比例 = S[C^*(X + X^*) + K^*(Z + Z^*)]/M$

$r = 利润率 = \Pi/R$

我们可以把式（2-8）重写为：

$$\delta = h_1(R/\Pi) - h_2(M/\Pi) = (h_1/r) - h_2(1/r - 1)$$ （2-9a）

或者

$$\delta = h_1 + (h_1 - h_2)(\frac{1}{r} - 1)$$ （2-9b）

δ只为三个变量的函数：h_1，h_2，r。

下面分析几种情况下企业的汇率风险暴露弹性。

（1）本国出口商（纯出口商）。

假定企业在国内生产所有产品，部分销售国外，销售比例为h_1。所有零部件由国内生产，$h_2 = 0$。则其汇率暴露弹性为：

$$\delta = h_1/r$$ （2-10）

如果该企业为外向型企业，产品全部销往国外，$h_1 = 1$，则：

$$\delta = 1/r$$ （2-11）

即如果外向型出口企业的利润率为10%，那么汇率每变动1%，企业销售利润变动10%。

（2）来料加工出口企业。

国内生产所有产品，全部销售国外，销售比例$h_1=1$。所有零部件由国外进口，但是仍然有一些来源于国内的成本，比如能源、劳动力，此时$h_2=\dfrac{来料成本}{总成本}$。其汇率暴露弹性：

$$\delta = 1+(1-h_2)(1/r-1) = \frac{1}{r} - h_2\left(\frac{1}{r}-1\right) \qquad （2-12）$$

如果该企业来料成本接近于总成本，$h_2 \approx 1$，则：

$$\delta \approx 1 \qquad （2-13）$$

此时，企业的汇率风险暴露与汇率变动基本一致。

（3）国际企业。

生产和销售都在国外。如果企业产量足够大，$h_1=h_2$，那么，

$$\delta = h_1 \qquad （2-14）$$

（4）本国进口商（纯进口商）。不出口（$h_1=0$），但是零部件全部进口。则：

$$\delta = -h_2(1/r-1) \qquad （2-15）$$

由本节的分析，模型中企业的汇率暴露弹性与h_2、h_2的关系如图2-1所示：

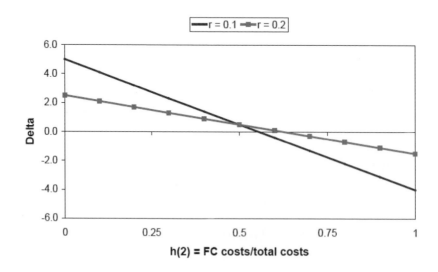

图2-1 汇率暴露弹性（$h_1=0.5$）

第二节 汇率风险暴露的三国模型

一、风险暴露

为研究公司国际企业的外汇暴露，我们把第一节的两国模型扩展至三国模型，同时对该模型结构做了一些修改。

设定一个考虑汇率风险的企业模型如下：

假定企业为国际企业，利润以本国货币结算。

（1）企业可以在国内生产X，在A国生产Y，在B国生产Z；产品X、Y、Z均可在本国、A国、B国销售。

（2）企业可以在国外工厂生产与国内相同或不相同的产品。

下面的企业是一个使用国内和进口零部件的国际企业，在国内和国外两个国家A、B均可生产和销售。定义如下变量：

X、X^A、X^B分别表示本国、A国、B国对在本国生产的X商品的需求；

Y、Y^A、Y^B分别表示本国、A国、B国对在A国生产的Y商品的需求；

Z、Z^A、Z^B分别表示本国、A国、B国对在B国生产的Z商品的需求；

S_A、S_B分别表示A国、B国货币对本币的汇率，即本币/外币。

C^D、C^A、C^B分别表示本国生产X、A国生产Y、B国生产Z的成本函数。

T表示贸易成本，如T_Y^B表示B国对产于A国的商品Y的贸易成本，如运输、保险、关税等。

P表示价格函数（反需求函数），如P_X^A表示A国对于本国生产的商品X的价格函数。

则企业的利润函数可表示为：

$$
\begin{aligned}
\Pi = & XP(X) + S_A X^A P_X^A(X^A) + S_B X^B P_X^B(X^B) - C^D(X + X^A + X^B) \\
& - S_A T_X^A X^A - S_B T_X^B X^B + YP(Y) + S_A Y^A P_Y^A(Y^A) + S_B Y^B P_Y^B(Y^B) \\
& - S_A C^A(Y + Y^A + Y^B) - T_Y Y - S_B T_Y^B Y_B + ZP(Z) + S_A Z^A P_Z^A(Z^A) \\
& + S_B Z^B P_Z^B(Z^B) - S_B C^B(Z + Z^A + Z^B) - T_Z Z - S_A T_Z^A Z^A
\end{aligned}
$$

$$（2-16）$$

由于该企业在三个市场上生产和销售，所以利润最大化需要9个一阶条件：

$$dП / dX = P(X) + XP_0(X) - C_{X0}^D(X + X^A + X^B) = 0 \qquad (2-17a)$$

$$dП / dX^A = S_A P_X^A(X^A) + S_A X^A P_{X0}^A(X^A) - C_{X^A0}^D(X + X^A + X^B)$$
$$- S_A T_X^A = 0$$
$$(2-17b)$$

$$dП / dX^B = S_B P_X^B(X^B) + S_B X^B P_{X0}^B(X^B) - C_{X^B0}^D(X + X^A + X^B)$$
$$- S_B T_X^B = 0$$
$$(2-17c)$$

$$dП / dY = P(Y) + YP_0(Y) - S_A C_{Y0}^A(Y + Y^A + Y^B) - T_Y = 0$$
$$(2-17d)$$

$$dП / dY^A = S_A P_Y^A(Y^A) + S_A Y^A P_{Y0}^A(Y^A) - S_A C_{Y^A0}^A(Y + Y^A + Y^B) = 0$$
$$(2-17e)$$

$$dП / dY^B = S_B P_Y^B(Y^B) + S_B Y^B P_{Y0}^B(Y^B) - S_B C_{Y^B0}^A(Y + Y^A + Y^B)$$
$$- S_B T_Y^B = 0$$
$$(2-17f)$$

$$dП / dZ = P(Z) + ZP_0(Z) - S_B C_{Z0}^B(Z + Z^A + Z^B) - T_Z = 0$$
$$(2-17g)$$

$$dП / dZ^A = S_A P_Z^A(Z^A) + S_A Z^A P_{Z0}^A(Z^A) - S_B C_{Z^A0}^B(Z + Z^A + Z^B)$$
$$- S_A T_Z^A = 0$$
$$(2-17h)$$

$$dП / dZ^B = S_B P_Z^B(Z^B) + S_B Z^B P_{Z0}^B(Z^B) - S_B C_{Z^B0}^B(Z + Z^A + Z^B) = 0$$
$$(2-17i)$$

在最优情况下，

$$dП / dS_A = [dП / dX](dX / dS_A) + [dП / dX^A](dX^A / dS_A) + [dП / dX^B](dX^B / dS_A)$$
$$+ [dП / dY](dY / dS_A) + [dП / dY^A](dY^A / dS_A) + [dП / dY^B](dY^B / dS_A)$$
$$+ [dП / dZ](dZ / dS_A) + [dП / dZ^A](dZ^A / dS_A) + [dП / dZ^B](dZ^B / dS_A)$$
$$+ X^A P_X^A(X^A) - T_X^A X^A + Y^A P_Y^A(Y^A) - C^A(Y + Y^A + Y^B)$$
$$+ Z^A P_Z^A(Z^A) - T_Z^A Z^A$$
$$(2-18)$$

因为在最优条件下，企业根据市场变化调整产量，则：

$$[d\Pi / dX] = [d\Pi / dX^A] = [d\Pi / dX^B] = [d\Pi / dY] = [d\Pi / dY^A]$$
$$= [d\Pi / dY^B] = [d\Pi / dZ] = [d\Pi / dZ^A] = [d\Pi / dZ^B] = 0$$

（2-19）

所以，

$$d\Pi / dS_A = [X^A P_X^A(X^A) + Y^A P_Y^A(Y^A) + Z^A P_Z^A(Z^A)] - C^A(Y + Y^A + Y^B)$$
$$- (T_X^A X^A + T_Z^A Z^A)$$

（2-20）

同理，

$$d\Pi / dS_B = [X^B P_X^B(X^B) + Y^B P_Y^B(Y^B) + Z^B P_Z^B(Z^B)] - C^B(Z + Z^A + Z^B)$$
$$- (T_X^B X^B + T_Y^B Y^B)$$

（2-21）

二、汇率风险暴露弹性

在产量最优调整的前提下，假定A国和B国的汇率独立变动，则企业汇率风险的偏弹性可以表示为：

$$\delta_{S_A} = (d \ln \Pi / d \ln S_A) = \frac{S_A}{\Pi} d\Pi / dS_A$$

（2-22）

设 R^D、R^A、R^B 分别表示来源于本国、A国、B国的销售收入，均按所在国的货币计价。则：

$$R^D = XP(X) + YP(Y) + ZP(Z)$$

（2-23）

$$R^A = X^A P_X^A(X^A) + Y^A P_Y^A(Y^A) + Z^A P_Z^A(Z^A)$$

（2-24）

$$R^B = X^B P_X^B(X^B) + Y^B P_Y^B(Y^B) + Z^B P_Z^B(Z^B)$$

（2-25）

总收入：

$$R = R^D + S_A R^A + S_B R^B$$

（2-26）

总生产成本：

$$C = C^D + S_A C^A + S_B C^B$$

（2-27）

其中，

$$C^D = C^X(X + X^A + X^B)$$
$$C^A = C^Y(Y + Y^A + Y^B)$$
$$C^B = C^Z(Z + Z^A + Z^B)$$

总贸易成本：

$$T = T^D + T^A + T^B \tag{2-28}$$

其中：

$$T^D = T_Y Y + T_Z Z$$
$$T^A = S_A T_X^A X^A + S_A T_Z^A Z^A$$
$$T^B = S_B T_X^B X^B + S_B T_Y^B Y^B$$

把生产成本与贸易成本综合考虑，设 $Q^D = C^D + T^D$，$Q^A = S_A C^A + T^A$，$Q^B = S_B C^B + T^B$，$Q = Q^D + Q^A + Q^B$ 表示总成本。

汇率弹性分析：

假定 $h_1^A = \dfrac{S_A R^A}{R}$ 为A国收入占总收入比重，$h_2^A = \dfrac{S_A Q^A}{Q}$ 为在A国产生的成本占总成本的比重；$h_1^B = \dfrac{S_B R^B}{R}$ 为B国收入占总收入比重，$h_2^B = \dfrac{S_B Q^B}{Q}$ 为在B国产生的成本占总成本的比重。r为利润率。则，

$$\delta_{S_A} = \frac{h_1^A R - h_2^A Q}{rR} = \frac{h_1^A}{r} - \frac{h_2^A}{r}(1-r) \tag{2-29}$$

或者，

$$\delta_{S_A} = h_1^A + (h_1^A - h_2^A)(\frac{1}{r} - 1) \tag{2-30}$$

同理，

$$\delta_{S_B} = h_1^B + (h_1^B - h_2^B)(\frac{1}{r} - 1) \tag{2-31}$$

这里得出的模型结果与Bodnar 和 Marston（2000）的两国模型结果基本一致，但是包括了贸易条件和多国的分析。

企业总的风险暴露：

$$d\Pi = \delta_A dS_A + \delta_B dS_B$$

$$= [h_1^A + (h_1^A - h_2^A)(\frac{1}{r} - 1)]dS_A + [h_1^B + (h_1^B - h_2^B)(\frac{1}{r} - 1)]dS_B$$

$$(2\text{-}32)$$

三、对汇率风险暴露弹性的进一步分析

（1）纯出口商。

在国内组织生产，并全部出口至A、B两国（$h_2^A = h_2^B = 0$）。则：

$$\delta_A = h_1^A \Big/ r \qquad\qquad\qquad (2\text{-}33)$$

$$\delta_B = h_1^B \Big/ r \qquad\qquad\qquad (2\text{-}34)$$

（2）国际企业。

在国外（A国、B国）生产，国外（A国、B国）销售。即：

$$h_1^A + h_1^B = 1$$

$$h_2^A + h_2^B = 1$$

$$\delta_B = h_1^B + (h_1^B - h_2^B)(\frac{1}{r} - 1)$$

$$\delta_A = (1 - h_1^B) + (1 - h_1^B - 1 + h_2^B)(\frac{1}{r} - 1) \qquad (2\text{-}35)$$

$$= (1 - h_1^B) - (h_1^B - h_2^B)(\frac{1}{r} - 1)$$

$$= 1 - \delta_B$$

即，如果A国的贬值幅度与B国的升值幅度相等，则不会影响公司的总利润。这证明了在多国组织生产可以有效减弱汇率风险暴露。

（3）纯进口商。

企业在A国和B国生产，其产品则全部销往国内。此时，$h_1^A = h_1^B = 0$。

$$\delta_A = -h_2^A(1/r - 1)$$
$$\delta_B = -h_2^B(1/r - 1) \qquad\qquad (2\text{-}36)$$

在这种情况下，跨国公司可以选择在贬值国多生产商品。

第三节　汇率风险管理的财务策略

一、相关文献

跨国公司面临的一个重要问题是，多种货币如何影响它们对资本结构的选择（Hodder 和 Senbet，1990；Giddy，1994）。Shapiro（1984）以及Rhee、Chang和Koveos（1985）认为这个问题实际上是如何选择债务融资的定价货币。Keloharju 和 Niskanen（1997）分析，出口占主导的企业最倾向举借外币计价的债务，表现出一种对债务融资决策的强烈的对冲冲动。

国际环境下的资本结构决策困难引起母公司与国外子公司之间复杂的资金流。例如，一家国外子公司可能持有来自营业收入、公司间债务或者来自母公司的股票转移的资金。或者在本地借债。同样，一家母公司可能持有的资金包括营业收入、新股发行或者债务。为讨论一般情况下的国际资本结构决策，以及特定情况下的计价货币决定问题，本节引用了Broll 和 Wong（2006）的一个单期跨国公司模型，企业拥有一家全资外国子公司，面临着汇率的不确定性。外汇风险管理的主要内容就是选择负债的币种。

如果跨国公司由私人持有并直接管理，风险厌恶假定就是合理的。即使是公共公司，管理者风险厌恶（Stulz，1984）、企业税（Smith 和 Stulz，1985）、金融事故成本（Smith 和 Stulz，1985）、资本市场缺陷（Stulz，1990；Froot、Scharfstein和Stein，1993）都隐含着跨国公司面临着凹的目标函数。

本节的模型显示，汇率变动、多重税收权限、割裂的资本市场、货币期货市场联合决定了国际资本结构和最优的币种组合。如果风险厌恶的跨国公司能够进入没有偏见的货币期货市场，企业将选择一个最小化资本全球加权平均成本的国际资本结构。在这种情况下，无论企业对风险的态度还是汇率不确定性概率都不决定最优财务组合。与此相比，如果企业无法接触货币期货市场，模型证明，企业不得不通过发行更多的外币计价的债务和减少本币计价债务来实现对冲。

对冲策略导致了一种扭曲，即资本的全球加权平均成本超过了最小水平。Elliott、Huffman和Makar（2003）以及Nguyen 和 Faff（2003）的研究表明，跨国企业在对冲外汇风险时，美国跨国企业喜欢使用外币计价的债务，而澳大利亚企业则偏爱外币衍生品。

二、数理模型

（一）模型结构

考虑一个风险厌恶跨国公司，在两个时间点（t = 0，1）内作出单期性的决策。母公司注册于母国，拥有一个全资国外子公司。在时期0，母公司要做出一项固定资产投资 I_p，以产生一个时期末净现金流X_p，I_p 和X_p都是以本币计值，且 $X_p > I_p$。同样，子公司也要进行一项固定资产投资I_s，产生一个期末的净现金流X_s。I_s和X_s都以外币计值，且 $X_s > I_s$。

令e_t为时刻 t 时的汇率，每单位外币的本币数。在时刻0，e_0是已知的，而$\tilde{e}_1$是一个正的随机变量，遵从一个已知的概率密度函数。为简单化，模型假定点汇率遵从一个随机游走，e_0是$\tilde{e}_1$最好的预报。即模型假定e_0等于$\tilde{e}_1$的预期值。

为了给将进行的投资融资I_s，子公司依赖从母公司的资金转移E_s，并在外国资本市场上发行债务D_s，产生如下的平衡：

$$I_s = E_s + D_s \qquad\qquad （2-37）$$

母公司，通过在本国资本市场上发行债务D_p和发行股票E_p筹措所需资金。母公司的平衡表如下：

$$I_p + e_0 E_s = E_p + D_p \qquad\qquad （2-38）$$

把式（2-37）代入式（2-38），产生了跨国公司统一的全球资本平衡如下：

$$I_p + e_0 I_s = D_p + e_0 D_s + E_p \qquad\qquad （2-39）$$

记$K = I_p + e_0 I_s$为跨国公司按本币计值的总投资。

假定本国和外国的资本市场是相互分离的。Desai、Foley和 Hines（2004）对美国跨国公司的国外子公司的资本结构决策进行了实证研究。他们发现，国外子公司作为对国家之间税收差异的反应，确实改变了债务的水平和构成，债权人权力和资本市场的发展影响了资本结构的选择。这些结果似乎支持了关于资本市场相互分离的假定。

债务的利息负担，无论以本币计值还是以外币计值，都假定包含与资本负债率正相关的违约风险收益。由于缺乏讨价还价的能力，子公司面临着前定的利率安排$r_s(\lambda_s)$，这里$\lambda_s = D_s / E_s$是子公司的债务—资本比率。

母公司同样也没有讨价还价的能力，面临着前定的利率安排 $r_p(\lambda_p)$，这里 $\lambda_p = (D_p + e_0 D_s)/E_p$ 是全球债务—资本比率，反映了全资子公司的情况。模型假定 r_p 和 r_s 为二阶连续可微函数，且严格递增和弱凸的。

在国内和国外，债务的利息成本都是可税前扣除的。在时刻1，子公司须向外国政府支付企业所得税，税率固定，t_s。子公司的税后收益和净债务偿还后收益如下：

$$Y_s = X_s - t_s(X_s - r_s D_s) - (1 + r_s)D_s = (1 - t_s)X_s - [1 - (1 - t_s)r_s]D_s$$

（2-40）

子公司以现金股息的形式支付全部 Y_s。既然子公司支付的股息以外币计值，母公司就必须面临汇率风险。为对冲其风险暴露，母公司在货币期货市场上出售H单位的外币期货。给定点汇率的随机游走模型，货币期货市场的无偏差性等价于设定未来汇率等于 e_0。

在时刻1，母公司必须为在国内外获得的收入向母国政府纳税，固定税率 t_p。令 δ 为一单位本币汇回股息在支付国内外税收后的值。超额信用中的企业不向母国支付股息汇回税收，因此一美元股息只按一个固定税率交税，t_w，交给外国政府，因此，$\delta = 1 - t_w$。相反，超额限制中的企业必须向母国缴纳汇回股息税，但是可收到全额扣减税的信用，因此，

$\delta = (1 - t_p)/(1 - t_s)$

母公司的税收收益，即支付了债务之后的收益如下：

$$\tilde{Y}_p = X_p + (e_0 - \tilde{e}_1)H + \delta \tilde{e}_1 Y_s - t_p[X_p + (e_0 - \tilde{e}_1)H - r_p D_p] - (1 + r_p)D_p$$

（2-41）

其中H表示外汇套期头寸（卖出H单位外币的期货）。

母公司把全部 X_p 支付给股东作为流动股息。母公司的股东拥有最初财富 W_0，其中 E_p 贡献给母公司作为股份资本，其余部分 $W_0 - E_p$ 投入无风险资产，赚取回报率为 r_e 的收入。因此，在期末，股东的财富可写为：

$$\tilde{W} = \tilde{Y}_p + (1 + r_e)(W_0 - E_p)$$

（2-42）

国内货币计值的债务的税后成本为$(1-t_p)r_p$。外币计值的债务的税后成本包含两部分。第一部分为$(1-t_s)r_s$，产生于利息成本。第二部分产生于美元股息汇回导致的税后价值只有δ，意即股息汇回的税率为$1-\delta$。审视式（2-40）可知，每美元外币计值的债务中，有$(1-\delta)[1+(1-t_s)r_s]$部分作为了储蓄。因此，外币计值债务的税后成本即是这两部分的和$\delta(1-t_s)r_s-(1-\delta)$。跨国公司的全球加权平均资本成本（WACC），$r_k$，定义为：

$$r_k = (1-t_p)r_p \frac{D_p}{K} + [\delta(1-t_s)-(1-\delta)]\frac{e_0 D_s}{K} + r_e \frac{E_p}{K} \qquad （2-43）$$

跨国公司拥有von Neumann-Morgenstern效用函数，U（W），定义为时期1的股东财富W的函数，$U'(W)>0$，且$U''(W)<0$，代表着风险厌恶。

跨国公司的国际资本结构涉及（D_p, D_s, E_p, E_s），利用式（2-37）、式（2-38）可减少两个变量（D_p, D_s）。把式（2-39），（2-40），（2-41）和式（2-43）代入式（2-42），得出，

$$\widetilde{W} = (1-t_p)[X_p + (e_0 - \widetilde{e}_1)H] + \delta(1-t_s)\widetilde{e}_1 X_s - (1+r_k)K + \delta(e_0 - \widetilde{e}_1)$$
$$[1+(1-t_s)r_s]D_s + (1+r_e)W_0$$

$$（2-44）$$

跨国企业的决策问题是选择一个国际资本结构（D_p, D_s）和一个货币期货市场的头寸H，以最大化股东在1期的效用：

$$\max_{D_P, D_S, H} E[U(\widetilde{W})]$$

$$（2-45）$$

其中，E（·）为期望因子，$\widetilde{W}$如式（2-42）定义。

（二）最优货币期货对冲

为分析方便，把式（2-45）写成一个两步最优化问题：在任意给定的国际资本结构（D_p, D_s）下，

$$H(D_P, D_S) = \arg\max_{H} E[U(\widetilde{W})]$$

$$（2-46）$$

根据式（2-44），定义间接期望效用V（D_p, D_s），在头寸H（D_p, D_s）

水平下的效用$E[U(\widetilde{W})]$。在第二阶段，得出最优国际资本结构：

$$(D_p^*, D_s^*) = \arg\max_{(D_p, D_s)} V(D_p, D_s) \qquad (2-47)$$

把式（2-47）代入式（2-46），得出最优期货头寸，$H^* = H(D_p^*, D_s^*)$，即解决了式（2-45）的问题。

利用式（2-46），H（D_p，D_s）由下面的一阶条件定义：

$$E[U'(\widetilde{W})(e_0 - \widetilde{e}_1)](1 - t_p) = 0 \qquad (2-48)$$

二阶条件满足设定的风险厌恶假设。利用协方差因子Cov（·，·），式（2-48）可以写成：

$$E[U'(\widetilde{W})][e_0 - E(\widetilde{e}_1)] = Cov[U'(\widetilde{W}), \widetilde{e}_1] \qquad (2-49)$$

由于货币期货市场是无偏差的，即$e_0 = E(\widetilde{e}_1)$，式（2-49）可简写成：

$$Cov[U'(\widetilde{W}), \widetilde{e}_1] = 0 \qquad (2-50)$$

由式（2-50），可以得出如下命题：

命题1：在存在无偏差货币期货市场情况下，给定任何国际资本结构（D_p，D_s），对冲需求$H(D_p, D_s)$由下式给定：

$$H(D_p, D_s) = \frac{\delta}{1 - t_p}\{(1 - t_s)X_s - [1 + (1 - t_s)r_s]D_s\} \qquad (2-51)$$

证明：重写式（2-44）如下：

$$\widetilde{W} = (1 - t_p)X_p + \delta(1 - t_s)e_0 X_s - (1 + r_k)K + (1 + r_e)W_0$$
$$+ (e_0 - \widetilde{e}_1)(\{1 - t_p\}H + \delta[1 + (1 - t_s)r_s]D_s - \delta(1 - t_s)X_s\} \qquad (2-52)$$

由式（2-50）和式（2-52）可得出式（2-51）[①]。

命题1的含义是，跨国企业在无偏差货币期货市场的最优头寸是一个做足对冲，用以清除全部汇率风险暴露。这个结果与对冲理论文献中的Danthine（1978），Holthausen（1979），Katz 和 Paroush（1979），Broll 和 Zilcha

---

① 对任何两个随机变量，$\widetilde{x}$和$\widetilde{y}$，$Cov(\widetilde{x}, \widetilde{y}) = E(\widetilde{xy}) - E(\widetilde{x})E(\widetilde{y})$。

（1992）， Broll 和 Wong （1999）， Broll、Wong 和 Zilcha （1999）等的做足对冲理论基本一致。命题1隐含的机制是，无偏差货币期货市场能够提供给跨国企业会计意义上的"保险"。

这里的数理模型虽然看似复杂，其结论却是很简单的：汇率风险管理的最优策略就是把暴露于风险之中的外汇全部进行对冲。

第四节　最优对冲比率

根据上节的分析结论，企业应将其所面临的风险暴露全部对冲。但是在实际操作中，需要根据未来现金流的走势选择一个合理的对冲头寸，这一头寸将足以保障企业免受汇率风险的冲击。同时，对冲也会产生成本，过多的对冲也是不必要的。这就产生了最优对冲比率的问题。最优对冲比率是刚好使企业免受商业中断威胁的对冲数量与未来现金流数量之间的比率关系。

一、商业中断的成本与对冲

一些学者认为商业中断（business disruption，指企业财务链出现危机，甚至申请破产保护）的成本很大。Warner（1977）分析了直接成本（如律师和会计师费用），其他专业费用和管理时间的损失。Altman（1984）研究了1970—1978年间12家零售商和7家工业企业的破产，发现间接破产成本为公司破产前三年市值的8.1%和破产当年的10.5%。Froot、Sharfstein和Stein（1993）认为由于现金流出现未预期的偏低导致了NPV机会（如R&D项目）损失。其他间接成本包括供应商可能延迟供货，客户可能转移，工人可能改换雇主。

尽管商业中断成本很大，其发生的概率是比较小的。另外，对冲成本较小而且是确定的。对冲的直接成本，除了管理时间之外，每年相当于项目的50—100个基点（一年期期货合约）（1个基点为0.01%）。因此，以对冲来减轻甚至消除汇率风险在财务上是合算的。

不过有时对冲是完全不必要的。如果现金流足够好，而且有上升趋势，或者现金流的变动较小，则发生商业灾难的概率就很小了。这就是为什么富人不去购买汽车碰撞险和大企业采用自我保险来应对小的未预期损失。比如Exxon公司，就采取自我保险来应对冶炼厂爆炸的风险，因为作为一个整体，其商业中断的风险是很小的甚至不存在的。

二、发生商业中断的预期时间

很多关于对冲的文章都集中于减少方差，如Howard 和 D'Antonio

（1984），Kerkvliet 和 Moffer （1991），以及Lindahl（1989）。然而，Copeland
夫妇建议了一种最小化某一时期商业中断概率的最优对冲比率方法。这等同于
最大化发生商业灾难的时间，与原有的最小化方差的方法有很大不同。

图2—2表示了Copeland 和 Copeland（1999）要应对的问题。公司被对冲
的现金流p_t，假定以Gauss-Wiener过程随机变动。假定： μ是经过对冲的现金
流在单位时间内的移动，σ是即时标准偏差。p_0是第一期内运作中的现金流。

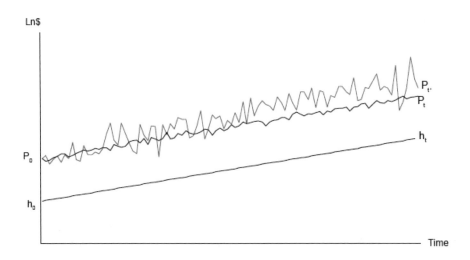

图2—2　现金流和商业边界时间趋势

$$\frac{dP_t}{P} = \mu dt + \sigma dz_t \qquad\qquad （2-53）$$

$$P_t = P_0 e^{(\mu - \sigma^2/2)t + \sigma zt} \qquad\qquad （2-54）$$

如果经过对冲的现金流达到一个较低的界限，公司会发现商业中断。这
个临界值h也许取决于现金收付的水平（例如，债务的利息，或者关于研发费
用中断，或者缺乏承担积极的NPV项目的能力）。简单地说，这个边界不是
随机的，它随着时间以比率r增长，$h_t = h_0 e^{rt}$当$p_t = h_t$时商业损失就发生了。
这个点成为"触限条件"（touching condition），它可以写为：

$$P_t = h_t \qquad if \quad \left(\mu - \frac{\sigma^2}{2} - r\right)t + \sigma z_t = \ln\frac{h_0}{P_0} \qquad (2\text{-}55)$$

整理之后，预期发生商业中断的时间为：

$$E(T) = \frac{b}{a} \qquad (2\text{-}56)$$

$$a = \frac{\mu}{\sigma} - \frac{\sigma}{2} - \frac{r}{\sigma}$$

$$b = \frac{1}{\sigma}\ln\left[\frac{h_0}{P_0}\right]$$

其中，

这个结果可以简化为：

$$E(T) = -\frac{\ln(P_0 / h_0)}{\mu - r - \sigma^2} \qquad (2\text{-}57)$$

可以把比率 P_t / h_t 作为给定外汇对冲下的"覆盖率"（coverage ratio），因为它是运营现金流与对冲量的比率，被企业的现金收付协议形成的初始边界所分开。当 P_0 低于 h_0 时，就会发生商业中断。这一时间在对冲的现金流 μ 相对边界条件 r 发生移动时也会延长。这个机制表明，减小方差的策略不是对冲的唯一考虑。实际上，即使对冲减小了 σ，它也可能使 μ 降得足够低，从而缩短了企业发生商业中断的时间。因此，减小方差不是增加 E（T）的充分条件。如果对冲增加了 μ，它也不是必要条件。

已对冲现金流的移动，可以写作未对冲现金流的移动 μ_c，减去（或者加上）每单位未对冲现金流需要卖出（或者买入）外汇合约的本币值 w_x，乘以外汇合约价值的事后（ex ante）移动 μ_x。

μ_c 为以本币表示的未对冲现金流的移动。因此，它包含了外币对本币的事前移动。移动项，μ_x 有两个组成。第一个是每单位时间未对冲现金流中每单位本币的交易成本。这些成本包括询价过程差价、交易费用和对大交易头寸的价格压力影响（如果存在的话）。第二个是外币相对于本币的事前升水（或贴现）。另外，已对冲现金流的方差σ^2依赖于未对冲现金流的方差，未对冲现金流与期货合约之间的协方差ρ_{cx}和外汇头寸的方差σ_x^2，则：

$$\sigma^2 = \sigma_c^2 - 2w_x \rho_{cx} \sigma_c \sigma_x + w_x^2 \sigma_x^2$$

根据这些定义，可以最大化发生商业中断的时间，公式（2-57）。令式（2-57）的分母对w_x的一阶导数等于0，则：

$$-2\mu_x + 2\rho_{cx}\sigma_c\sigma_x - 2w_x\sigma_x^2 = 0 \qquad (2\text{-}58)$$

因此，最优对冲比率w_x，解释为每单位未对冲现金流需要卖出外汇合约的本币值。

$$w_x = \frac{\rho_a \sigma_c \sigma_x - \mu_x}{\sigma_x^2} \qquad (2\text{-}59)$$

定义β_x为外汇合约回报（μ_x）未对冲现金流（μ_c）之间线形回归的斜率，可以把对冲比率写为：

$$w_x = \beta_x - \frac{\mu_x}{\sigma_x^2}$$

在时间T内发生损失的概率可以写作：

$$prob[\min_{0<t<T} \{P_t / h_t\} \leq 1] = N(d_1) + \exp(d_2)N(d_3) \qquad (2\text{-}60)$$

如果定义$A = \dfrac{2(\mu - r) - \sigma^2}{2}$，则变量$d_1$、$d_2$和$d_3$为：

$$d_1 = \frac{\ln(h_0 / P_0) - AT}{\sigma T^{1/2}}$$

$$d_2 = \frac{2\ln(h_0 / P_0)A}{\sigma^2}$$

$$d_3 = \frac{\ln(h_0 / P_0) + AT}{\sigma T^{1/2}}$$

N（d_1）、N（d_3）都是累积单位正态变量。

Copeland 和 Copeland（1999）给出一个数字例子，假定一家美国企业当前季度现金流为5000万美元（P_0），每季度有一个正的移动10%（μ_c），每季度现金流标准差为30%（σ_c）。如果现金流下降到2000万美元就会发生商业中断。企业决定采用日元期货的短期头寸进行对冲，因为企业收入为日元，支出为美元。为解决这一问题，先计算对冲头寸的移动μ_x，只计算对冲时的交易成本。假定12月日元合约的买卖差价能够代表交易成本。假定每季度交易一次，交易成本μ_x为0.14%（1991—1995年期间12月日元期货合约的买卖差价）。对冲头寸现金流的标准差（σ_x）与1991—1995年期间12月日元期货的标准差相同，或每季度5.3%。最后，企业现金流与日元期货之间的协方差ρ_α为0.45，边界条件的移动速度r，假定为每季度1.5%。根据这些数据，可以计算出最优对冲比率w_x为2.0，表明最优对冲头寸为1亿美元的"12月日元卖出期货"。

需要注意的是，如果根据传统的方差削减模型，结果将为2.50，即需要持有12500万美元的"12月日元卖出期货"。

第五节 汇率转嫁——汇率变动的价格影响

在本节的研究模型中，假定了企业面对汇率变化最优化地调整了产量，同时也没有考虑市场价格在汇率变动之后如何进行调整。实际上，价格和产量是一个问题的两个方面，价格（包括产品差异性）决定需求，需求决定产量。所以本节重点讨论汇率变化带来的价格影响。

汇率变动影响了企业进出口商品的价格。对企业来说，重要的是出口价格。在汇率变动之后，企业如何相应调整价格，还是以不变应万变？在利润最大化的动机之下，企业最优化行为取决于企业在目标市场上的地位。也就是取决于企业所处市场的性质，是完全竞争市场，还是垄断竞争市场，抑或寡头或垄断市场。在不同性质的市场上，企业有不同的价格影响力。企业面临汇率变化的策略核心在于把汇率变化多大程度上转移到价格之中来，这就是国际经济学中的汇率转嫁问题。

一、相关文献

汇率的转嫁效应（pass-through effect）是汇率变化对贸易商品价格影响程度的概念。指出口企业将汇率变动对价格的影响多少程度转嫁到出口价格上，多少程度由国内价格吸收。

对汇率转嫁效应的理论研究主要有静态利润最大化理论（Dornbusch，

1987; Knetter, 1989等）、沉淀成本（sunk cost）理论（Baldwin 和 Kruguman, 1989; Dixit和Hysteresis, 1989）和当地通货价格设定（local currency pricing, LCP）理论（Obstfeld和Rogoff, 1995; Devereux和Engel, 1999等）。

Knetter（1989）开创了用微观数据实证分析汇率的价格传导效应的先河。他用美国和德国出口企业的数据进行实证分析，结果显示美国企业的价格传导效应比德国企业的价格传导效应大。Goldberg 和 Knetter（1997）的实证分析表明，汇率贬值对OECD各国工业制成品进口价格的平均转嫁率为1年50%。Ohno（1989）、Knetter（1993）的实证结果表明，汇率对日本出口企业出口价格的平均转嫁率为50%左右，低于其他西方发达国家。

与20世纪90年代以前致力于分析企业的出口价格设定不同，近年来的研究是从宏观经济的角度探寻汇率对价格的转嫁率的变化对未来通货膨胀率的含义。因此，将宏观经济指标中的进口物价指数作为重点，来分析汇率对一国整体物价的转嫁率。

Taylor（2000）的黏性价格设定模型是企业定价能力的一个很好的描述。先对某企业产品的需求定义为下述线性函数：

$$y_t = \varepsilon_t - \beta(x_t - p_t) \tag{2-61}$$

其中，y_t表示对该企业产品的需求量，x_t表示该企业产品的价格，p_t表示竞争企业生产的相同产品的平均价格，ε_t表示需求函数常数项的期望。β是衡量产品市场占有率的指标，β值越大表示该产品的市场支配力越小，$\beta \to \infty$表示该产品市场处于完全竞争状态。

假设企业设定价格后每四期调整一次，产品生产的边际费用为c_t，把企业在t期生产的产品价格设定为x_t，则其后四期的预期收益如下：

$$\sum_0^3 E_t(x_t y_{t+1} - c_{t+1} y_{t+1}) \tag{2-62}$$

这里E_t表示基于t期信息的条件期望。在其他企业的产品价格给定的前提下，该企业谋求收益的最大化。为此，把式（2-61）代入式（2-62）中，并对x_t进行微分，则可以导出给企业最优的价格选择：

$$x_t = 0.125 \sum_0^3 (E_t c_{t+1} + E_t p_{t+1} + E_t \varepsilon_{t+1}/\beta) \tag{2-63}$$

式（2-63）式对汇率的价格转嫁效应有以下含义：

（1）产品价格的变动幅度依赖于汇率持续变动的幅度。在式（2-63）中，产品价格由未来4期（包含当期）的平均边际费用决定，所以如果汇率的变动是短期的话，则产品价格的波动幅度不及汇率大，汇率对价格的转嫁率处于较低的水平。

（2）在预期与自身产品相竞争的其他企业设定的价格持续下跌状态时，该企业也会调低产品的价格，以保持产品的竞争力。为此，即使汇率贬值，进口成本上升，该企业也要尽量避免产品价格的上扬。

（3）如果市场占有率较低，面对需求冲击，企业也难以将自身产品的价格向上方修正。

二、汇率转嫁的传导机制

对于商品期货的价格，主要是通过汇率变动对进出口商品（期货交易商品）价格的影响实现的。包括两方面：一是如果一价定律成立，即汇率的变动能够完全反映到进出口的价格变动上，那么会对这些商品的供给、需求和期货价格产生什么影响；二是如果汇率的变动不能完全反映到进出口的价格变动上，即一价定律不成立（汇率变动的价格转移机制不完全通畅），那么会在多大程度上反映到进出口商品的价格上，其影响因素有哪些（结合现有的研究文献和中国的实际情况进行分析），这一部分国内现有的研究只是简单的相关关系，而国外的文献也没有针对我国的情况，将一些重要因素纳入模型，所以估计方法是有缺陷的。

我们将针对中国进出口的具体情况，考察影响中国进出口汇率转嫁的主要因素，并构建相应的模型。另外，由于汇率转嫁只考察汇率变动对进口品，或者更广义来说对国内价格的影响，为了分析的完整性这一部分还要从理论上分析这种进口品价格的变动对该商品国际市场价格的影响渠道和影响程度。

（一）完全的汇率价格转移机制

1. 汇率价格转移机制的定义。通常对汇率转移机制（exchange rate pass-through，简称汇率转嫁）的一个比较规范的定义是"进口国与出口国之间汇率变动1%，会引起本币表示的进口品价格变动的百分比"（Goldberg 和 Knetter，1997）。换句话说，就是"以目的地国家货币表示的贸易商品价格，对汇率变动的反应程度"（Rincon等，2005）。由于进口商品价格的变动能在一定程度上反映到国内生产和消费价格的变动上，所以有些研究中直接忽略这一环节，直接考虑名义汇率变动对国内该商品价格的影响。

2. 完全的汇率价格转移机制的含义。在经典的国际收支理论中，暗含的假定都是存在完全的汇率转嫁，也就是进口商品价格100%地反映出汇率的变动来，换句话说，就是假定"一价定律"成立。因为根据一价定律，无论一种商品在哪里生产或销售，其价格换算成同一种货币后应该是相等的。这种相等的价格由以下条件保证成立：一是完全套利；二是商品和劳务完全自由流动；三是商品是同质的；四是同类商品具有完全的替代性。这就意味着，对于一个小国开放经济来说，汇率的变动将完全反映到国内价格的变动上，汇率转嫁是完全的（Dornbusch，1973；Bruno，1978）。

3. 在完全的汇率价格转移机制下，汇率变动对商品价格的影响。在完全的汇率价格转移机制下：如果一国本币汇率升值，则以本币表示的进口价格会与汇率变动同比例降低。如果进口商品在该国国内该商品的总供给中占有较大的份额，则可能引起国内该商品价格的普遍降低；如果该商品的需求价格弹性较高，则该商品国内价格的降低会引起该商品国内需求的增加，从而反过来推动该商品的国内价格回升。依此类推，如果一国本币汇率贬值，则以本币表示的进口价格会与汇率变动同比例上升。如果进口商品在该国国内该商品的总供给中占有较大的份额，则可能引起国内该商品价格的普遍上升；如果该商品的需求价格弹性较高，则该商品国内价格的上升会引起该商品国内需求的减少，从而反过来推动该商品的国内价格回降。当然这里没有考虑对该商品国际价格的影响：如果该国是一个大国，在满足一价定律的条件下，该国国内商品价格的变动，以及商品供给与需求数量的变动都会影响到国际价格，使得国际价格与该国国内价格发生同方向的变动，这里就不再赘述。

（二）不完全的汇率价格转移机制

如上所述，完全的汇率转嫁是需要一系列条件来保证的，但这些条件在实际经济运行过程中很难得以满足，例如由于贸易壁垒和各种交易成本的存在，不可能实现完全的套利和商品完全自由流动，由于类似商品之间的异质性和不完全替代性，再加上一些其他不完全的市场状况，使得现实中完全的汇率转嫁是非常少见的，或者说需要比较长的反应和调整时间。因此，在实际中绝大多数情况下，汇率转嫁都是不完全的，具体的影响因素有以下几个方面。首先从大的方面来讲，有微观和宏观两个方面的影响机制，对于每一方面影响机制对进口商品价格和国内商品价格的影响，将在下面分别论述。

1. 微观影响机制

从微观方面来看主要的影响机制可以分为需求方面的影响机制、供给方面的影响机制和其他影响机制。需求方面的因素比较简单，主要是需求弹性；供给方面的影响因素则比较复杂，包括该商品的市场结构、产品的替代程度、成本函数的形式等等，其中许多因素都影响到进出口企业的定价能力；其他的影响因素包括贸易壁垒、J曲线效应、结算币种等，主要也是影响进出口企业的定价能力。不过需要说明的一点是，在每一影响因素的讨论中均忽略其他因素的影响。

（1）需求方面，国内对于该进口商品的需求价格弹性。如前所述，如果一国本币升值会让该国进口商品价格有上升趋势（假设存在一定的汇率转嫁），但如果该商品的国内需求价格弹性比较大，则价格上升会导致该商品的需求量锐减，从而在该国是一个大国的情况下，导致该国的进口商品价格下降。反之，如果该商品的国内需求价格弹性比较小，则价格不会下降。一国本币贬值时的情况也是如此，因为该国进口商品价格有下降趋势（存在汇率转嫁的情形），如果该商品的国内需求价格弹性比较大，则价格下降会导致该商品的需求量增加，从而在该国是一个大国的情况下，导致该进口产品价格上升。总而言之，在大国情形下，较大的国内需求价格弹性会削弱汇率转嫁的程度。

（2）供给方面的市场结构。在经典的国际收支理论中显然假定的是一种完全竞争的情况，因此价格完全由市场供求数量所决定。但如果市场结构是垄断或寡头垄断从而商品价格可能不受市场供求的影响，从而也可能完全不受汇率变动的影响，而是完全由垄断者根据自己的利益需要而制定。因此市场集中度越高，汇率转嫁可能越不明显。另外，作为国际垄断或寡头垄断的跨国公司，还可能在不同的区域市场实行不同程度的"价格歧视"，也就是差别定价，这种行为也会在一定程度上限制汇率转嫁效果的发挥。

（3）供给方面产品的替代程度或同质性。如果进口产品与国内同类产品的替代程度（或同质性）很高，则汇率变动后，如果国内该商品价格随之变动，则很快会发生商品之间的替代行为：如一国本币汇率升值后，如果进口商品的本币价格上升（存在汇率转嫁的情形），则消费者会用其他商品替代进口商品，从而减少对进口商品的消费需求，可能引起该商品国内价格下降，即削弱汇率转嫁的程度。

（4）供给方面的成本函数形式。如果进口商品采用成本加成法定价，则由汇率变动所导致的进口商品本币价格的变动，可以由外国出口企业或本国进口商调整其定价的成本加成部分来抵消，从而使价格变化的程度小于汇率变化的程度，进而削弱汇率转嫁的程度。另外，如果边际成本可变，则当本币价格发生变化时，外国出口商也可以通过增加或减少产量来改变边际成本，从而改变总成本来抵消汇率转嫁的影响。

（5）黏性价格。当该进口商品的价格存在一定的黏性时，汇率的变动不能马上反映到进口商品的本币价格上，需要经过一段时间才会体现出来。因此，从短期来看，汇率转嫁的程度会比较小。并且该商品的价格黏性越大，则短期内汇率转嫁的程度越低，其汇率变动传导到进口商品本币价格所需要的时间越长。

（6）公司内部贸易的程度。如果该商品贸易的类型属于公司内贸易，则该商品的国内定价和利润在进出口企业之间的分配都是由公司内部权衡决定的，因此汇率变动对该商品国内定价的影响可能是微不足道的，即：公司内部贸易的程度越高，汇率转嫁的程度越小。

（7）贸易壁垒（或贸易政策）。各种限制性的贸易政策所形成的贸易壁垒也会直接或间接地影响贸易商品价格，如各种关税直接影响进口商品的国内价格，而非关税壁垒则通过提高进口成本和限制进口数量间接作用于进口商品的价格，从而在汇率没有变动时，使得国内外的该商品价格长期存在差异。因此，汇率变动能否影响国内商品价格也要看贸易壁垒的程度，如果各种贸易壁垒的存在已经将国内价格限制得非常严，则汇率变动，尤其是不太剧烈的汇率变动很难对国内价格产生影响。

（8）J曲线效应。这一因素主要是指从汇率变动到国内价格变动的反应时间。由于国际贸易重新议价和修改合同需要一定的时间，这种时滞的存在使得汇率变动的汇率转嫁存在一定的滞后性，因此表现为短期中的汇率转嫁程度较低，而随着时间的推移汇率转嫁的程度会加强。

（9）厂商所选择的结算币种的影响。结算币种的选择与传统习惯和进出口商的市场地位有关。特别地，Bacchetta 和Wincoop（2002）证明，当产品在进口国的市场份额变得越大时，与同类产品的替代弹性就越低，出口商的市场地位也就越强，也就更能选择本国货币作为结算货币，把汇率风险转嫁到进口国，造成汇率转嫁水平较高。同时在进口国内部，进口商所承担的汇率转嫁水平要高于零售商价格，也就是说进口商成为汇率波动对国内消费水平冲击的缓冲器。

2. 宏观影响机制

（1）不同的通货膨胀环境的影响。这是近年来所出现的一种"泰勒货币原则"（Talyor，2000）的新观点所告诉我们的，即认为保持一个低通胀经济环境的内生货币原则，能抑制进出口企业对其商品的定价能力，并在很多关于发达国家的实证研究中这一假设得到了很好的检验。孙立坚等（2003）建立了一个分析此类问题的新开放宏观经济学（NOEM）的微观基础理论框架，不但能反映出控制通胀率的货币政策可以抑制或提高外国企业对其出口商品的定价能力，而且能揭示出这一政策对消费者的流动性需求也会产生间接影响的效果。总体来讲，通货膨胀率越高，外国出口企业的定价能力越大。

（2）对汇率波动性和持续时间的理解。从汇率波动影响的角度，Obstfeld 和 Rogoff（2000）、Duarte 和 Stockman（2002）等学者发现，在现实经济中，汇率的剧烈波动对商品价格影响不大，即汇率转嫁效应不明显。Devereux 和Engle（2002）对此做了如下解释：首先，出口商采用当地货币定价（Local-currency pricing）策略，即在进口国市场上用进口国货币定价，造成汇率波动和当地价格相分离，直接减弱了汇率转嫁效应。其次，汇率波动有可能造成出口商的利润损失，使其本能地将汇率风险转移到进口国上，以达到尽量减少由于不完全的汇率转嫁所造成的损失，但是当远期外汇市场存在时，出口商可以通过套期保值来规避汇率风险，这样就有可能大大降低由汇率波动带来的企业收益上的损失，即减弱了汇率转嫁效应。另外，汇率变动持续的时间越长，汇率转嫁的效应相对越大一些。以上各因素对升值和贬值的影响是大体类似的，有所不同的也是当汇率的不同变动方向涉及到不同的因素所导致的利益权衡时，才会有差异。对此需要针对具体情况进行分析，所以这里没有再分别论述。但很明显的是，宏观影响因素对各进口商品的作用是一样的，而微观影响因素对不同的进口商品作用完全不同，我们需要针对不同产品个别分析。

三、理论模型

本文的一般模型建立在Knetter（1989）以及Feenstra等（1996）提供的理论解释上。假定企业的目标市场为不完全竞争市场，包括了竞争者价格的影响和产品差异性活动（促销）的影响，用以检验针对市场定价的策略。假定，市场上有k个外国竞争者，其产品与本国出口企业有轻微不同。

企业在n个不同国家销售，用其本币写出其利润。它从第i个市场获得的收入如下：

$$R_i = P_i q_i \qquad (2-64)$$

其中，p_i为在第i个市场的销售价格，并已转换成出口国的货币，q_i为在该市场的销售量。同样，其在第i个市场的成本表示如下：

$$C_i = c(q_i) + Z_i \qquad (2-65)$$

C_i为总成本，依赖于进口需求和差异化花费（促销成本）Z_i，均已转化为出口国本国货币。企业把资源投入广告、培训、研发等努力用以增加产品的差异化，改善品牌形象，维持其产品的市场份额，以避免其他竞争者的侵蚀。

出口商的总利润函数π_i为：

$$\pi = \sum_{i=1}^{n} R_i - \sum_{i=1}^{n} C_i = \sum_{i=1}^{n} P_i q_i - c(\sum_{i=1}^{n} q_i) - \sum_{i=1}^{n} Z_i \qquad (2-66)$$

第i个国家的需求函数：

$$q_i = q_i \left(\frac{P_i}{S_i}, \frac{P_{ik}}{S_i}, \frac{Z_i}{S_i}, \frac{Z_{ki}}{S_i} \right) \qquad (2-67)$$

需求函数显示进口需求q_i如何受出口价格P_i / S_i（以进口国本地货币表示）、其他国外竞争者价格P_{ik} / S_i、产品差异化活动（本企业活动Z_i / S_i和其他竞争者活动Z_{ik} / S_i）的影响。所有货币指标都是以出口国的货币来衡量的，并转化为进口国的价格，$1/S$。汇率S_i定义为每单位第i国货币所值出口国货币单位的数量。使用下标ik标记第i国市场上的所有其他出口商。定义每个出口商面临的需求弹性为保持其他出口商价格不变时，出口商价格变化引起的需求变化，即：

$$\eta_i\left(\frac{P_i}{S_i}\right) = \left[\frac{-\partial q_i}{\partial(P_i/S_i)} \bullet \frac{P_i/S_i}{q_i}\right] \tag{2-68}$$

由式（2-66）可知，利润最大化要求的一阶条件是：

$$P_i = MC\left(\frac{\eta_i\left(\dfrac{P_i}{S_i}\right)}{\eta_i\left(\dfrac{P_i}{S_i}\right)-1}\right) \tag{2-69}$$

其中，$\eta_i = -\dfrac{\partial \ln q_i}{\partial \ln(P_i/S_i)}$。

式（2-69）中，最优出口价格是边际成本（MC）的加成，加成比例由各个目标市场需求的出口商国内货币价格弹性（η_i）决定（以出口商外币价格衡量，1/S）。也就是由进口国汇率变化、竞争者价格、各竞争企业的促销支出隐含决定。从一阶条件可以得出出口价格的汇率弹性（根据市场弹性定价）：

汇率弹性 $=(\partial P_i/\partial S_i)(S_i/P_i) \geqslant 0$

如弹性不变则意味着出口价格不随汇率变化而变化，$(\partial P_i/\partial S_i)(S_i/P_i) = 0$。

因此，转嫁被定义为出口商的外币价格（进口商的本地价格）随汇率变化的比例，在第i个市场上。从出口价格中去除边际成本效应，可以测度加成随汇率波动的变化。其他条件不变时，汇率弹性解释了出口商如何能够根据购买者本国货币的升值或贬值而改变其对购买者的以本国货币计价的加成能力。如果在本地货币计价的进口商品价格上涨/下跌时需求弹性增加（减小），则出口商的加成能力也将随购买者货币贬值而下降（上升）。购买者货币升值时则反之。

总之，汇率弹性不仅可以小于或等于1，也可能大于1。然而，汇率转嫁不能仅仅通过估计就得出来，还需要估计汇率变化对市场份额的影响。因此，就需要采用系统动力学的分析方法。系统动力学的分析方法超出了本文的范围，但是在可计算一般均衡（CGE）分析框架下建立的全球贸易分析模型（GTAP）为我们提供了一个简单的估计。

GTAP模型是转为分析国际贸易设计的纳入了全球主要经济体的大型CGE模型，该模型体系已经十分成熟，并进入了商业运营阶段。本文将直接引用其关于进口商品市场竞争方面的成果，即Amington 贸易替代弹性，意即某出口国商品进入目标市场的价格变化1%，它的市场份额将变化多少。

基本公式如下：

$$s = \frac{dS}{S} = \sigma_m \frac{dP}{P} \qquad （2-70）$$

其中，σ_m为进口品-进口品替代弹性，S为市场份额，s为市场份额的变化，P为进口品市场价格，d表示市场份额或者价格的变化。令

$$p = \frac{dP}{P} \qquad （2-71）$$

即p表示价格的变化。借用GTAP模型的有关文献，本文列出了不同行业的进口替代弹性。见表2-1。

案例2-1：汇率变化对美国各行业的影响

摩根士丹利对美国的分析表明，能源和家用产品行业会因美元贬值而有很好的表现。金融和消费类股票可能得承受较大的风险。材料类股票则有可能实现最大的收益增长。

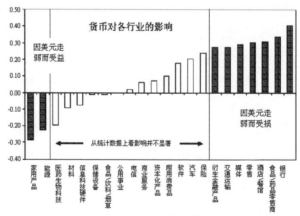

资料来源：Morgen Stanley,公司汇率风险管理简介,2006.

表2-1　GTAP 替代弹性

GTAP商品	增加值弹性（σ_{VA}）	国产品弹性（σ_D）	其他出口品弹性（σ_M）
水稻	0.24	2.20	4.40
小麦	0.24	2.20	4.40
谷物	0.24	2.20	4.40
蔬菜、水果、坚果	0.24	2.20	4.40
油菜籽	0.24	2.20	4.40
甘蔗、甜菜	0.24	2.20	4.40
植物纤维	0.24	2.20	4.40
其他粮食	0.24	2.20	4.40
马牛羊	0.24	2.80	5.60
动物制品	0.24	2.80	5.60
原奶	0.24	2.80	5.60
羊毛、蚕丝	0.24	2.20	4.40
林产品	0.20	2.80	5.60
鱼制品	0.20	2.80	5.60
煤	0.20	2.80	5.60
石油	0.20	2.80	5.60
天然气	0.20	2.80	5.60
矿石	0.20	2.80	5.60
马牛羊肉	1.12	2.20	4.40
肉制品	1.12	2.20	4.40
植物油和脂肪	1.12	2.20	4.40
奶制品	1.12	2.20	4.40
米制品	1.12	2.20	4.40

续表

GTAP商品	增加值弹性 (σ_{VA})	国产品弹性 (σ_D)	其他出口品弹性 (σ_M)
食糖	1.12	2.20	4.40
食物制品	1.12	2.20	4.40
饮料和烟草	1.12	3.10	6.20
纺织品	1.26	2.20	4.40
服装	1.26	4.40	8.80
皮革制品	1.26	4.40	8.80
木材制品	1.26	2.80	5.60
纸制品、印刷制品	1.26	1.80	3.60
石化和煤化工产品	1.26	1.90	3.80
化学原料、橡胶和塑料	1.26	1.90	3.80
矿石制品	1.26	2.80	5.60
金属铁	1.26	2.80	5.60
其他金属	1.26	2.80	5.60
金属制品	1.26	2.80	5.60
摩托车和配件	1.26	5.20	10.40
运输工具	1.26	5.20	10.40
电器	1.26	2.80	5.60
机械设备	1.26	2.80	5.60
制造业商品	1.26	2.80	5.60
电力	1.26	2.80	5.60
天然气生产和配送	1.26	2.80	5.60
水	1.26	2.80	5.60
建筑	1.40	1.90	3.80

GTAP商品	增加值弹性（σ_{VA}）	国产品弹性（σ_D）	其他出口品弹性（σ_M）
贸易和运输	1.68	1.90	3.80
金融、商业和娱乐业	1.26	1.90	3.80
公共管理和防务、教育、医疗	1.26	1.90	3.80
住房	1.26	1.90	3.80

Source: Jomini, P., J.F. Zeitsch, R. McDougall, A. Welsh, S. Brown, J. Hambley and J.Kelly（1991）'SALTER: A General Equilibrium Model of the World Economy, Vol. 1. Model Structure, Database and Parameters', Canberra, Australia: Industry Commission.

本章小结

在第二章文献综述的基础上，本章利用数理模型对汇率风险的发生机制以及汇率风险管理的传导机制进行分析，对汇率风险暴露的产生机理和如何确定暴露进行数理分析。其中前两节建立了一个较接近实际的三国模型，允许企业在多个国家组织生产和销售；第三节对汇率风险管理的财务机制进行了数理模拟，得出的结论是为控制汇率风险，应该对全部风险暴露进行对冲；第四节则应用Copeland 和 Copeland模型，得出了对汇率风险暴露最优对冲比率的数量结果；第五节研究了通过定价策略实现汇率风险转嫁。

本章的主要贡献有：

（1）建立了一个对跨国公司汇率风险管理的完整理论分析框架。包括了风险的形成机制、汇率暴露弹性分析、价格策略、创新策略、财务管理策略等。

（2）建立了一个对跨国公司汇率暴露形成机制的多国分析模型。通过该模型证明，跨国公司在多个国家分散化生产和经营有助于减轻汇率风险。

（3）通过汇率转嫁模型，证明了企业能够利用在国外市场的定价能力实现部分或全部的成本转嫁，从而增强抵御汇率风险的能力。

第三章　汇率风险管理政策研究

第一节　汇率风险暴露

一、汇率风险

企业的所有涉外经济活动都会产生汇率风险。汇率风险是汇率波动和难以预见的汇率变动的结果。由于汇率波动难以准确预测，产生了导致企业潜在损失的不确定性。因此，企业的汇率风险也可以看作是与未来汇率运动的不确定性相关的风险。此外，企业预期不到的对货币市场的干预也会产生汇率风险。

汇率是以一种货币测度另一种货币的价格，可以表示为每单位外币价值的本币数量，也可以表示为每单位本币价值的外币数量。自布雷顿森林国际货币体系于1973年解体之后，浮动汇率制下各币种之间的汇率波动已经成为一种常态（见图3—1），由汇率波动带来的潜在风险也就成为一种跨国公司（国际公司）必须考虑的常态风险。

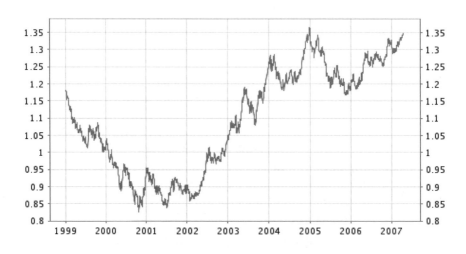

图3—1　1999—2007年美元/欧元汇率波动

资料来源：European Central Bank，http: //sdw.ecb.int/home.do? chart=t1.9.

汇率风险的定义有很多种（Pfennig，1998；Breuer，2000）。汇率风险可以定义为以本币计价的影响企业特定财务头寸的未来不确定汇率的概率分布。这个定义强调了未来汇率不能提前确知的事实。另外，它表述了企业关于未来汇率的知识仅限于未来汇率变化的概率分布。未来的财务头寸受到汇率的影响，因此存在需要管理的风险。这样的一个财务头寸称为"外汇暴露"，或者简称为"暴露"。暴露代表着汇率风险的标的。它是企业真实商业和财务活动的结果。

基于上述分析，有两个因素影响着一个企业的财务头寸：

（1）由未来汇率的未预期变动导致的价格风险。这个风险取决于计划现金流的期限（maturity）和计价的货币。期限越长，汇率变动越有可能影响现金流。计价货币以其变动趋势和波动性影响着现金流。

（2）现金流的规模不确定引起的数量风险。这是一种不同于预期暴露不同的真实暴露的风险（Stulz，2003）。它取决于以外币计价的暴露的财务头寸的数量。这些财务头寸是净的外币头寸，产生于外币现金流入和流出的平衡。

因此，汇率风险的影响就表现为一定时期内汇率变化导致的金融头寸价值的变化。

二、外汇风险成因

（一）汇率制度

从当前的形势看，越来越多的国家采用了浮动汇率制，部分国家采用了钉住某一币种或一篮子货币的钉住汇率制。汇率制度成为汇率频繁波动的制度基础。

（二）会计制度

不同国家的会计制度往往在会计科目的划分、会计方法的选择、会计核算标准上存在差异。会计制度不同，折算风险的损益大相径庭。

（三）市场经济结构

外汇风险形成中，汇率波动是首要的，但汇率波动能否造成外汇风险或这种风险究竟有多大，主要取决于市场经济结构。

（四）国家政治体系

外汇风险中的国家风险是因国家强制力造成外汇交易、正常外汇业务中断而产生的风险，由此可知，影响国家强制力的因素必然影响国家风险。

三、汇率风险暴露

目前，汇率风险暴露一般分为折算风险暴露（translation exposure）、交易风险暴露（transaction exposure）、经济风险暴露（economic exposure）。有的文献把交易风险暴露看作是经济风险的一种（见图3－2）。来源Adler和Dumas，1984；Froot和Scharfstein，1993）。

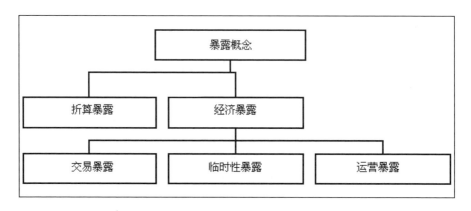

图3－2　汇率风险暴露的概念

1. 折算风险暴露

换算风险，又称外汇评价风险或折算风险，主要是指因汇率变化而引起的企业资产负债表中某些外汇项目金额变动对企业财务账户的影响。企业进行外币债权、债务结算和财务报表的会计处理时，对于必须换算成本币的各种外汇计价项目进行评议，这个过程就产生了汇率风险。一般而言，企业的外币资产、负债、收益和支出等，都需按一定的会计准则将其变换成本国货币来表示，这种折算过程必然会暴露出货币汇率上的损益。

折算风险是由于报告和合并报表的需要，把国外子公司以外币计价的财务指标转换成母公司以本币计价的财务指标（Shapiro，2003）。如果要把未来的财务头寸如资产、负债、收入、支出、获利和损失按照实际发生时的汇率进行折算，由于无法确知当时的汇率，这个财务头寸的价值也就是不确定的了。这种由于汇率变化导致的被报告的财务头寸的可能的收益或损失就由折算暴露和测算。

企业如果忽略了资产负债管理中汇率影响，就有可能蒙受损失。如1995年台塑集团曾发行以美元计价的海外可转换公司债，但是1997年新台币大幅贬值，造成整个台塑集团出现了51亿新台币的账面汇兑损失。

企业会计通常是以本国货币表示一定时期的营业状况和财务内容的，这样，企业的外币资产、负债、收益和支出，都需按一定的会计准则换算成本国货币来表示，在换算过程会因所涉及的汇率水平不同、资产负债的评价各异，损益状况也不一样，因而就会产生一种外汇评价风险。比如说，日本一家跨国公司在美国的子公司于2004年初购得一笔价值为10万美元的资产，按当时汇率US$1=J￥110.00，这笔美元价值为1100万日元，到2004年底，日元汇率上升到US$1=J￥100.00，于是在2004年底给跨国公司的财务报表上，这笔美元资产的价值仅为1000万日元，比开始时资产价值减少了100万日元。可见，折算风险的产生是由于折算时使用的汇率与当初入账时使用的汇率不同，从而导致外界评价过大或过小。

对于从事国际经营活动的跨国公司而言，换算风险通常发生在跨国公司编制合并财务报表的时候。母公司在编制合并报表时，要求将各附属公司的账目换算成母公司所在国的货币。如：根据美国法律规定，美国的跨国公司设在国外的子公司，在一定时期内必须将以外币表示的财务报表换算成报告货币，即美元。而严格地进行外币折算必须经过两个步骤：（1）由子公司将其资产负债表中的项目折算成当地货币，以便记入子公司的会计账户；（2）母公司在编制合并财务报表时，将以子公司所在国货币计值的子公司资产负债，折算成母公司所在国的货币。如果在此过程中发生汇率变动，跨国公司便会产生换算风险或会计风险。

在对外汇业务发生风险的会计处理上，企业的受险部分主要包括：（1）各国企业进行的外币计价交易及其所产生的外币现金债权债务；（2）本国企业的海外子公司以外币表示的资产负债；（3）合并财务报表时，海外子公司以外币表示的资产负债。换算风险暴露正是涉险资产和涉险负债之差。这些损益都带有会计性质，不涉及实际的现金流量。在浮动汇率制下，这种风险暴露的内容在很大程度上取决于会计换算方法。

2. 经济风险暴露

经济风险是指由于未预料的汇率变化导致企业未来的纯收益发生变化的外汇风险。它包括了签字的汇率变化对跨国公司子公司的现金流动所造成的现期和潜在的影响，以及其在这些变化发生的会计期以外对整个公司获利能力的影响。因此，汇率变化所引起的经济风险超过了交易风险和换算风险。风险的大小取决于汇率变化对企业产品的未来价格、销售量以及成本的影响程度。一般而言，企业未来的纯收益由未来税后现金流量的现值来衡量，这样，经济风险的受险部分就是长期现金流量，其实际国内货币值受汇率变动的影响而具有不确定性。比如，当一国货币贬值时，出口上可能因出口商品的外币价格下降而刺激出口，从而使出口额增加而收益。但是，如果出口商在生产中所使用的主要原材料是进口品，因本国货币贬值会提高以本币表示的进口品的价格，出口品的生产成本又会增加，其结果有可能使出口商在将来的纯收益下降，这种未来纯收益受损的潜在风险即属于经济风险。

经济风险的分析是一种概率分析，是企业从整体上进行预测、规划和进行经济分析的一个具体过程，其中必然带有主观成分。因此，经济风险不是出自会计程序，而是来源于经济分析。

潜在的经济风险直接关系到海外企业经营的效果或银行在海外的投资收益，因此对于一个企业来说经济风险较之其他外汇风险更为重要。分析经济风险主要取决于预测能力，预测是否准确直接影响生产、销售和融资等方面的战略决策。

经济风险产生于实际经营中发生的货币波动和价格变动。但在汇率变动可以预期的情况下，这种预期的变动会分解到金融市场中，并反映在母国和东道国之间的通货膨胀和利率差异之中。如果金融市场不能有效地对此做出调整，那么，预期的汇率变动的影响也会反映在子公司产生的预期现金流量以及母公司的市场价值中。所以，在理论上，经济风险仅仅产生于未预期的汇率的变动。这种未预期的汇率变动对企业预期现金流量的影响按时间、水平和条件可以分为以下几种情况：

（1）在短期内，即一年内，汇率变化对企业经营预算的影响，主要体现在货币名义价值的转换上。由于在正常情况下，短时间内的产品价格、生产成本等不可能剧烈变化，因此，经济风险不太显著。

（2）在2—5年的中期内，若具备国际金融中的平价关系条件，则价格和成本将同汇率调整水平一致，经济风险也不明显。相反，若不具备这些平价关系的实现条件，则价格和成本不能随汇率变化而调整，企业实际现金流量会与预期现金流量产生差异，致使经济风险较为显著。同样，在长期经营不具备平价关系条件的情况下，汇率变化将对企业现金流量有很大影响。

　　总体来看，由于国际经营诸多不确定性的存在，这些平价条件往往难以实现，跨国公司所受到的汇率风险是经常的。但经济风险在很大程度上是一种概率分析，是企业从整体上预测、规划和经济分析的一个具体过程。所以，对经济风险的分析取决于公司的预测能力，预测的准确程度将直接影响该公司在融资、销售与生产方面的战略决策。

　　经济风险暴露着重于现金流。它包括以外币标价的已簿记的收入项和支出项，以及所有潜在的未来现金流，这些财务项目前由于汇率的不确定性尚无法准确估值。因此，经济暴露代表者以本币计价的未来现金流由于汇率浮动引起的可能波动。经济暴露概念把汇率风险的测算延伸到长期。因此，它也体现了汇率对于一个企业长期竞争地位的影响。

　　按照Shapiro（2003）的研究，经济暴露的概念描述了汇率变化对于企业价值的影响。他采用了经济风险可以通过测算未来现金流现值由于汇率波动引起的变化来表示的观点。因此，不同汇率前景下现值的比较显示了未来汇率对现金流现值的影响程度。

　　经济暴露概念体现了一家企业的所有现金流。可以根据这些现金流不同的特征来给经济暴露做进一步的分类。例如，临时性暴露，是由于企业参与了以外币标价的未来某个时期开标的投标活动，是否中标只能在未来才知道。因此只有公司中标了才会有相应的风险暴露。如果中标，公司会由于中标时的汇率可能与投标时的汇率不同而面临风险。

　　运营暴露产生于汇率变化对企业收入和成本因而对现金流的影响。运营暴露是一个汇率对公司现金流和竞争地位影响的长期指标。当企业面临国际市场的竞争或者从国际市场购进资源时就会面临运营风险。由于运营暴露的长期性，真实汇率变化就会导致这种暴露。当名义汇率不仅导致价格变化而且进而导致相对价格变化时，就会产生运营暴露。这导致了企业的竞争中地位的变化。运营暴露的长期性导致这种暴露不能仅仅通过金融性的对冲技巧来化解。企业需要通过长期的运营调整来削弱汇率变化的不利影响。

　　经济暴露概念的一个好处是它可以覆盖企业的整个计划期。它不仅把已簿记的未来交易考虑进汇率风险之中，而且也考虑了未来的商业交易。也就是说，它考虑了汇率变化对于企业整个战略地位的影响。

表3—1 汇率波动的经济风险

影响公司本币流入量的交易	本币升值对交易的影响	本币贬值对交易的影响
本国销售（与在本国市场上的外国竞争者相比）	减少	增加
以本币标价的出口	减少	增加
以外币标价的出口	减少	增加
对外投资的利息收入	减少	增加
影响公司本币流出量的交易		
以本币标价的进口	无变化	无变化
以外币标价的进口	减少	增加
应付外债的利息	减少	增加

3. 交易风险暴露

交易结算风险是指以外币计价或成交的交易，由于外币与本币的比值发生变化而引起亏损的风险，即在以外币计价成交的交易中，因为交易过程中外汇汇率的变化使得实际支付的本币现金流量变化而产生的亏损。这种外汇风险主要是伴随着商品及劳务买卖的外汇交易而发生的，并主要由进行贸易和非贸易业务的一般企业所承担。它产生于用外汇结算的各类交易，这些交易大致可以分为两类：一类是资产负债表中所有未结算的应收应付款所涉及的交易活动，主要是以即期或延期支付为条件的国际贸易活动和以外币计价的国际信贷活动；另一类是表外项目所涉及的，具有未来收付现金的交易，如远期外汇交易、远期外汇合约、期货买卖及研究开发等。

交易暴露产生于要求企业在一定时期处理外汇结算的各种交易。因此，交易暴露概念集中于现金流。这是由于汇率变动的不利影响要传给企业未来以本币计价的收入之中。

交易暴露产生于以下一些商业活动：

·以外币计价的出口和进口协议。

·以外币计价的资本获得和资本投资协议。

·以外币计价的企业内部交易。

如果交易发生在未来的几个不同时间，交易暴露包括这些未来现金流。因此，交易暴露就有了一个时间结构。交易暴露的这个特征可由一个显示外汇现金流入和流出平衡的系统来记录，称为暴露报告（exposure report）。交易暴露的这种表现形式类似于一种流动性或金融计划。在暴露报告中，交易暴露可以分项记录为币种、数量和时间。交易暴露以及暴露报告都是一种短期的指标。

从特征上看，交易风险一般有四个特征：一是可以确定资金流动的期限；二是现金流动要求在到期日进行外汇交易，在这个意义上，交易风险又可称为货币兑换风险；三是母公司和子公司都可能发生交易风险；四是交易风险会产生税收影响，并直接影响交易中的现金流动。

一般而言，跨国公司母公司发生交易风险只对母公司的账户产生影响，而子公司的交易风险既影响子公司本身，又可能影响整个公司集团。子公司的交易风险可以分为三类：当地货币风险、母公司货币风险和第三方货币风险。

具体来说，可将这些交易分成两大类：一类是企业资产负债表中所有未结算的应收应付款所涉及的交易活动和以外币计价的国际投资和信贷活动；另一类是表外项目所涉及的、具有未来收付现金的交易，如远期外汇合约、期货买卖及研究开发等。

在国际经济贸易中，贸易商无论是以即期支付还是延期支付都要经历一段时间，在此期间汇率的变化会给交易者带来损失，从而产生交易结算风险。例如，中国出口商输出价值为10万美元的商品，在签订合同时汇率为US\$1=RMB￥8.30，出口商可收83万元人民币货款，而进口商应付10万美元。若三个月后才付款，此时汇率为US\$1=RMB￥8.20，则中国出口商结汇时的10万美元只能换回82万元人民币，出口商因美元下跌损失了1万元人民币。相反，结汇时若以人民币计价，则进口商支付83万元人民币，需支付10.12万美元。

交易结算风险还有可能产生于外币计价的国际投资和国际借贷活动。比如投资者以本国货币投资于某种外币资产，如果投资本息收入的外币汇率下跌，投资实际收益就会下降，使投资者蒙受损失。再比如，从国际资本借贷中的借款者来看，借入一种外币需换成另一种外币使用，或偿债资金的来源是另一种货币，则借款人就要承担借入货币与使用货币或还款来源之间汇率变动的风险，若借入货币的汇率上升，就增加借款成本而有受损之可能。

表3—2显示了三种主要暴露概念的特征和区别。

表3—2　暴露概念的比较

	交易暴露	折算暴露	经济暴露
目标	短期交易	合并报表	战略规划
关注点	现金流	资产和负债	现金流
价值导向	经济值	簿记值	经济值
时间导向	现在导向的	过去导向的	未来导向的
时期	有限的	有限的	无限的

第二节　汇率风险管理的目标、原则与方法

一、汇率风险管理的目标

由以上分析，企业应该从理论上把经济暴露的概念应用于汇率风险管理之中。然而，要全面评估企业面临的经济风险不是一件容易的事情。运用金融衍生产品进行对冲只是管理经济暴露的一个方面，比如用于应对交易风险。

汇率风险管理是一个目标为减少企业受未预见到的汇率波动影响的战略过程。因此，汇率风险管理必须承担确认潜在汇率风险和提出保护措施的任务。运营层次（operational level）的汇率风险管理的行动参数是监控汇率暴露情况和控制汇率波动对企业的影响。

一般意义上的汇率风险管理是运用所有手段来抵消汇率风险暴露以达到风险防止、风险最小化和风险补偿。汇率风险的通常目标包括以下几方面：

·减少折算风险。要实现此目标需要企业关注以外币计价的资产和负债由于汇率变动导致的价值变动。

·减少由汇率波动导致的季度之间或年度之间的收入波动。实现此目标要求企业同时考虑折算暴露和交易暴露。

·减少交易暴露。为达到此目标，风险管理需要关注企业的现金流暴露部分。

·减少经济暴露。欲达到此目标，要求企业减轻汇率波动对整体现金流的影响。此时，往往要忽略汇率波动对资产和负债的影响。

·减少汇率风险管理的成本。为实现此目标，企业必须平衡各种形势下的对冲收益及其成本。此时假定风险是中性的。

·规避意外损失。实现此目标要求企业管理其风险，保证汇率变动不会产生大的损失。

Shapiro（2003）认为，最合适的办法是把这些目标按照它们与最大化股东价值之间关系强弱排列，因此，经济风险暴露是最为重要的。

汇率风险暴露可以采取多种形式出现，而就某一种形式的汇率风险暴露来说，管理手段也不是单一的。尽管某种管理工具的使用，其影响可能不只限于折算暴露、交易暴露或经济暴露的某一种类型，但其影响程度、方向并不一致，有些可能相互抵触。由于这种内在的不一致使外汇风险管理有必要确定特定时期的外汇风险管理的管理目标。

管理目标的选择实际上是在公司长期利益和近期利益之间的权衡。经济暴露影响公司未来现金流量，而折算暴露和交易暴露仅对公司价值产生短期影响。因此，若侧重公司长期股东利益最大化就应把经济暴露视为首要目标。相反，若更加重视近期收益状况则应把防御交易风险和折算方面。当然，这样的区分只是相对的，完全忽视近期利益或远期利益都是不可能的，更何况二者之间的界限本来就不是泾渭分明的。

由于折算暴露反映的只是公司账面损益，而非公司的经营现金流量，因而把主要精力集中于管理经济暴露和交易暴露是恰当的。不过，应当把折算暴露管理保持在什么样的位置，主要取决于各国对外币折算损益处理方式的影响程度。有些国家要求将折算损益计入当期损益表，所以要小心应付，而有些国家则允许将折算递延到实际清算年份。

表3-3　汇率风险的管理框架

风险类型	风险趋势	影响	对公司的影响程度	潜在的对冲目标
交易风险		·影响到短期现金流量、收入或收益的美元价值	·影响到现金头寸 ·影响到实施计划项目的能力 ·影响到短期的毛利润率 ·影响到财务比率	·尽量减少美元现金流量的波动性 ·保持公司的现金/流动性 ·保持短期的利润

风险类型	风险趋势	影响	对公司的影响程度	潜在的对冲目标
折算/资产负债表风险	外币多头	· 以外币计价的净资产对资产负债表和股本或投资价值造成波动 · 一般用于描述对资产负债表的影响，但偶尔也用于描述收入或收益账目价值的波动性 · 影响到财务报表（资产负债表）	· 一般会影响到资产负债表上的净资产，而不是现金流量 · 潜在资本损失影响到： 收益 股东的股本 杠杆比率（股本负债率） 债务率 资本收入的使用权	· 保持净资产的美元价值 · 保持财务比率 · 保持资本成本 · 稳定股东股本的美元价值 · 控制税务状况
经济风险	外币多头	· 汇率波动对公司美元价值的影响 · 未来收入、净收益或股息和现金流量的美元价值可能很容易受到外汇潜在贬值的影响，从而使公司的总体价值受到影响	· 影响到收益的美元价值和现金流量的美元价值 · 影响到： 长期回报率和盈利能力 公司价值 收益的波动性 现金回报的绝对美元价值	· 尽量减少现金回报的波动性 · 保持公司价值和地位 · 通过对冲来保证外汇现金回报的绝对美元价值

资料来源：Morgen Stanley（2006）。

二、汇率风险管理基本原则

什么时候跨国公司采用金融对冲策略来管理汇率风险？什么条件下采用运营对冲？什么时候综合采用两种方法？这是汇率风险管理的基本问题。根据Bhagwan 和 Howe（1999）的研究，企业遵循以下五个原则：

（1）最优金融对冲合约是一个卖出预期外汇现金流的远期合约，并且只有外汇现金流独立于汇率时才发生。

（2）企业只有在汇率不确定性和需求不确定性同时存在时，才考虑使用运营对冲。

（3）如果建立生产厂的成本很低或者汇率波动性很大，企业更倾向于在国内和国外同时建立生产厂。

（4）如果企业在国内外都建立生产厂，外汇现金流通常不会独立于汇率，因此最优金融对冲合约将不是一个远期合约。

（5）如果国外需求的变动性相对于国内需求变动性更大，或者国外预期利润更大，那么企业更倾向于在国外建立更大的生产能力。

在确定汇率风险的类型和测算伴随的风险暴露之后，企业需要决定是否对冲这些风险。在国际金融学之中，如何选择合适的策略来管理不同类型的汇率风险这一问题尚没有完全解决（Jacque，1996）。在实践中，企业财务部门使用许多汇率风险管理策略，具体情形往往取决于风险的类型和企业的规模。

1. 对冲策略

一般情况下，交易风险往往采用战术性对冲，或者从战略考虑保留现金流和收益，这取决于企业财务部门对有关货币未来趋势的看法。多数企业运用战术性对冲来对冲它们与短期应付应收项目的交易风险，而战略性对冲用来对冲长期的交易风险。然而，一些企业决定使用被动对冲，即不管汇率变动预期，维持同样的对冲结构和策略，即不需要企业判断汇率走向。

折算风险或者平衡表风险，往往较少进行对冲，也没有系统性的进行对冲，以避免对净资产的影响。这种风险往往涉及长期的汇率风险，比如企业分支机构的价值、债务结构和国际投资。但是，这些项目的长期性质和外汇折算事实上对平衡表不如企业的收入项目，使得折算风险管理没有成为企业的优先考虑。

在合并报表中的汇率风险对冲框架内，对企业债务项目进行对冲是一个重要活动（Marrison，2002；Jorion 和 Khoury，1996）。企业债务的币种和到期日决定了其净值和收入对汇率变动的敏感性。为减轻汇率对收入变动的影响，企业可以利用最优化模型设计一套最优对冲策略来管理其汇率风险。在最优化债务构成之后，如何对冲余下的风险是一个难题。如果汇率没有向预想方向变动，折算风险对冲可能会引起现金流或收入的波动。因此，对冲折算风险往往要谨慎评估对冲的成本来决定是否应该进行。

经济风险通常作为一种剩余风险来对冲。经济风险难以定量，因为它反映了汇率运动对未来现金流现值的潜在影响。这可能需要利用标杆比率来测算汇率波动的潜在影响，这一标杆比率预测了企业未来一定时期内的收入和成本流。在这种情形下，每个现金流的影响可以在产品线和市场中进行定位，此时，投资于多个国家的企业净的经济风险就会变小，因为有些影响互相抵消了。而且，如果汇率变化伴随着通货膨胀率的变化，企业有分支机构面临着成本膨胀，企业就能够发现其竞争力受损了，由于汇率调整其初始价值没有跟上PPP（购买力平价）线的变化（Froot 和 Thaler，1990）。在这种情况下，企业能够通过以分支机构正在遭受较高成本膨胀的货币创造应付款项（如金融操作）来最优地对冲其经济风险（影响企业价值的币种）。

2. 对冲标杆和业绩

对冲操作业绩可以通过设定一个标杆比率来测算（Jacque，1996）。对冲风险通常表示为一个VaR（风险资产价值）。对冲最优化模型，作为外汇现金流最优化对冲策略的方法，能够帮助发现对于单个币种暴露最有效的对冲操作，但是通常无法提供多币种风险的对冲过程。因此，对冲业绩和VaR可以在一定置信水平上测算出来。然后可以通过定义一个企业愿意承受的风险来确定一个最优对冲策略。这个策略是在企业可接受的风险水平下的最小对冲量。另外，当本地货币有一个相对较高的收益和较低的流动性时，期权往往比远期合约或期货产生一个更有效的对冲比率。

作为汇率风险管理政策的一方，企业使用各种对冲标杆来有效管理其对冲策略。这类标杆可以是对冲水平（一个固定比例）；报告期；尤其是那些使用期货合约来控制净资产流动性的企业（例如季度或12个月标杆）；预算汇率，取决于当前的会计规则。标杆也能够用于测算单个对冲的业绩。

3. 对冲和预算汇率

预算汇率为企业提供参考汇率水平（Madura，1989）。设定预算汇率经常与企业的敏感性和标杆相联系。决定了预算汇率，企业财务部门就需要选择合适的对冲汇率并确保与此对冲汇率的最小偏离。这个过程将决定对冲的频率和选择的工具。需要指出的是，预算汇率要反映出相对于标准币种的持续变化，或者要考虑战略定位和对冲策略。

企业在设定预算汇率的实践中有很大不同（Lam，2003）。很多跨国公司的财务部门选用PPP比率作为预算汇率。但是，也有一些跨国公司选择按照它们的销售日程来确定预算汇率，并确定自己的对冲策略。例如，如果一家公司有季度销售日程，它可能决定对冲其明年同一季度的外币现金流，这样它就可以选择一个与前一年相同的对冲比率。相应地，每年就需要进行四次对冲，每次对冲选择在季度末进行，使用期末汇率作为预算汇率。

另外，企业也可以把预算汇率定为前一财政年度的日平均汇率（Barton、Shenkir和Walker，2002）。在这种情况下，企业需要使用一种基于平均型的工具如期权或合成期货合约。这种对冲操作通常在前一财政年度的最后一天进行，以新财年的第一天为起始日。而且，企业也可能使用被动对冲，如对一定时期内外汇现金流的平均值进行对冲，采用市场中存在的期权结构。这类对冲策略相对简单易监控。

预算汇率的确定对企业也是十分重要的。除了用于确定标杆汇率之外，预算汇率还被用于预测公司为避免出现影响财务稳健的情况出现所需的现金流量。从这个意义上说，预测汇率是企业定价战略的一个关键方面（Papaioannou，1989）。既然远期汇率已经被证明不能良好预测未来的现期汇率，那么就可能需要用到结构的或时间序列的汇率模型（Bansal 和 Dahlquist，2000；Fama，1984）。对于企业国外分支机构的投资行为，预算汇率经常作为会计汇率，即作为前一财年末的汇率。

表3-4　确定对冲的指导原则

确定对冲的理念	设定目标	确定参数	设定控制措施
·制订策略方针 ·风险承受力 ·提出看法 ·主动的与被动的管理 ·内部银行	·以利润为中心 ·消除收益的波动性 ·把收入波幅降到最低 ·把现金流的波幅降到最低 ·对冲资产负债表/股本 ·保持实施战略业务计划的能力 ·对冲现金头寸和保持实施计划项目的能力 ·维护公司的价值或竞争地位 ·达到或超越预算收益率 ·避免其他综合所得的波动性 ·保留可以从汇率的正面变动而获益的机会	·区分交易、折算和经济风险 ·对冲的风险类型：现金流对比公平价值 — 盈利对比收入 ·时间范围(时限) ·成本 — 资源和系统及衍生工具的成本 ·对冲产品	·潜在的最大损失金额 ·头寸限额 ·后勤部门的运作 ·按指导原则实施的事前审批 ·管理层在什么情况下要采取行动

资料来源：Morgen Stanley（2006）。

三、汇率风险管理的最优实践

对于那些有显著汇率风险暴露的企业，汇率风险管理决策经常需要建立一个最好的操作框架（Allen，2003；Jacque，1996）。这种实践或原则可能包括：

（1）确认汇率风险的类型，测算相关的风险暴露。如前所述，要确认折算风险、交易风险、经济风险，以及每种风险所涉及到的币种。另外，使用不同模型（如VaR）测算这些货币风险，也是确认对冲头寸的必要因素。

（2）提出汇率风险管理战略。确认汇率风险的种类和测算了风险暴露的数量之后，就需要建立管理战略来应对这些风险。特别的，战略应该明确公司的管理目标，是否和为什么公司要全部或部分地对冲其汇率风险暴露。进而，要提出详细的对冲方法。也有必要把对冲战略放在操作水平上加以考虑，包括执行成本、使用的工具和监控程序。

（3）在企业财务部门建立一个集中的机构来处理汇率对冲的执行过程。这个机构将负责汇率预测、对冲方法机制、有关汇率风险的会计程序、对冲成本和建立测算业绩的标杆。（这些操作可以由一个财务部门领导的专业小组来执行，大的跨国公司也可以由一位主管来主持。）

（4）提出一套控制体系以控制汇率风险，确保持有合适头寸。这包括为每种对冲工具设定头寸限额，以日数据（或日间数据）为基础使用以市值计价（mark-to-market）方法对头寸进行监控，建立对冲标杆定期评价对冲业绩（通常月度）。

（5）建立风险监控委员会。该委员会特别要批准头寸持有限额、检查对冲工具的适宜性和相关VaR头寸，以及对风险管理政策进行定期评论。

第三节　汇率风险管理工具

一、运营对冲

运营暴露是一种典型的长期暴露，只能通过运营对冲来管理（Flood 和 Lessard，1986）。例如，考虑一家企业，其外币现金流是确定的。企业和外汇有关的唯一不确定性就是汇率。此时，交易汇率可以很容易地由期货合约来对冲。然而，使用衍生品不能消除外汇流入数量变化的风险。

这类企业可以使用运营调整如把生产地点转移到最能实现销售收入本币价值的国家。因此，未预期的汇率变化对总公司本币销售收入的影响可以被同样变化的本地生产成本抵消。

运营对冲一般用来对冲非合约型现金流暴露（运营暴露），此时金融对冲工具无法获得，或者没有流动性，或者太贵。运营暴露是由于汇率的未预期变动导致了企业投入成本（如原材料、劳动力等）和产出价格（如产品价格）的变化引起的。由于价格和汇率的相关性取决于它们各自市场的分割程度，运营暴露依赖于投入成本和产出价格是由本地决定还是由全球市场因素决定。一家跨国公司可以通过修正运营战略来应对实际发生的和/或预期的汇率变化，包括营销策略（比如市场选择或定价策略）和生产策略（比如原材料来源和生产厂址）。跨国公司经常通过在许多国家（货币区）分散运行来管理其运营暴露。很自然，这种对冲措施很难重构，执行时间很长，因此不容易实施。

Butler（1997）认为，运营对冲成本对大型跨国公司来说，并没有那么巨大，因为它本身在许多国家拥有分支机构，而小公司在地理分布上就不那么分散。分布广泛的大公司在国家之间调整生产和销售时面临较低的沉没成本，因为它们已经在这些国家建立了分支机构。这段话的含义是，拥有广泛运营网络的跨国公司在有效管理运营风险方面能够更为成功。

转移定价也是规避汇率风险的一种常用的运营手段。尽管转移定价经常表现为逃避税收的一种方式，实际上它也是跨国公司经常用来规避汇率风险的一种工具。转移定价是跨国企业进行国际纳税筹划的重要方法之一。跨国公司为适应瞬息万变的国际市场环境，减少经营风险，大都把经营管理权分到设在各国的责任中心。各责任中心都以其所在跨国公司制定的内部转让作为内部控制和结算的依据。在不违背东道国税收法规及有关的国际税收协定的前提下，跨国公司可制定较高转让价格把设在高税率国家子公司的利润转移出去，也可以较低的转让价格使设在低税率国家子公司的利润增加以减少税负，提高跨国公司总体利润水平。

由于在跨国公司的母公司与子公司之间、子公司与子公司之间、总机构与分支机构之间有密切关系，母公司或总机构可以通过把各种名目的费用列入转让价格，调整各子公司或分支机构的产品成本，转移公司的利润。跨国公司采用转移定价的四种方式：

第一种是实物交易中的转移定价。实物交易中的转移定价具体包括产品、设备、原材料、零部件购销、投入资产估价等业务中实行的转移定价，这是目前转移定价最重要、也是使用最频繁的一种方式。其主要手段是采取"高进低出"或"低进高出"，借此转移利润或逃避东道国税收。

第二种是货币、证券交易中的转移定价。主要是指跨国公司关联企业间货币、证券借贷业务中采用的转移定价，通过自行提高或降低利率，在跨国公司内部重新分配利润。例如，某中港合资企业向其香港关联公司举借年利率高达15%的高息贷款，超过同期香港市场商业银行贷款利率一倍，贷款利息作为费用可免除所得税，纳税时应予以扣除，借此大量转移利润，还同时享受"开始获利年度"的税收时间优惠待遇，推迟纳税时间。

第三种是劳务、租赁中的转移定价。劳务、租赁中的转移定价存在于境内外关联企业之间相互提供的劳务和租赁服务中，它们高报或少报甚至不报服务费用。有的将总公司或部分分支机构发生的管理费用摊销到某些国家的分支机构，以此转移利润，逃避税收。

第四种是无形资产的转移定价。主要指获得专有技术、注册商标、专利等无形资产过程中的转移定价。跨国公司企业间通过签订许可证合同或技术援助、咨询合同等，以提高约定的支付价格，转移利润。对关联企业间的非专利技术和注册商标使用权的转让，由于其价格的确定存在着极大的困难，我国没有明确的收费规定，而且由于其专有性，无可比市场价格，其价格的确定更是难以掌握。

有资料显示，2004年度中国外资企业自报亏损额高达1200亿元，60%在华外商直接投资企业自称亏损。没有任何人会相信跨国公司在中国如此优厚的待遇下出现全面亏损，转移定价是造成这种状况的根本原因。

二、金融衍生产品

对冲是用来应对现存汇率风险的所有方法。这些行动包括创造头寸来抵消汇率变动对现有和预期的风险暴露的影响，以及匹配汇率风险暴露来最小化其影响。外汇对冲已经成为非金融企业应对交易风险的常用工具，包括远期合约、期货、期权、掉期等。两种基本的对冲头寸，多方期货合约和空方期货合约的避险效果见图3—3、图3—4。

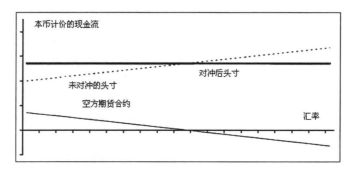

图3—3　空方期货合约避险效果图

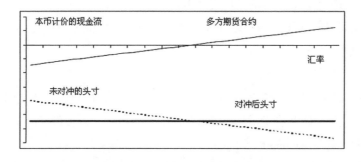

图3—4　多方期货合约避险效果

在汇率风险管理框架内，对冲工具用于对特定汇率风险进行管理。在发达国家的金融市场上，目前有很多种对冲工具，也十分复杂。为满足现代企业日益增长的汇率风险管理需要，市场上创造了多种多样的满足特定需求的对冲工具（Hakala 和 Wystup，2002；Jacque，1996；Shapiro，1996）。这些工具包括OTC（场外交易）和场内交易产品。多数常用的OTC货币对冲工具为外汇远期合约和跨币种掉期。下面是对各种衍生产品的介绍。

（一）外汇即期交易（spot transaction）

又称现汇交易。是指外汇买卖成交后，在两个营业日内办理交割的外汇交易业务。

营业日的确定需确定两个原则：

价值补偿原则：在外汇交割时必须同时交割，以保证权利义务对等。

交割地点原则：交割地点必须当日营业。不同于交易地点。

（二）外汇远期交易（forward transaction）

又称期汇交易，是指外汇买卖时，双方先签订合同，规定交易的币种、数额、适用率及日期、地点等，并于将来某个约定时间进行交割的外汇业务活动。

远期汇率是在远期外汇合同中，交易双方确定的、在将来某一日期办理交割时所使用的汇率。远期汇率与即期汇率之间的差价称为远期汇水，远期汇水有升水和贴水之分。远期汇率的报价可采用直接报出方式和"点数"报价方式。

在直接标价法下：远期汇率=即期汇率+升水=即期汇率-贴水

在间接标价法下：远期汇率=即期汇率-升水=即期汇率+贴水

远期汇率的升（贴）水近似等于即期汇率乘以两国同期的利率差，利率高的货币为贴水，利率低的货币为升水。

远期交易的作用：利用远期外汇交易进行套期保值，以避免外汇风险；利用远期外汇交易进行投机。

（三）套汇（arbitrage）

是指人们利用同一时刻国际间的汇率的不一致，以低价买入同时在其他市场上以高价卖出某种货币，以谋取利润的做法。包括两点套汇和三点套汇。

（四）套利（interest arbitrage）

是指投资者根据两国金融市场上短期利率的差异，以利率较低的国家借入资金，在即期外汇市场上将其兑换成利率较高的国家的货币，并在那个国家进行投资以获得利息差额的活动。

（五）掉期交易（swap）

是指同时买进或卖出同一种货币，买卖的金额相等，方向相反，交割的期限不同。

掉期交易是指在买进或卖出一种期限的某种货币的同时，卖出或买进另一期限的数额相等的同种货币的外汇交易。

按交割时间的不同，掉期交易有即期对远期、即期对即期、远期对远期的掉期交易形式。

外汇银行可利用掉期交易轧平外汇头寸，避免外汇风险。进出口商可利用掉期交易改变其持汇的期限，以避免外汇风险。

（六）择期交易（forward option）

是指买卖双方在订阅合约时，事先确定交易价格和交割期限，但订约人可在这一期限内的任一日期买进或卖出一定数量的货币。

（七）货币互换（currency swap）

货币互换是指双方按固定汇率在期初交换两种不同货币的本金，然后按预先规定的日期，进行利息和本金的分期互换。在某些情况下，期初可以不交换本金，也可以到期日不交换本金。

（八）利率互换（interest rate swap）

是指双方规定在合约载明的期限内，对一系列款项的支付进行交换，合约双方约定一笔名义上的本金数额，然后一方承诺在未来的一定时期内定期支付给对方一笔货币其金额等于按事先协定的固定利率计算的本金的利息，而另一方也同时支付给对方等于按市场浮动利率计算的本金的利息。

三、金融衍生产品的应用

从20世纪80年代中期金融衍生品的使用非常流行，特别是在具有发达金融市场国家中的大型公司中应用十分广泛。

在1995年沃顿学院发起了对美国非金融公司使用衍生品的广泛调查（Bodnar、Hayt和Marston，1996）。该项调查表明被调查公司中大约有40%使用衍生品，在它们中间有76%使用货币衍生品来管理外汇风险。最主要的目标是管理现金流，其次是管理账户收入中的波动。对于公司的市值，只有8%的公司认为它是主要关注的目标。大多数思考使用衍生品的风险是信贷风险、衍生品评估风险以及账户的处理方法。交易成本是最不关注的问题。期货和远期合同是对契约风险（86%的使用者认为是最重要的）、预期中短期交易风险（66%认为是最重要的）和换算风险（48%认为是最重要的）进行套期保值的最佳工具。期权是对经济风险（67%认为是最重要的）和长期交易风险（51%认为是最重要的）进行保值的最佳工具。支持期货合约优于期权的观点认为，期货合约更适合管理货币风险，它们更加便宜。衍生品的非使用者提出他们的主要原因：风险不是很大，套期保值的成本超过预期收益。而且，许多回应者强调，他们缺乏对衍生品知识的了解是重要的阻碍因素，结果是他们选择其他方式管理货币风险。

Nance、Smith 和 Smithson（1993）通过他们的调查结果发现如果公司的研发费用支出较高，或者支付利息和所得税之前的收入与利息支出之比很高，那么他们很少会使用套期保值。Berkman、Bradbury和Magan（1997）通过使用新西兰的数据发现，收入与利息和所得税的比率，即覆盖率（coverage），与衍生品的使用呈强烈的负相关关系，这个结论也与模型的假设相一致。Mian（1996）调查了3022家公司的财务报告，并且将它们按是否套期保值进行划分。他发现具有更大流动性（按当期资产和当期债务之比衡量）的公司更不可能使用套期保值。他还发现具有更高的市净率（Market-to-book，增长的代名词）的公司不大可能使用套期保值。该结果与模型的设置（覆盖率）相一致，因为对于高增长的公司来讲，未经保值的现金流动的流转速度更高，因此，他们套期保值的倾向较低。

Howton和Perfect（1998）通过选取451家财富500强的公司和随机抽取的461家公司组成的样本考察了货币衍生品的使用情况（1994年的数据）。他们发现如果公司有很高的流动性，如果研发占销售的比例（一种衡量外部融资需求的方法）很低，如果财务困境不是一种威胁，如果它们没有面临货币风险，以及如果替代套期保值的方法可行，公司不太可能使用期货和远期合同。Geczy、Minton和Schrank（1997）发现具有高增长和较难获得内部和外部融资的公司更可能使用套期保值的方法。如果资本支出要求被认为是最小现金要求边界条件的一部分，那么，该结论是与模型一致的。Gay和Nam（1998）研究了一个在1995年底所观测到的由325家使用衍生品的公司和161家非使用者共同组成的样本。他们发现具有有利的投资机会、较低流动性以及投资支出与内部产生的现金流动关系不密切的公司通常更有可能使用衍生品。

1995年在美国又进行了一项有关衍生品使用方面的研究（Phillips，1995）。该研究发现大约60%的公司使用衍生品，75%的使用者管理外汇风险；然而，甚至有90%认为，衍生品是用来管理利率风险的。衍生品最常用来管理金融风险，期货（72%的公司使用）优于期权（37%的公司使用）。场外衍生品（Over-the-counter，OTC）明显优于场内工具。可以观察到的是，所有规模的组织都面临金融风险。但是，较大规模的公司更倾向于使用衍生品，并且选择起来更喜欢使用"场外"工具。

一项在新西兰的研究，目的是检验衍生品的使用是否仅限于"美国这样一个发达且流动性强的金融市场"（Berkman、Bradbury和Magan，1997）。然而，主要结论与美国的研究结果相似：较大规模的公司更倾向于使用衍生品，期货优于期权，场外工具优于场内工具。使用衍生品的主要目标也很相似：对契约和中短期的承诺提供套期保值是其主要原因。不同之处在于新西兰的公司强调减少账户收入的波动比强调现金流动更多一些，但是这种状况可以从美国和新西兰两国的会计标准不同得到解释。核心结论是，即使新西兰是一个金融市场不甚发达和交易成本较高的小经济体，相对来说，它的开放性及其引发的外汇风险也会导致比美国更频繁的使用衍生品。

Mallin等人有关英国非金融公司的研究表明，衍生品使用状况非常好。期货合约最常用来为外汇风险保值。50%的公司使用衍生品来管理账户收入的波动，2/5的公司用衍生品来减少现金流的波动。公司关注的问题是，衍生品交易本身的风险、交易成本以及缺乏对衍生品的了解。因此，公司不用衍生品来投机；使用它们的主要原因是套期保值和减少风险。

第四节　各类风险暴露的管理方法

企业汇率风险管理对外汇衍生产品提供了广泛的市场需求，产生了很多交易品种。表3—5是几种主要类型交易产品的介绍。

表3—5　主要外汇衍生产品

内容	外汇期权市场	外汇期货市场	外汇远期市场
交易性质	买者有交割权利，卖者有完成合约的义务	买卖双方都有履约的义务	买卖双方都有履约的义务
合同规模	标准化	标准化	决定于具体交易
交割日期	在到期或到期前任何时间交割	标准化	决定于具体市场
交易方式	在注册的证券交易所以公开拍卖方式进行	在注册的证券交易所以公开拍卖方式进行	买卖双方通过电话、电传方式直接联系
发行人和保证人	期权清算公司	交易所的清算所	无
参加者	被批准进行期权交易的证券交易所的参加者及其一般客户	注册的交易所会员及其一般客户	主要是银行和公司
保证金或存款	买者只付期权费，卖者按每日市场行情支付保证金	有固定数目的原始保证金及按每日市场行情支付保证金	无，但银行对交易另一方都保留一定的信用限额

资料来源：涂永红.《汇率风险管理》讲义.www.crup.com.cn/data/2006/9/841_1.ppt.

一、交易暴露的管理

交易暴露的管理手段主要包括远期市场保值、货币市场保值、提前错后支付、币种选择、货币互换等，下面分别介绍各种管理手段。

（一）远期保值

在远期外汇市场，买卖双方对于进来的外汇买卖先行约定各种有关条件，如外币的种类、远期汇率、交割时间等，到约定日期后再进行外汇交割。这种外汇买卖签约日期与实际履约日期存在间隔的外汇市场就是远期外汇市场。常见的远期外汇买卖期限为1个月、2个月、3个月及6个月。

将未来外汇汇率确定化，使远期合同的操作得以避免未来即期汇率波动引起的不确定性。通过远期市场上的期汇买卖合同来冲抵特定日期的预期外币应收款和外币应付款，实现保值的目的。

远期市场保值的优点在于：

（1）不限金额，期汇预约金额可大可小，因而可针对外汇头寸的大小全部予以保值。

（2）预约成交日、交割日通常也较随意，能确定与债权、债务付汇结算日一致的成交日。

（3）预约并不直接影响财务收支表，对有关财务指标不会产生扭曲性反应。

当然，同其他保值手段一样，远期市场保值也需承担一定的成本。计算保值成本常见的方法是：

$$\frac{即期汇率-远期汇率}{即期汇率}\div\frac{预约期限（天）}{360}=保值成本（年率）$$

由于远期外汇市场参与者大多为专业化的证券商及与银行有良好往来的大厂商，于是，在20世纪70年代初，货币期货市场的出现为公司规避外汇风险提供了新手段。货币期货也是按既定价格在将来某日购买和卖出一定标准数量货币义务的合同。货币期货虽与远期外汇有众多的相似之处，但也存在明显的不同：

（1）任何企业只要按规定缴存保证金，均可通过具有期货交易所清算会议资格的外汇经纪商进行货币期货交易。

（2）期货交易须在特定的期货交易所，通过有资格的经纪人进行交易，对交易币种、交易单位、交易期限都有限制，所以期货合约的流通性强，通常在契约到期前出售契约而不是等到期日再进行交割。

（3）期货的购买需要缴纳保证金，如果外汇汇率与买方的预期相反，保证金因汇率的变化而增加，而远期外汇合约通常无须缴纳保证金。

（4）期货的清算通过一个集中的清算机构来进行，而远期合约则是在交易双方之间清算。

货币期货合约的上述特点与远期合约的特点相比，是一种更积极的保值手段，而且排除了外汇远期买卖双方交易时的信用风险。但在交易金额方面的灵活性较差，期限方面也未能满足公司保值的要求。

（二）货币市场保值

通过在货币市场上的借贷活动，人为地形成某种币种的应收款或应付款，来抵消未来商务活动中产生的应收款或应付款，这种方法同样可以达到外汇保值的目的。

当公司存在预期外币应收款时，为避免汇率波动的风险，可以预先借入外币，兑换成本国货币后投资于本国的货币市场。相反，当公司预期存在外币应付款时，则借入本币，先兑换成外币，再投资于外国货币市场来保值。

采用货币市场保值时，同样存在代价。其代价取决于双方的利益和未来即期汇率水平。对其保值成本的估计，可以采用掉期成本方式或预测方式。前者是将弥补风险的结果与假定以弥补风险时的即期汇率进行结算的结果作比较，若弥补风险的结果比不弥补要坏，则损失的部分称为弥补成本。预测方式则有公司估计结算时的汇率水平，并以这个汇率的结算结果与弥补风险的结果进行比较。如果后者不利，也可以将损失部分作为弥补风险的成本。

（三）期权保值

外币期权是20世纪80年代以来发展起来的一种外汇交易形式。期权合同赋予持有者在特定时期按特定价格出售或购买一定数量外币的权利，而持有者并不存在必须出售或购买的义务。期权合同使其持有者可以根据需要，灵活决定是否履行其选择购买权或出售权，甚至在外汇远期市场上直接进行买卖。不论其是否真正依期权合同的条件买卖外币，购买期权合同者需按合同金额支付期权费用，而期权费用恰恰是这种保值方式的保值成本的组成部分。

当未来即期汇率高于行权价的差额，而且这一差额超过合同的成本（即期权费）时，通过期权合同给操作者带来营业利润。而当差额小于合同成本，甚至外汇的未来即期汇率低于行权价时，这种操作会带来损失。当然这种结论是在未进行任何保值的假定下作出的。但不管怎样，即使汇价走势与买入方预测的完全不同，这种差异也不会给期权买入者造成太大的损失，其损失的程度不可能超过期权费，因为对执行期权并没有一种具有约束力的义务。而远期合约则存在这样的义务。因而，在汇率波动频繁、汇率预测异常复杂的今天，对于追求稳妥的财务管理者来说应当把期权保值作为首选的保值方案。

除保值成本的最大值已知外，这种保值方式还是对将来不确定的外汇交易发生与否进行风险管理的理想手段。如一个公司参加国外一个工程的投标，但投标是否被接受尚属未知。在这种情况下，当汇率急剧变化时，可选择期权方式保值，若投标被拒绝，损失仅限于期权费，若被接受就可防范汇率波动引起的不确定性，而且便于一开始就将期权费计入投标总额中。

（四）签订合同时可供选择的防范措施

1. 选择好合同货币

在有关对外贸易和借贷等经济交易中，选择何种货币签订合同作为计价结算的货币或计值清偿的货币，直接关系到交易主体是否将承担汇率风险。在选择合同货币时可以遵循以下基本原则：第一，争取使用本国货币作为合同货币。第二，出口、借贷资本输出争取使用强势货币，即在外汇市场上汇率呈现升值趋势的货币。

2. 在合同中加列货币保值条款

货币保值是指选择某种与合同货币不一致的、价值稳定的货币，将合同金额转换用所选货币来表示在结算或清偿时，按所选货币表示的金额以合同货币来完成收付。目前，各国所使用的货币保值条款主要是"一篮子"货币保值条款，就是选择多种货币对合同货币保值，即在签订合同时，确定好所选择多种货币与合同货币之间的汇率、并规定每种所选货币的权数，如果汇率发生变动，则在结算或清偿时，根据当时汇率变动幅度和每种所选货币的权数，对收付的合同货币金额作相应调整。

3. 调整价格或利率

在一笔交易中，交易双方都争取到对己有利的合同货币是不可能的，当一方不得不接受对己不利的货币作为合同货币时，可以争取对谈判中的价格或利率作适当调整：如要求适当提高以弱势货币计价结算的出口价格，或以弱势货币计值清偿的贷款利率；要求适当降低以强势货币计价结算的进口价格，或以强势货币计值清偿的借款利率。

（五）金融市场操作

交易合同签订后，涉外经济实体可以利用外汇市场和货币市场来消除外汇风险。主要方法有现汇交易、期汇交易、期货交易、期权交易、借款与投资、借款—现汇交易—投资、外币票据贴现、利率和货币互换等。

1. 现汇交易

这里主要是指外汇银行在外汇市场上利用即期交易对自己每日的外汇头

寸进行平衡性外汇买卖。

2. 借款与投资

是指通过创造与未来外汇收入或支出相同币种、相同金额、相同期限的债务或债权，以达到消除外汇风险的目的。

3. 外币票据贴现

这种方法既有利于加速出口商的资金周转，又能达到消除外汇风险的目的。出口商在向进口商提供资金融通，而拥有远期外汇票据的情形下，可以拿远期外汇票据到银行要求贴现，提前获取外汇，并将其出售，取得本币现款。

（六）其他管理方法

对于外汇风险，规避手段不仅局限于以上几种，在特定的情况下，其他种类的规避手段也能收到积极的效果。比如：提前或错后、配对、保险等。

1. 提前或错后收付外汇

是指涉外经济实体根据对计价货币汇率的走势预测，将收付外汇的结算日或清偿日提前或错后，以达到防范外汇风险或获取汇率变动收益的目的。

2. 配对

是指涉外主体在一笔交易发生时或发生后，再进行一笔与该笔交易在币种、金额、收付日上完全相同，但资金流向正好相反的交易，使两笔交易所面临汇率变动的影响相互抵消的一种做法。

3. 保险

指涉外主体向有关保险公司投保汇率变动险，一旦因汇率变动而蒙受损失，便由保险公司给予合理的赔偿。汇率风险的保险一般由国家承担。

二、折算暴露的管理

涉外主体对折算风险的管理，通常是实行资产负债表保值。这种方法要求在资产负债表上各种功能货币表示的受险资产与受险负债的数额相等，以使其折算风险头寸（受险资产与受险负债之间的差额）为零。只有这样，汇率变动才不致带来任何折算上的损失。

实行资产负债表保值，一般要做到以下几点：

第一，弄清资产负债表中各账户、各科目上各种外币的规模，并明确综合折算风险头寸的大小。

第二，根据风险头寸的性质确定受险资产或受险负债的调整方向，如果以某种外币表示的受险资产大于受险负债，就需要减少受险资产，或增加受险负债，或者双管齐下。

第三，在明确调整方向和规模后，要进一步确定对哪些账户、哪些科目进行调整。这正是实施资产负债表保值的困难所在，因为有些账户或科目的调整可能会带来相对于其他账户、科目调整更大的收益性、流动性损失，或造成新的其他性质的风险（如信用风险、市场风险等）。在这一意义上说，通过资产负债表保值获得折算风险的消除或减轻，是以经营效益的牺牲为代价的。因此，需要认真对具体情况进行分析和权衡，决定科目调整的种类和数额，使调整的综合成本最小。

（一）资产负债表保值法

对于折算暴露的管理，通常采取资产负债表保值法，即设法将以外币暴露的资产和负债予以抵消，使净折算暴露为零。具体来说，根据资产负债表中的构成，分别采取不同的保值手段。对于流动项目的资产负债表需根据各种币值的情况采取相应的对策。具体方法如下：

表3—6　保值战略

	资产	负债
硬通货	增加	减少
软通货	减少	增加

上述的保值战略实际上是要求公司设法使暴露的外币资产和外币负债相互抵消。为了实现这一点，既可以调整资产，也可以调整负债或双管齐下。比如一家公司欲降低折算暴露，就应当在当地货币贬值前，将其持有的暴露资产转化为以母国货币计值的资产，或将外币计值的负债减少，用以当地货币计值的负债来代替。这种调整可以用直接的方法进行，也可以采取间接的调整来完成。直接调整包括采购硬通货进口品、购买硬通货有价证券，偿还以硬通货基价的应付款或银行借款等。间接调整包括公司内部转移定价，加快股息、费用和特许权费用的支付及提前或错后支付调整。

折算暴露虽然只是一种账面暴露，是一种以往结果的现期静态账面反应，但在实际调整时，还需考虑母公司和子公司的各种币种的未来现金流的规模、结构和时间。只有在此基础上做出的调整，才不致因现期的调整引发将来更大规模的调整或经营中的苦难。

用资产负债表保值法同样需承担相应的成本费用，而且也不是完美无缺的。如果预期的贬值并未发生，根据错误判断实施的保值战略显示增加经营成本。并且，若大多数公司都预期到某一种货币会贬值，每个公司都想推迟外币应收款的收回，都想从当地金融市场融资，必然会使信贷条件和融资条件恶化。另外，用不同的折算方法测算的同一公司的折算暴露规模并不相同，项目也不一致，从而依据不同的折算方法需要处理的项目种类和管理范围也会有所区别。

（二）远期外汇市场和货币市场保值

应用远期市场保值时，先在远期市场出售存在风险暴露的货币，然后在即期市场上购进该种货币，用于远期合同的交割。假定公司按即期汇率计算的净折算暴露为3万美元，且公司预测1年后会贬值，就可以在远期市场卖出美元；当公司预测的美元贬值在1年内成为现实并低于远期汇率水平时，即从即期市场买进美元，结清远期美元卖出合同，以抵消折算风险暴露的损失，达到保值的目的。货币市场保值方法与此类似。

需要注意的是，无论是远期市场还是货币市场保值，其成败如何最终取决于到期的实际汇率。当实际汇率确实发生贬值，公司将由此受益，反之公司将遭受损失。

三、经济暴露的管理

对经济暴露管理方案的思想可能来源于公司财务部门，而其决策则应由公司的最高决策层甚至母公司做出，由各个行政管理部门协同实施。从国外跨国公司的实践和跨国公司财务管理的最新研究成果来看，需要从以下几个方面进行。

（一）分散化经营（diversifying operation strategy）

分散化经营能有效地改善跨国公司应付经济暴露的能力，它使跨国公司能以较低的水平、较快的速度去适应外汇波动的风险。首先，地域分散化，可以使这类公司通过分布在各地的子公司及时地了解有关信息，感知、比较成本和市场情况的变化。针对长期性改变可采取调整生产布局、改变产品市场结构等途径来解决。而对于短期性失衡，则可以调整原材料、零部件和制成品的供应渠道，甚至在子公司之间进行适当的产量调整，来降低成本，维持市场份额。其次，经营分散化也使公司总体的波动幅度缩小，因为汇率变化可能使某一国的子公司竞争力受到侵蚀，但也许会恰好改善分布在另一国的子公司，同时还能通过分布在各地的子公司在各地金融市场上融资来降低融资成本。最后，融资渠道多元化，尤其是增加趋于贬值币种的融资份额，也可以使外汇风险的威胁得到缓和。

（二）营销策略管理（marketing management strategy）

当子公司所在国货币贬值时，它可以凭借竞争力的提高扩大市场占有率。在出口市场上，子公司具有较灵活的定价策略。如果出口市场的需求缺乏弹性，子公司可以提高其出口产品价格，直至与贬值幅度相等；反之，则应反向操作。在东道国市场上，子公司定价的自由度较低。如果贬值前，不存在强有力的进口品与之竞争，最佳策略是维持其产品价格不变，从而达到利润最大化；反之，则应根据产品的需求弹性，提高价格或维持价格不变。

（三）生产策略管理（production management strategy）

面对汇率波动的新情况，生产调整措施也可以降低外汇经济风险。这方面的管理主要有以下三种类型：投入组合管理、各子公司间生产产品品种和数量的调整及选址决策调整。

1. 投入组合

跨国公司在海外设厂的同时，需对其原材料、零部件的筹供途径有所规划，是选择从本国供货，还是通过当地生产或当地市场甚至第三条途径筹供。而且随着外部环境的变化，还需对预定的投入组合进行相应的调整。实际汇率的变化改变了国内外市场同类零部件的成本和销售价格，从而也改变了原有投入组合合理性的基础，并促使跨国公司根据这种变化及时调整中间产品的筹供结构来降低成本，改善竞争力。

2. 生产计划调整

汇率变化影响了各个海外子公司的成本竞争力，有些子公司的产品竞争地位可能会发生逆转。在这种情况下，也需对各地区的生产计划重新安排，如对丧失竞争力的子公司可缩减生产，而对竞争地位大幅改善的子公司可扩大同类产品生产。当然，在现实生活中，进行这类调整也会遇到一些限制条件。首先是规模经济，当一种产品的规模经济特征非常明显时，在某个地区已经形成了很大的生产能力，要在国别之间调整生产，可能会导致巨大的规模经济损失。其次是生产计划的调整可能会受到工会和当地政府的坚决抵制，因为降低生产规模往往意味着造成失业和经济进一步萎缩。

3. 厂址选择

当实际汇率变化给某个国家的子公司带来的消极影响持久化，而且很难通过其他途径消除这种不利影响时，该子公司已失去其区位优势，在当地继续经营的价值已经消失。此时，就应当选择其他地区设厂。即使它仍在当地继续经营，其产品品种也需进行调整。

4. 实现产品升级

通过增加产品的技术含量，提高产品的差异性，实现产品升级，是增强企业竞争力，抵御汇率风险的最佳手段。

表3—7　汇率变动对企业市场战略的影响

	对国际市场的影响		市场选择调整策略	
	出口企业	进口企业	出口企业	进口企业
本币升值	本国产品在贬值国市场因价格上涨而缺乏竞争力；国内市场受到国外同类产品的竞争；市场份额下降	外国商品的进口成本因本币升值而下降，外国商品的市场竞争力上升	退出无利可图的贬值国市场，努力巩固本国以及其他非贬值国家市场	扩大中间产品或者替代品的进口力度；将中间产品的采购尽可能地转向货币贬值国
本币贬值	本国产品在升值国因价格下降而增强竞争地位。在盯住升值货币的国家以及国内市场同样具有价格竞争优势	外国商品的进口成本上升，在国内市场的竞争力下降，国内进口替代品具有竞争优势	大力度拓展货币升值国市场，迅速提高市场份额；努力扩展本国和钉住升值货币国家的市场	放弃或减少进口品，转而采购本国的产品，或者与本国货币保持汇率稳定国家的产品

本章小结

本章在第二章数理模型分析的基础上，从实际操作需要出发研究汇率风险的管理政策和可以使用的对冲工具。第一节对汇率风险暴露按照具体的发生机制分为折算暴露、交易暴露和经济暴露；第二节讨论了汇率风险管理的目标、原则与方法；第三节详细讨论了汇率风险管理工具；第四节研究了利用金融衍生工具和运营手段（包括分散网络、转移定价、创新等）对汇率风险暴露进行对冲的策略。对比可以看出，本章的汇率风险管理政策与第二章的数理模型是一一吻合的。

第四章　跨国公司汇率风险管理的国际经验研究

第一节　Group of 31风险管理方法

一、主要发现

1998年，通用汽车公司（GM）资助了一个由Greenwich Treasury Advisors LLC公司进行的外汇风险管理标杆研究[①]。研究的目的是为了给那些外汇风险管理既不是核心业务也不是一个利润中心的跨国公司一套适用于进行外汇风险管理的权威策略清单。

包括GM公司在内，研究小组组成了一个由31家世界顶级跨国公司组成的研究集团：16家美国公司、13家欧洲公司和2家日本公司，这些公司总的销售额达到了500亿美元。除2家美国公司要求匿名之外，其他公司为

Amoco	Du Pont	Hewlett-Packard	Nestlé	Siemens
BMW	Elf Aquitaine	IBM	Novartis	Texaco
BP	ENI	Lucent	Philips	Toyota
Chrysler	Fiat	Merck	Proctor & Gamble	Unilever
Daimler-Benz	Ford	Mobil	Sara Lee	Volvo
Dow Chemical	General Motors	NEC	Shell	

所有这些企业都参与了研究，并就其汇率风险管理实践做了一份问卷。

---

① Jeffrey B. Wallace. The Group of 31 Report： Core Principles for Managing Multinational FX Risk [R]. Greenwich Treasury Advisors LLC.

在这些研究工作的基础上，研究小组最后提出了跨国公司进行外汇风险管理的12个基本原则。

研究小组认为，公司外汇风险管理，简言之，就是把外汇风险导致的所有成本降到可接受的水平之下。对一些企业来说，外汇风险很低，几乎所有成本都是可接受的，但是另有一些企业，则必须做出对冲操作以降低成本。每个企业都有各自特点的资产负债情况、外汇风险和其他金融风险情况、商业目标、企业文化和风险偏好，因此不存在一个每个企业都适用的标准和方法进行外汇风险管理。对这些风险、目标和约束的平衡考虑实际上是一门艺术。

但是，发展外汇风险管理的过程也是一门科学。他们的研究发现，G31的大多数企业有12个风险管理原则用于管理它们的外汇风险。这些原则相互加强、相互促进：

· 可测度的外汇风险对冲目标。

· 执行目标所需的精确和及时的信息。

· 交易成本最小化。

· 严格的误差管理。

· 高超的管理视角。

最后，注意这些公司如何进行有别于财务操作的外汇风险管理也是十分重要的。实际上，财务操作在外汇风险管理中并没有扮演很重要的角色，这些公司的外汇风险管理已经成为涵盖高层管理、操作小组、会计预算/计划、内部核算和税收的全公司一体且覆盖公司所有努力的一种活动。

二、12个主要原则

研究小组提出了12个基本原则。

1. 制定外汇风险管理政策。准备由高管或董事会（board of directors）授权的外汇政策文件。重要政策要素包括对冲目标，可对冲的外汇暴露，对冲的基准时间，确认的外汇衍生品，基于未来汇率的头寸管理范围，外汇交易操作补偿和对冲操作手段。

尽管财务部门应该是一个积极参与，汇率风险管理仍然是高管的重要责任。G31中有97%制定了正式的政策文件，并且其中50%以上包含了下面的内容：

· 对冲目标。G31引用的目标包括消除汇率风险、最小化对冲成本、通过对冲获得竞争优势和在多年度水平上最小化外汇波动。

·贸易和对冲责任。所有G31企业在很大程度上集中交易操作，几乎所有企业集中进行对冲决策。

·需要对冲的风险暴露。应被对冲的风险暴露包括有第三方簿记的交易暴露，公司内部簿记的交易暴露，第三方或公司内部债务，已签协议的未来外汇承诺（如多年度资本支出、外汇收入），国外分支机构簿记的和预期的红利，国外分支机构的资产负债表中的股权。

·时间要求。对期望的暴露，无论是交易暴露还是折算暴露，对冲的时间要求应该明确。试图对冲长期风险的企业一般为出口商，有强烈的愿望管理其利润，或者是那些有稳定暴露预期的商业企业。

·允许的衍生产品。G31使用一般种类的外汇衍生产品如下：现货/期货合约（100%）、可回购的欧式期权（86%）、无本金交割远期（NDF）（48%）、波动远期合约（45%）、被保护的买入选择股权（41%）、障碍期权（34%）、被保护的赤裸期权（21%）、回购的平均比率期权（14%）、场内（即在交易所交易的）期权（10%）、场内期货合约（10%）、回购的一篮子期权（3%）。

·期权使用。G31中的一个关键区别是积极的期权使用。在是减少对冲成本还是减少汇率风险上存在较大差异。G31企业中期权使用情况的较大差别是由企业所属行业的不同特点引起的。表4—1显示了G31之间的差别：

表4—1　期权使用情况

期权应用	年期权交易次数	平均交易次数	占G31的比例（%）
较少	0—20	7	32
中等	21—200	115	39
较多	201—1800	690	29

·积极的交易技术。G31企业在使用以下交易技术上存在很大差异：使用新的对冲技术替代原有技术（如以期货代替期权），在到期日之前结束现有对冲，即使原先预测的暴露已经消失时也持有成功的对冲，利用衍生产品增加净头寸，利用衍生产品逆转净头寸。后三种技术是更为主动的，超过80%的G31企业不使用它们。

·坚持判断。大多数G31企业对它们进行对冲的每种暴露都保持了一个持续不变的判断。

·业绩评估办法。可以见第六条原则。

·业绩奖励。几乎半数G31企业没有为对冲结果奖励交易员，而30%的企业在业绩和奖金之间有正相关，20%在业绩和红利时间有正相关。

·内部控制。责任分割是最为重要的要求。然而，确保这一点不是财务部门的责任。

·合法性。确保服从税法、外汇控制规则、会计准则和管理会计原则。

·风险监控。见第十二条原则。

·批准政策的层级。图4—1显示了汇率风险管理政策一般是由CFO做出还是由更高层次做出。

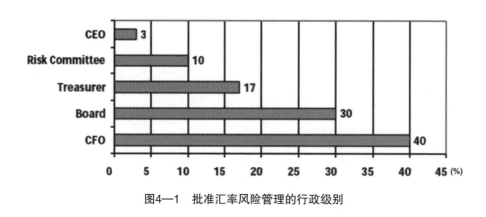

图4—1　批准汇率风险管理的行政级别

2. 雇用有良好资质和经验丰富的人员。应有足够的合格的企业经验丰富的人员来恰当执行企业外汇政策。

3. 外汇风险交易和风险管理集中化。由母公司财务部门集中进行外汇风险交易和风险管理，也可由向母公司财务部门报告的海外对冲中心协助。

4. 采用规范的外汇会计程序。需要规范的外汇会计程序，规范的簿记汇率和用于所有外汇交易的多币种会计账目。每个月，把母公司财务部的外汇对冲结果与集团的总体外汇风险管理目标相协调。

5. 管理外汇风险预测误差。如果外汇暴露已被对冲，对预测误差进行认真分析，并采取步骤在最大程度上最小化误差。

6. 衡量对冲操作效果。采用多种方法对历史对冲效果进行全面评价。经常性地把当前操作和潜在暴露与市场变化趋势进行对比来评估对冲操作。

7. 隔离后台办公室功能。把后台办公室操作如交易确认和清算与交易相隔离。如果交易量足够大，则使用往来账和净清算。

8. 管理对手风险（counterparty risk）（合约对方不履行合约责任的风险）。确认信用比率标准，至少每个季度评估一次对手风险。使用市场价值法（而不是名义值法）测度信用暴露，以防止越过对手风险的底线。至少对主要的对手风险来源使用ISDA（国际掉期及衍生工具协会）或其他种类的远期协议衍生工具来防范对手风险。

9. 积极购买衍生品。积极购买外汇衍生品并进行恰当的交易控制，执行外汇风险政策。

10. 使用定价模型和系统。对所有衍生品使用内部（in-house）定价模型。使用自动系统跟踪、管理和评估交易的衍生品和被对冲的潜在经济暴露。

11. 衡量汇率风险。利用各种风险衡量方法如风险价值（value-at-risk）、敏感性分析和压力测试等，充分理解汇率风险管理的全部内涵。

12. 检查财务部门的风险管理。由一个独立的风险管理委员会对财务部门的风险管理进行检查和评估，对其带有汇率风险的活动和策略、暴露和对手风险限制（counterparty credit limits）和违背公司汇率风险政策的例外行为进行评审。利用一个兼职的或全职的部门对财务部门执行企业风险管理政策和程序的情况进行日常监督，对当前的汇率风险水平进行评估。

第二节　美国公司财务管理的汇率风险管理方法

Carter、 Pantzalisb 和 Simkins （2001）调查了208家美国跨国公司1994—1998年的汇率暴露管理实践。这些企业普遍采用金融对冲如货币衍生产品方法和运营对冲（在不同国家建立分支机构网络）方法。研究发现，期货合约方法对减少汇率风险暴露有较大的作用。另外，分散的经营网络也降低了汇率风险暴露的水平。

能在国际范围内实施风险的分散化是公司从事跨国生产经营活动的一个有利因素，但这并不是说，跨国经营就不存在风险或风险就一定很小。事实上，公司跨国经营会面临许多新的风险，诸如政治风险、战争风险、国际利率风险、汇率风险等等。然而，从总体上看，汇率风险是公司从事跨国生产经营活动所面临的最多、也是最直接的风险，美国公司也不例外。

在公司财务管理的国际化问题上，转换风险与对汇率变化的会计处理有关。根据美国财务会计准则委员会制定的、专门处理资产负债表和损益表中外汇交易业务的第52号报表的规定，美国公司应对其每一家外国子公司确定一个"功能货币"。如果其子公司的经营业务是独立的并与所在国家融为一体，该公司可以使用其所在国家的货币作为功能货币，否则，应以美元作为功能货币。当所在国家发生恶性通货膨胀（年通胀率在100%以上）时，子公司使用的功能货币一律为美元。

在汇率转换风险的管理上，子公司使用的功能货币对于转换过程的确定是十分重要的。如果以当地货币作为功能货币，子公司所有的资产及负债都按当前汇率转换成美元价值。而且，转换收益或损失不反映在公司的损益表中，而是作为转换调整的所有者权益进行确认。由于这种调整不会影响公司的会计收入，因而许多公司都青睐于这种方法。但是，如果功能货币为美元，情况就不同了。在这种情况下，公司的收益或损失要使用一种临时方法反映在其母公司的损益表中。总的来讲，与使用当地货币作为功能货币相比，美元作为功能货币的使用会造成会计收入的较大波动和资产负债表科目的较小波动。

具体地讲，在使用美元作为功能货币的情况下，公司资产负债表和损益表的科目要求按历史汇率或当前汇率进行分类。其中，对现金、应收账款、负债、销售额、费用和税额等科目使用当前汇率进行转换，而对存货、厂房及设备、股权、产品销售成本、折旧等科目则按交易发生时的历史汇率进行转换。这与使用当地货币作为功能货币的情况完全不同。在用当地货币作为功能货币的情况下，公司资产负债表和损益表的所有科目都使用当前汇率进行转换。另外，在转换过程中，由于转换收益或损失不直接反映在收入报表中，因此，在使用当地货币作为功能货币的情况下，公司报告的经营收入的波动程度会相对较小。但是，由于在用当地货币作为功能货币时所有科目都是按当前汇率进行转换的，使用当地货币作为功能货币会导致公司资产负债表科目波动性的增大。从实际应用来看，由于美国许多公司的高层管理人员更多关注的是会计收入，只要其子公司符合用当地货币作为功能货币的条件，各公司一般都会使用财务会计准则委员会第52号报表规定的会计方法。

需要指出的是，美国政府规定的这种会计程序在应用上也存在一些缺陷。

首先，这种方法歪曲了公司资产负债表和历史成本的数据，而且，它还可能造成在财务管理上对资本收益的计算和收益的其他测量方法失去意义。况且，这种方法与以历史成本为基础的其他会计原则存在不一致的地方。另外，由于公司大多数的财务比率都受到了不同功能货币使用的影响，财务人员在对占其公司经营的相当大比例的外国子公司进行分析时必须十分谨慎和小心。此外，在对母公司未来可能产生的现金流量估计的精确程度方面，该方法也受到了一定的批评。总之，美国公司在处理跨国界投资经营活动所引起的货币转换问题上，尚不存在一个普遍接受的合适方法，会计专业人员对此问题的争论还会持续下去。

从汇率风险的管理方法来看，美国公司在其财务管理的国际化中针对公司跨国生产经营活动所产生的汇率风险，不断进行管理创新，逐步形成了有效的风险规避和管理方法，这里介绍以下几种方法：

一是汇率风险的自然对冲方法。从公司对其面临的汇率波动进行管理的角度看，有时可根据公司所属国外子公司之间的密切关系将其收入、定价与成本进行自然对冲，从而达到降低汇率风险的目的。这一方法有效性的关键取决于公司现金流量根据货币变化进行自然调整的程度大小。在这一方法中，汇率风险所考虑的是子公司的收入及成本函数对全球或其国内市场条件的敏感程度。

二是汇率风险的现金管理及内部会计调整方法。在现金管理方法中，如果某一公司发现其子公司作为记账和交易基础的某一国家的货币出现贬值趋势，那么，公司可以通过改变现金管理来对这一风险进行规避。在具体的操作上，首先，公司采取降低对该种货币的现金持有量，并通过购买存货和其他实物资产将这一持有量减至最低限度。其次，子公司将努力避免其贸易信用（即应收账款）的扩大。同时，公司还会尽可能地增加应收账款对现金的周转。最后，公司努力扩大其应付账款方面的贸易信用，并且通过借入当地货币来对母公司所支付的预付款进行偿付。当然，这一方法还取决于两个国家之间相对利率的大小。

除了对现金支付时间的调整外，美国的一些跨国公司还通过建立再出票中心来对公司内部与第三方的国际贸易进行管理，从而达到降低汇率风险的目的。再出票中心是指从公司附属机构购买出口商品，然后再出售给公司其他附属机构或独立客户的、为公司所有的财务子公司。其方法是，跨国公司所属子公司将其出口商品先出售给母公司的再出票中心，然后由再出票中心出售给跨国公司所属的进口子公司或第三购买方。在这一过程中，商品的所有权在商品交易开始时即转移给再出票中心，但商品则直接由售出公司运输给购买公司或客户。跨国公司建立财务子公司作为再出票中心主要是基于纳税方面的考虑。对跨国公司而言，确定其收入的报告地，特别是征税管辖权是具有战略意义的。跨国公司一般都将其再出票中心建立在能够有效避税的国家或地区，如中国的香港特别行政区、英国的维尔京群岛等。从记账单位来看，一般情况下，跨国公司再出票中心购买商品时，会以其出售公司（部门）的本国货币记账，而在再出售时以购买公司（部门或客户）所在国家的货币记账。通过这种方式，再出票中心可以对公司内部汇率风险的暴露情况进行集中管理。同时，跨国公司再出票中心的集中功能还能够促进公司各部门之间债务的清算（即对同一公司所属的参与子公司相互之间跨部门的商品购买进行清算，从而使每一参与子公司只按其内部购买或销售净额进行清算的一种系统），从而减少公司实际所需的外汇交易量。此外，再出票中心还使得公司对所属机构之间提前或拖后安排的协调与控制更为有效。

在公司的现金管理上，除了上述安排外，跨国公司还可以对公司内部的股利及特许权使用费的支付进行调整。在某些情况下，公司交易的记账货币会与预期的汇率变动不一致，母公司与其所属国外子公司之间交易的商品零部件或产成品的转移定价有时也会不一样。针对诸如此类的情况，跨国公司都可以通过对其内部支付的调整和重新安排，而使之与公司外汇风险总的管理相适应。

三是汇率风险管理的国际融资方法。在公司的跨国经营中，如果某一公司的交易或资产大量地以某一国家货币记账，那么，在这一国家的货币出现贬值时，该公司会遭受巨大的经济损失。在这种情况下，公司可以通过向货币所在国家借款或增加负债来降低货币贬值带来的风险。对于跨国公司而言，其国外子公司可以通过很多不同的来源进行外部融资。其中，比较主要的来源包括东道国的商业银行贷款、国际金融机构贷款，以及国际债券和票据的发行等。

四是汇率风险管理的货币市场套期保值方法。在对汇率风险的管理中，美国的跨国公司还通过远期合同、期货合同、货币期权、货币互换等货币市场工具进行衍生金融交易来降低公司面临的外汇风险。在理论上，这些工具发挥作用的共同理论基础是通过建立一个与公司当前货币头寸相反的或相互补充的头寸，从而降低公司在市场汇率出现不利变动时所面临的汇率风险[①]。

---

① 陈昭方，滕家国.论美国公司财务管理的国际化及其汇率风险管理方法，中华财会网（www.e521.com），2004-01-05.

第三节 亚太地区企业采取的应对外汇风险措施

亚太地区是目前世界上经济最为活跃的地区。同时，亚太地区也经历了汇率波动引发的金融危机的折磨。亚太地区的跨国企业在经营上有自己的特色，外汇及其衍生产品市场也与欧美地区有一定差异（见图4—2）。中国企业要关注汇率风险，就应该研究和借鉴亚太地区尤其是日本、韩国和东南亚国家和地区的经验。

一、日本企业

日本经济主要以出口为导向。这一点在东亚其他国家和地区有一定的可比性，比如韩国、中国台湾、中国香港、新加坡、马来西亚等，对中国企业也有一定的借鉴意义。

（一）短期措施

1. 外汇期货交易

20世纪70年代"布雷顿森林体系"的崩溃直接促使美国推出外汇期货。在日本，通过外汇期货交易来回避金融风险已经为大部分企业所采用。据日本经产省统计，约有44%的日本企业会选择采取外汇期货交易来规避风险。

2. 扩大日元结算

外汇风险主要存在于对外交易使用外币时，如果使用本国货币来结算，则可以避免外汇风险。因此，从20世纪80年代中期开始，日本企业采用日元结算的交易不断增加，特别是在进口方面，日元结算率已由1986年的10%上升到2004年的25%。

3. 外汇资产平衡

20世纪80年代中期，日本许多跨国企业开始在欧洲等地设立金融运营公司，通过对冲和债权、债务调整等，从公司全局考虑，对外汇资产进行管理和平衡。但这种措施仅限于跨国企业，对中小企业则难以适用。日本也只有4%的企业采取这种措施。

4. 反向交易平衡

日元升值有利于进口而不利于出口。因此，日本既有出口又有进口业务的大公司，主要是综合商社，采取了减少出口，扩大进口的措施来规避日元升值带来的风险，维持公司的盈利。但这种方法适用企业也较少，只有约4%。

5. 价格转嫁

将日元升值带来的出口成本增长部分，转嫁到出口商品价格上，由海外进口商承担部分风险。但在激烈的市场竞争中，这种方法存在较大难度。

（二）中长期措施

短期的金融措施并不能完全回避外汇风险，因此必须从中长期的产品结构调整入手。日本企业正是采取了提高产品附加值、增强竞争力等措施，才真正克服了日元升值带来的不利影响。

1. 调整产业结构，提高附加值，增强产业竞争力

一是通过技术创新和差别化战略，提高产品附加值。例如，日本电视机就经历了黑白电视、彩色电视、平面电视、数码电视等不断升级换代的过程，汽车也实现了由大众车向高级车、混合动力车的转变。二是要通过技术革新、增加廉价零部件进口、减少能耗等措施，降低生产成本。

2. 加快海外转移，强化海外生产体制，扩大多边贸易

充分利用日元升值带来的优势，建立全球化生产体制，同时提高当地零部件采购比例，培育当地协作企业，扩大多边贸易。这样既可以提高对汇率变动的抵抗能力，又能够确立全球化的内部分工体系，还可以带动原材料和零部件的出口。日本汽车业在这方面有出色表现。从20世纪80年代开始，丰田等日本汽车企业开始在美国本土进行生产，既解决了日美两国贸易摩擦问题，同时又扩大了日本汽车在美国的市场份额。到1995年日本汽车企业在美国本土生产的汽车已占到了美国市场份额的20.7%，而在1985年这个数字仅为2.0%。

二、中国台湾企业金融商品使用情形

根据2003年第三季度台湾企业的财务报表，林宗祺等（2004）总结了48家企业以千元为单位的衍生性金融商品使用情形。根据衍生性金融产品的使用科目，包括远期外汇、外汇交换、外汇期权、利率交换合约，以及期货和其他项，加总了每一家公司使用非交易目的的衍生性金融产品的细项。在表4—2的第一栏里，统计出各项金融产品的使用情形，接下来的七栏叙述了所有公司持有衍生性金融产品的账面价值。

根据表4—2显示，多数公司使用远期外汇合约。不论是使用的公司数和买卖的总金额都占了大部分比例。距离而言，48家公司中有27家公司买卖远期

外汇，只有8家公司直接有外汇交换，8家公司持有外汇期权。与美国的企业相比，中国台湾企业运用衍生性金融产品的情形有些保守。

表4—2　中国台湾企业衍生性金融商品使用情形　单位：千元新台币

使用种类	使用家数	平均值	标准差	最小值	Q1	中位数	Q3	最大值
远期外汇	27	191908	4.12	198	587	1093	3848	7491000
外汇交换	8	5357557	2.21	186900	25884	48256	63484	726000
外汇期权	8	8829	2.15	1142	2548	9895	15957	786018
利率交换合约	5	32411	3.25	5812	11587	23831	45259	79158
期货	1	451	—					
其他	2	105722	3.2	67400	67400	105722	144044	144044

注：①这份样本由台湾上市电子产业中，在资本额5亿元以上的公司里挑选48家上市公司。再从2003年第三季度财务报表中，观察使非交易目的的衍生性金融产品使用情况。账面价格都以外币转换为新台币。

②Q1为1/4位数，Q3为3/4位数。

资料来源：林宗祺，柯芳芳，陈嘉莉，郑品菊.台湾上市电子公司如何运用衍生性金融商品规避汇率风险.中華民國九十三年五月。

三、泰国企业汇率风险管理的一个案例

泰国Banpu Public有限公司生产煤炭、工业原材料和电力。1996年，公司雇佣了1300名工人，年度总收入56.7亿泰铢（时值2.25亿美元）。Banpu 公司有一些国外投资：在印尼拥有一家煤矿，在越南有一家生产球黏土的合资公司。国外销售（以及国外息税前收入）可以忽略。但是，Banpu公司持有大量外债。具体来说，在1997年6月亚洲金融危机爆发时，Banpu 公司有大约3.1亿美元的长期外债（主要为可转换债券）。根据1997年年报，"公司不得不借入

外币来支持投资，因此越来越暴露与外汇波动风险……公司一直在寻求低成本融资来源并控制适宜的债务资本比率。公司政策致力于随时平衡外汇风险与资金总成本的竞争力，以确保可以接受的项目回报。” Banpu 公司也是货币掉期交易的积极参与者。就在危机之前（1997年6月），公司持有大约1.62亿美元（几乎相对于名义资本金）的以泰铢计价的交叉货币掉期。例如，1997年年报记录着，“公司参与以下金融机构的交叉货币掉期交易……一份4196万美元的十年期交叉货币掉期合约已经转换为10.6588亿泰铢。由美元转换为泰铢时美元利息率为每年5.95%，但是从1996年8月15日到2007年2月15日利息率变为大约每年8.00%—9.00%。”

可以看出，Banpu 公司不是在使用外债作为对现有汇率风险暴露的对冲，而是在使用掉期工具对由外债产生的外汇风险暴露进行对冲[①]。

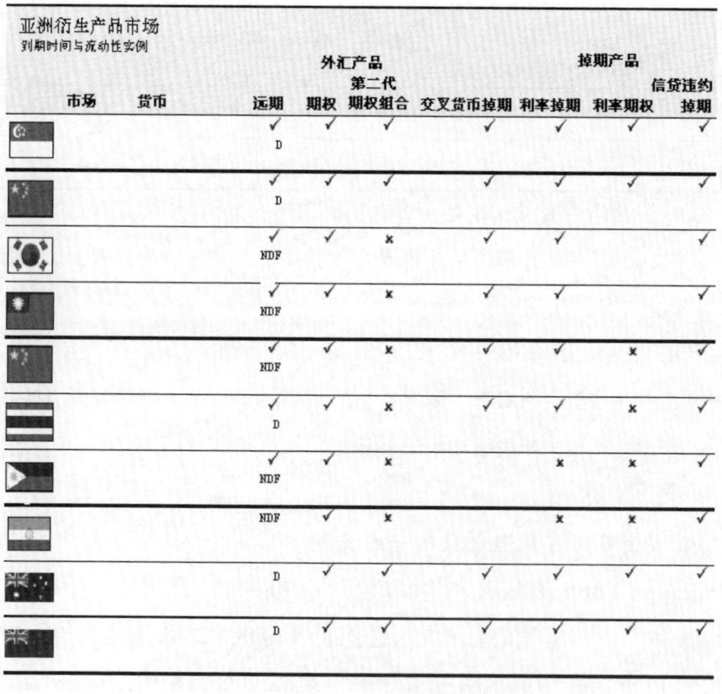

亚洲衍生产品市场

到期时间与流动性实例

市场	货币	外汇产品 远期	期权	第二代期权组合	交叉货币掉期	掉期产品 利率掉期	利率期权	信贷违约掉期
		✓ D	✓	✓	✓	✓	✓	✓
		✓ D	✓	✓	✓	✓	✓	✓
		✓ NDF	✓	×	✓	✓		✓
		✓ NDF	✓	×	✓	✓		✓
		✓ NDF	✓	×	✓	✓	×	✓
		✓ D	✓	×	✓	✓	×	✓
		✓ NDF	✓	×		×	×	✓
		NDF	✓	×		×	×	✓
		D	✓	✓	✓	✓	✓	✓
		D	✓	✓	✓	✓	✓	✓

图4—2 亚洲衍生投资产品市场

① George Allayannis, Gregory W. Brown, Leora F. Klaper. Exchange Rate Risk Management: Evidence From East Asia［N］.University of Virginia Working Paper，2001—1—9.

本章小结

对跨国公司汇率风险管理的国际实践进行了研究，对以通用汽车（GM）为首的31家大型跨国公司的汇率风险管理策略和美国、日本、中国台湾企业的策略进行了总结，进一步印证了第三章的政策研究成果。

第五章　中国企业汇率风险管理的策略研究

随着改革开放的深入，中国经济加速融入了世界经济。尤其在加入WTO之后，大进大出的国际化经济体系已经形成。在这一过程中，中国企业也逐渐走向了国际化。2005年，人民币实现有管理的浮动之后，中国企业开始面临着汇率波动的挑战。本章将在前面各章研究的基础上，对中国企业如何应对日益突出的汇率风险提出策略建议。

第一节　中国企业面临的汇率风险

一、中国的汇率制度和发展趋势

自2005年7月21日起，我国开始实行以市场供求为基础、参考一篮子货币进行调节、有管理的浮动汇率制度。本次汇率机制改革的主要内容包括三个方面：

一是汇率调控的方式。实行以市场供求为基础、参考一篮子货币进行调节、有管理的浮动汇率制度。人民币汇率不再盯住单一美元，而是参照一篮子货币、根据市场供求关系来进行浮动。这里的"一篮子货币"，是指按照我国对外经济发展的实际情况，选择若干种主要货币，赋予相应的权重，组成一个货币篮子。同时，根据国内外经济金融形势，以市场供求为基础，参考一篮子货币计算人民币多边汇率指数的变化，对人民币汇率进行管理和调节，维护人民币汇率在合理均衡水平上的基本稳定。篮子内的货币构成，将综合考虑在我国对外贸易、外债、外商直接投资等外经贸活动占较大比重的主要国家、地区及其货币。参考一篮子表明外币之间的汇率变化会影响人民币汇率，但参考一篮子货币不等于盯住一篮子货币，它还需要将市场供求关系作为另一重要依据，据此形成有管理的浮动汇率。

二是中间价的确定和日浮动区间。中国人民银行于每个工作日闭市后公布当日银行间外汇市场美元等交易货币对人民币汇率的收盘价，作为下一个工作日该货币对人民币交易的中间价格。现阶段，每日银行间外汇市场美元对人民币的交易价仍在人民银行公布的美元交易中间价上下0.3%的幅度内浮动，非美元货币对人民币的交易价在人民银行公布的该货币交易中间价3%的幅度内浮动率稳定。

三是起始汇率的调整。2005年7月21日19时，美元对人民币交易价格调整为1美元兑8.11元人民币，作为次日银行间外汇市场上外汇指定银行之间交易的中间价，外汇指定银行可自此时起调整对客户的挂牌汇价。这是一次性地小幅升值2%，并不是指人民币汇率第一步调整2%，事后还会有进一步的调整。因为人民币汇率制度改革重在人民币汇率形成机制的改革，而非人民币汇率水平在数量上的增减。这一调整幅度主要是根据我国贸易顺差程度和结构调整的需要来确定的，同时也考虑了国内企业进行结构调整的适应能力。

人民币汇率形成机制改革两年多来取得了如下进展：

汇率形成机制的市场化与外汇管理体制改革取得明显进展。在人民币汇率形成机制的转换时期，在维持人民币汇率双向波动、小幅升值的趋势下，将汇率形成机制改革的重点。在结售汇、银行外汇周转、外汇市场运行等各个环节迅速推进市场化并放松管制。

企业部门和金融机构对于汇率浮动的承受能力增强。总体上中国的宏观经济运行保持在相当稳健的水平上，经济增长、物价和外贸形势都相当良好。汇率改革后企业出口订单继续增加，出口价格提高，出口潜力增强。

宏观经济内外部平衡的压力增大。日益加剧的外部失衡正通过特定的路径加剧了中国经济的内部失衡，集中表现为外汇储备持续增长带动下的市场流动性的泛滥。

预计人民币升值幅度将加快，汇率形成机制将会进一步完善。汇率的低估令外贸顺差过大和强烈的升值预期下资本的大量流入，这才是货币增速过快的根本所在。而2005年外汇储备猛升到45%，2006年第一季度该比例也达到41%。这从基本面上要求人民币有更大幅度的升值。

为了控制升值压力，中国目前将国内利率人为压低于美元利率约3个百分点。这种做法容易导致国内投资增速过快和资产价格泡沫。未来的汇率形成机制可能转为以稳定实际有效汇率为基础，即升值幅度随国内通货膨胀压力增强而增大，对美元的升值幅度随其他货币升值幅度的增大而增大。

尽管汇率体制改革一年来人民币一直处于升值通道，但是这并不表示人民币在未来较长时间内只升不降。实际上，一年来人民币对美元的实际汇率并没有名义汇率上升那么快。相反，由于其他国家对美元的大幅升值，人民币名义有效汇率实质上并未出现明显升值。人民币名义有效汇率从2005年7月22日到2006年6月30日，贬值了0.3%[①]。

同时，对一些货币的升值，也可能伴随着对另外一些货币的贬值。这在国际经济中是很正常的事情。如果简单地认为汇率风险管理主要是应对美元对人民币的贬值，而忽略了其他方面（比如交叉汇率的变化），就很有可能导致错误的风险管理政策。因此，中国企业有必要更加关注汇率变化对企业决策的影响。

案例5—1：日元汇率波动影响中国航空公司利润

据在香港交易所上市的南方航空公司、东方航空公司公布的2002年中报显示，尽管两公司2002年上半年经营收入大幅上升，但由于其在融资租赁飞机方面产生的负债主要是美元和日元，而去年上半年日元对美元的汇率大升，直接导致日元对人民币汇率上升了约10%，结果使其净利润大幅下降30%以上。香港的分析师认为，两家航空公司的外汇汇兑损失总共约1.58亿元。南航和东航两家公司的经营本来收入大增，但因汇率风险就吃掉其一大块净利润。

资料来源：慧聪网2003—12—02

二、中国企业面临的主要汇率风险

汇率风险的存在是现代全球化经济的本质属性。无论采用哪种汇率制度，这种风险都是存在的。

自改革开放之后，中国企业一直面临着汇率风险。只不过由于人民币汇率的贬值，使这一问题没有引起足够的重视。汇率风险也曾经给中国企业带来

---

① 搜狐财经，http://business.sohu.com/s2006/huigai/。

了麻烦。如1994年北美自由贸易区（美国、加拿大、墨西哥）启动之后，由于墨西哥比索对美元的实际汇率下降，导致了先前曾在美国市场占有很大份额的中国纺织企业受到了很大打击。1997年亚洲金融危机之后，日元贬值也导致了中国对日出口企业的利润率受到了很大影响。

中国汇率体制改革一年来，中国企业面临的主要汇率风险是人民币升值带来的影响。根据国家信息中心课题组的研究[①]，人民币升值直接影响的主要是我国的进出口贸易，在其他条件不变的情况下，我国的总出口增速将因此减少1.5—2个百分点，进口增速将因此提高0.2—0.5个百分点。一般而言，人民币升值将对进口比重高、外债规模大或拥有高流动性或巨额人民币资产的行业构成利好，而对出口行业、外币资产高或产品国际定价的行业冲击较大。

人民币升值意味着中国产品的出口价格竞争力下降，因此，对严重依赖国际市场的出口型行业来说，其业绩的增长将面临一定的汇率损失，短期的冲击将不可避免。以2004年出口交货值占工业总产值的比例来作为度量出口依存度的指标，国家信息中心课题组认为三大行业受到的冲击将比较明显。

1. 通信设备、计算机及其他电子设备制造业出口损失超20亿美元

虽然以"三来一补"为主的通信设备、计算机及其他电子设备制造业因进口原材料及机器设备成本的下降而分享人民币升值带来的好处，但由于出口依存度高，其受到的负面影响将是显而易见的。2004年，我国通信设备、计算机及其他电子设备制造业的出口依存度高达60.1%，其中，电子计算机制造、电子器件制造、电子元件制造的出口依存度分别为78.3%、57.9%、54.4%，一半以上的产品价值都是通过国际市场实现的。在人民币升值的情况下，如果以外币标价不变，则相应人民币标价下降，相当于电子产品价格下降，电子厂商收入将减少。根据测算，人民币升值2%，通信设备、计算机及其他电子设备制造业出口损失将超过20亿美元，工业总产值增速因此下降2个百分点左右。

2. 纺织业出口将减少25亿美元

纺织服装、鞋、帽制造业是我国仅次于电子通信行业的第二大出口行业，出口依存度高达51%，而且其不断扩大的国际市场份额又是建立在劳动力成本优势和价格优势之上的。因此，人民币升值后，将大大削弱我国纺织服装

---

① 王长胜，范剑平，祝宝良（国家信息中心预测部）.人民币汇率变动影响的定量分析.http：//211.81.31.53：88/index/showdoc.asp？blockcode=gxbg&filename=200510191777.

产品在国际市场的价格竞争力,纺织服装行业将成为人民币升值的重灾户。根据测算,人民币升值2%,作为我国出口大户的纺织业出口将减少25亿美元,工业总产值增速下降近3.5个百分点。相对而言,在该行业中,化纤行业因原材料进口成本相对下降而出口比重较小,负面冲击不会很大,而出口依存度较高的服装行业的受损则较大。在外销产品利润率下降的情况下,很多产品将由外销转为内销,加剧国内市场的竞争。

3. 家电行业出口利润损失8%

中国加入WTO使得全球贸易壁垒大幅弱化,中国家电产品的低成本而获得的相对比较优势得以在国际市场充分体现,同时在全球范围内的家电资源配置中,中国已经成为家电巨头的重要生产基地。跨国公司在中国的合资力度增长和独资生产规模的不断增长,均是以全球市场作为生产的主要导向,促进了出口数量的提高。目前出口已经成为拉动家电行业增长的重要力量,2005年1—5月累计家用电器行业的出口交货值占工业销售产值的比重平均达到27.74%,比上年进一步提高,其中通风电器和厨房电器制造业的出口交货值分别占其工业销售产值的48.85%和53.07%。消费电子行业中,影视设备制造业和音响设备制造业的出口交货值分别占工业销售产值规模的44.23%和82.02%。可见出口市场已经成为家电行业主要的需求来源,而出口增长形势对家电行业整体的经济增长具有重要意义。显然,人民币升值对家电产品的出口形成了较大的不利影响,使其本来就不高的利润率进一步下降。据测算,人民币升值2%,将造成家电出口中8%左右的利润损失,影响家电工业总产值增速下降3个百分点。

此外,人民币升值后,我国制造业中的文教体育用品制造业,仪器仪表及文化、办公用机械制造业,皮鞋、毛皮、羽毛(绒)及其制品业,自行车制造、家具制造业,集装箱及金属包装容器制造也将受到比较大的冲击,短期内这些行业的盈利水平将有所下降,出口增长速度将有所放缓。

实际上,2006年中国的出口行业在表面上并没有出现大的滑坡,相反,2006年中国实现了巨额的贸易顺差,出口相对于进口有更快的增长趋势。但是,这并不表明不能得出人民币汇率升值反而会促进出口的结论。现实与预测存在背离有以下几方面的原因:

第一,尽管人民币小幅升值,但是中国商品的价格优势并没有受到削弱，伴随着中国各优势产业的成熟和世界经济的快速增长，对中国商品的消费需求迅猛增长。

第二，中国出口企业采取了各种避险措施，为了应对人民币升值反而力争早签单、早发货、早结算，因此预支了部分未来的交易。

第三，预见到人民币升值的长期趋势之后，各种"热钱"通过各种渠道进入国内，试图获取人民币升值的好处。这些"热钱"往往是通过贸易渠道以贸易盈余的面目混进来，也推动了贸易顺差快速增长的表象。

尽管目前人民币升值成为企业汇率风险的一个主要来源，但是其他方面的风险，如交叉汇率的变动，人民币对非美元汇率的变化也有可能对企业利润和资本结构的健康性产生影响。

案例5-2：中恒集团遭遇汇率风险　影响公司利润1560多万元

受人民币兑欧元汇率走低的影响，中恒集团（600252）控股子公司业绩出现亏损，由此拖累公司2004年净利润大幅下滑。

中恒集团2004年实现净利润209万元，同比下滑92.16%。年报显示，子公司梧州桂江电力公司2004年度外币借款为2180.08万欧元，上年末欧元汇价为10.3383，至2004年12月31日，汇价上升为11.2627。由于欧元汇价的上升，桂江电力公司形成2017万元的汇兑损失，影响公司利润1563.93万元。

不过，公司也表示，桂江电力公司上述外币借款到期日为2017年，报告期内因汇价上升形成的汇兑损益仅为账面损失。

资料来源：《中国证券报》，2005年03月16日

但是，从长期来看，人民币不可能一直升值下去。日本、韩国和东南亚各国的实践已经充分表明了这一点（图5-1显示了新加坡元从长期升值到突然转向贬值的过程，这对中国也是一个借鉴）。因此中国企业不仅要应对人民币升值的风险，也要留意人民币可能出现的贬值风险。

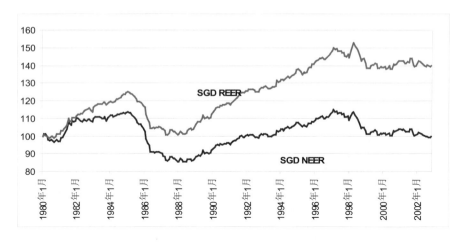

图5—1　新加坡元有效汇率变动图

注：①SGD REER：新加坡元实际有效汇率；SGD NEER：新加坡元名义有效汇率。
②以1980年1月汇率水平为100。

第二节　中国企业目前的汇率风险管理状况

一、中国企业可以选择的汇率风险管理工具

根据外汇局提供的数据，截至2006年9月末，国内已有53家银行取得对客户远期结售汇业务经营资格，其中21家银行取得对客户掉期业务经营资格。2006年1—9月远期结售汇累计交易量比去年同期增长42%[①]。

中国人民银行曾对302家典型企业规避汇率风险的情况做过调查。调查显示：2005年8月至9月，贸易融资在各类避险方式中居首要地位，占30.8%；其次为金融衍生产品，占28%。在金融衍生产品中，企业应用最多的是远期结售汇，约占企业使用的各类衍生工具的90%。

我国商业银行提供的避险工具从产品结构、设计、收费标准等方面还与企业的需要存在一定差距，避险产品服务亟待加强。汇率避险产品的收费偏高，一些产品设计保守，不能有效规避风险。从2006年的操作情况看，单纯远期结汇业务跟不上人民币升值的幅度，企业能够保本就不错了，只有银行"里外不吃亏"。

---

① http://www.chinaforex.com.cn/Default.aspx? tabid=679&mid=4485&ctl=More&Container Type=G&ContainerName=_default&ContainerSrc=notitle.ascx，中国外汇网.

自1997年4月由中国银行率先推出后，人民币远期结售汇就正式掀开我国人民币衍生品交易的序幕。但历经几年发展，我国境内人民币远期的成交金额在2003年时仍不足90亿美元，仅为贸易总额的1.06%，2004年、2005年分别不足贸易总额1.15万亿美元和1.42万亿美元的1.3%，而国际上相应的比例则高达150%[①]。

不仅是场外市场流动性低，由外汇交易中心推出的人民币远期交易在2005年推出后，一年发展后，也仍然没有大的起色。2006年前两季度成交金额分别相当于4.3亿美元和9亿美元，皆低于境外离岸市场的日均成交额。与此同时，离岸人民币衍生业务的发展却比较快。

从1996年开始，境外就有了以中国香港、新加坡为主的人民币离岸市场。2002年最后一个季度之前，这些人民币期货的流动性还相当低，但在2002年10月人民币升值压力产生之后，离岸市场上的人民币无本金交割远期的流动性开始大幅度提高。2003年、2004年境外以香港为主的人民币无本金交割远期成交金额在1500亿至1800亿美元之间，发展相当迅速[②]。

2006年8月28日，远在美国的芝加哥商品交易所也正式推出了人民币对美元、欧元和日元的期货产品。大洋洲最大规模持牌华资外汇金融机构KVB昆仑国际也宣布将正式推出人民币对澳大利亚元、人民币对新西兰元的外汇保证金交叉盘交易。这是首个全球外汇做市商在境外提供杠杆交易方式的人民币衍生外汇产品。

人民币无本金交割远期尽管在创建之初流动性还相当低，但到2005年交易金额已高达2500亿美元，近三年多来的发展速度很快。但是我国目前尚不允许企业和个人参与国外的离岸人民币衍生产品交易[③]。

除人民币无本金交割远期之外，人民币无本金交割期权市场也有了相当大的发展，它与无本金交割远期一起形成了比较完善的境外离岸市场人民币的产品结构。

---

① 人民币期货等衍生品交易境内与境外呈现两重天.中国企业家网，http：//www.ccboss.com/news_Files/club/qihuo.zt/200611090611912590687316.htm，2006—11—9.

② 转引《经济参考报》，境外人民币期货倒逼人民币升值.新华网，http：//news.xinhuanet.com/newmedia/2006-10/26/content_5250222.htm，2006—10—26.

③ 转引《经济参考报》，境外人民币期货倒逼人民币升值.新华网，http：//news.xinhuanet.com/newmedia/2006-10/26/content_5250222.htm，2006—10—26.

境内远期业务发展的缓慢和以往汇率波动幅度太低有密切关系，因为2005年汇改后，它的发展已经现出加速的势头。不过，"真实贸易需求"原则的执行、利率市场化机制的缺乏，企业缺乏套期保值的动机，以及信用历史的数据还在初步建立之中等因素仍是阻碍人民币衍生品发展的现实因素。

目前人民币衍生品市场的参与者主要包括三类，即商业银行、其他银行类金融机构、工商企业。商业银行由于相对规范、具有衍生产品交易经验，因而在衍生产品市场上承担着交易商的责任，也在很大程度上决定着金融衍生产品的种类。其他银行类金融机构的参与极大推动了场外衍生产品的发展，但是这些机构无论在意识、人员、系统，还是在管理经验上，都还不具备或不完全具备成为交易商的条件，他们仍然需要通过努力，成为未来衍生产品市场上非常重要的机构参与者。然而这类机构的不足也恰恰是现阶段我国衍生产品市场最为缺乏的。

此外，虽然我国汇率形成机制不断完善，利率逐渐市场化，但国内相当数量的工商企业，尤其是绝大多数的中小企业，并没有认识到这种外部环境的悄悄变化，或者是虽然有粗浅的意识，但却不具备理解和运用现代衍生产品管理和规避金融风险的知识、能力和人才。

另外，对于许多商业银行来说，尽管已经推出了一些具有衍生品特点的外汇理财产品，但它们在经营理念上也还是在把这些理财产品当成扩大银行存款规模的一种途径，而非对冲风险的金融工具。

因此，衍生品市场基础条件的不足、广大市场参与者还没有从忽视和被动规避风险转向主动防范风险，是目前人民币衍生品发展不足的主要原因。

从图5—2和图5—3可以看出，目前国内银行提供的外汇交易产品，可以说还停留在比较初级的阶段。在国家对外汇管理仍然十分严格的背景下，可供交易的品种较少，对企业的吸引力不大。

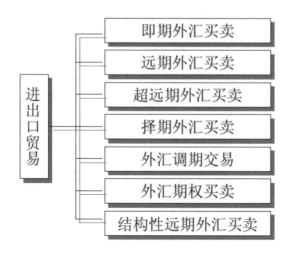

图5-2 中国银行提供和即将提供的外汇交易产品

资料来源：中国银行.汇率风险管理工具与案例分析.中国银行网站，2006—8.

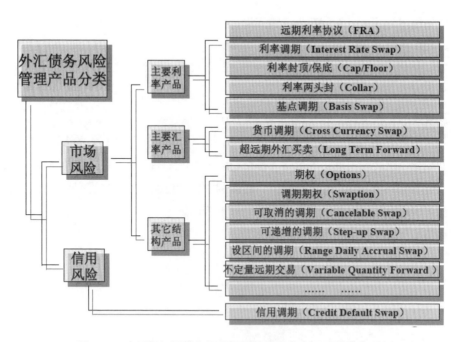

图5-3 中国银行提供和即将提供的外汇债务风险管理产品

资料来源：中国银行.汇率风险管理工具与案例分析.中国银行网，2006—8.

二、目前企业采取的避险措施

针对汇率的波动，企业纷纷采取应对措施。甚至在汇改之前的猜疑时期，中国企业尤其是出口型企业已经开始采取措施。2005年底央行针对302家典型企业规避汇率风险情况的一项调查结果显示[①]：2005年8—9月，贸易融资在各类避险方式中居首要地位，占30.8%；其次为金融衍生产品，占28%。贸易融资是各地区企业普遍使用的避险工具，但与2004年相比，贸易融资使用比例有所下降，由33.04%降至30.8%；主要是由于企业在规避汇率风险方面有了更多的选择，美联储连续升息也提高了企业的融资成本。

2005年7月21日人民币汇率体制改革后，中国政府高度重视汇率改革对企业生产经营活动的影响。特别是随着人民币汇率弹性的增强，企业如何应对汇率风险一直是社会各界普遍关心的问题。为及时了解企业规避汇率风险的方式和运用避险工具的情况，2006年中国人民银行货币政策司于汇改后对辽宁、天津、北京、山东、江苏、上海、浙江、福建、广东和湖北等10个省市的323家外向型企业的调查显示[②]，人民币汇率改革后，企业在普遍使用贸易融资和金融衍生产品进行汇率避险的同时，想方设法通过各种方式积极应对汇率波动，汇率避险意识提高，避险方法更加多样化，对汇率波动的适应性有所增强。调查同时发现，企业避险工具使用规模仍然偏小，避险能力有待进一步增强，商业银行相关金融服务有待进一步改进。

调查结果显示，人民币汇率体制改革后，企业汇率避险意识普遍增强，避险工具的运用有所增加，避险方式呈现多样化，企业对汇率波动的适应性有所增强，显示出应对汇率风险的较大潜力。

本次调查主要通过问卷调查和案例分析相结合的方式。调查企业涉及中资企业和外商投资企业，生产型企业和专业外贸公司。调查结果显示，目前企业使用较为普遍的汇率避险方式包括贸易融资、运用金融衍生产品、改变贸易结算方式、提高出口产品价格、改用非美元货币结算、增加内销比重和使用外汇理财产品等。

---

① 中国人民银行.2005年中国金融市场发展报告［M］.中国金融出版社，2006.

② 中国人民银行货币政策司.企业规避汇率风险情况调查［N］.金融时报，2006—2—17.

（一）企业使用贸易融资工具较为普遍

贸易融资是目前企业采用最多的避险方式。在被调查的样本企业中，约有31%的企业使用该类方式。主要原因包括：一是贸易融资可以较好地解决外贸企业资金周转问题。随着近年来我国外贸出口的快速增长，出口企业竞争日益激烈，收汇期延长，企业急需解决出口发货与收汇期之间的现金流问题。通过出口押汇等短期贸易融资方式，出口企业可事先从银行获得资金，有效解决资金周转问题。同时，企业也可以提前锁定收汇金额，规避人民币汇率变动风险。二是贸易融资成本相对较低。例如，2005年11月14日美元6个月LIBOR为4.56%，加50个点后为5.06%；而同期人民币贷款利率至少为5.22%，贸易融资成本低于同期的人民币贷款。在贸易融资方式构成中，进出口押汇使用比重较高（约为80%），原因主要是出口押汇期限较短（一般在1年以内），可以较好地缓解外贸企业的流动资金短缺问题。另外，一些企业还使用福费廷等期限较长的贸易融资方式。

（二）金融衍生产品的使用有所增加

汇改后，我国外汇市场发展加快，完善和扩大了人民币远期交易的主体和范围，推出了外汇掉期等金融衍生产品。同时，在外汇管理等方面采取了一系列配套措施，为企业拓宽了汇率的金融避险渠道。调查显示，2005年运用金融衍生产品企业的占比比2004年同期提高了1个百分点左右。

目前，企业使用金融衍生产品的主要特点如下：一是使用远期结售汇工具较多。汇改后，远期结售汇业务范围和交易主体扩大，银行间人民币汇率远期交易推出，商业银行扩大对企业汇率避险服务，在较大程度上便利了企业远期结售汇交易，进一步满足了企业的避险需求。调查显示，远期结售汇工具的使用在金融衍生工具中占比高达91%。二是部分企业运用外汇掉期和境外人民币无本金交割远期（NDF）工具。自汇改后推出外汇掉期业务以来，福建、广东、江苏、山东和天津等省市的部分企业已开始尝试使用这一新的金融衍生工具。尽管目前业务量占比相对较小，但发展势头良好。一些外资企业和在国外有分支机构或合作伙伴的中资企业还通过境外人民币NDF工具进行汇率避险。

（三）提高出口产品价格的企业明显增多

调查发现，2005年采用提高出口产品价格方式的企业占比从2004年同期的4.2%上升至8.7%，提高近5个百分点。这在一定程度上反映出我国出口企业议价能力的提高，表明这些企业能够通过提高产品价格来弥补汇兑损失。但总体来看，使用该种方式的企业占比仍然偏低，说明多数企业还需进一步提升产品的核心竞争力，真正通过以质取胜而不是靠低价竞争来扩大出口。

（四）企业避险方式多样化

除以上方式外，企业还通过其他多种方式进行汇率避险。一些企业在贸易结算方式中增加预收货款比重，结算币种选择更为灵活；少数企业适当增加内销比重，避免外汇敞口头寸的风险；还有一些企业增加外汇理财产品的使用。

三、当前企业使用外汇避险工具存在的问题

从目前情况看，企业使用避险工具规模仍然偏小，与我国进出口总体规模还不相称。2005年全国银行远期结、售汇签约额分别仅占银行结、售汇总量的2%和4%左右。主要存在以下两方面问题：

（一）企业避险意识和能力有待进一步增强

由于长期以来人民币汇率相对稳定，企业规避汇率风险观念较为淡薄，对汇率避险工具了解不够，限制了其对避险产品的运用。一是缺乏专业知识和人才。在传统经营理念下，一些企业的财务人员对国际金融市场动向不敏感，对各种金融衍生工具了解较少，影响了对汇率避险工具的运用。二是部分企业汇率避险意识仍比较淡薄。一些企业，特别是国有企业，仍未完全转变经营理念，往往将汇率风险归咎于政策性因素，缺乏主动避险意识。

（二）商业银行汇率避险金融服务有待改进和加强

本次调查还反映出，商业银行的服务有待进一步改进和加强。一是商业银行汇率避险产品创新动力有待进一步增强。少部分银行强调自身风险防范，推出较长期限（1年期以上）远期结售汇工具的积极性略显不足，难以完全满足企业的避险需求。二是商业银行有待进一步完善改进金融服务与防范风险的关系。受内部风险控制要求和管理体制的制约，一些商业银行总行向分支行下发有关汇率避险业务管理规定及风险控制要求时环节较多，时间较长，导致基层行提供汇率避险服务的积极性受到一定影响。

第三节　中国企业汇率风险管理的策略建议

一、提高认识，增强企业避险意识和能力，建立汇率风险管理的工作机制

汇率风险管理在中国还是一个相对较新的实践。中国企业在理论认识、管理机制、战略战术、评价工具等方面都还处于初级阶段。要建立一套完整有

效的汇率风险管理体系，需要在多方面努力。

规避汇率风险，首先应提高对这一问题的认识。如前所述，在中国已经加入WTO和实现汇率浮动的背景下，汇率风险管理已经成为涉外企业必须经常面对的一个问题。甚至不进行进出口贸易的企业也会经常受到汇率波动的间接影响。因此，企业必须提高对汇率风险管理的认识，把汇率风险管理提高到关系企业长远竞争能力和地位的战略高度，并把它结合进企业的日常工作之中，并在机构设置、企业财务管理、生产布局、高层决策等方面有所反映。

其次，企业还必须提升汇率风险管理的能力，包括研究能力、预测能力、执行能力、后评估能力等。因此，企业就必须根据汇率风险管理的工作需要，引进专业人员、建立相应机构和工作机制。

如本文在第三章中的分析，企业的汇率风险管理，不仅仅涉及到运营成本和现金流，而且直接关系到企业的战略竞争地位。中国正有越来越多的企业成长为跨国公司，世界500强中将会有越来越多的中国公司。随着中国公司越来越深地参与到国际商业体系之中，汇率风险管理在企业的全球竞争战略中也将扮演越来越重要的角色。

为了适应这种趋势，涉及到汇率风险管理的中国企业，首先应该建立一套完整有效的工作机制。如本文第四章所引用的G31跨国企业的实践表明，这样一套高层次的汇率风险管理工作机制是十分必要的。

汇率风险管理工作机制要求企业在国际竞争战略、营销、供应链、研发、生产工厂布局、现金流监控、国际定价、合同管理、人力资源等方面都要贯彻汇率风险管理的思想。因此，建立汇率风险管理工作机制要求对原有企业实现一次机构关系的重新整合。它对企业有下面一些要求：

第一，应由至少CFO以上的层级来领导汇率管理工作机制，也可以成立风险管理委员会统筹管理各方面的经营风险。这套工作机制应该处于董事会的监控之下。

第二，财务部门无疑应该处在工作机制的核心地位，但是又不能完全淹没在普通的财务管理之中。

第三，要有灵敏高效的企业信息系统。

第四，要有符合现代企业财务管理和国际经济要求的高素质人员来从事这一复杂的活动。

第五，要有一个小组来监控、分析汇率风险，并完成事后评估。

第六，要有一个可以委托的机构来执行企业的对冲操作。

第七，建立一套评估体系，任务包括确认企业的财务下限标准、判断相关货币汇率的走势、确定企业的风险暴露水平、确定应与对冲的外汇头寸、提出合适的对冲工具或工具组合和事后评估。

第八，要建立一套科学、高效的工作流程。

具体的要求可以参见本文的第三章。

二、把汇率风险管理纳入企业战略管理

汇率风险管理不止是一个技术性问题，它也是一个关系企业长期竞争优势的战略性问题。企业战略管理与一般管理的区别在于，战略管理的目的是为了营造企业的长期竞争优势。企业的长期竞争优势来源于企业的长期盈利能力，它依赖于行业条件和企业创造出超过竞争对手的价值。企业相对于竞争对手创造的价值数量，依赖于其相对于竞争对手的成本定位和差异化定位[1]。

汇率风险不仅影响企业的财务折算，而且影响了企业的几乎全部战略性决策，包括生产能力的布局、进出口贸易布局、供应链组织、客户管理等活动。因此，有必要把汇率风险管理纳入到企业战略管理决策之中，在企业长期竞争战略的基础之上考虑汇率风险管理，在生产布局、贸易结构、市场开发、供应链管理等方面的设计中充分考虑汇率风险的可能作用。

从前面的分析可以知道，企业尤其是跨国公司存在一个由多个生产基地组成的产能布局。为了规避汇率波动导致的损失，可以选择在重要的国外销售区域设立生产基地，以避免由于汇率波动导致在主要销售市场的业绩下滑。这是在生产布局方面的一个应用。

在贸易布局方面，企业可以选择向主要进口区域拓展市场，以对冲主要进口区域货币波动带来的成本增加。或者有计划地选择多个进口区域，利用交叉汇率变化来对冲汇率波动风险。

当然，这些做法不是绝对的。一个本质的原则是，综合考虑有关区域（进口、出口）的可能汇率波动，选择最能体现综合成本优势和市场占有的生产布局、市场布局与贸易布局。

---

[1]　戴维·贝赞可，戴维·德雷诺夫，马克·尚利.公司战略经济学（第二版）.1999：第373页.

三、综合使用贸易手段

贸易手段是规避汇率风险的一种重要工具，也是企业应用较为广泛的一种策略。贸易手段包括差别定价、贸易融资策略、结算策略等诸多方面。

根据前文的研究，现实世界一般不存在完全竞争的市场结构，商品在不同市场上具有不同的价格弹性。企业可以利用商品价格弹性的特点，制定不同市场上的定价策略。在这一策略中，企业可以选择向消费者（国外、国内）或者供应商转移汇率波动的消极影响，甚或借机涨价以牟取额外利润。

中国人民银行2005年的调查结果[①]显示，贸易融资是目前企业采用最多的避险方式。在被调查的样本企业中，约有31%的企业使用该方式。近年来，由于出口企业竞争日益激烈，收汇期延长，企业亟须解决出口发货与收汇期之间的现金流问题，贸易融资可以较好地解决外贸企业资金周转问题。通过出口押汇等短期贸易融资方式，出口企业可事先从银行获得资金，有效解决资金周转问题。同时，企业也可以提前锁定收汇金额，规避人民币汇率变动风险。

更重要的是，贸易融资成本相对较低。例如，2005年11月14日美元6个月LIBOR（伦敦同业拆放利率，国际间最重要和最常用的市场利率基准）为4.56%，加50个点后为5.06%；而同期人民币贷款利率至少为5.22%，贸易融资成本甚至低于同期的人民币贷款。

结算策略也是目前企业应用较为广泛的一种汇率风险管理手段。结算策略主要体现在两个方面：一是结算货币的选择；二是结算时间的选择。结算货币体现了企业的贸易地位，强势企业往往会要求以本币结算，这就完全规避了汇率风险。但是我国企业往往不具备这种优势地位。那么在市场中采取哪种硬通货来结算就是企业和中央银行应该认真考虑的问题了，是美元结算，还是欧元或者日元结算？对中央银行来说，这取决于国家的总体贸易结构。对企业来说，这取决于企业的主要贸易区域和中央银行的相关规定。

结算时间也是企业必须考虑的问题。如果本币存在升值趋势，则越早结算越好，当前中国企业就是这样一种状况；如果外币存在升值或本币存在贬值趋势，则越晚结算越好。

---

① 中国人民银行.2005年中国金融市场发展报告.中国金融出版社，2006年05月.

案例5—3：利用贸易融资规避汇率风险

人民币升值预期强烈，企业如何避险？从汇率风险防范的角度看，进口贸易融资可以通过推迟企业购汇时间，避开汇率的高点，先由银行垫付资金对外付汇，待汇率下跌时再购汇归还银行本息，从而降低购汇成本；出口贸易企业在结算货币汇率预期下跌时，可预先从银行取得贷款；办理结汇，待实际从国外收汇时再归还银行本息，从而避免汇率下跌的风险。

以进口押汇为例，如某企业A于3月15日需对外付汇100万欧元，进口合同确定的欧元兑人民币汇率为993.8/100，付汇当日汇率为1007.6/100，是近期最高点。企业财务人员通过查看近一个月以来的汇率走势，以现欧元兑人民币汇率波动区间为983.2/100—1007.6/100，而且波动剧烈，因此决定办理进口押汇融资业务，先行付款，待利率回调时再买入欧元，归还银行贷款。可行性分析的结果：银行当期欧元流动资金贷款利率为3.2%，月利率为2.67‰。因此一个月内只要出现一次欧元汇率下调超过2.67‰的情况，融资就有收益。从近期欧元汇率波动来看，日波动幅度最大达到2.42%，波动幅度超过1%的天数超过8天，因此融资是可行的。最终企业办理了一个月期限的全额进口押汇，利息为2666.67欧元，到4月10日欧元汇率下调至990.8/100，企业立即买进1002666.67欧元，共支付人民币993.44万元，较直接购汇付汇节省人民币100×1007.6/100−994.96=12.64万元人民币。

资料来源：宁波市对外贸易经济合作局网，http://www.nbfet.gov.cn/gw/detail.phtml?newId=50983，2006—6—1.

四、选择合宜的财务策略

企业财务策略是企业决策的核心问题之一，对外界往往是一个黑箱。但是企业财务策略也是最有操作空间的汇率风险管理方面。跨国公司的企业财务策略不仅关系到折算风险、交易风险的管理，而且还涉及到如何利用不同国家的财务和税收规制进行避税、内部结算等活动。在外部往往无法解决的汇率风险问题，通过分布于不同国家的分支机构之间的内部结算就有可能不留痕迹地解决。

除了税收优惠之外，跨国公司还多采用转让定价来规避税收。转入定价是跨国企业进行国际纳税筹划的重要方法之一。跨国公司为适应瞬息万变的国际市场环境，减少经营风险，大都把经营管理权分到设在各国的责任中心。各责任中心都以其所在跨国公司制定的内部转让作为内部控制和结算的依据。在不违背东道国税收法规及有关的国际税收协定的前提下，跨国公司可制定较高转让价格把设在高税率国家子公司的利润转移出去，也可以较低的转让价格使设在低税率国家子公司的利润增加以减少税负，提高跨国公司总体利润水平。

由于在跨国公司的母公司与子公司之间、子公司与子公司之间、总机构与分支机构之间有密切关系，母公司或总机构可以通过把各种名目的费用列入转让价格，调整各子公司或分支机构的产品成本，转移公司的利润。跨国公司采用转移定价的四种方式：实物交易中的转移定价；货币、证券交易中的转移定价；劳务、租赁中的转移定价；无形资产的转移定价。

中国的跨国公司正在成长之中，对这些财务手段的运用还不够充分。随着中国企业日益走向海外，选择合宜的财务策略也是应对汇率风险的一个重要手段。

五、综合使用金融衍生产品

企业利用金融衍生产品（如利率互换、利率期权、货币互换、外汇资金管理、外汇期权）可以有效地对市场产生的不利变化进行管理，锁定或控制利率和汇率风险。通过掉期等衍生产品的交易，对外债进行长期、动态和系统化管理，控制外债成本，规避市场风险。

目前中国企业应用金融衍生产品的进行汇率风险管理的深度和广度都有限。对于大量消费进口原材料的中国公司，如果进行适当的金融衍生产品操作，进行积极的套期保值，会明显改善企业的财务状况。

尽管国内目前对企业进行衍生产品操作还有一些限制，但是那些在拥有海外分公司、子公司的企业可以通过国外机构在国外市场进行一定的衍生产品操作。当然，这种避险操作也需要合适的专业人才和管理策略，必要时可以借助国外金融企业的力量。

六、加大研发力度，提升产品技术含量和差异性程度

企业的市场地位取决于商品的可替代性。商品的技术含量和差异化程度越高，其被替代的可能性就越小，对特定消费者的吸引力越大，企业在市场上的定价权就越大。

商品的技术含量和差异化程度直接来源于企业的研发投入。商品在国际市场上的竞争比国内市场更为激烈，要想在国际市场上保有份额，企业必须持续不断进行研发投入。只有这样，企业才能拥有转嫁汇率风险的能力。

目前，中国企业多数还处于利用国内廉价劳动力和较低的资源环境成本的阶段，对研究和发展的投入与国际先进水平和跨国公司相比还有很大差距。随着经济的快速发展和资源环境问题的日渐突出，国内的工资水平和资源环境成本也将会随之上升，由此带来的价格竞争力将会逐渐丧失。同时，国际市场对安全和环保的关注形成了对中国低端产品越来越高的障碍。中国企业要想保持长期的发展势头，甚至是为了长期生存，都必须加大研究与发展投入，提升商品的技术含量和差异化程度。也只有占领了市场的高端，企业应对汇率风险的能力才会有本质的提升。

第四节　人民币升值背景下出口企业的汇率风险管理

人民币升值是近期的一个趋势。这是中国出口型企业面临的一个突出问题。这里提出了一些针对人民币升值背景下企业汇率风险管理的几点建议。

对出口企业而言，是否进行远期交易锁定结汇汇率的决策制定，要从机会成本的角度出发，在汇率变动和利率差变动中进行取舍。

随着出口量的剧增，国内众多出口企业在目前或可预期的未来，将拥有大量的外币资金（主体为美元），人民币兑美元的汇率变动使进出口企业面临汇率波动风险。在目前人民币升值趋势较为明显的市场环境下，拿到美元后即进行即期结汇似乎已成为出口企业的不二选择。

与此相对照，自2004年6月至今，美国联邦储备理事会（FED）连续17次提高了美元基准利率。美联储持续加息使得美元以及以美元计价的资产重新成为投资市场的"宠儿"。

（一）出口企业的机会选择

对我国出口企业而言，对人民币汇率风险的担忧通常是未来（比如6个月后）会由于合同的履行获得美元资金，而在6个月后人民币升值将给企业造成

汇兑损失。

目前，为了规避出口企业未来流入的美元出现贬值风险，国内所能提供的金融工具为远期交易，即通过远期交易锁定未来结汇汇率。就企业决策来说，是否通过远期交易锁定汇率其实是一个非常重要的问题。机会成本（为了得到某种利益而放弃的利益）在这里应该可以作为企业的决策依据。

对企业而言，直接通过远期交易锁定结汇汇率和一段时间后（比如6个月后）再进行结汇，机会成本是截然不同的。一方面，如果直接通过远期交易锁定结汇汇率，损失的将是高息货币美元（6个月可获得的无风险年收益为5%左右）和低息货币人民币（6个月所可获得的无风险年收益为2%左右）之间的利差（6个月收益1.5%左右的机会成本）。这部分成本将通过美元兑人民币即期结汇价格和远期结汇价格的价差来体现。比如，今天美元兑人民币结汇汇率为8.0100，企业通过远期交易锁定6个月后的结汇汇率为7.8898。另一方面，如果企业选择6个月后进行结汇，那么，将面临人民币升值的汇率风险。如果6个月后人民币兑美元升值幅度为1.5%，那么，企业因汇率波动所带来的机会成本损失也将为1.5%。

在当前市场环境下，出口企业如果进行远期交易锁定远期美元结汇汇率，则必须承担相应期限的利差成本；反之，如果企业不进行远期交易，人民币升值的风险也客观存在。这对中国的出口企业而言是难以完全协调的矛盾。实际上，对出口企业而言，是否进行远期交易锁定结汇汇率的决策制定，要从机会成本的角度出发，在汇率变动和利率差变动中进行决策取舍。

根据本章第二节的分析，企业应该根据未来时期的现金流水平安排一定比例的对冲。是否进行对冲，取决于企业对汇率波动带来的潜在损失和对冲成本的衡量。如果未来汇率的变化幅度和变化方向基本能够准确预测（比如政府强烈的预示），而且这种变动趋势对于企业来说是有利的，那么企业就可以不做对冲而乐观其成。但是在现实市场中，很难对汇率波动方向和趋势作出准确预测，因此，本文倾向于建议企业根据现金流水平和风险状况适度进行对冲，对冲成本对于企业总的现金流来说，毕竟其比例要小得多。

（二）几种规避汇率风险的方法

1. 购买与人民币汇率挂钩的理财产品

目前国内市场上，有的银行已经推出了这样的产品，如果人民币升值，则产品的收益率会按相同的幅度提高，可以有效地规避汇率风险。如光大银行发行的A+浮动收益型理财产品。

2. 进行外汇买卖交易

人民币升值给外汇市场带来了冲击，同时也带来了投资机会，人民币升值阻挠了美元的上升势头，给部分非美元货币带来了升值的空间，因此通过美元与非美元货币之间的汇率波动赚取汇差，即可弥补由于人民币升值导致的损失，又可获取额外的收益，当然这需要了解一定的专业知识。目前大部分银行都可以提供这方面的服务。

3. 通过对冲规避汇率风险

对冲无论对于个人还是单位都是适用的，即当预测手中的外币资产将因为贬值而缩水时，可在外汇市场上卖出一笔远期交易或购买看跌期权；同样，如果有外币负债，因担心升值加重负担时，可作相反交易。对冲在国际市场上是一种有效的规避汇率风险的做法，因为目前国内市场尚不发达，能够提供这方面交易的金融机构并不多，但相信随着国内金融市场的不断发展，各种金融衍生产品的推出，这方面的服务将会不断完善。目前积累一些这方面的知识，将会有利于我们今后的外汇投资。

4. 增加创新和工艺革新投资，提高产品的差异性

前已述及，通过增加产品的技术含量，提高产品的差异性，实现产品升级，是增强企业竞争力、抵御汇率风险的最佳手段。但是对于很多企业来说，显然并非是一朝一夕能够完成的。

5. 向客户转嫁成本或压低制造成本

和客户共同分担人民币升值带来的利润空间压缩的损失，是很多出口企业很自然能想到的避险方式。但是这要冒着客户流失的风险。对于纯外贸企业来说，还可以压低采购价格，在这种情况下，对上游产品供应商来说很可能选择不通过外贸企业，直接做自营出口。此外，其他避险方式还有"调整进出口比重""调整进出口国家和地区"。虽然说升值意味着人民币可以在国外买到更便宜的产品，但对于大多数外贸企业来说，进出口业务的比重并不是轻易就可以做出调整的。

6. 资产负债表管理方法

通过增加其他硬通货尤其是美元的负债，增持人民币资产，是缓解人民

币升值压力的一个有效办法。目前，转贷美元已成为近期许多企业的选择。很多企业把人民币贷款转成了美元贷款。企业向银行借美元至少有两点好处：其一，美元贷款利率要低于人民币；其二，人民币升值的预期使美元贷款成了企业的最佳选择。

第五节　成功案例：外汇风险管理在宣化钢铁集团的应用

宣化钢铁集团有限责任公司是国家大中型钢铁企业，自2001年开始，为配合企业上规模上水平，设备更新改造和技术改进的节奏加快，进出口贸易额大幅度增加，而贸易过程中潜在的外汇风险也在加剧。为规避风险，宣钢利用远期外汇结售汇、押汇、期权等金融工具对宣钢自营进出口货物包括成套设备、备件以及大宗原料等进口贸易适时采用不同的金融工具进行外汇风险管理，取得了显著成效。在2001—2003年总贸易额约35亿元人民币的项目中比较敞口管理和风险管理的差距，产生直接经济效益1968.1万元人民币。同时宣钢整体外汇风险管理水平也不断提高。不仅较大程度地应用了中国金融体系下现有的金融工具，同时也为在未来进一步开放的汇率体制下进行国际贸易、规避外汇风险奠定了基础。

一、宣钢实施外汇风险管理的背景

我国目前已成为一个进出口贸易大国。2005年，对外贸易再创新高，全国进出口贸易总额达14219.1亿美元，名列美国、德国之后，成为世界第三大贸易国，净增长2673亿美元，比上年增长23.2%[①]。在2005年，海关统计的进出口额度中，我国与欧盟国家贸易量的比重很大，居日本之后列我国十大进口国的第二位。我国从欧盟国家进口产品中很大一部分是技术含量高的机械设备、精密仪器。这部分贸易目前都直接或间接地使用欧元来报价和进行成本核算。由于人民币汇率目前仍与美元挂钩，与欧元的兑换率随外汇市场自由浮动，这就使得企业不可避免地要面对汇率风险。而1999年欧元的全面启动，更加大了外汇风险。经营进出口业务的外贸企业和生产企业一般在国际贸易中面临三种风险：一是由于外汇汇率波动使企业的未来收益变得很不确定的经济风险；二是由于外币汇率波动而使企业的应收外币资金与应付外币价值变得不确定的交易风险；三是由于外币汇率变化而使涉外企业的资产负债表中某些外汇项目金额

[①]　数据来自《中国统计年鉴2005》，中国统计出版社（2006）。

发生变动的会计风险。宣钢也无一例外要面对这些风险。

二、以保值的理念控制外汇风险

由于汇率波动并不总是朝一个方向运动，因此在进行保值操作的事后评价时经常会发现保值后市场并没有向想象的不利方向变动，与此时的市场价格相比，保值交易会处于潜亏状态。因此，有些人自然而然会认为保值策略失败了，保值交易使自己失去了享受到更好市场价格的机会。但实际上对于一个保值方案的正确评价，其关注的要素主要应包含保值的水平与原来成本的比较，而不受日后市场的变动影响，只要所做保值的水平好于预算成本，保值交易就是成功的，市场的变动只是影响了其保值功效而已。而不做保值从本质上讲是将希望寄托在对市场波动方向的猜测与幻想中，但没有人能够描绘出未来远期市场的运行轨迹，心存侥幸地等待，其结果往往是与市场反向而行。

正确的保值理念首先要树立"固定成本"的概念。锁定成本、规避风险是保值交易的根本出发点，当交易价格低于债务成本时，企业便应理智地开始保值。其次不应以投机的思维看待保值，保值者的盈利状况能够进行事前的估算与衡量，它取决于债务成本与保值成本的差额，因此，保值者关注市场的主要目的应是寻找更为有利的降低及锁定成本的市场时机。

为控制未来现金流并保持长期项目的连续性，宣钢以保值的理念规避与管理汇率风险，将债务成本固定在公司财务所能承受与认可的范围之内。保证按预算支出获得稳定与可预见的现金流；固定甚至降低公司的债务成本支出，从而保障项目持续盈利；防范市场汇率向不利方向波动而导致公司债务成本增加。宣钢在外汇管理中随着管理目标的不同，采取固定汇率、期权等金融工具来消除或适当保留汇率波动的影响，从而达到多种保值增值的目标。经过近几年的实践，目前在组织结构、管理模式、实施步骤、风险评价上已经形成了一套办法。宣钢公司成立了外汇风险管理办公室秘书处，设在进出口公司，成员单位是财务处、计划处、工程指挥部、进出口公司、企管办及具体设备或原料的使用单位。公司董事长直接负责，并由董事长授权操作外汇额度、最高成本。管理模式是项目负责制，具体到每个项目。

由相关的成员单位提出成本要求，并根据市场讨论确定公司能承受的风险水平。董事长签字确认项目计划和风险水平以及最高成本线。进出口公司根据宣钢公司对项目签署的意见，选择可以实现预期目标的金融工具后，与银行等金融机构签署意向协议。公司项目计划、银行协议、资金申请三单备妥后，进出口公司报由宣钢公司财务处进行审核、批准和资金拨付。然后，与银行签订正式协议并进行外汇锁定或期权买卖。项目进行完毕，设备或原料要对工厂进行交库，按照实际执行汇率确定进厂价格，工厂在与计划比较确定无超支的情况下完成交接。对公司进出口业务财务处分季度、年进行项目风险评价。对比原来计划水平确定项目完成情况和实施水平，并与考核指标挂钩进行奖罚。通过以上办法，宣钢把外汇风险管理纳入正常的管理程序，建立了良好的运行机制，设立专门的操作和监管部门进行管理，由董事会负责保值政策的制定与重大问题的决策；成立专门的风险管理办公室秘书处。负责保值交易的具体实施并将相关情况向董事会汇报；建立健全内部授权机制，明确秘书处职责与权利，确保成功保值；将进出口业务与财务核算衔接起来，通过有效沟通使董事会能够掌握资金的整体运作。

三、外汇金融工具在宣钢的应用

1. 即期外汇买卖

宣钢的进口产品包括铁矿石和设备、备件，出口产品主要为钢材和化工产品。按照国际大宗原料贸易惯例，铁矿石的进口和钢铁、化工产品出口均以美元计价。1995—2000年，宣钢还没有外汇风险管理的概念，收款和付款同样为美元，而美元相对人民币多年保持稳定，因此，所有的业务都采用即期外汇买卖。以2002年3月15日提单的一船6.2万吨矿石为例，该船矿石价格为CIF天津新港约36美元/吨。宣钢于2月10日开出100%的即期信用证，卖方实际交单日期为3月15日。3月21日，银行通知议付，3月25日，宣钢通知银行付款，付款金额为223.2万美元。3月25日的银行美元现汇卖出价为8.28，宣钢实际付款为1848.096万元人民币。

2. 期结售汇的操作

宣钢使用远期外汇买卖是从2002年大量进口成套设备时开始的。当时的进口设备供货商90%为欧盟成员国，如德国、法国、意大利、卢森堡等，这些国家的公司在投标时无一例外是用欧元报价的，具体执行时可以换算成美元，但换算比例是按签订合同当日的汇率中间价格确定的。下面以2002年5月宣钢进口"15000立方米制氧机组"为例说明远期结售汇的操作过程和成本核算。

（1）进口项目说明：2002年5月20日宣钢以国际招标的方式签订该项目，

最后中标单位为德国ATLAS公司，中标价格为279万欧元，交货时间为2003年4月30日之前。付款方式：预付款在合同签订以后一个月之内，金额为合同总价的15%；合同交货前3个月，即在2003年1月30日之前，开立受益人为卖方的不可撤销即期信用证。金额为合同总额的85%。

（2）实际执行情况（敞口管理）。当时由于欧元刚刚开始运行，汇率波动不明显，同时宣钢也没有汇率风险的管理意识，因此采用了即期外汇买卖。成本分析如下：2001年5月20日，欧元汇率银行卖出价为763.11，成本预算为2129.0769万元人民币。2002年6月19日，支付15%的合同预付款：金额为41.85万欧元。当天中国银行欧元卖价为789.2，实际付款额为330.2802万元人民币。

（3）损失计算。2003年4月30日，外方交货，5月28日，设备到达天津新港。宣钢于5月15日从银行赎单，当天欧元汇率为951.41，实际付款额为2256.2688万元人民币。由于欧元汇率的变化，实际支出成本为2586.549万元人民币，比预算成本增加457.4721万元人民币。可见，如果对外汇风险不加以管理，企业将会因汇率波动产生极大的损失。

（4）假设A：若15000立方米制氧机组项目采用远期结售汇。支付成本如下：2002年5月20日签订合同后，按照结售汇具体操作办法，分两笔向银行提出《保值外汇买卖申请书》，签订远期结售汇协议，一笔金额为合同总值的15%，即41.85万欧元，到期时间为一个月。当时远期汇率为755.93。另一笔到期时间为180天，远期汇率为752.12，到11月15日申请展期，汇率不变。宣钢第一次付款41.85万欧元，合人民币316.36万元。第二次付237.154万欧元。合人民币1783.68万元。总计采购成本2100.04万元。

（5）假设B：如果签订合同时与外商协议换算成相对人民币较为稳定的美元计价，根据国际惯例，2002年5月20日当天中国银行的欧元汇率中间价为763.11，实际付汇成本为2129.11万元。

通过实际操作与A、B两种假设方式的比较可以看出，在欧元不断升水的情况下，使用远期结售汇是最为有效的规避风险手段。因此，从2003年6月开始，宣钢进口设备、原料均采用了远期结售汇操作方式。到2003年11月底之前，宣钢进口的80万吨铁矿石全部采用了远期结售汇。由于美元远期汇率一直处于贴水状态，汇率相对稳定，但总体水平低于美元的即期汇率水平，因此，使用远期结售汇比采用即期外汇买卖节约了312.12万元人民币的支出。

3. 外汇期权的使用

从2003年开始，随着设备更新与技术改进，宣钢的产品在质量和品种上有了很大的改观，出口额达到2300万美元，银行经常项目账户可存放300万—500万美元，完全可以支付单台套设备的货款，可以实现欧元兑美元的直接交易，同时也满足了期权工具的使用条件即外币之间的直接兑换。因此宣钢也开始尝试使用期权工具，最先使用的是差式期权。利用公司经常账户中的美元，在即期价1.3310，买入一个执行价在1.34的欧元买权，同时卖出一个执行价在1.3265的欧元卖权。有效期限为3个月，即期参考汇率为1.08。当3个月以后的欧元价格高于1.34时，企业有权在1.34的价格买入欧元。当3个月以后的价格低于1.3265时，企业只能在1.3265的价格买入欧元；当3个月以后的欧元价格处于1.3265和1.34之间时，企业可以以市场价格买入欧元。上述期权的优势在于手续费为0，而且可以将汇率风险锁定在1.34以下，消除了欧元继续向上穿越1.34的风险，其劣势在于欧元若反转走势至1.3265以下，企业只能在1.3265的价位买入欧元。

宣钢在现有的银行体制和外部环境下，通过研究风险水平和现有金融工具，有选择地采取远期、即期外汇合约，在特殊情况下通过押汇等办法规避一定程度和一定时期内的汇率风险，从而达到风险管理目标。随着外汇风险管理的深入和管理手段的不断完善，宣钢在2001—2003年通过外汇风险管理取得的经济效益也不断提高，分别取得13.3万元、746.8万元和1208万元人民币的收益。

四、案例点评

从本节的案例可以看出，宣化钢铁集团有限公司之所以能够取得成功，首先是建立了一套科学、高效的汇率风险管理工作机制。宣钢在组织结构、管理模式、实施步骤、风险评价上已经形成了一套办法。宣钢公司成立了外汇风险管理办公室秘书处，设在进出口公司，成员单位是财务处、计划处、工程指挥部、进出口公司、企管办及具体设备或原料的使用单位。公司董事长直接负责，并由董事长授权操作外汇额度、最高成本。管理模式是项目负责制，具体到每个项目。

宣钢成功进行汇率风险管理的第二个原因是它科学地组合对冲工具，利用各种衍生金融产品，最小化汇率风险。宣钢在现有的银行体制和外部环境下，通过研究风险水平和现有金融工具，有选择地采取远期、即期外汇合约，在特殊情况下通过押汇等办法规避一定程度和一定时期内的汇率风险,从而达到风险管理目标。

从宣钢的案例可以看出,良好的汇率风险管理不仅能够达到规避风险的目标,在一定条件下还可能创造收益。

本章小结

本章对我国汇率风险问题进行了研究。第一节首先讨论了中国企业面临的汇率风险状况。指出,即使在固定汇率时期,中国企业也面临着汇率风险,只是当时没有引起重视。目前的人民币升值压力也不会是一种常态,企业既要注意升值带来的风险,也要注意未来可能的贬值风险。第二节研究了中国企业目前的汇率风险管理状况。第三节对中国企业如何建立汇率风险管理机制、出口企业如何应对目前的升值风险提供了政策建议;第四节则提供了一个成功案例,并对案例进行了点评。

附录1 中国银行业监督管理委员会关于进一步加强
外汇风险管理的通知

各银监局,各政策性银行、国有商业银行、股份制商业银行:

最近,有关部门就人民币汇率形成机制和我国银行间外汇市场出台了一系列改革措施,特别是2006年1月4日,在银行间即期外汇市场引入了询价交易方式和做市商制度。这些举措给银行业的经营和风险管理提出了新的要求和挑战。为了有效控制银行业外汇风险,确保银行业安全、稳健运行,现就有关事项通知如下:

一、 高度重视、全面评估人民币汇率形成机制改革与银行间外汇市场发展对本行外汇业务和外汇风险可能带来的影响。各行(含城乡信用社,下同)董事会和高级管理层要主动研究并积极制定各项应对措施,并确保外汇业务发展战略与本行的风险管理水平、资本充足水平相适应。各行要根据新的人民币汇率形成机制和交易方式,进一步完善外汇风险管理制度;积极建立与外汇业务经营部门相独立的外汇风险管理部门或职能,将风险管理贯穿于整个外汇业务的全过程。

二、 准确计算本行的外汇风险敞口头寸，包括银行账户和交易账户的单币种敞口头寸和总敞口头寸，有效控制银行整体外汇风险。与此同时，还应注意监控和管理银行贷款客户的外汇风险，及时评估贷款客户的外汇风险水平变化对其偿债能力的影响。

三、 加强对外汇交易的限额管理，包括交易的头寸限额和止损限额等。各行应对超限额问题制定监控和处理程序，建立超限额预警机制，对未经批准的超限额交易应当按照限额管理政策和程序及时进行处理。做市商银行要严格控制做市商综合头寸。

四、 提高价格管理水平和外汇交易报价能力。各有关银行机构要实现银行与外汇交易市场之间、与客户之间、总分行之间外汇价格的有效衔接，实现全行统一报价、动态管理。各行在同业竞争和向客户营销时，要基于成本、收益和风险分析合理进行外汇交易报价，避免恶性价格竞争。

五、 不断加强系统建设。做市商银行要加强交易系统、信息系统、风险管理系统建设，将分支行外汇交易敞口实时归集总行，并根据实际情况尽量集中在总行平盘，不断提高外汇交易和外汇风险管理的电子化水平。

六、 制定并完善交易对手信用风险管理机制。在询价交易方式下，各行要通过加强对交易对手的授信管理等手段，有效管理交易对手的信用风险，并定期对交易对手的信用风险进行重估。各行应把外汇交易涉及的客户信用风险纳入企业法人统一授信管理。

七、 有效防范外汇交易中的操作风险。各行要按照交易前准备、交易的实现、确认、资金清算、往来账核对、会计和财务控制等步骤严格识别和控制外汇交易中的操作风险。外汇交易的前、中、后台职责应严格分离。交易员要严格按照业务授权进行交易；后台人员要认真、及时进行交易确认、资金清算和往来账核对，发挥独立、有效的风险监控作用；必要时可设置独立的中台岗位监控外汇交易风险。切实加强各项规章制度的执行力度，有效控制合规性风险。

八、加强对外汇风险的内部审计。审计部门应配备熟悉外汇交易业务、能够对外汇风险进行审计的专业人员；要加强外汇风险内部审计检查，及时评估本行在外汇风险控制方面的差距，确保各项风险管理政策和程序得到有效执行。

九、严格控制外汇衍生产品风险。从事人民币兑外币衍生产品交易业务的银行，要严格按照《金融机构衍生产品交易业务管理暂行办法》的要求，建立有效的、与所从事的衍生产品交易相适应的风险管理制度；要从系统开发、会计核算等方面，积极支持与配合新的衍生产品开发与业务发展。

十、配备合格的外汇交易人员、外汇风险管理人员。要充分运用市场化的手段招聘和遴选外汇交易人员和风险管理人员，建立有效合理的激励机制和业绩考核系统，以适当的待遇留住人才、吸引人才。

各行要认真落实《商业银行市场风险管理指引》《金融机构衍生产品交易业务管理暂行办法》等监管法规，建立和完善风险管理体系，积极提升包括外汇风险在内的市场风险管理水平，防止产生重大外汇交易损失。对于银行间外汇市场上的进一步创新，要积极与有关部门沟通，尽可能做好预案，提前做好各方面准备工作；对于重大事项，要及时通报监管部门。

请各银监局将本通知转发给辖内各城市商业银行、城市信用社、农村商业银行、农村合作银行、农村信用社和外资银行。

中国银行业监督管理委员会

二〇〇六年二月二十八日

附录2　企业会计准则第19号——外币折算

第一章　总则

第一条　为了规范外币交易的会计处理、外币财务报表的折算和相关信息的披露，根据《企业会计准则——基本准则》，制定本准则。

第二条　外币交易，是指以外币计价或者结算的交易。外币是企业记账本位币以外的货币。外币交易包括：

（一）买入或者卖出以外币计价的商品或者劳务；

（二）借入或者借出外币资金；

（三）其他以外币计价或者结算的交易。

第三条　下列各项适用其他相关会计准则：

（一）与购建或生产符合资本化条件的资产相关的外币借款产生的汇兑

差额，适用《企业会计准则第17号——借款费用》。

（二）外币项目的套期，适用《企业会计准则第24号——套期保值》。

（三）现金流量表中的外币折算，适用《企业会计准则第31号——现金流量表》。

第二章　记账本位币的确定

第四条　记账本位币，是指企业经营所处的主要经济环境中的货币。企业通常应选择人民币作为记账本位币。业务收支以人民币以外的货币为主的企业，可以按照本准则第五条规定选定其中一种货币作为记账本位币。但是，编报的财务报表应当折算为人民币。

第五条　企业选定记账本位币，应当考虑下列因素：

（一）该货币主要影响商品和劳务的销售价格，通常以该货币进行商品和劳务的计价和结算；

（二）该货币主要影响商品和劳务所需人工、材料和其他费用，通常以该货币进行上述费用的计价和结算；

（三）融资活动获得的货币以及保存从经营活动中收取款项所使用的货币。

第六条　企业选定境外经营的记账本位币，还应当考虑下列因素：

（一）境外经营对其所从事的活动是否拥有很强的自主性；

（二）境外经营活动中与企业的交易是否在境外经营活动中占有较大比重；

（三）境外经营活动产生的现金流量是否直接影响企业的现金流量、是否可以随时汇回；

（四）境外经营活动产生的现金流量是否足以偿还其现有债务和可预期的债务。

第七条　境外经营，是指企业在境外的子公司、合营企业、联营企业、分支机构。

在境内的子公司、合营企业、联营企业、分支机构，采用不同于企业记账本位币的，也视同境外经营。

第八条　企业记账本位币一经确定，不得随意变更，除非企业经营所处的主要经济环境发生重大变化。

企业因经营所处的主要经济环境发生重大变化，确需变更记账本位币的，应当采用变更当日的即期汇率将所有项目折算为变更后的记账本位币。

第三章　外币交易的会计处理

第九条　企业对于发生的外币交易，应当将外币金额折算为记账本位币金额。

第十条　外币交易应当在初始确认时，采用交易发生日的即期汇率将外币金额折算为记账本位币金额；也可以采用按照系统合理的方法确定的、与交易发生日即期汇率近似的汇率折算。

第十一条　企业在资产负债表日，应当按照下列规定对外币货币性项目和外币非货币性项目进行处理：

（一）外币货币性项目，采用资产负债表日即期汇率折算。因资产负债表日即期汇率与初始确认时或者前一资产负债表日即期汇率不同而产生的汇兑差额，计入当期损益。

（二）以历史成本计量的外币非货币性项目，仍采用交易发生日的即期汇率折算，不改变其记账本位币金额。货币性项目，是指企业持有的货币资金和将以固定或可确定的金额收取的资产或者偿付的负债。非货币性项目，是指货币性项目以外的项目。

第四章　外币财务报表的折算

第十二条　企业对境外经营的财务报表进行折算时，应当遵循下列规定：

（一）资产负债表中的资产和负债项目，采用资产负债表日的即期汇率折算，所有者权益项目除"未分配利润"项目外，其他项目采用发生时的即期汇率折算。

（二）利润表中的收入和费用项目，采用交易发生日的即期汇率折算；也可以采用按照系统合理的方法确定的、与交易发生日即期汇率近似的汇率折算。

按照上述（一）、（二）折算产生的外币财务报表折算差额，在资产负债表中所有者权益项目下单独列示。比较财务报表的折算比照上述规定处理。

第十三条　企业对处于恶性通货膨胀经济中的境外经营的财务报表，应当按照下列规定进行折算：

对资产负债表项目运用一般物价指数予以重述，对利润表项目运用一般物价指数变动予以重述，再按照最近资产负债表日的即期汇率进行折算。

在境外经营不再处于恶性通货膨胀经济中时，应当停止重述，按照停止之日的价格水平重述的财务报表进行折算。

第十四条　企业在处置境外经营时，应当将资产负债表中所有者权益项目下列示的、与该境外经营相关的外币财务报表折算差额，自所有者权益项目转入处置当期损益；部分处置境外经营的，应当按处置的比例计算处置部分的外币财务报表折算差额，转入处置当期损益。

第十五条　企业选定的记账本位币不是人民币的，应当按照本准则第十二条规定将其财务报表折算为人民币财务报表。

第五章　披露

第十六条　企业应当在附注中披露与外币折算有关的下列信息：

（一）企业及其境外经营选定的记账本位币及选定的原因，记账本位币发生变更的，说明变更理由。

（二）采用近似汇率的，近似汇率的确定方法。

（三）计入当期损益的汇兑差额。

（四）处置境外经营对外币财务报表折算差额的影响。

附录3　企业会计准则第24号——套期保值

第一章　总则

第一条　为了规范套期保值的确认和计量，根据《企业会计准则——基本准则》，制定本准则。

第二条　套期保值（以下简称套期），是指企业为规避外汇风险、利率风险、商品价格风险、股票价格风险、信用风险等，指定一项或一项以上套期工具，使套期工具的公允价值或现金流量变动，预期抵销被套期项目全部或部分公允价值或现金流量变动。

第三条　套期分为公允价值套期、现金流量套期和境外经营净投资套期。

（一）公允价值套期，是指对已确认资产或负债、尚未确认的确定承诺，或该资产或负债、尚未确认的确定承诺中可辨认部分的公允价值变动风险进行的套期。该类价值变动源于某类特定风险，且将影响企业的损益。

（二）现金流量套期，是指对现金流量变动风险进行的套期。该类现金流量变动源于与已确认资产或负债、很可能发生的预期交易有关的某类特定风险，且将影响企业的损益。

（三）境外经营净投资套期，是指对境外经营净投资外汇风险进行的套期。境外经营净投资，是指企业在境外经营净资产中的权益份额。

第四条　对于满足本准则第三章规定条件的套期，企业可运用套期会计方法进行处理。

套期会计方法，是指在相同会计期间将套期工具和被套期项目公允价值变动的抵消结果计入当期损益的方法。

第二章　套期工具和被套期项目

第五条　套期工具，是指企业为进行套期而指定的、其公允价值或现金流量变动预期可抵销被套期项目的公允价值或现金流量变动的衍生工具，对外汇风险进行套期还可以将非衍生金融资产或非衍生金融负债作为套期工具。

第六条　企业在确立套期关系时，应当将套期工具整体或其一定比例（不含套期工具剩余期限内的某一时段）进行指定，但下列情况除外：

（一）对于期权，企业可以将期权的内在价值和时间价值分开，只就内在价值变动将期权指定为套期工具；

（二）对于远期合同，企业可以将远期合同的利息和即期价格分开，只就即期价格变动将远期合同指定为套期工具。

第七条　企业通常可将单项衍生工具指定为对一种风险进行套期，但同时满足下列条件的，可以指定单项衍生工具对一种以上的风险进行套期：

（一）各项被套期风险可以清晰辨认；

（二）套期有效性可以证明；

（三）可以确保该衍生工具与不同风险头寸之间存在具体指定关系。

套期有效性，是指套期工具的公允价值或现金流量变动能够抵销被套期风险引起的被套期项目公允价值或现金流量变动的程度。

第八条　企业可以将两项或两项以上衍生工具的组合或该组合的一定比例指定为套期工具。

对于外汇风险套期，企业可以将两项或两项以上非衍生工具的组合或该组合的一定比例，或将衍生工具和非衍生工具的组合或该组合的一定比例指定为套期工具。

对于利率上下限期权或由一项发行的期权和一项购入的期权组成的期

权，其实质相当于企业发行的一项期权的（即企业收取了净期权费），不能将其指定为套期工具。

第九条　被套期项目，是指使企业面临公允价值或现金流量变动风险，且被指定为被套期对象的下列项目：

（一）单项已确认资产、负债、确定承诺、很可能发生的预期交易，或境外经营净投资；

（二）一组具有类似风险特征的已确认资产、负债、确定承诺、很可能发生的预期交易，或境外经营净投资；

（三）分担同一被套期利率风险的金融资产或金融负债组合的一部分（仅适用于利率风险公允价值组合套期）。

确定承诺，是指在未来某特定日期或期间，以约定价格交换特定数量资源、具有法律约束力的协议。预期交易，是指尚未承诺但预期会发生的交易。

第十条　被套期风险是信用风险或外汇风险的，持有至到期投资可以指定为被套期项目。被套期风险是利率风险或提前还款风险的，持有至到期投资不能指定为被套期项目。

第十一条　企业集团内部交易形成的货币性项目的汇兑收益或损失，不能在合并财务报表中全额抵销的，该货币性项目的外汇风险可以在合并财务报表中指定为被套期项目。

企业集团内部很可能发生的预期交易，按照进行此项交易的主体的记账本位币以外的货币标价（即按外币标价），且相关的外汇风险将影响合并利润或损失的，该外汇风险可以在合并财务报表中指定为被套期项目。

第十二条　对于与金融资产或金融负债现金流量或公允价值的一部分相关的风险，其套期有效性可以计量的，企业可以就该风险将金融资产或金融负债指定为被套期项目。

第十三条　在金融资产或金融负债组合的利率风险公允价值套期中，可以将某货币金额（如人民币、美元或欧元金额）的资产或负债指定为被套期项目。

第十四条　企业可以将金融资产或金融负债现金流量的全部指定为被套期项目。但金融资产或金融负债现金流量的一部分被指定为被套期项目的，被指定部分的现金流量应当少于该金融资产或金融负债现金流量总额。

第十五条　非金融资产或非金融负债指定为被套期项目的，被套期风险应当是该非金融资产或非金融负债相关的全部风险或外汇风险。

第十六条　对具有类似风险特征的资产或负债组合进行套期时，该组合中的各单项资产或单项负债应当同时承担被套期风险，且该组合内各单项资产或单项负债由被套期风险引起的公允价值变动，应当预期与该组合由被套期风险引起的公允价值整体变动基本成比例。

第三章　套期确认和计量

第十七条　公允价值套期、现金流量套期或境外经营净投资套期同时满足下列条件的，才能运用本准则规定的套期会计方法进行处理：

（一）在套期开始时，企业对套期关系（即套期工具和被套期项目之间的关系）有正式指定，并准备了关于套期关系、风险管理目标和套期策略的正式书面文件。该文件至少载明了套期工具、被套期项目、被套期风险的性质以及套期有效性评价方法等内容。

套期必须与具体可辨认并被指定的风险有关，且最终影响企业的损益。

（二）该套期预期高度有效，且符合企业最初为该套期关系所确定的风险管理策略。

（三）对预期交易的现金流量套期，预期交易应当很可能发生，且必须使企业面临最终将影响损益的现金流量变动风险。

（四）套期有效性能够可靠地计量。

（五）企业应当持续地对套期有效性进行评价，并确保该套期在套期关系被指定的会计期间内高度有效。

第十八条　套期同时满足下列条件的，企业应当认定其为高度有效：

（一）在套期开始及以后期间，该套期预期会高度有效地抵销套期指定期间被套期风险引起的公允价值或现金流量变动；

（二）该套期的实际抵销结果在80%至125%的范围内。

第十九条　企业至少应当在编制中期或年度财务报告时对套期有效性进行评价。

第二十条　对利率风险进行套期的，企业可以通过编制金融资产和金融负债的到期时间表，标明每期的利率净风险，据此对套期有效性进行评价。

第二十一条　公允价值套期满足运用套期会计方法条件的，应当按照下列规定处理：

（一）套期工具为衍生工具的，套期工具公允价值变动形成的利得或损失应当计入当期损益；套期工具为非衍生工具的，套期工具账面价值因汇率变动形成的利得或损失应当计入当期损益。

（二）被套期项目因被套期风险形成的利得或损失应当计入当期损益，同时调整被套期项目的账面价值。被套期项目为按成本与可变现净值孰低进行后续计量的存货、按摊余成本进行后续计量的金融资产或可供出售金融资产的，也应当按此规定处理。

第二十二条　对于金融资产或金融负债组合一部分的利率风险公允价值套期，为符合本准则第二十一条（二）的要求，企业对被套期项目形成的利得或损失可按下列方法处理：

（一）被套期项目在重新定价期间内是资产的，在资产负债表中资产项下单列项目反映（列在金融资产后），待终止确认时转销；

（二）被套期项目在重新定价期间内是负债的，在资产负债表中负债项下单列项目反映（列在金融负债后），待终止确认时转销。

第二十三条　满足下列条件之一的，企业不应当再按照本准则第二十一条的规定处理：

（一）套期工具已到期、被出售、合同终止或已行使。

套期工具展期或被另一项套期工具替换时，展期或替换是企业正式书面文件所载明的套期策略组成部分的，不作为已到期或合同终止处理。

（二）该套期不再满足本准则所规定的运用套期会计方法的条件。

（三）企业撤销了对套期关系的指定。

第二十四条　被套期项目是以摊余成本计量的金融工具的，按照本准则第二十一条（二）对被套期项目账面价值所作的调整，应当按照调整日重新计算的实际利率在调整日至到期日的期间内进行摊销，计入当期损益。

对利率风险组合的公允价值套期，在资产负债表中单列的相关项目，也应当按照调整日重新计算的实际利率在调整日至相关的重新定价期间结束日的期间内摊销。采用实际利率法进行摊销不切实可行的，可以采用直线法进行摊销。

上述调整金额应当于金融工具到期日前摊销完毕；对于利率风险组合的

公允价值套期，应当于相关重新定价期间结束日前摊销完毕。

第二十五条　被套期项目为尚未确认的确定承诺的，该确定承诺因被套期风险引起的公允价值变动累计额应当确认为一项资产或负债，相关的利得或损失应当计入当期损益。

第二十六条　在购买资产或承担负债的确定承诺的公允价值套期中，该确定承诺因被套期风险引起的公允价值变动累计额（已确认为资产或负债），应当调整履行该确定承诺所取得的资产或承担的负债的初始确认金额。

第二十七条　现金流量套期满足运用套期会计方法条件的，应当按照下列规定处理：

（一）套期工具利得或损失中属于有效套期的部分，应当直接确认为所有者权益，并单列项目反映。该有效套期部分的金额，按照下列两项的绝对额中较低者确定：

1. 套期工具自套期开始的累计利得或损失；

2. 被套期项目自套期开始的预计未来现金流量现值的累计变动额。

（二）套期工具利得或损失中属于无效套期的部分（即扣除直接确认为所有者权益后的其他利得或损失），应当计入当期损益。

（三）在风险管理策略的正式书面文件中，载明了在评价套期有效性时将排除套期工具的某部分利得或损失或相关现金流量影响的，被排除的该部分利得或损失的处理适用《企业会计准则第22号——金融工具确认和计量》。

对确定承诺的外汇风险进行的套期，企业可以作为现金流量套期或公允价值套期处理。

第二十八条　被套期项目为预期交易，且该预期交易使企业随后确认一项金融资产或一项金融负债的，原直接确认为所有者权益的相关利得或损失，应当在该金融资产或金融负债影响企业损益的相同期间转出，计入当期损益。但是，企业预期原直接在所有者权益中确认的净损失全部或部分在未来会计期间不能弥补时，应当将不能弥补的部分转出，计入当期损益。

第二十九条　被套期项目为预期交易，且该预期交易使企业随后确认一项非金融资产或一项非金融负债的，企业可以选择下列方法处理：

（一）原直接在所有者权益中确认的相关利得或损失，应当在该非金融资产或非金融负债影响企业损益的相同期间转出，计入当期损益。但是，企业预期原直接在所有者权益中确认的净损失全部或部分在未来会计期间不能弥补时，应当将不能弥补的部分转出，计入当期损益。

（二）将原直接在所有者权益中确认的相关利得或损失转出，计入该非金融资产或非金融负债的初始确认金额。

非金融资产或非金融负债的预期交易形成了一项确定承诺时，该确定承诺满足运用本准则规定的套期会计方法条件的，也应当选择上述两种方法之一处理。

企业选择了上述两种处理方法之一作为会计政策后，应当一致地运用于相关的所有预期交易套期，不得随意变更。

第三十条　对于不属于本准则第二十八条和第二十九条涉及的现金流量套期，原直接计入所有者权益中的套期工具利得或损失，应当在被套期预期交易影响损益的相同期间转出，计入当期损益。

第三十一条　在下列情况下，企业不应当再按照本准则第二十七条至第三十条的规定处理：

（一）套期工具已到期、被出售、合同终止或已行使。

在套期有效期间直接计入所有者权益中的套期工具利得或损失不应当转出，直至预期交易实际发生时，再按照本准则第二十八条、第二十九条或第三十条的规定处理。

套期工具展期或被另一项套期工具替换，且展期或替换是企业正式书面文件所载明套期策略组成部分的，不作为已到期或合同终止处理。

（二）该套期不再满足运用本准则规定的套期会计方法的条件。

在套期有效期间直接计入所有者权益中的套期工具利得或损失不应当转出，直至预期交易实际发生时，再按照本准则第二十八条、第二十九条或第三十条的规定处理。

（三）预期交易预计不会发生。

在套期有效期间直接计入所有者权益中的套期工具利得或损失应当转出，计入当期损益。

（四）企业撤销了对套期关系的指定。

对于预期交易套期，在套期有效期间直接计入所有者权益中的套期工具利得或损失不应当转出，直至预期交易实际发生或预计不会发生。预期交易实际发生的，应当按照本准则第二十八条、第二十九条或第三十条的规定处理；预期交易预计不会发生的，原直接计入所有者权益中的套期工具利得或损失应当转出，计入当期损益。

第三十二条 对境外经营净投资的套期，应当按照类似于现金流量套期会计的规定处理：

（一）套期工具形成的利得或损失中属于有效套期的部分，应当直接确认为所有者权益，并单列项目反映。

处置境外经营时，上述在所有者权益中单列项目反映的套期工具利得或损失应当转出，计入当期损益。

（二）套期工具形成的利得或损失中属于无效套期的部分，应当计入当期损益。

参考文献

［1］丁震. 汇率风险的防范和规避［J］. 中南民族大学学报（人文社会科学版），2003（8）：98-99.

［2］黄泽民.管理浮动汇率制是我国经济发展的内在要求［J］. 经济界，2005（2）：13-16.

［3］黄泽民，陆文磊. 论现代信用货币的价值基础与浮动汇率制度［J］. 华东师范大学学报（哲学社会科学版），2002（1）：18-22.

［4］玛莎·费丽莫. 国际社会中的国家利益［M］. 浙江人民出版社，2001.

［5］林宗祺，柯芳芳，陈嘉莉，郑品菊. 台湾上市电子公司如何运用衍生性金融商品规避汇率风险［EB/OL］. "国立"暨南国际大学国际商业学系，http：//www.ibs.ncnu.edu.tw/file/project/2004/7.pdf，2004.

［6］孙立坚，李安心，牛晓梦. 金融体系的脆弱性不会影响经济增长吗？来自对中国案例实证分析的答案（征求意见版）［EB/OL］. http：//www.ifsfd.org/downloads/zgal.doc，2003.

［7］谢赤，吴晓. 基于实物期权理论的国际企业汇率风险分析［J］.湖南商学院学报，2004（2）：33-35.

［8］熊卫，陈涛. 国际投资中如何防范汇率风险［J］.陕西经贸学院学

报，2001（2）：24-26.

［9］姚蕾蕾.跨国公司转移定价对汇率风险调整的战略［J］.辽宁师范大学学报（社会科学版），2004（4）：38-40.

［10］张斌，何帆．如何调整人民币汇率政策目标方案和实际［J］.国际经济评论，2005（2）：17-22.

［11］张志超．汇率政策新共识与中间制度消失论［J］.世界经济，2002（12）：14—21.

［12］张志超.汇率制度理论的新发展文献综述［J］.世界经济，2002（1）：13—22.

［13］张志超.开放中国的资本账户［J］.国际经济评论，2003（1）：5—17.

［14］朱国庆．企业防范外汇市场汇率波动风险的效用分析［J］．现代管理科学，2000（2）：38-39.

［15］涂永红．《外汇风险管理》讲义［EB/OL］.www.crup.com.cn/data/2006/9/841_1.ppt.

［16］Morgen Stanley．公司外汇风险管理简介［EB/OL］．http：//www.morganstanleychina.com/sc/toolbox/pdfs/risk_mgmt.pdf，2006.

可再生能源的技术经济分析

前言

0.1 背景

能源是国民经济的重要基础部门，也是关系国计民生和中华民族伟大复兴的战略性产业。能源的长期稳定供应是顺利实现我国跨越式发展战略的重要保障。能源也是现代经济体系的基础部门，是工农业生产、居民生活、国防的重要保障和支柱。

改革开放30年来，中国经济取得了全球瞩目的快速增长业绩。中国已经成为世界第二大经济体，并且依然保持了迅猛的发展势头。与此同时，中国也遇到了能源资源保障和环境污染、国际社会气候变化压力增大等问题的困扰和制约。

目前，中国已经成为世界最大的能源生产国、第二大消费国和第二大温室气体排放国。并且，按照目前走势发展下去，中国也将很快成为能源消费和温室气体排放的第一名。与此同时，中国国内化石能源资源已经接近开采的峰值，如果没有新的矿藏发现，石油、煤炭、天然气的增产潜力已经到了难以为继的程度。2010年，中国的石油表观消费量4.49亿吨，其中进口2.39亿吨，进口依存度达到了53.7%。预计未来进口依存度还将继续上升。

与能源消费快速增长相伴随的是传统能源的快速消耗。同时，传统能源消费过程中也伴随着温室气体的大量排放。为缓解全球气候变化的压力，以及应对传统化石能源的耗竭，全球各国纷纷探讨发展可再生能源，试图通过可以通过自然过程实现更新的能源来实现人类社会的可持续发展。

因此，世界各国可再生能源的生产量迅速增长（见图0.1、表0.1）。可以看出，可再生能源在产量上发展较快，从1973年到2009年，三种可再生能源的产量增长至少在1倍以上，其中其他可再生能源增长最快，几乎增长了16倍。

但是，从比重来看变化并不大，三种可再生能源的比重之和只不过从1979年的12.26%增长到2009年的13.16%，36年间只提高了0.9个百分点。

造成这种情况的原因有两个。其一，伴随着世界经济和能源需求的增长，世界能源总产量增长迅速，抵消了可再生能源的增长；其二，除水电外，多数可再生能源的技术经济特性并不理想，在技术没有取得突破的情况下，不能大幅度替代传统能源形式，如化石能源、核电、水电。

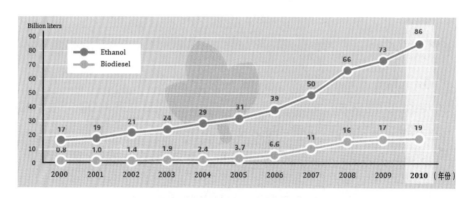

图0.1　全球生物乙醇与生物柴油产量（2000—2010年）

资料来源：REN21 Renewables 2011 Global Status Report, http: //www.ren21.net/REN21Activities/Publications/GlobalStatusReport/tabid/5434/Default.aspx.

表0.1　世界可再生能源生产情况

		水电	生物燃料和废弃物能源	其他可再生能源	能源总产量
1973年	产量（百万吨油当量）	110.19	646.78	6.13	6226.61
	比重（%）	1.77	10.39	0.10	100
2009年	产量（百万吨油当量）	279.64	1236.93	101.42	12291.68
	比重（%）	2.28	10.06	0.83	100.00

注：其他可再生能源包括地热、太阳能（热和电）、风能等。

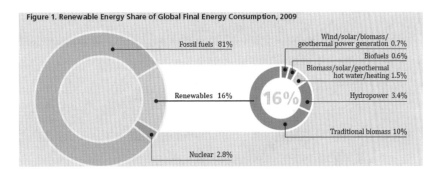

图0.2　可再生能源在全球能源消费中的比重（2009年）

资料来源：REN21，Renewables 2011，GLOBAL STATUS REPORT.

伴随着可再生能源的发展，与其有关的争论一直没有停止。主要的争议集中于两个方面：一是可再生能源的技术经济效率目前距离传统能源尤其是石油、煤炭、天然气甚远，甚至在某些可再生能源的生产过程中，其化石能源投入的量接近或者超过了其最终的能源产出；二是可再生能源有各种负面的或者潜在负面的影响，如环境影响、社会影响。这两个方面都是能源技术经济学的重要内容，本文将以生物乙醇这一比较成熟的生物能源形式为例，利用能源技术经济学的分析方法对可再生能源的各个重要方面进行深入分析，研究应用生物乙醇技术的技术经济可行性与发展前景。

0.2　可再生能源的定义与范畴

可再生能源有多种定义。不同的定义其外延也有所区别。下面是几种代表性的定义。

维基百科的定义：可再生能源是来自自然资源如阳光、风、雨、潮汐、地热等的能源形式，并且是可再生的（可通过自然过程更新的）[1]。

《能源词典》[2]的定义：可再生能源（替代能源）是能够在短时期内由自

---

　　① http://en.wikipedia.org/wiki/Renewable energy（Renewable energy is energy which comes from natural resources such as sunlight，wind，rain，tides，and geothermal heat，which are renewable（naturally replenished））.

　　② Cleveland. CutlerJ.and Christopher Morris，Dictionary of Energy，ⓒ2006 Elsevier Ltd.. pp.371.（Renewable energy Renewable/Alternative.Any energy resource that is naturally regenerated over a short time scale and either derived directly from solar energy（solar thermal，photochemical，and photoelectric），indirectly from the sun（wind，hydropower，and photosynthetic energy stored in biomass），or from other natural energy flows（geothermal，tidal，wave，and current energy）. Contrasted with nonrenewable energy forms such as oil，coal，and uranium.）

然过程重新再生的能源资源，它或者直接来自太阳能源（太阳热能、光化学能、光电能），或者间接来自太阳能源（风能、水能、储存与生物质中的光合作用能量），或者来自其他自然的能量刘（地热、潮汐、波浪和流能）。与可再生能源相对应的是不可再生能源形式，如石油、煤炭、铀。

《能源工程与技术百科全书》[①]的定义：这一术语（可再生能源）是指，能够在不减少未来供给的情况下加以利用的能源资源。

围绕能源的可持续发展问题有很多术语。比如新能源、可再生能源、可持续能源、绿色能源、替代能源，等等。尽管这些概念在内涵上或者说目的上基本相似，都是指那些可以通过新技术实现从传统的、可耗竭的化石能源（包括铀裂变核电）向可更新的新型能源形式转变，但是在外延上这些概念仍有一定区别。

造成各种概念外延上不同的因素在于两种能源：水电与核电。但是对这两种能源形式的环境影响和可再生性存在一定的争论。水电看似清洁无污染，但是由于大规模水坝的兴建，造成了深刻而复杂的环境与生态影响。在江河干流上兴建水坝大幅度改变了上下游的径流量，尤其减少了下游的水资源量。在生态影响上，水坝首先阻断了鱼类的洄游路线，可能造成物种灭绝；其次，由于上游出现大容量水体，下游减少径流，会对气候环境产生深刻影响。在社会影响层面，水坝建设改变了地表形态，淹没大量耕地和居住用地，人为地造成人口迁移，改变社会与文化形态。

传统核电实际上也是可耗竭的能源形式。铀矿特征与煤矿相似，其资源同样是地球地质过程形成的，也是可耗竭的。此外，核电生产过程中的核辐射、核泄漏风险也是对人类的严峻挑战。日本福岛核电站事故已经给世界各国发展核电提出了警告。

同时，新能源概念有时把传统能源的清洁化与减量化技术也纳入自己的范畴。比如，煤炭的清洁化利用，煤层气的清洁利用，都是清洁能源应用技术；油电混合动力汽车、纯电动汽车等技术大大提高了能源利用效率，实现了能源消费的减量化，也都包括在新能源技术之中。

---

① Barney L.Capehart（Edited）.Encyclopedia of Energy Engineering and Technology.©2007 by Taylor & Francis Group，LLC.pp.1265.（The term refers，of course，to energy sources that can be fully utilized without diminishing future supplies.The obvious contrast is with fossil fuels which，once used，are no longer available.）

相比之下，本文所指的可再生能源，只考虑那些水电、核电之外的，可以由自然过程实现再生的能源形式，如生物能源、太阳能、风能、有机固体废弃物的能源利用等。

0.3 可再生能源的发展与有关问题

在能源供给领域，人类一直担心可持续发展问题，比如石油、煤炭、天然气等化石能源最终都是可耗竭的。尽管在理论意义上化石能源储量很大，但是实际可采储量受制于技术、经济条件，大大低于地理意义上的总储量。以铀矿为资源的裂变式核能也具有与煤矿等化石能源相似的特点，即资源都是有限的。

与传统能源相比，可再生能源的优势在于它的资源是无限的、可以更新的。因此，它给予人们一种良好的愿望，似乎通过发展可再生能源，就能够解决传统能源的可持续发展问题。但是，可再生能源实际上距离这种要求，或者说愿望还有很大差距。

目前，制约可再生能源发展的问题主要有以下几个：

——从技术经济角度，可再生能源在生产过程中仍然需要传统能源的投入，经常若干次转化过程，最终的能源效率有可能高过传统能源的生产过程。光伏电池板、风电机组、生物燃料的生产过程都直接或间接地投入传统能源。

——大规模生产的成本仍然较大幅度地高于传统能源，或者不适宜大规模生产。比如太阳能、风能发电的转化效率目前仍然较低，因此生产成本较高；光伏发电、风电受制于资源条件，往往偏离消费市场，长距离输送增加了成本，此外还受到生产不稳定，交、直流转换等问题的困扰；地热、潮汐发电等可再生能源，受制于资源条件，无法实现大规模生产。

——目前还存在技术的不成熟与不确定性。很多形式的可再生能源，从技术进步的角度看，都还处于技术的导入期，转化效率低，生产成本高，离开政府的大规模补贴就无法在市场中立足。有的技术如聚变核能、真空零点能、海藻柴油等，还处于理论设计阶段，还没有一个可进入商业化运行的时间表。

——可再生能源的生产也存在着负面环境影响，或者存在环境破坏风险。比如光伏发电所使用的单晶硅电池板，在其生产过程中需要消耗大量的能源，并伴随严重的环境污染；风电机组在发电过程中可能给飞鸟等动物带来危险，大面积的风电、光伏发电场地也大大改变了自然风光。

——可再生能源的大规模发展可能存在各种社会问题，有可能影响到社会收入的分配过程。比如生物燃料尤其是玉米乙醇的快速发展，有可能带来粮食价格的快速上涨，在给玉米种植者增加收入的同时，也加大了贫困人口的负担，甚至导致非洲灾民面临饥饿的威胁。

因此，对可再生能源的技术经济特性应进行深入和多方面的分析，综合研究可再生能源影响的各个方面，包括能源技术经济评价、经济影响、环境影响、社会影响等等。

0.4 生物能源的发展

0.4.1 全球生物能源的发展

世界各国在发展可再生能源问题上进行了多方面的探索，在技术研究、市场准入、政策支持等方面都有重大进展。其中生物能源是唯一的一种可以大规模生产、能够实现稳定供应的可再生能源。不像太阳能、风能等对地理、气候条件有严格的要求，且供给不稳定。因此，世界各国都对生物能源给予了高度重视，有的国家如美国、巴西还实现了大规模商业化生产，并表现出较好的经济效益。

生物能源主要有以下几种形式：生物乙醇、生物柴油、生物质发电、生物沼气和直接作为取暖与炊事燃料的薪柴。其中生物乙醇和生物柴油是发展最快的生物能源形式。

生物乙醇是由含糖份、淀粉或纤维素的植物或植物产品，经过发酵等过程，提炼乙醇并脱水后，形成高浓度的乙醇，可以与汽油以任何比例混合，作为汽车的发动机燃料。生物柴油（Biodiesel）是指以油料作物、野生油料植物和工程微藻等水生植物油脂以及动物油脂、餐饮垃圾油等为原料油通过酯交换工艺制成的可代替石化柴油的再生性柴油燃料。

相比生物柴油，生物乙醇生产技术已经比较成熟，目前的生产规模要大得多，同时引起的争议也很多。各大能源消费国竞先寻求替代石油的新能源。美国和欧洲不约而同地都选择生物燃料乙醇作为主要的替代运输燃料，并制订了雄心勃勃的开发计划。2007年1月，美国总统布什在《国情咨文》中宣称，美国计划在今后10年中将其国内的汽油消费量减少20%，其中15%通过使用替代燃料实现，计划到2017年燃料乙醇的年使用量达到1325亿升，是目前年使用量的7倍。2007年3月，欧盟二十七国出台了新的共同能源政策，计划到2020年实现生物燃料乙醇使用量占车用燃料的10%。

目前世界上使用乙醇汽油的国家主要是美国、巴西等国。在美国使用的是E85乙醇汽油，即85%的乙醇和15%的汽油混合作为燃料，而美国是用甘蔗和玉米来生产乙醇的，这种E85汽油的价格和性能和常规汽油相似。早在2003年7月中旬美国威斯康星州、美国乙醇汽车联合会与通用汽车公司就在美国6个州推行E85的使用，将其作为汽油的代用燃料。目前美国仅有大约140家加油站提供E85，其中大多数在中西部。有300万辆车是既可以用汽油也可以用E85，而且通用汽车公司还在大量生产这种使用两类燃料的汽车。现在，美国每年要消耗30亿加仑的乙醇添加到汽油中。如今E85已占乙醇燃料的85%，也正在受到公众的喜爱。为了节能和环保，2005年6月28日美国参议院还通过了一项能源法案，要求到2012年，每年石油供应商应当添加80亿加仑的乙醇到汽油中。

中国也是生物乙醇的生产和消费大国。2005年，中国生产燃料乙醇125万吨，2006年增长到133万吨，2009年为170万吨。中国燃料乙醇的消费量已占汽油消费量的20%左右，成为继巴西、美国之后第三大生物燃料乙醇生产国和消费国。

表0.2　2007—2011年世界生物乙醇产量前十名

（每年百万美制加仑）

排名	国家/地区	2011年	2010年	2009年	2008年	2007年
1	美国	13900	13231	10938	9235	6485
2	巴西	5573.24	6921.54	6577.89	6472.2	5019.2
3	欧盟	1199.31	1176.88	1039.52	733.60	570.30
4	中国	554.76	541.55	541.55	501.90	486.00
5	泰国			435.20	89.80	79.20
6	加拿大	462.3	356.63	290.59	237.70	211.30
7	印度			91.67	66.00	52.80
8	哥伦比亚			83.21	79.30	74.90
9	澳大利亚	87.2	66.04	56.80	26.40	26.40
10	其他地区			247.27		
世界合计		22356.09	22946.87	19534.993	17335.20	13101.7

资料来源：维基网站。

0.4.2　中国生物乙醇产业发展状况

从2000年至今，我国先后批准了吉林燃料乙醇有限责任公司、河南天冠集团、安徽丰原生物化学股份有限公司、黑龙江华润酒精有限公司（现为"中粮生化能源（肇东）有限责任公司"）、广西中粮生物质能源有限公司等5家企业进行燃料乙醇定点生产，2011年实际产量达到169万吨，是目前世界上第三大燃料乙醇生产国。

表0.3　2009年我国燃料乙醇生产能力

公司名称	生产能力 （万吨/年）	实际产量 （万吨/年）	原料
吉林燃料乙醇有限 责任公司	53	46	玉米
河南天冠集团	51	49.5	小麦、木薯
安徽丰原生物化学 股份有限公司	44	42	玉米
中粮生化能源（肇 东）有限责任公司	25	19.4	玉米
广西中粮生物质能 源有限公司	20	16.3	木薯
总计	193	173.2	

资料来源：中国科学院青岛生物能源与过程研究所（2010）。

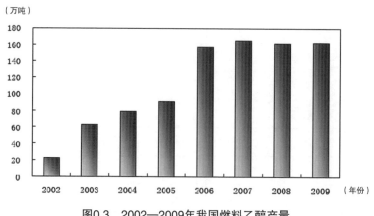

图0.3　2002—2009年我国燃料乙醇产量

资料来源：中国科学院青岛生物能源与过程研究所（2010）。

国内乙醇汽油采用10%体积比例添加燃料乙醇。燃料乙醇对未经耐醇处理的供油系统有轻微的腐蚀作用，目前的车辆供油系统大多在出厂前经过了耐醇方面的改进，因此，低比例乙醇汽油可以直接在汽车上应用。乙醇可以提高汽油的辛烷值和挥发性，从而改善汽油的燃烧性能（在先进发动机技术普遍应用的今天，这点优势几乎可以忽略不计），同时，为了避免高挥发性在油路引发气阻，需要高挥发性的汽油调和组分与之调和。排放方面，乙醇汽油燃烧尾气中的碳氢含量略有升高，一氧化碳含量略有降低，和同品质的汽油相差不大。

根据《车用乙醇汽油扩大试点工作的实施细则》要求，2002年开始我国先后在黑龙江、吉林、辽宁、河南、安徽、湖北、河北、山东和江苏、广西等十省分批进行车用乙醇汽油使用试点推广工作，推广区域见表0.4。

表0.4　燃料乙醇生产厂家产品分配

省份	推广区域	燃料乙醇来源
黑龙江	全省推广	黑龙江华润酒精有限公司
吉林	2003年11月18日全封闭	吉林燃料乙醇有限责任公司
辽宁	2004年10月1日全封闭	吉林燃料乙醇有限责任公司
河南	2004年12月1日全封闭	河南天冠集团
安徽	2005年6月1日全封闭	安徽丰原生物化学股份有限公司
湖北	2005年12月1日武汉、襄樊、荆门、随州、孝感、十堰、宜昌、黄石、鄂州等九市	河南天冠集团
河北	2005年12月1日邯郸、石家庄、保定、邢台、沧州、衡水等六市	河南天冠供应四市，安徽丰原生物化学公司供应两市
山东	2006年1月8日济南、济宁、泰安、菏泽、聊城、枣庄和临沂七市	安徽丰原生物化学公司
江苏	2005年12月1日苏北之徐州、盐城、连云港、宿迁和淮安五市，12月31日实现封闭运行	安徽丰原生物化学公司
广西	2008年4月15日全封闭	广西中粮生物质能源有限公司

资料来源：中国科学院青岛生物能源与过程研究所（2010）。

0.4.2.1 粮食乙醇

目前，我国燃料乙醇生产原料以粮食作物为主，中粮肇东、安徽丰原、吉林燃料乙醇3家企业利用玉米生产燃料乙醇，河南天冠集团以小麦为原料。随着燃料乙醇产量的日益扩大，消耗的粮食作物越来越多。2007年我国燃料乙醇消耗玉米330万吨，约占全国玉米总产量的3%左右，以粮食作物为原料生产燃料乙醇对粮食安全的影响已经引起社会各界的广泛关注。鉴于此，国家在《可再生能源发展"十一五"规划》中明确了"非粮"的发展方向，重点支持薯类、甜高粱以及纤维素类物质等非粮燃料乙醇的发展。

0.4.2.2 薯类燃料乙醇

木薯、甘薯、马铃薯是世界上三大薯类，种植面积广、产量大。2008年4月，国家发改委通过了湖北、河北、江苏、江西、重庆五省（市）的燃料乙醇专项规划评估，认为五省（市）具备发展薯类燃料乙醇的生产条件，可优先发展。同时，各省市也积极加强区域内资源条件的调查分析。如重庆市发改委通过对本市甘薯生产与利用情况的初步调查，结合当地资源优势，认为重庆市甘薯燃料乙醇可持续发展的最大潜力为每年100万吨左右，拟建设长寿和万州两个燃料乙醇生产基地（欧阳林等，2008）；江西农业科学院通过对本省气候条件、边际土地等资源的考察，认为江西省利用木薯生产燃料乙醇具有很大发展空间（袁展汽等，2008）。

0.4.2.3 甜高粱燃料乙醇

当前，我国已经广泛开展利用甜高粱生产燃料乙醇研究，并取得了一定成果。在育种方面，我国自主开发的"醇甜系列"甜高粱杂交种在6‰盐碱度的荒地种植，茎秆产量达到80吨/公顷，茎秆汁液锤度18%以上，每公顷甜高粱茎秆汁液可转换5吨乙醇，茎秆残渣可发酵生产乙醇5吨，同时"醇甜系列"甜高粱还可收获籽粒4.5—6吨/公顷（许晓菁等，2008）。该甜高粱新品种已经在我国海南、湖南、湖北、重庆、江苏、河南、山东、内蒙古、新疆、辽宁、吉林、黑龙江等地试种成功，均取得较好收成。2006年中科院近代物理研究所研究人员在甘肃省定西、白银两市五县的提灌地、川地、旱地、山坡地以及盐碱地等近千亩土地上试种了十多个甜高粱品种，并筛选出4个高产、高糖优良品种，亩产量达8吨以上，汁液含糖量达20%左右；2007年该所又培育出早熟近20天的甜高粱品种，破解了西北地区甜高粱因降霜较早而影响生长的难题（岳海奎，2007）。

0.4.2.4 纤维素燃料乙醇

纤维素燃料乙醇处于产业化前期研究阶段，目前研究开发主要集中于纤维素乙醇生产技术与装置以及产业化试点示范等方面。2006年4月，中粮集团依托中粮生化能源（肇东）有限公司在黑龙江肇东建设以玉米秸秆为原料的500吨/年纤维素燃料乙醇试验装置，目前已进入中试阶段，计划2—3年内实现纤维素燃料乙醇的规模化生产。

2006年7月中国科学院过程工程研究所与山东泽生生物科技公司合作建立了3000吨/年纤维素燃料乙醇产业化示范工程（包括5立方米汽爆系统、100立方米纤维素酶固态发酵系统和110立方米秸秆固相酶解同步发酵吸附分离三重耦合反应装置），目前已实现了连续生产，乙醇得率达到15%以上，纤维素转化率达70%以上。山东大学微生物国家重点实验室以玉米芯为原料创造了"木糖—酒精联产"生物炼制模式，2007年6月21日在山东禹城建成3000吨/年燃料乙醇试验装置，目前正在进行木糖相关产品与燃料乙醇联产的生产试验。河南天冠集团与山东大学、河南农业大学合作，开发了多项纤维素燃料乙醇生产关键技术，原料转化率超过了18%，2007年建成5000吨/年的纤维素乙醇项目，目前已正式投产，是国内首条纤维素燃料乙醇产业化生产线；2008年5月，天冠集团1万吨/年纤维素燃料乙醇一期产业化示范项目进入试运行阶段，计划到2010年，争取建成20个6000—10000吨/年的纤维素燃料乙醇示范工厂，初步形成产业化示范区；2015年，建设100个纤维素燃料乙醇工厂，纤维素燃料乙醇产量达到100万吨/年，形成初具规模的基础资源产业。

此外，我国还开展了研究生物质原料的高压蒸汽爆破预处理技术、纤维素酶制备技术、大规模酶降解技术、戊糖己糖同步乙醇发酵技术、微生物细胞固定化技术、在线杂菌防治技术以及副产品木质素的深度加工利用技术等。但这些研究目前在我国尚处于起步阶段，水解技术与国外相比仍有相当差距，而且经济性较差，还不适合工业化生产。

表0.5 我国主要燃料乙醇生产企业概况

公司名称	地理位置	设计规模（万吨/年）	生产能力（万吨/年）	原料	投产时间	产品	备注
吉林燃料乙醇有限责任公司	吉林	60	44	玉米	2003年8月	燃料乙醇：40万吨/年，DDGS*：32万吨/年，玉米油：2.25万吨/年，乙酸乙酯：5万吨/年	中石油控股55%，吉粮集团参股25%，中粮参股20%
河南天冠燃料乙醇有限责任公司	河南南阳	51 木薯：20 小麦：30 纤维素：1	50	小麦、木薯	2005年3月	燃料乙醇50万吨/年，小麦谷朊粉4.5万吨/年，液体二氧化碳2万吨/年，小麦麸皮20.3万吨/年，小麦胚芽2032吨/年、DDS蛋白饲料12万吨/年	中石油控股55%
安徽丰原生物化学股份有限公司	安徽蚌埠	44	44	玉米	2005年	燃料乙醇：44万吨/年，DDGS：17万吨/年，玉米油：1.7万吨/年	中粮控股20.74%
中粮生化能源（肇东）有限责任公司	黑龙江肇东	—	25	玉米		燃料乙醇25万吨/年，DDGS30万吨/年，玉米油1.5万吨/年	中粮全资控股
广西中粮生物质能源有限公司	广西南宁	40	20	木薯	2007年12月	—	中粮与中石化共同持有，中粮控股
总计	—	—	183	—	—	—	—

0.5 研究意义

0.5.1 实践意义

尽管生物乙醇发展很快，但是对生物乙醇的争议一直很大。2007年9月，经合组织（OECD）发表了题为《生物燃料：是比疾病还要糟糕的治疗方案吗？》的长篇报告，认为发展生物燃料得不偿失，呼吁美国和欧洲国家取消对当前生物液体燃料的补贴政策。在同期召开的OECD"可持续发展圆桌会议"上，针对燃料乙醇的能源投入产出比、经济性、社会和环境影响问题，支持和反对生物燃料的两派展开了激烈辩论。

美国和欧盟似乎还并未对质疑的声音做出反应，而中国已率先开始限制和调控生物燃料乙醇产业。2007年底，国家发改委紧急下发《关于加强生物燃料乙醇项目建设管理，促进产业健康发展的通知》，暂停核准和备案玉米加工燃料乙醇项目，并对在建和拟建项目进行全面清理。2008年6月，发改委全面叫停粮食乙醇的开发，要求今后生物燃料的发展必须满足不占用耕地、不消耗粮食和不破坏生态环境为前提。

尽管如此，对目前国内限制发展生物乙醇的政策还有一些不同的看法。比如，2010年，所有酒类生产中的乙醇含量超过400万吨，大概是生物乙醇燃料产量的2倍多。为什么酒类生产可以消耗大量的粮食，而更有用的燃料生产就不能消耗粮食呢？事实上，除了酿酒消耗粮食外，我国比较铺张的饮食文化每年也浪费大量的粮食。如果在这两方面有所改进，中国的粮食安全形势就会改善很多。

可以说，生物乙醇的各种利弊关系并没有完全分析清楚，只是出于经验主义的对粮食安全的考虑，出台了限制发展生物乙醇的产业政策。因此，从学术角度，有必要充分利用能源技术经济的理论与方法，开展对生物乙醇的全面分析，对各种争议的问题进行科学的分析，为有关决策提供科学的参考建议。

0.5.2 理论意义

能源技术经济学是我国独创的分析能源问题的学科。传统上，这些学科偏重于能源技术效率、能源项目可行性分析等方面。改革开放之后，能源技术经济学借鉴西方经济学不同领域的研究方法如生命周期分析，研究能源领域遇到的新问题，包括经济影响、环境影响、社会影响等方面。

利用能源技术经济学的理论与方法对生物乙醇燃料技术路线进行全面研

究，既能促进能源技术经济学在理论与方法上的吸收和创新，也能通过应用过程对能源技术经济学的各种研究方法进行检验。同时，有助于澄清对于生物乙醇技术路线的一些模糊认识，对能源经济学和能源项目社会、环境影响的一些理论和实践问题进行比较深入的研究。这些都有利于能源经济学和能源技术经济学的学科发展，并为研究我国实现可持续发展所面临的重大问题探索新的分析方法。因此，开展这一研究具有重要的理论意义。

第一章　文献综述

1.1　对全生命周期能源效率和温室气体排放的研究

1.1.1　国外研究的基本结论

对生物乙醇燃料的净能源平衡（全过程能源投入减去能源产出）和温室气体排放的研究有很多，其研究结论也差异较大。对全周期的能源投入与能源产出的分析结果，其净能源有负向的，有中性的，也有正向的。相应的，温室气体排放的估计结果也有很大差异。这些结果上的差异有的是由于新、旧数据的差异造成的，有些则是由于对副产品的不同考虑和分析的边界不同造成的。

近十年来，国际一些研究机构对生物液体燃料生产全周期内的能量平衡进行了研究，主要研究对象是以玉米、小麦、甘蔗、纤维素为原料的燃料乙醇，以及以油菜籽和大豆为原料的生物柴油。对于以玉米为原料的燃料乙醇，其能量产出效益存在一些争议。有的研究认为玉米种植、收获、运输和加工转换过程中消耗的化石能源完全抵消了产出的燃料乙醇所蕴含的能量，但更多的研究表明，以玉米为原料生产燃料乙醇的能量投入产出比处于0.6和0.8之间，还是具有可观的能量产出效益。对生物柴油的相关研究则显示，以菜籽油为原料的则具有较高的能量产出效益，其能量投入产出比处于0.3到0.6之间（IEA，2004）。

加州大学（伯克利）能源和资源研究小组的Alexander Farrell及其同事最近研究了一个生物燃料分析模型（Biofeul Analysis MetaModel，EBAMM）来研究这些问题。小组首先复制了已经发布的六个EBAMM研究结果，然后在四个方向上调整这六个结果：（1）增加副产品；（2）应用一个一致的系统边界；（3）计算不同的能源类型；（4）计算与政策有关的变化。EBAMM对3个案例给出了结果，包括二氧化碳排放较多情形的乙醇、今天的乙醇、纤维素乙醇和汽油的能效和温室气体排放的对比。通过把研究边界统一，可以减少结果之间的差异。所有结果显示，从传统玉米中制取的乙醇与汽油相比，每单位能源的温室气体排放仅有很小的区别，但是传统玉米乙醇需求的石化产品投入要少得多。而从纤维素制取乙醇可以显著地减少温室气体排放和石化产品投入（Alexander E.Farrell et al.，2006）。

1.1.2 国内研究的初步结论

如前所述，对生物液体燃料的全生命周期进行能量平衡评价需获得各环节的完整准确数据，不是短时间内可以做到的。现将目前的一些研究结果做一回顾。

1. 木薯燃料乙醇，其投入产出比近为1∶1.6。即生产1吨燃料乙醇需要投入的全部矿物能源为0.60吨燃料乙醇的能量。这一结果是上海交通大学在欧盟支持下、经过两年的调查研究而得出的。数据是根据在广西建设年产10万吨燃料乙醇项目来设计的。其中各阶段（环节）的能耗量系通过实地调查和计算得到，总计能耗量为1.59×1015焦耳，平均每升耗能1.324×107焦耳（乙醇密度按0.83千克/升计）。乙醇的热值为2.118×10^7／升，故利用木薯生产燃料乙醇的能量转换效率为0.625，其投入产出比约相当于1∶1.6。

2. 甘薯燃料乙醇：由于甘薯、木薯同属于淀粉原料，加工转换工艺基本相同，估计能源投入产出比也基本一致。

3. 甜高粱燃料乙醇：根据北京泰天地公司的统计，以甜高粱为原料、每生产一吨燃料乙醇（浓度95%）总计能耗为656.7千克标准煤，如果每吨乙醇的发热量按7×10^6千卡计，则整个系统的转换效率为65.6%（ASIATIC项目最终报告，2005）。

生物液体燃料的广泛应用，有助于减少排放，改善城市大气环境。汽车使用燃料乙醇汽油（E10），除VOC排放有所增加外，其他污染物的排放均较传统汽油为优。从整个生命周期的角度，对燃料乙醇汽油排放特性所做试验及其结果，结论亦是肯定的（具体数据可以参看第三章）。

1.2 其他方面的环境影响：生物多样性和生态

联合国教科文组织科学、技术和工艺咨询附属机构（2007）曾指出，大规模生产液体生物燃料可对生物多样性造成不利影响，这包括栖息地割裂和退化、碳汇退化和森林减少造成温室气体排放增加、水污染和富营养化以及土地冲突造成的过度利用和食品价格上涨。例如：

（1）据报告，使用天然地（如湿地和天然森林）用于生产生物燃料造成栖息地及其中的生物多样性组成部分丧失以及基本生态系统服务丧失，是对生物多样性的一个严重威胁。使用天然地还可造成森林减少和泥炭地及土壤碳汇退化，从而增加温室气体排放。

（2）需要肥沃农用地用于生产生物燃料可能会造成土地冲突和食品价格上涨，这会影响到土著和地方社区及小农户，迫使他们更多地依赖于野生食品和/或更多地开荒用于农业。

（3）农业扩张和生物质转化过程引起的水污染造成用水量增加，也可造成生物多样性丧失。然而，根据所考察的土地利用变化和生物质不同，生物燃料生产也可对生物多样性发生有利影响。例如，用多年生草本作物取代一年生作物或植树造林恢复退化的土地可以增加动物多样性并减少杀虫剂和净化肥用量。

促进可持续生物燃料生产的选项是存在的。这包括：（1）运用生态系统方式框架下的准则和标准；（2）将包括生物多样性因素的准则用于环境影响评估和战略环境评估；（3）制定同时有利于减少温室气体排放和保护及可持续利用生物多样性两方面的良好的政策框架；（4）推动开展研究，改进能源生物质的经济效益和产量，并开发第二代原料和其他材料（如废弃物）方面的技术。

1.3 对粮食市场和土地利用的影响

麻省理工大学（MIT）的排放预测与政策分析模型（EPPA）认为，伴随着未来用于生产能源的农田增多，用于生产$180 \sim 250 \times 10^{18}$/年的生物能源，需要增加2Gha的耕地，几乎相当于目前全球的耕地数量。在美国，如果采取严格的气候变化应对政策，美国生物燃料生产可以供应其55%的液态燃料需求，但是如果这些生物燃料都由美国国内生产，美国将会从一个农产品出口大国（200亿美元）变成一个粮食进口大国（800亿美元），这将对土地利用和粮食市场产生巨大的影响（John Reilly and Sergey Paltsev，2007）。

但是，也不是所有研究都认为生物能源生产将导致粮食价格的大幅度上涨。联合国粮农组织（FAO）曾估计，2008年生物燃料对世界粮食价格上涨的贡献为10%。这其实是一个比较小的影响。

1.4 经济影响

目前，国外学术界对生物燃料乙醇社会经济影响的研究才开始，已有的研究也主要集中在欧美等发达国家。国外的研究表明，生物燃料乙醇发展将对粮食生产和粮食价格产生重要影响。例如，美国农业部的Shapouri（2003）研究认为美国燃料乙醇的发展将对美国的种植结构产生显著影响，玉米的种植面积快速增长，而大豆和小麦的种植面积将明显减少。由于生物燃料乙醇将使农业资源变得相对稀缺，所有农产品的价格普遍上涨，从而为增加农村就业和农民收入提供新的机遇。Ugarte等（2006）的研究认为，如果美国10%的现有耕地被用于生物燃料乙醇作物的生产，美国农产品的价格将上升8%—10%。国际食物政策研究所对印度、美国、巴西、坦桑尼亚等国发展生物燃料乙醇的经济影响作了较为全面的分析，研究结果表明，如果这些国家按照预定的目标，采用玉米、甘蔗和木薯等生产燃料乙醇，会导致世界农产品价格上升约30%左右（IFPR I，2006）。OECD（2006）的一项研究认为，如果美国和欧盟使用生物燃料乙醇替代10%的汽油需求量，则能源作物的播种面积将分别占用两者现有耕地面积的30%和70%。

生物燃料乙醇发展可能造成的负面影响也越来越受到关注。美国食物与农业政策研究所的一项研究认为，随着生物燃料乙醇的发展，全球廉价农产品的时代将要过去，农产品价格和能源产品的价格联系将更加紧密，农民将不得不面临更大的农产品价格变动风险（FAPR I，2007）。联合国的一项研究报告指出：生物燃料乙醇发展所导致的农产品价格提高将威胁粮食净进口国的粮食安全，降低发展中国家贫困城市居民的生活水平（UN，2007）。Brown（2006）认为发展生物燃料乙醇将普遍提高世界粮食价格，这对那些尚未解决温饱问题或依赖粮食进口的欠发达国家会产生严重的负面影响，甚至会影响这些国家的社会稳定。

生物乙醇工业能够增加就业，尤其对工资水平较低的发展中国家更是如此。以印度为例，生物能源部门已经成为非常有潜力的就业部门。有难度蔗糖工业，作为生物乙醇的支柱，是全国最大的工农业符合产业，也是4500万农民及其家属（相当于全部农村人口的7.5%）的生计来源（Joseph B.Gonsalves，2006）。

目前，我国对生物燃料乙醇发展的经济影响的研究还不多，已有的研究大多以定性分析为主。Cheng（2007）认为，虽然我国生物燃料乙醇的发展潜力很大，燃料乙醇的发展对促进农业发展和提高农民收入有正面影响，但是保证粮食安全依然是我国农业生产的首要目标，生物燃料乙醇发展对农业经济和环境的影响还需要更深入的研究。我国生物质能源产业化战略研究课题组（2007）从生物燃料乙醇作物资源、土地资源潜力、生物质技术发展等角度探讨了我国燃料乙醇的发展方向、国家应该采取的政策措施。黄季焜和仇焕广（2006）利用所建立的"中国农业决策支持系统"定量分析了发展生物燃料乙醇对我国农业经济的影响，研究表明，发展生物能源会导致我国粮食价格出现整体上涨，生物能源有利于提高我国农民的总体收入水平，但这种影响对不同地区、不同类型的农民存在显著差异。认为国内生物燃料乙醇发展在整体上对我国农业生产有明显促进作用，但是畜牧业以及西南、青藏等以畜牧业为主的区域，农业部门产值和农民平均收入将受到负面的冲击。

1.5 社会影响

生物乙醇产业在印度获得了良好的社会效果。印度农村人口的一大部分是无法获得能源服务的，但是印度农村地区对以生物燃料为主的可再生能源利用对于减贫有重要的作用：

改善了自来水的获取能力，同时通过食用熟食减少了饥饿（95%的食品需要生火做饭）；减少了妇女儿童花在基本生存活动（收集柴火、提水和炊事）上的时间；增加了照明，改善了安全状况，使夜晚时间可以用于学习，以及改善了在家和在学校时的通信情况；减少了室内污染（由燃烧薪柴引起），同时减少了对森林的破坏（Joseph B.Gonsalves，2006）。

第二章 技术发展和评价

2.1 粮食乙醇

粮食乙醇是指以玉米、小麦或甘蔗等食用作物为原料生产的燃料乙醇。目前，国内外乙醇的生产基本上都是通过微生物对葡萄糖的发酵而实现的。其生产过程大体上可分为三个阶段：大分子物质（包括粉淀及纤维素和半纤维素）水解为葡萄糖、木糖等单糖分子；单糖分子经糖解形成2分子丙酮酸；丙酮酸在无氧条件下还原为2分子乙醇，并释放二氧化碳。生产乙醇的粮食原料多种多样，除了玉米、小麦等淀粉质原料，还有甘蔗、糖蜜等糖质原料。典型的玉米、小麦等淀粉质原料生产乙醇工艺流程如图2.1所示。

　　早期的乙醇生产工艺存在能耗高、反应速度慢、原料利用率低等缺陷。经过多年的研究和开发，工艺技术已得到多方面改进。如低温技术的应用，使蒸煮温度由原来的100℃及以上，降低为50℃，显著降低了能耗；同步糖化发酵新工艺的开发实现了糖化和发酵同步进行，取消了单独的糖化过程，既节省糖化设备，降低染菌机率，又减少了高糖度对酵母的抑制作用；节能蒸馏技术、新型脱水设备以及其他新技术新工艺的应用使燃料乙醇生产技术日臻完善和成熟，成为生物质能液态燃料转换技术中最成熟、最有效的一种。因而燃料乙醇的生产规模迅速扩大。到2006年全球燃料乙醇产量已超过4050万吨，其中巴西、美国的生产量都在1300万吨以上。

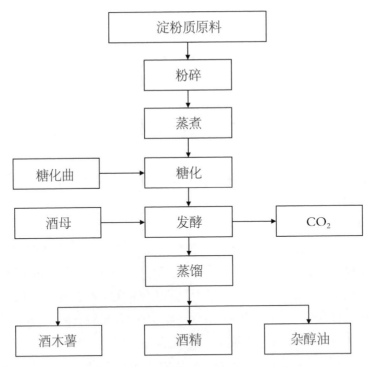

图2.1　玉米、小麦质原料生产乙醇工艺流程

　　巴西是世界上最早利用甘蔗燃料乙醇的国家。巴西幅员辽阔，光热条件好，雨量充沛，土地资源丰富，适宜甘蔗生长。为了减少石油进口，20世纪70

年代，巴西政府实施了"燃料乙醇计划"（ProAlC001），要求车用汽油中添加一定比例的燃料乙醇，并安排资金支持甘蔗品种改良和种植，改进酒精生产工艺，开发车用燃料乙醇技术，对生产商和汽车生产商减征产品税。经过30多年的努力，巴西燃料乙醇生产应用已取得巨大成功。到目前为止，巴西全国约有520多家以甘蔗为原料的燃料乙醇生产厂，已形成年产160亿升燃料乙醇的生产能力。2006年，巴西燃料乙醇产量近1350万吨，约占全球乙醇产量4050万吨的33%。同时，巴西全国建立了较完善的乙醇供销系统，所有加油站都设置了添加燃料乙醇汽油的装置。出售的燃料乙醇汽油主要有三个品种：纯乙醇（无水酒精）、乙醇汽油（22%乙醇+78%汽油）和混合燃料（60%乙醇+33%甲醇+7%汽油）。目前，燃料乙醇的使用量已占到巴西车用燃料使用总量的1/3。实施燃料乙醇计划给巴西带来显著效益，一是形成了独立的能源经济运行系统，增强了石油供应的安全性；二是污染物排放明显减少。

以甘蔗为原料，工艺相对简单，无须淀粉原料的蒸煮、糖化等过程，既省能，又节约投资，生产成本可控制在16美分/千克以下。同时，巴西自然条件优越，甘蔗产量高，并可轮作，能做到全年供应，也是巴西燃料乙醇生产成本所以较低的原因之一。

美国从20世纪90年代开始加大对燃料乙醇发展的支持力度，利用其农业资源条件好的优势，大规模种植玉米，生产燃料乙醇。通过减税和补贴（每加仑燃料乙醇补贴51美分）政策，鼓励燃料乙醇的生产和使用，使燃料乙醇年产量从1994年的500万吨增加到2006年的1680多万吨，已成为世界燃料乙醇生产和消费量最多的国家。

在美国，燃料乙醇一方面用作汽油添加剂，以替代已被禁用的MTBE，目前美国70%的车用汽油都使用乙醇添加剂；另一方面就是掺入汽油作为车用燃料。迄今全美已有500万辆以燃料乙醇汽油为燃料的灵活燃料汽车（FFV）。去年福特、通用两大汽车公司还计划生产48万辆灵活燃料汽车。

我国从2002年开始用陈化粮生产燃料乙醇，目前已完成在东北三省以及山东、江苏、河南、安徽等九省区推广应用的试点示范工作，推广规模达到102万吨。在汽油中掺入10%左右，汽车运行正常。实践证明，粮食燃料乙醇生产技术成熟，工艺完善，已成为目前最现实的石油替代燃料。

当前存在的主要问题是原材料消耗多、生产成本高，需要国家大量补贴。

到目前为止，我国还没有利用甘蔗和糖蜜来生产燃料乙醇的企业，但利用这些原料生产食用乙醇却为数不少。从原料消耗量来说，约占发酵法原料消耗量的17%。燃料乙醇和食用乙醇的生产技术基本相同，只是后续过程中需增加脱水、调配等环节，技术不成问题。但甘蔗系民生必需食品，糖蜜系甘蔗加工的附产品，产量有限，大约只有甘蔗加工量的3%。所以，是否应将甘蔗和糖蜜燃料乙醇作为今后大规模开发利用的重点需要谨慎对待。

2.2 木薯乙醇

木薯与马铃薯、甘薯并列为世界三大薯类作物。我国是盛产木薯的国家之一，拥有较大的开发利用潜力。

第一，木薯属淀粉原料，淀粉含量22%—33%（鲜薯），一般7.8吨鲜薯可制1.0吨乙醇，其生产工艺与玉米乙醇过程相似，即通过粉碎、蒸煮、液化、糖化、发酵、蒸馏、脱水等工艺得到乙醇，技术上是成熟的；第二，木薯种植可利用荒地和劣质地，不与粮食争地；第三，我国拥有用木薯酿酒的基础，2005年全国木薯酒精产量已达30万吨，主要用于沟兑食用酒；第四，木薯乙醇的生产成本比玉米乙醇生产成本大致相当，一般可控制在4300元/吨以内，详情见后文。

但是，木薯在生长过程中还存在着种植粗放、产量不高、贮存技术落后、淀粉损失大，能耗高、污染大等问题，这些问题需要通过试点示范予以改进，以加快其产业化过程。

2.3 甘薯乙醇

甘薯属淀粉质原料，鲜甘薯淀粉含量20%左右。理论上1.8吨淀粉可生产1吨燃料乙醇，实际生产按理论值的90%计算，2吨淀粉才能生产1吨燃料乙醇，即10吨鲜甘薯生产1吨燃料乙醇。

我国是世界甘薯生产大国，2003年产量达到1.076亿吨，约占世界甘薯总产量的90%。我国甘薯产量虽大，但加工量小。据估计，用于加工淀粉的甘薯只有总产量的10%；除此之外，大部分作为饲料（约占50%）、少部分留作种子（约占10%），其余部分（约30%的）甘薯在贮存过程中烂掉。

甘薯适生范围广，产量高（优良品种可达2.0吨/亩以上），还可利用田间地头，秋、冬、春闲地和各种作物预留空行套种，不会与粮食发生冲突，生产潜力大。

我国素有用甘薯酿造食用酒精的传统，技术上不存在不可逾越的瓶颈。近年来，一些地区（如四川省）用纯甘薯生产燃料乙醇开展了一系列研究工作，尤其针对甘薯燃料乙醇生产特点和要求，在甘薯优良品种选育和栽培方面，低能耗鲜薯储藏方面，低能耗水耗高效率生产工艺和资源综合利用方面均进行了研究攻关，并取得可喜成果，为甘薯燃料乙醇的发展奠定了良好的基础。

2.4 甜高粱乙醇

甜高粱又称糖高粱，其籽粒既可食用又可作饲料，也是酿酒和制取乙醇的优质原料。种植甜高粱每公顷可生产粮食2~7吨，同时还产含糖的鲜茎秆30—50吨/公顷，可以粮、糖兼收，故有"高能植物"之称。

甜高粱属于糖类原料，它的茎秆富含糖分，主要是蔗糖、葡萄糖和果糖。不同品种的甜高粱所含糖型比例不同。

糖类原料所含的糖粉主要是蔗糖，是一种由葡萄糖和果糖通过糖苷键结合的双糖，在酸性条件下可水解为葡萄糖和果糖。酵母菌或水解蔗糖为葡萄糖和果糖，并在无氧条件下发酵葡萄糖和果糖生产乙醇。

如前所述，用淀粉类原料生产乙醇，必须经过粉碎、拌浆、蒸煮、糖化等过程的处理，才能被酵母菌发酵利用，生产出乙醇。而利用糖类原料生产乙醇时，就不需要以上工序。

用甜高粱茎秆制取的乙醇工艺流程工序，如图2.2所示。

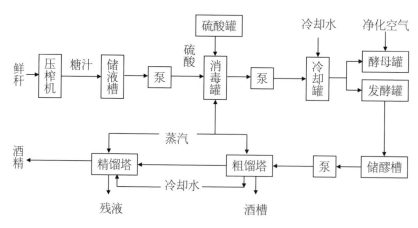

图2.2 甜高粱秆生产乙醇工艺流程

早在20世纪70年代，巴西、阿根廷、美国、南非以及我国，先后开始了用甜高粱茎秆汁液制糖的研究，并取得成功。80年代初，我国的河南、辽宁、内蒙古等地开始利用甜高粱茎秆生产白酒。80年代中期，沈阳农业大学研究用甜高粱茎秆汁制取乙醇，并进行了乙醇作内燃机燃料试验，取得了宝贵的经验。

1996年，国家科技部支持在内蒙古呼和浩特市建立"高能作物甜高粱开发与综合利用产业化示范工程"，主要目标是：建立甜高粱种子繁育基地与生产基地；建立甜高粱茎秆制取乙醇生产线；利用乙醇废渣制取饲料并供应饲养场；茎秆废渣供造纸厂造纸。该示范工程已于1999年12月通过验收，为推广甜高粱综合利用技术创造了有利条件。

到目前为止，甜高粱制取乙醇技术取得实质性进展，已开发出高品质杂交甜高粱种子；自主开发的固体、液体发酵工艺和技术达到实用水平，并在黑龙江省建成年产5000吨乙醇的示范装置，生产成本可控制在3600元/吨以下。初步具备了规模化开发燃料乙醇的技术经济基础。

以甜高粱为原料生产乙醇可获得多方面效益：其茎秆汁液制取乙醇，乙醇产后废渣制取柴油，甜高粱籽粒和枝叶仍可作粮食和饲料用途。这种思路既可增加清洁能源，又能促进农业产业发展，增加农民收入，还不与人争粮，也不与粮争地。

2.5 纤维素乙醇

纤维素生产乙醇的研究已有几十年的历史。其基本技术原理是通过水解将原料中的纤维素转变为单糖，然后再把单糖发酵转化成为乙醇，一般工艺流程如图2.3所示。

同其他燃料乙醇技术相比，纤维素乙醇具有以下突出优点：资源丰富、来源广泛，不存在资源不确定性问题；可利用废弃物生产乙醇，变废为宝，有利于改善生态和环境，符合发展循环经济的要求，还能增加农民收入。因此，近年来纤维素水解生产乙醇被认为是最具有开发利用前景的技术之一，已成为一些国家竞相研究开发的重要课题。美国能源部支持了投资巨大的纤维素乙醇中试及产业化投资项目，旨在利用木材、稻草、玉米秸等含纤维素的农林废弃物生产燃料乙醇。布什总统在2006年国情咨文演讲宣布要充分利用美国的才智和技术进步，加大资金投入，在6年内（2012年）使纤维素乙醇的生产成为现实并具有经济竞争性。瑞典提出2030年之后，利用纤维素生产的燃料乙醇全部替代石油燃料。

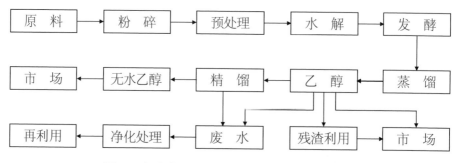

图2.3　纤维素原料燃料乙醇生产的一般工艺流程

在政府的支持下，近年来国外纤维素燃料乙醇的研发发展很快，已取得实质性进展。2004年加拿大Iogen公司在渥太华建成了世界首座较大型纤维素试验生产厂，规模达到3000吨/年，日处理麦秸40吨，每吨麦秸产乙醇300升，乙醇生产成本达到0.4美元/升的水平。在美国，由国家可再生能源实验室设计建造的SSCF工艺系统，成功地实现了单菌产纤维素酶、酶降解纤维素与乙醇发酵同步进行，使乙醇生产中酶的成本比5年前下降30倍，展现了良好的前景。

我国从20世纪50年代开始研究纤维素乙醇的制备，通过引进技术和自主开发，曾在黑龙江南岔木材厂、苏州油脂化学厂和北京光华木材厂开展了以木屑、棉籽壳为原料制取乙醇的研究，获得一些成果。进入90年代，随着国家高技术"863"计划的实施和国家乙醇汽油替代燃料工程的启动，极大地刺激了植物纤维素燃料乙醇的研究和开发。

到目前为止，华东理工大学承担的国家863重点课题"纤维素废弃物制取乙醇技术"通过生化法和热转化法的有机结合，制取燃料乙醇的试验规模已达到600吨/年。中石油在吉林燃料乙醇公司进行以玉米秸秆为原料的年产3000吨燃料乙醇工业化示范项目研究论证。河南天冠集团与山东大学、河南农业大学合作，在纤维素原料预处理和乙醇转化技术开发方面取得进展，即将进行纤维素酶的工业转化。安徽丰原集团与国内有关大专院校共同研究，在原料预处理、纤维素酶的培育等方面取得初步成果，建成了年产300吨秸秆乙醇的中试装置。除此之外，还有不少的机构和单位（如南京工业大学、清华大学等等）目前都积极地开展了这方面研究，也取得一定的结果。但是，从总体来说，该项技术尚不成熟，还有不少关键性的技术问题尚待研究解决；不过同国外相比，差距并不大。

第三章　全生命周期的能源效率与环境影响分析

3.1　全生命周期分析

任何物质产品的生产都离不开能源的消耗。同样，生物液体燃料的制取也需要消耗一定的能源。因此，评价可再生能源的能源技术效率和环境影响不能仅仅考虑终端环节如生物乙醇作为燃料时的能源效率和环境影响，而是要从其生产的最初阶段开始，包括其生命周期的全过程来进行系统性的分析。这就是全生命周期分析。

全生命周期分析是系统理论在可再生能源领域的应用。系统理论认为，综合评价可再生能源的技术经济特性不能只看应用过程中的能源效率与环境影响，而应把可再生能源的所有生产、运输、转化、利用过程的能源效率与环境影响都放在一个系统内进行考虑，也就是从摇篮到坟墓，或者称为生命周期评价。

生命周期评价起源于20世纪60年代，由于能源危机的出现和对社会产生的巨大冲击，美国和英国相继开展了能源利用的深入研究，生命周期评价的概念和思想逐步形成。需要说明的是，生命周期评价后来在生态环境领域有着广泛的应用。环境毒性与化学学会（SETAC）是LCA发展与实现程序标准化和协调的主要组织。这些活动最后导致国际便准组织提出了一系列ISO LCA标准（14040系列）。

LCA已经应用于多种商品，如电池、PET瓶、纸张、西红柿酱、乘用车催化转化器、燃料、各种地板、岩石破碎机、钢构桥梁等。最早的应用是包装材料。对过程和系统水平的应用较少。尽管有比较明确的规则，对LCA的应用也仍然有争论。多数反对意见关注数据的一致性和影响评价的可靠性。

在能源生产中，追求的目标是用尽可能少的能量（投入）而获得尽可能多的能源（产出），其衡量能源投入产出的高低标准是：能量投入/能量产出≤1，该比值愈小，说明为生产单位能量所需的投入的能源愈少。对于生物液体燃料生产来说，需要予以关注考察的是，每投入一个单位能量（只考虑投入的化石能源）是否生产出含有更多能量的生物液体燃料。

3.2 生物乙醇产业周期的描述

生物燃料乙醇的产品生命周期包括五个主要过程（见图3.1）：

（1）农业投入（化肥等）的生产：该阶段需要直接间接或投入的传统能源包括化肥、水和收集、输送车辆所消耗的能源。

（2）农业生产过程（作物种植与收获）。

（3）收获物运输过程。

（4）生物乙醇制取过程：包括原料粗加工、甲醇（或乙醇）、硫酸等辅助材料和加热、蒸煮、脱水、提纯等工艺所需之能源，以及原材料和设备制造、安装所消耗的煤、电、气、水等能量。

（5）产品利用过程（燃料燃烧，用于交通或发电均可）。

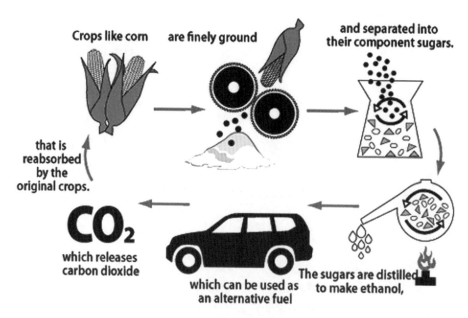

图3.1　生物乙醇生命周期的形象描述

资料来源：Texas 一氧化碳mptroller of Public Ac一氧化碳unts（2008）。

236

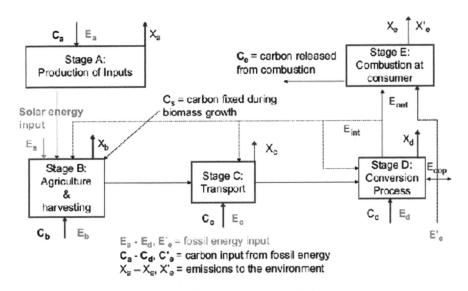

图3.2 生物乙醇生命周期内的物质与能量关系

资料来源：H.von Blottnitz, M.A. Curran.A review of assessments一氧化碳 nducted on bio-ethanol as a transportation fuel from a net energy, greenhouse gas, and environmental life cycle perspective.Journal of Cleaner Production 15（2007）607-619.

除掉运输过程（包括农业原料的运输和生物乙醇成品的运输），生物乙醇的关键过程有三个：农业生产过程、生物乙醇制取、产品利用。三个过程的投入产出情况见图3.3。

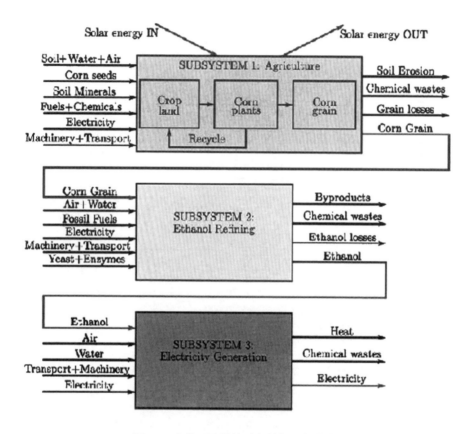

图3.3 生物乙醇关键过程的投入与产出

注：玉米—乙醇—电力系统包括三个子系统。在这些子系统中，劳动力消耗的能量被忽略，子系统1和子系统2产生的低质热能也被忽略。它假定玉米秸秆被分解和再循环后用于改善土壤结构。子系统2产出的DDGS副产品，和子系统1—3产生的二氧化碳都变成了子系统1的投入，因此整个系统的碳循环是不完整的，其他营养物也是部分循环的。系统产生的含杂质的水也在净化后作为投入，产生了不完整的水循环。Patzek, 2004, Part III

资料来源：Tad W.Patzek.A First-Law Thermodynamic Analysis of the 一氧化碳rn-Ethanol Cycle.Natural Resources Research, Vol.15, No.4, December 2006（2007）.

在关键过程中，生物乙醇的制取过程最为关键，目前还存在着较大的技术进步空间，也是耗能最多的一个过程。生物乙醇的生产流程见图3.4。

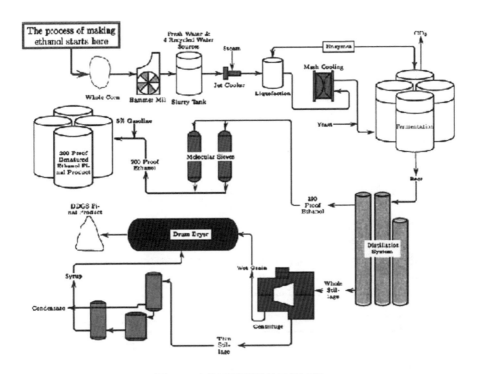

图3.4 生物乙醇制取的工艺过程

资料来源: Tad W.Patzek.A First-Law Thermodynamic Analysis of the 一氧化碳rn-Ethanol Cycle.Natural Resources Research, Vol.15, No.4, December 2006（2007）.

3.3 生物乙醇全生命周期能量平衡与温室气体排放分析结果

对生物乙醇燃料的净能源平衡（全过程能源投入减去能源产出）和温室气体排放的研究有很多，其研究结论也差异较大。对全周期的能源投入与能源产出的分析结果，其净能源有负向的，有中性的，也有正向的。相应的，温室气体排放的估计结果也有很大差异。这些结果上的差异有的是由于新、旧数据的差异造成的，有些则是由于对副产品的不同考虑不同造成的。

3.3.1 国外数据

加州大学（伯克利）能源和资源研究小组的Alexander Farrell及其同事最近研究了一个生物燃料分析模型（Biofeul Analysis MetaModel，EBAMM）来研究这些问题。小组首先复制了已经发布的六个EBAMM研究结果，然后在四个方向上调整这六个结果：（1）增加副产品；（2）应用一个一致的系统边界；（3）计算不同的能源类型；（4）计算与政策有关的变化。图3.5显示了这六个研究的原始结果和调整后的结果，EBAMM对3个案例给出了结果，包括二氧化碳排放较多情形的乙醇、今天的乙醇、纤维素乙醇和汽油的能效和温室气体排放的对比。通过把研究边界统一，可以减少结果之间的差异。所有结果显示，从传统玉米中制取的乙醇与汽油相比，每单位能源的温室气体排放仅有很小的区别，但是传统玉米乙醇需求的石化产品投入要少得多。另外，从纤维素制取乙醇可以显著地减少温室气体排放和石化产品投入。

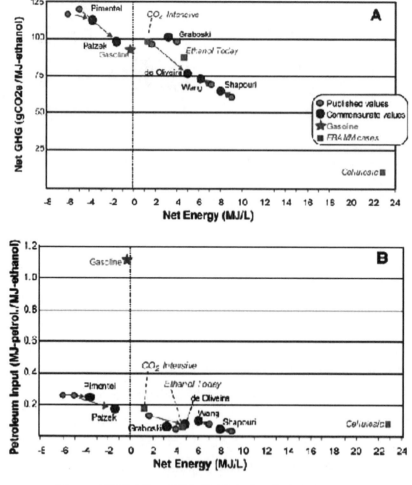

图3.5 不同的生物乙醇能源效率与温室气体排放研究结果

注：A图为净温室气体排放与净能源的对比，B图为生物乙醇生产过程中石化产品投入的对比。

资料来源：文献[1]，加州大学伯克利分校。

国际能源署（IEA）对利用玉米和小麦生产乙醇燃料的能效和温室气体排放的对比见表3.1。

从全生命周期看，生物能源生产过程的能源效率普遍高于化石能源（见图3.6）。

表3.1　利用玉米和小麦生产乙醇的能量产出和减排效益

研究机构	原料	燃料生产全过程能量效率（投入/产出）	从油井到车轮的GHG减排率（相对于石化柴油）
GM/ANL，2001	玉米	0.5—0.55	n/a
Pimentel，2001/9	玉米	1.65	−30%
Levelton，2000	玉米	0.67	38%
Wang，2001a	玉米	0.54—0.57	32%—25%
Levy，1993	玉米	0.85—0.95	33%—30%
Marland，1991	玉米	0.78	21%
Levington，2000	小麦	0.9	29%
ETSU，1996	小麦	0.98	47%
EC，1994	小麦	1.03	19%
Levy，1993	小麦	0.81	32%

资料来源：IEA, Biofuels for Transportation: An International Perspective, 2004.

表3.2　能源作物的能源产出与温室气体减排

作物	年产出（升/公顷，美制加仑/英亩）	温室气体减排vs.汽油
五节芒	7300 L/ha， 780 g/acre	37%—73%
柳枝稷	3100—7600 L/ha， 330—810 g/acre	37%—73%
白杨	3700—6000 L/ha， 400—640 g/acre	51%—100%
甘蔗	6800—8000 L/ha， 727—870 g/acre	87%—96%
甜高粱	2500—7000 L/ha， 270—750 g/acre	No data
玉米	3100—4000 L/ha， 330—424 g/acre	10%—20%

资料来源：Texas 一氧化碳mptroller of Public Ac一氧化碳unts（2008）。

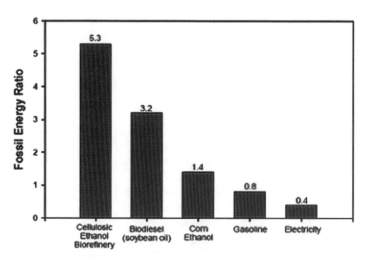

图3.6　化石能源效率（FER）=提供给消费者的能源/生产过程中利用的能源

资料来源：J.Sheehan, et al., 1998.An Overview of Biodiesel and Petroleum Diesel Life Cycles.

除玉米路径之外，还有多种其他植物资源可以用于生产乙醇燃料。表3.3 是其他植物资源的化石能源比率。同时，玉米乙醇生产过程中能源投入品种的选择对温室气体排放也有显著的影响。见图3.7。

从这些已有的研究看，对玉米乙醇以及其他生物乙醇的影响的评价，不能一概而论，要针对具体的技术路线进行仔细的核算。

表3.3　不同植物资源生产乙醇燃料的化石能源比率

原料，国家	化石能源比率
甘蔗，巴西	7.9
甜菜，英国	2.0
玉米，美国	1.3
糖蜜，印度	48
糖蜜，南非	1.1
玉米秸秆，美国	5.2
小麦秸秆，英国	5.2
蔗渣，印度	32

资料来源：J.Sheehan, et al., 1998.An Overview of Biodiesel and Petroleum DieselLife Cycles.

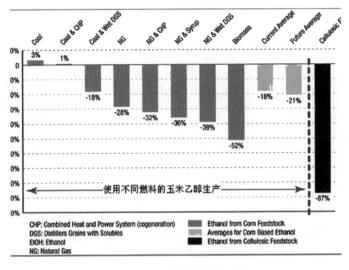

图3.7　温室气体排放的对比

关于生物燃料，甚至还有净能源和温室气体平衡的根本性问题。2006年，Farrell等人严格审查和重新评估有关生物燃料生产的、6个现有的研究结果。他们的分析表明，有些研究在计算生物燃料的净能源和碳排放时，错误地忽视燃料乙醇副产品的益处。经过改正后，玉米乙醇的温室气体排放有13%的净减少。与此相反，纤维素乙醇会导致高达88%的削减。

在2008年的两个研究，却从根本上质疑有关温室气体的这些结论。Searchinger等声称，过去大部分有关生命周期的研究中，在计算温室气体净效果的影响时，错误地忽略或是系统地低估了土地利用变化对环境的影响。由于大规模的生物燃料补贴和未来的计划生产任务，所以越来越多的森林、草原等，被直接或间接的清除了，而这将释放巨大的碳储存（土壤和植物生物质所包含的碳几乎是大气中的3倍）。当正确核算这些土地利用的变化后，Searchinger等估计，比起削减温室气体来，以玉米为原料的乙醇在30多年中将使排放量加倍，并且将增加排放长达167年。以草地为原料的生物燃料，即使是种在美国的玉米田中，仍然会增加50%的温室气体排放量，且持续时间超过30年。

在《科学》杂志中有相同的问题讨论，Fargione等把本地生态系统转化为生物燃料的生产后，在第一个50年里所释放的碳量定义为"碳债务"。然后，他们计算回报期，用相对石油的生物燃料造成的碳排放的削减时间来偿还最初的碳债务。例如，美国生产乙醇的玉米地原来是草地，那它将有93年的碳投资回报期。换句话说，在美国把草地变成玉米地来生产乙醇的话，相应增加的碳要超过石油燃料几乎100年的量。即使在废弃的谷地上生产玉米乙醇，回报期也要48年。只有在贫瘠的或是废弃的谷地上生产生物质乙醇时，投资回收期才会小于1年。然而，从全球范围来看，这些土地的生物能源生产潜力，仅占全球能源消耗的很小一部分。这两篇论文都产生了直接和强烈的反响，包括正面的和负面的。

3.3.2 国内玉米数据

我国燃料乙醇工艺生产技术路线以4个大型生产企业为代表，其中又以中粮肇东（黑龙江）的玉米"半干法"生产工艺较为先进。中粮肇东二期乙醇装置产量18万吨/年，由广东华达公司设计、天津大学改造完成。该工艺流程的技术特点为：半干法粉碎、双酶法液化糖化、半连续浓醪发酵、五塔差压精馏、分子筛变压吸附脱水、利用废热蒸气处理废醪液和离心清液回配等。吨无水燃料乙醇（99.5%）玉米单耗3.3吨，水耗约8.7吨（主装置），蒸气消耗4.8吨（主装置），饲料乙醇比为77%，能量输出输入比为1.09；三期装置产量15万吨/年，引进的美国Delta-T公司的技术，由康泰斯（Chemtex）公司设计，采用玉米半干法生产乙醇。吨无水燃料乙醇（99.5%）玉米单耗3.18吨，新鲜水耗仅为1.66吨（主装置），蒸气消耗3.3吨（主装置），饲料乙醇比为87%。此装置技术达到国内领先、国际先进水平，实现了清洁生产。

3.3.3　国内小麦数据

李胜、路明、杜凤光（2007）利用河南天冠公司（南阳）的数据，研究了小麦制取生物乙醇燃料路线的全生命周期能量平衡。根据对新、旧两种生产工艺的研究对比（新工艺延长了产品流，增加了麸皮和谷朊粉两个子系统，实现饲料、食品与生物质能燃料乙醇联动生产），得出以下结论：

（1）如不考虑副产品能量价值，旧工艺和新工艺的NEV（净能量值）分别为-17022兆焦/吨燃料乙醇和-11778兆焦/吨燃料乙醇，R值（能量产投比）分别是0.64和0.72，无论是旧工艺还是新工艺NEV都为负，即小麦燃料乙醇的使用，实际是一个负的能量效益过程。

（2）如考虑副产品能量价值，旧工艺和新工艺的NEV分别为2271兆焦/吨燃料乙醇和11249兆焦/吨燃料乙醇，R值分别是1.05和1.27，新旧工艺NEV都为正值，R值大于1，从能源经济性角度看，其能量收益是正效益。

（3）采用新工艺可将每吨小麦燃料乙醇转换的能源需求由24563MJ降到18923MJ，同时，副产品综合利用能值则从19293兆焦增加到23027兆焦。天冠集团小麦燃料乙醇生产的实践证明：采用先进的工艺，燃料乙醇生产不但可以实现更低的能耗，而且在生产小麦燃料乙醇的同时，通过延长农业产业链，提升副产品综合利用能源价值，可以有效提高其能源经济性。

（4）与美国玉米燃料乙醇生产相比，如不考虑副产品能量价值，新工艺和美国玉米燃料乙醇的NEV分别为-11778兆焦/吨燃料乙醇和2383兆焦/吨燃料乙醇，R值分别是0.72和1.08，新工艺能量收益为负，美国玉米燃料乙醇能量收益已为正值。如考虑副产品能量价值，新工艺和美国玉米燃料乙醇的NEV分别为11249兆焦/吨燃料乙醇和7457兆焦/吨燃料乙醇，R值分别是1.27和

1.34。新工艺燃料乙醇NEV优于美国玉米燃料乙醇的原因是小麦燃料乙醇副产品综合利用水平（23027兆焦/吨燃料乙醇）要好于美国玉米燃料乙醇（5078兆焦/吨燃料乙醇）。

表3.4　考虑副产品能量价值的NEV和R值　单位兆焦/吨燃料乙醇、%

项目	能量分配		能量使用	副产品价值	用于生产副产品的能量	考虑副产品的NEV	R
旧工艺	59	41	46692	19293	27399	2271	1.05
新工艺	44	56	41448	23027	18421	11249	1.27

资源来源：李胜、路明、杜凤光（2007）。

3.3.4　国内其他燃料乙醇的技术经济情况

国内木薯燃料乙醇大规模生产以中粮广西项目（每年20万吨）的技术最具有代表性，它技术起点高，吸取了近些年来各厂技术改造的成果。其工艺特点：原料预处理采用干法风送二级粉碎、湿法泵送、粉浆回流拌料工艺；生产中采用双酶法中温喷射液化、无糖化大罐浓醪间歇发酵、多塔多耦合差压精馏和分子筛变压脱水等工艺；酒精糟液的综合利用则采用国际先进的IC反应器处理废水，副产沼气回锅炉燃烧，进行热电联产，实现清洁生产和产业可持续发展。以上先进工艺的采用使木薯燃料乙醇生产的能耗、水耗、物耗及污水排放等指标都接近或达到国际先进水平。以乙醇纯度9915%为标准，按木薯干淀粉含量67%的标粮计算，原料消耗低于3105吨；耗新鲜水低于1217吨；木薯燃料乙醇能耗折标煤低于500千克；蒸气消耗降至118tP吨乙醇；废水达到国家排放标准，具备推广的价值（岳国军等，2007）。

国内企业在甜高粱燃料乙醇的研究方面也投入不少精力，但多处于中试阶段。甜高粱燃料乙醇生产的最大问题是保持甜高粱糖分的贮存技术。2006年中粮集团在内蒙古五原县及山东阳信县分别进行了甜高粱种植及贮存试验，平均亩产5吨（包括茎、叶），锤度16左右。与广西轻工业科学研究院合作进行了甜高粱榨汁液态发酵中试试验，采用类似甘蔗糖蜜发酵生产乙醇工艺，榨汁发酵24—40小时后，成熟醪液乙醇含量达12%（vPv），其中可发酵糖利用率超过95%（岳国军等，2007）。

在黑龙江省桦川县桦川四益公司建设了年产5000吨乙醇能力的甜高粱茎秆固体发酵工业化生产示范工程。中粮集团、清华大学和内蒙古五原县政府合作也进行了固态发酵燃料乙醇试验，缩短固态发酵时间至44小时，可发酵糖利用率超过90%（岳国军等，2007）。

3.4 生态系统（宏观）视角的能源效率

从更宏观的角度，生物能源制取是更广泛的生态系统的一部分活动。作为生物能源原来来源的作物，既可以用于能源用途，也可以用于人类食用，和用于饲养牲畜再供人类食用。如果其所生长的土地不被使用，这些土地也可以用作生态用途，即保持不被人类干扰和改变的状态，如森林、草原、湿地等形式。

因此，即使如前所述，作物用于生产生物能源可以产生比化石能源更好的化石燃料效率，即可以节约化石能源的消耗，比直接使用化石燃料减少温室气体的排放，它在这两个方面也可能不如直接作为食物，甚至不如通过牲畜再间接成为食物。

从生态系统能量流动的角度看，粮食用于食用的能量效率明显高于用于能源目的。密歇根州立大学研究人员发表在EST上的最新研究表明，粮食供人们食用的能源利用效率比用来生产乙醇高很多[1]。研究得出的结论是：一个人食用玉米吸收的能量（15兆焦/千克）远比1千克玉米生产的乙醇的能量（8兆焦）高。论文第一作者，密歇根州立大学W.K.Kellogg生物研究站和美国能源部五大湖生物能源研究中心的Ilya Gelfand说："谷物作为食物比用来生产燃料的能源效率高出36%。"他还说："最理想的是种植玉米作为食物，并且将一半的玉米秸秆和叶子还田，另一半用来生产纤维素乙醇。"研究同时发现用草饲养肉牛比用于生产生物燃料的效率低60%。之前的研究已经表明用玉米饲养肉牛，之后食用牛肉，整个过程中玉米所含的90%的能量都被损失掉了。本研究分析了制造乙醇的能源效率。以玉米为例，研究表明如果全部玉米粒作为食物，剩余的秸秆等物质一半用来生产生物燃料，其能源效率比有机种植方式高48%，比免耕种植高37%。然后，研究将4种玉米种植方式与种植紫花苜蓿进行

---

[1] Study finds using food grain to make ethanol is energy-inefficient.Environmental Science & Technology，2010，May 15：3648.

对比，紫花苜蓿主要作为牛饲料，9千克紫花苜蓿能生产1千克牛肉，人食用这些牛肉能吸收到其中21兆焦的能量。相比之下，该研究指出，如果同样用9千克紫花苜蓿制造纤维素生物燃料，则能产出72兆焦的可用能量。"我们发现用可作为食物的谷物生产乙醇的能源效率是低下的"，Gelfand说，"而用诸如草类的纤维素原料生产乙醇的能源效率更高。"

3.5 生物多样性和生态

联合国教科文组织科学、技术和工艺咨询附属机构（2007）曾指出，大规模生产液体生物燃料可对生物多样性造成不利影响，这包括栖息地割裂和退化、碳汇退化和森林减少造成温室气体排放增加、水污染和富营养化以及土地冲突造成的过度利用和食品价格上涨。例如：

（1）据报告，使用天然地（如湿地和天然森林）用于生产生物燃料造成栖息地及其中的生物多样性组成部分丧失以及基本生态系统服务丧失，是对生物多样性的一个严重威胁。使用天然地还可造成森林减少和泥炭地及土壤碳汇退化，从而增加温室气体排放。

（2）需要肥沃农用地用于生产生物燃料可能会造成土地冲突和食品价格上涨，这会影响到土著和地方社区及小农户，迫使他们更多地依赖于野生食品和/或更多地开荒用于农业。

（3）农业扩张和生物质转化过程引起的水污染造成用水量增加，也可造成生物多样性丧失。然而，根据所考察的土地利用变化和生物质不同，生物燃料生产也可对生物多样性发生有利影响。例如，用多年生草本作物取代一年生作物或植树造林恢复退化的土地可以增加动物多样性并减少杀虫剂和净化肥用量。

促进可持续生物燃料生产的选项是存在的。这包括：（1）运用生态系统方式框架下的准则和标准；（2）将包括生物多样性因素的准则用于环境影响评估和战略环境评估；（3）制定同时有利于减少温室气体排放和保护及可持续利用生物多样性两方面的良好的政策框架；（4）推动开展研究，改进能源生物质的经济效益和产量，并开发第二代原料和其他材料（如废弃物）方面的技术。

在环境方面，如果不改变土地用途，而让它继续作为生态用地，当然会减少温室气体排放，并改善生态环境系统。但是，人类需要能源，而且伴随着经济发展，需要越来越多的能源。如果不能通过化石能源等大规模供应的工业

248

化生产的能源来保障满足能源需求，就会转向本地自然过程产生的生物质能源，如薪柴，大规模薪柴砍伐往往对生态环境造成更大的破坏。

原料的合理安排和生产（种植阶段）一般不对生态环境构成不利影响，尤其小桐子、甜高粱等生物资源，都选择荒山野岭、盐碱化土地种植，会起到防止水土流失、改良土壤的作用；但对于某些能源植物，如木薯、甘薯等作物，如果处置不当，有可能诱发水土流失、破坏土壤的副作用。这一点应引起注意。

3.6 对水资源的影响

近年来可再生能源的研究者开始关注生物质能的土地使用和淡水资源的消耗。Yang等[①]分析了以玉米为原料生产燃料乙醇的土地资源占用和水资源消耗情况，发现到2020年，我国5%—10%的耕地用于燃料乙醇原料生产，每年耗水量为32~72立方千米，相当于每年的黄河总水量。Dominguez-Faus等[②]研究发现美国使用燃料乙醇作为能源的汽车行驶耗水量为118升/公里，严重威胁淡水资源。土地使用和耗水量已成为分析生物质燃料不可忽视的重要组成部分。

由表3.5可看出，玉米秸秆耗水量远小于木薯和甜高粱，仅为8立方米/吉焦能源和3立方米/吉焦电力。原因在于玉米能在干旱环境生长，且玉米秸秆所占生物质分配比率低。根据玉米秸秆耗水量，以目前我国纤维素质燃料乙醇研究现状，可算出汽车行驶耗水31升/公里，远低于118升/公里的美国玉米乙醇耗水量[③]。随着淡水资源紧缺加剧，开发低水耗的玉米秸秆生物质能的优势会更加明显。甜高粱是3种生物质中耗水量最大的，为258立方米/吉焦能源和137立方米/吉焦电力。从灌溉水量上看，玉米秸秆所需灌溉水与雨水比最大，说明玉米种植区的水源主要来自灌溉水；木薯生长在南方，虽需水量大，但其中很大比例来自雨水，所需灌溉水少。从耗水量角度来看，玉米秸秆具有明显优势，甜高粱耗水量最大，不是好的节水生物质能原料。

---

① Yang H., Zhou Y., LiuJ.Land and water requirements of biofuel and implications for food supply and the environment in China［J］.Energy Policy，2009（37）：1876-1885.

② Dominguez-Faus R., Powers S.E., Burken J.G., et al.The Water Footprint of Biofuels：A Drink or Drive Issue？［J］.Environ.Sci.Technol，2009，43（9）：3005-3010.

③ Dominguez-FausR., Powers S.E., Burken J.G., et al.The Water Footprint of Biofuels：A Drink or Drive Issue？［J］.Environ.Sci.Technol，2009，43（9）：3005-3010.

表3.5　三种生物质燃料耗水量

原料	乙醇能源输出（m³/GJ）			电能输出（m³/GJ）		
	水	雨水	灌溉水	水	雨水	灌溉水
玉米秸秆	8	3	5	3	1	2
木薯	125	81	44	80	52	28
甜高粱	258	146	112	137	78	59

资料来源：孔德柱等（2011）。

　　乙醇生产是一种高耗水、有机污染物排放量大、环境污染严重的行业。如果我国燃料乙醇年产量达1000万吨，按照目前的工艺水平，年排放量BOD近350万吨，COD近700万吨，分别占全工业废水BOD总量的50%和COD排放总量的40%，若不改善工艺将对未来的环境安全构成严重威胁。

3.7　生物乙醇利用过程中的环境影响

　　与传统无铅汽油相比，生物乙醇在燃烧时不产生颗粒污染，而只是与氧发生反应生成二氧化碳、水和醛类物质。每升汽油产生2.44千克当量的二氧化碳，乙醇只产生1.94千克当量。由于同体积乙醇的热量为汽油的2/3，要产生相同热量需要多使用19%的乙醇。因此，《美国清洁空气法案》要求添加氧化剂来减少一氧化碳的排放。但是添加剂MTBE已经被证明是水污染引起致癌的元凶，因此乙醇就成为一种有吸引力的氧化剂。

　　美国能源部劳伦斯利佛摩尔国家实验室（Lawrence Livermore National Laboratory）的一份报告指出，使用生物乙醇作为MTBE替代物的环境影响有：

　　当乙醇替代MTBE时，主要关注点是乙醇（一种有毒的空气污染物）和过氧氮（对眼睛有刺激性）；乙醇一般通过卡车或者火车运输，这种运输需求的增加可能增加总体排放水平。

　　即使存在这两个问题，美国一些地区仍然通过使用添加了乙醇的汽油来达到美国环保部提出的大气环境标准。根据得克萨斯州能源节约办公室的资料，添加乙醇有助于汽油燃烧更充分，并显著减少了汽车排放。一氧化碳排放减少了30%，挥发性有机物减少了12%，颗粒物减少了25%（Texas State Energy conservation Office，2008）。

生物液体燃料的广泛应用，有助于减少排放，改善城市大气环境。为了进一步说明该问题，表3.6和表3.7列举了一组数据以资佐证。不难看出，汽车使用燃料乙醇汽油（E10），除VOC排放有所增加外，其他污染物的排放均较传统汽油为优。表3.7是从整个生命周期的角度，对燃料乙醇汽油排放特性所做试验及其结果，结论亦是肯定的。

表3.6　汽车运行中排放比较　单位：g/km

项目	VOC	CO	NO_x	PM10	SO_x	GHG_s
传统汽油	0.207	5.517	0.275	0.033	0.085	400
E10	0.232	3.531	0.275	0.033	0.046	351
增量（±）	+12%	−36%	%	%	−46%	−12%

资料来源：国家发展和改革委员会能源研究所可再生能源发展中心（2008）。

表3.7　燃料乙醇汽油和纯汽油排放比较　单位：g/km

项目	VOC	CO	NO_x	PM10	SO_x	GHG_s
纯汽油	0.167	3.483	0.262	0.025	0.079	238.599
E10混合汽油乙醇占10%	0.146	2.629	0.265	0.023	0.094	233.827
增量（±）	−13%	−25	+1%	−10%	+18	−2%

资料来源：国家发展和改革委员会能源研究所可再生能源发展中心（2008）。

第四章　生物乙醇项目评价

4.1　国际比较

Tiffany和Eidman（2003）根据一系列玉米的价格、乙醇的价格、联产品的价格、天然气的价格以及替代投资的相关利率，计算了美国一个生产乙醇的干磨厂的绩效。结果显示出乙醇生产企业的净收益在过去十年中经历了强烈的波动，净收益对于玉米、乙醇和天然气价格的变化高度敏感。因此，这些价格变化和乙醇产量变化的共同作用可能对乙醇生产企业的净利润有显著的影响。

Yu和Tao（2008）模拟了中国不同地区使用三种不同作物——木薯、小麦和玉米的三个乙醇项目的运营情况。他们考虑了原料和汽油价格变化，并在一系列价格条件下分别计算了三个项目投资的预期净现值（NPV）和内部收益率（IRR）。他们发现木薯项目在大多数情况下预期为正净现值，内部收益率大于12%，不过有25%的可能性收益状况不好。因此木薯项目在经济效益上有竞争力。玉米和小麦项目的净现值为负值或很低，因此在没有补贴的情况下经济上不可行。玉米和小麦项目运营状况差的主要原因是原料价格高，原料成本占到了总生产成本的75%以上。

OECD-FAO（2008）估算了在一些国家各种作物生产生物燃料的平均成本（见图4.1）。成本分为原料成本、加工成本和能源成本。从中扣除联产品的价值就是净成本，在图中由一个小方点表示。图中还用绿柱表示出每种燃料最近似化石燃料（汽油或柴油）当量的市场价格。

到目前为止，巴西用甘蔗生产乙醇的总成本是各种类型乙醇生产中最低的。在所有有数据的案例中，原料成本都是各项成本中占总成本比例最高的。在巴西，由于使用甘蔗加工的主要联产品蔗渣作为燃料，乙醇生产的能源成本可以忽略。与此形成对比的是，欧洲和美国的生产商通常购买燃料，同时将乙醇和生物柴油生产的联产品卖出用作动物饲料。

在减去联产品的价值之后，每升生物燃料净生产成本最低的仍然是巴西的以甘蔗为原料生产的乙醇。这也是唯一的一种价格能持续保持低于等量化石燃料的生物燃料。除此之外，巴西以大豆为原料的生物柴油和美国玉米乙醇的净生产成本最低。但这两种燃料的成本都高于化石燃料的市场价。欧洲生物柴油的生产成本是巴西乙醇的两倍以上，反映了很高的原料成本和加工成本。2004年到2007年间，包括玉米、小麦、油菜和大豆的原料的成本大幅上涨；今后生物燃料产业的盈利情况要看这些原料价格如何随石油价格的变化而变化了。

Tyner和Taheripour（2007）使用动态的商品价格，在不存在税收优惠和其他激励措施情况以及现有的技术之下，计算了美国玉米乙醇和原油价格达到平衡的各个组合（见图4.2）。他们对单一原料作物的分析显示出了，原料作物和原油价格对于整个生物燃料生产体系经济可行性至关重要。例如，在原油价格为60美元/桶时，乙醇生产商可以承受79.52美元/吨的玉米价格而保持盈利。当原油价格为100美元/桶时，生产商可以支付162.98美元/吨的玉米价格。图中的实黑线表示在美国玉米乙醇可以实现各种平均价格或盈亏平衡点。在这条平均价格线左边和上方内的价格组合，玉米乙醇生产能够盈利。在原油价格低而玉米价格高（实线的右下方价格组合），玉米乙醇生产不能盈利。

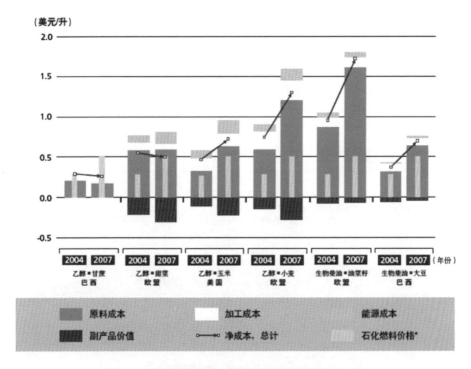

图4.1 2004年和2007年若干国家生物燃料生产成本

注：国内市场汽油或柴油净价。

资料来源：经合发组织—粮农组织，2008。

对其他地区的其他燃料作物也可以做类似的分析。分析的结果会根据具体情况下的原料生产技术效率和转化情况而发生变动。成本更低的生产者的盈亏平衡线将会与竖轴交于更低点，该线的斜率取决于当价格变化时生产者扩大原料生产和生物燃料加工规模的难易程度。一个国家的盈亏平衡价格也会随技术进步、基数设施改良以及制度创新而变化。

　　Tyner和Taheripour（2007）也考虑了政策干预对经济可行性的影响。据他们估算，美国的可再生燃料标准，税收优惠政策和关税壁垒可折算成对乙醇生产的每蒲式耳玉米大约1.60美元（63.00美元/吨）的综合补贴。图4.3显示了在各个原油价格水平下，乙醇生产实现盈亏平衡的玉米价格，依据能源含量也包括现有补贴值。红线考虑了美国的规定值和乙醇补贴。此线位于黑线的右方，表明在给定的原油价格下，乙醇生产商可以支付更高的玉米价格并保持盈利。对于任一给定的石油价格水平，规定值和补贴值使实现盈亏平衡的玉米价格提高了63.00美元/吨。正如上文所述，当原油价格为60美元/桶时，按能源计算玉米乙醇在玉米价格低于79.52美元/吨的情况下具有竞争力。但补贴使得乙醇加工者可以支付最高142.51美元/吨的价格，并保持盈利。

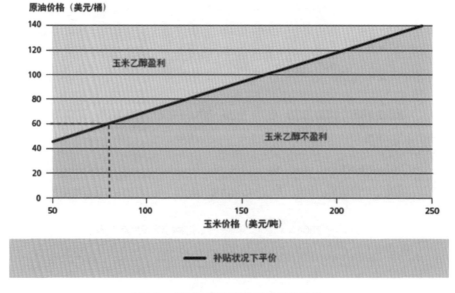

图4.2　美国玉米和原油损益平衡价格

资料来源：根据Tyner和Taheripour，2007。

　　图4.4是在上述Tyner和Taheripour的盈亏平衡价格线上叠加了2003年6月到2008年4月间玉米和原油每月观察价格。数据点表示玉米/原油相对价格一般处

于黑线的右边，这表明按能源计算玉米价格高于乙醇盈亏平衡点，在没有补贴的情况下美国的玉米乙醇生产与化石燃料相比不具有竞争力。实际的价格组合基本位于两条线之间，说明大多数情况下补贴经常可以使玉米乙醇具有竞争力，但也有例外的情况。

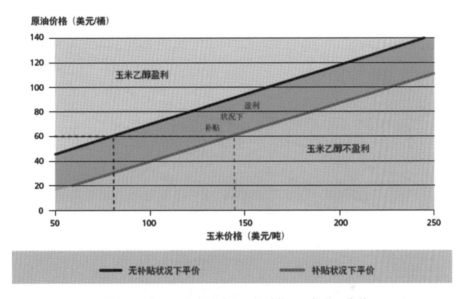

图4.3　玉米和原油在补贴及无补贴状况下损益平衡价

资料来源：根据Tyner和Taheripour，2007。

各时段的数据显示出一种阶梯状的价格关系，原油价格上涨使得乙醇生产扩大，拉动了玉米价格的上涨。在2004年中期之前，原油价格水平很低，即使是在可获得补贴的情况下，用玉米生产乙醇也毫无竞争力。2004年中期原油价格开始上涨，此时玉米的价格水平仍然很低。到2005年初，原油价格超过了60美元/桶，此时即使没有补贴玉米也具有竞争力。

《2005年美国能源政策法案》确立了可再生燃料标准，开始时2006年为40亿加仑，并在2012年增加到75亿加仑。之后，美国掀起了一股建设乙醇生产厂的热潮，对作为乙醇原料的玉米需求也快速增长。对乙醇的需求及其他市场因素使得玉米的价格在2006年全年持续上升，而同期原油的价格保持在近60美元/桶。在这段时间里，即使有补贴，玉米生产乙醇的竞争力也大大下降，很多乙醇生产厂是在亏损经营。2007年中开始，原油价格再次开始大幅上涨，到2008年中达到了135美元/桶。因此，从2007年中期开始，在有补贴的玉米竞争力再次增强。生物燃料政策本身会对农产品价格产生影响，从而在某种程度上决定了用农产品生产生物燃料的竞争力。

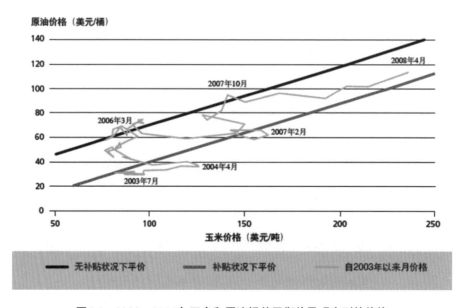

图4.4 2003—2008年玉米和原油损益平衡价及观察到的价格

资料来源：引自Tyner和Taheripour，2007年。原油价格：布伦特原油，芝加哥期货交易所（美元/桶）。玉米价格：美国2号黄大豆，芝加哥期货交易所（美元/吨）。该价格于2008年6月10日下载自商品调查局万维网站（http://www.crbtrader.com/crbindex/）。

　　这一分析显示，在现有的技术水平下，美国玉米乙醇的生产只能短时间地获得市场生存力，随着玉米价格的进一步上升，玉米作为燃料作物原料的竞争力会再次丧失。目前的补贴和贸易壁垒可以抵消一部分玉米生产乙醇的劣势，但不能确保其有竞争力。

　　这一分析还阐释了原油价格和农产品原料价格之间的紧密联系，所得的结果与本章开头的观点相一致，即由于能源市场比农产品市场更大，原油价格的上涨将推动农产品价格的上升。分析进一步强调了政府扶持政策在两个市场价格关系的形成方面起到的重要作用。

从以上研究结果可以看出，影响生物乙醇生产成本和盈利性的最重要因素有两个：原料价格和能源价格。而美国农业由于大规模使用能源投入，所以原料价格与能源价格也有近似正向的关系。因此，如果能够减少能源作物生产中的能源投入，可以有效降低生物乙醇的生产成本。

4.2 国内生产成本分析

4.2.1 成本/价格比较

表4.1列示了部分生物乙醇的生产成本及费用构成。它是根据我国现有物耗、能耗和资金消耗水平和平均价格水平估算的。显而易见，在现行技术经济条件下，大多数液体燃料生产成本均较高。这一现象既反映了当前生物液态燃料技术发展的实际水平，也提出了需要继续努力的方向。表4.2为生物乙醇燃料销售价格与传统石油产品的比较。

表4.1　部分生物燃料乙醇生产成本估算

	玉米	木薯	甘薯	甜高粱
原料费	淀粉含量64%，1吨乙醇需3.2吨玉米（1100元/吨），3520元/吨乙醇	淀粉含量71%，1吨乙醇需2.9吨木薯（1200元/吨），3480元/吨乙醇	淀粉含量20%，1吨乙醇需10吨甘薯（280元/吨），2800元/吨乙醇	含糖18%，需16吨茎秆制1吨乙醇，甜高粱茎秆价格为144元/吨，2160元/吨乙醇
燃料费	1吨乙醇需耗1.1吨煤（5000Kcal/kg，200元/吨）→220元/吨乙醇	1吨乙醇需耗1.0吨煤（5000Kcal/kg，350元/吨）→350元/吨乙醇	需耗1.0吨煤（5000Kcal/kg，350元/吨）→350元/吨乙醇	需1.0吨，（500Kcal/kg，350元/吨）→350元/吨乙醇
水费	20元/吨乙醇	20元/吨乙醇	20元/吨乙醇	20元/吨乙醇
电费	220kWh/吨乙醇，0.50元/kWh→110元/吨乙醇	180kWh/吨乙醇，0.50元/kWh→90元/吨乙醇	180kWh/吨，0.50元/kWh→90元/吨乙醇	90元/吨乙醇
辅助材料费	54元/吨乙醇	54元/吨乙醇	54元/吨乙醇	390元/吨乙醇

	玉米	木薯	甘薯	甜高粱
贷款利息	203元/吨乙醇	203元/吨乙醇	203元/吨乙醇	203元/吨乙醇
设备折旧	100元/吨乙醇	100元/吨乙醇	100元/吨乙醇	263元/吨乙醇
95%乙醇脱水为无水乙醇	200元/吨乙醇	200元/吨乙醇	200元/吨乙醇	200元/吨乙醇
人工费	200元/吨乙醇	200元/吨乙醇	200元/吨乙醇	460元/吨乙醇
运输成本	90元/吨乙醇	80元/吨乙醇	240元/吨乙醇	240元/吨乙醇
生产总成本	4717元/吨乙醇	4757元/吨乙醇	4257元/吨乙醇	4376元/吨乙醇
副产品收益小计	720元/吨乙醇	470元/吨乙醇	470元/吨乙醇	800元/吨乙醇
二氧化碳回收	360元/吨乙醇	240元/吨乙醇	240元/吨乙醇	—
DDGS	300元/吨乙醇	120元/吨乙醇	120元/吨乙醇	—
沼气发电	—	110元/吨乙醇	110元/吨乙醇	—
玉米油	60元/吨乙醇			—
饲料				
生产净成本	3997元/吨乙醇	4287元/吨乙醇	3787元/吨乙醇	3576元/吨乙醇

资料来源：国家发展和改革委员会能源研究所可再生能源发展中心（2008）。

表4.2 部分生物液体燃料销售价格估计

	生产净成本（元/吨）	售价估算（元/吨）	备注
传统汽油	—	5200（90#汽油）	5200元/吨为2006年5月22日价格，2012年9月12日90号汽油为9580元/吨，93号汽油为10155元/吨
玉米乙醇	3997	6149	
木薯乙醇	4287	6595	
甘薯乙醇	3787	5826	
甜高粱乙醇	3576	5501	

资料来源：国家发展和改革委员会能源研究所可再生能源发展中心（2008）。

由表4.2可以看出，在2005年的汽油价格水平上，在考虑销售税金和企业利润等因素后，大多数生物液体燃料的销售价格比传统汽油的出厂价要高出很多。其中玉米乙醇每吨售价达6149元，比化石汽油高18%；木薯乙醇每吨达6595元，高27%；甘薯乙醇每吨价格为5826元，比传统汽油高12%；而甜高粱价格与汽油基本相当，每吨约5501元。

但是，当汽油价格进入8元时代（2012年9月12日北京92号汽油价格（相当于过去的93号）为8.06元/升）之后，汽油价格已经远远超过了生物乙醇的价格。如果不考虑汽油与生物乙醇价格中所隐含的税费支出，那么生物乙醇的经济性是非常明显的。即使按照社会上通行的说法，汽油价格中大约45%为各种税费支出，其净价格也要高出生物乙醇（乙醇中也含有至少20%的税费支出）。

虽然从生产成本上生物乙醇具有经济性，但是这只是一种比较静态的估计。因为目前的生产还是试验性质，如果要大规模生产，那么原料成本有可能出现上涨。

4.2.2 影响成本的因素及分析

尽管影响生产成本的因素很多，但是减少原料生产供应成本和价格则是最主要的方面。生物液体燃料成本构成表明，原材料费用在生产成本中占的比重很大，一般为60%—80%。这种状况是下面两方面因素造成的。

表4.3 各生产酒精的原料经济性比较

项目	鲜木薯	木薯干片	甘蔗	甘蔗糖蜜	玉米
原料价格（元/吨）	430	1200	260	650	1780
原料单耗（吨）	7	2.8	16	4.5	3.2
原料成本（元/吨）	3010	3360	4160	2925	5696
酒精加工费（元/吨）	800	600	700	500	800
酒精生产成本（元/吨）	3810	3960	4860	3425	6496
酒精市场价（元/吨）	4100	4100	4100	4100	4100
盈亏额（元/吨）	290	140	−760	675	−2396
原料成本占总成本比（%）	79	85	86	85	88

（1）原材料中有用成份如淀粉或糖粉含油率等有效成份含量不够高，加工转换效率较低，致使单位产品生产单耗高。如每生产1吨玉米乙醇则需要3.2—3.5吨玉米，而国外可控制在3.0吨以下（见表4.4）。

表4.4　部分生物乙醇单耗

	淀粉、糖粉或含油率（%）	原料消耗（原料吨／成品吨）
玉米燃料乙醇	62—70	3.2—3.5
木薯燃料乙醇	22—38（鲜），68—73（干）	7（鲜），2.9t（干）
甘薯燃料乙醇	20—27（鲜），66—70（干）	2.9t（干）
甜高粱燃料乙醇	16—20（鲜）	16（鲜）

资料来源：国家发展和改革委员会能源研究所可再生能源发展中心（2008）。

（2）原材料生产成本贵、价格高。相比较而言，甜高粱、甘薯等的种植成本要低一些，但木薯的种植费用仍然较高（见表4.5）。

生物液体燃料属于长期有效的能源，随着栽培技术的改进和规范化种植，生产经营规模的扩大，加工转换效率的提高，以及副产品回收利用技术的发展，特别是，随着石油资源的减少和油价的不断上涨，生物燃油产业的经济性必将改善。

表4.5　甜高粱、木薯、甘薯种植成本

	甜高粱（元/亩）	木薯（元/亩）	甘薯（元/亩）
种子费用	30	100	50—100
备耕播种	15		100（含机械费）

	甜高粱（元/亩）	木薯（元/亩）	甘薯（元/亩）
间苗除草	60	20	20
底肥追肥	105	100—120	100
机械费用	15	100—150 含整地、播种等	
人工费用	20	20—40	60—80
灭虫费用	6	15	15
人工收获	50	40	40
平均单位成本：元/亩	301	395—485	385—455
元/吨	150—75	303—373	193—228

注：甜高粱的种植费用为示范点实际统计的数据。

资料来源：国家发展和改革委员会能源研究所可再生能源发展中心（2008）。

4.3 通过循环经济模式可以提高能量利用率

从能量利用效率看，用可作为食物的谷物生产乙醇的能源效率是低下的，而用诸如草类的纤维素原料生产乙醇的能源效率更高。但是，由于纤维素乙醇生产过程需要较多的原材料和水资源投入，其转化率目前也比较低，其经济效益还不足以满足规模化生产。

如果不采用循环经济模式，只是利用生物质制取乙醇，能源技术效率较低。而在采用循环经济模式之后，考虑到副产品中所携带的能量，整个过程的能源技术效率将会有明显改观。上述李胜、路明、杜凤光（2007）的研究证明，提高副产品DDGS的收率与质量，就可以有效提高能量技术效率和经济效益。

目前，我国燃料乙醇企业也是通过政府补贴保持微利。现在国家发改委对燃料乙醇项目给予的是弹性补贴制。以丰原生化（安徽省）为例，公司2009年实际燃料乙醇补贴标准为2246元/吨，2008年燃料乙醇补贴标准为2185元/吨。这种情况的出现与生产企业没有充分利用循环经济模式有关，也与国内企业的技术水平不过关有关。举例来说，作物生物乙醇重要副产品的DDGS[①]，美国DDGS产品是重要的牛饲料组分，其经济效益较好，冲抵后可以使燃料乙醇的每升生产成本降低0.1美元。而国内DDGS产品的质量则是燃料乙醇厂面临的一个难题，可以说其质量一直没有过关。即使美国DDGS产品运送到国内市场销售，也要比国内产品售价每吨低100元左右。

以玉米为原料生产燃料乙醇的典型技术路线在循环经济模式下其内部可以形成5个产业链，即玉米→乙醇→DDGS；玉米→玉米油→DDGS；废水→沼气→燃料；废水→污泥→燃料；煤→灰渣→建材。据钮劲涛等（2010）的研究，年产40万吨燃料乙醇的企业每年还可以生产副产品DDGS32.8万吨，玉米油2.25万吨，灰及废渣27.936万吨，二氧化碳33.173万吨，沼气0.352万吨。这些副产品的销售或利用可以有效地降低燃料乙醇的单位生产成本，如2006年吉林玉米基燃料乙醇生产成本为4988.4元/吨，但经过副产品折算后降为3921.1元/吨。以国家对燃料乙醇的定向收购价为5000元/吨计，补贴前企业即可实现盈利。结合企业实际可知，目前该企业生产模式中还有一些不足，倘若再增补二氧化碳回收、有机肥及其他一些下游产业链，则企业内部的循环经济模式将更加完善，乙醇成本将进一步降低，所以从经济效益上分析发展玉米基燃料乙醇也是可行的。那么，生物乙醇行业随着技术的进一步发展，完全可以提高能量利用效率，在不长的时间内摆脱依赖国家补贴的局面。

生物乙醇作为一种可再生能源，从一开始出现就伴随着激烈的争论。其焦点之一就是生物乙醇与粮争地，如果大规模发展将威胁到贫困人口的生存和国家的粮食安全；第二个争论就是生物乙醇的经济效益低于化石能源，需要依靠财政补贴。循环经济模式的应用，为生物乙醇提供了可行的技术路径，缓解与粮争地和经济效益不高的问题。

首先，生物乙醇生产过程的部分副产品仍然可以回食物链之中。作为与粮争地的玉米乙醇路线，由于多数玉米目前都是作为畜牧业的饲料粮，而非直

---

① 玉米DDGS（干酒糟高蛋白）饲料主要指在现代化技术和设备的燃料乙醇工厂，用玉米子实与精选酵母混合发酵生产乙醇和二氧化碳后，剩余的发酵残留物通过低温干燥形成的共生产品。在生产乙醇过程中，玉米中占子实2/3的淀粉发酵形成乙醇和二氧化碳，另外的1/3则形成共生产品，由于这些共生产品蛋白质含量高，故称为蛋白质饲料。

接食用。玉米乙醇生产的副产品DDGS是非常优良的饲料,因此玉米乙醇生产对粮食产量的冲击实际上是被高估了。其他生物乙醇生产路线,如甘蔗、甜高粱、甜菜等路线,基本不与粮争地。在发达国家,食糖已经出现了很多糖分低、甜度高的替代商品,对人的健康是有利的,因此如果适当调整种植结构和食品结构,生物乙醇与粮争地的问题可以大大缓解。

其次,循环经济模式大大提高了生物乙醇生产的经济效益。如果再辅以技术进步等措施,伴随着化石燃料稀缺性增加和价格的提高,在不久的将来生物乙醇实现稳定利润水平是完全可能的。因此,从政策上应逐步减少对生物乙醇的补贴,激励有关企业加大技术创新力度,提高副产品精深加工水平,有效循环利用废水、废渣和余热,通过循环经济模式提高企业利润水平。

最后,发展生物乙醇作为汽油的氧化剂替代MTBE,可以有效减少大气环境污染。而发展生物乙醇引起的水资源与土地利用问题,可以通过在边际用地上发展耗水水平较低的甜高粱等作物来解决。实际上,经过几千年的农业开发,中国的生态用地已经很少,这和巴西、中美洲等国家有明显区别。如果要保护生态用地,则可以通过专门的保护方法如禁止开发等措施来实现。

第五章　重要经济影响分析

目前对生物乙醇项目发展最大的争论有两个方面:(1)对粮食安全的影响,也就是所谓与粮争地的问题;(2)对粮食价格的影响,认为大规模发展生物乙醇将会推高粮食价格,因此造成贫困人口的福利下降。本章将对生物乙醇的重要经济影响进行重点分析。

5.1　宏观经济影响

从经济影响看,生物乙醇工业的发展有良好的表现。它不仅提高了农业的经济效益,增加了农民的收入,带动了新的就业,推动了生物科技的发展,而且对其他行业也有很强的拉动作用,比如对农业器械、运输等部门的拉动。

Industry	Purchases (Mil 2007$)	Impact		
		GDP (Mil 2007$)	Earnings (Mil 2007$)	Employment (Jobs)
Construction (labor and other)	$1,706.9	$3,200.1	$1,807.1	42,959
Machinery and equipment	$2,357.1	$3,976.3	$1,844.4	38,318
Plus initial changes:		$4,064.0		
Total $11,240.5			$3,651.5	42,959
Annual Operations				
Feed Grains (Corn)	$5,700.6	$8,609.3	$3,027.0	84,191
Other Basic Organic Chemicals	$302.1	$553.4	$215.8	4,227
Petroleum Refineries	$444.6	$664.1	$240.9	4,344
Power Generation and Supply	$308.6	$415.8	$184.6	3,464
Natural Gas Distribution	$2,310.1	$3,842.9	$1,510.6	28,052
Water, sewage	$32.6	$46.2	$23.2	507
Facilities Support Services	$167.7	$243.7	$159.0	4,207
Wholesale Trade	$1,463.8	$2,161.9	$1,189.6	25,529
Office Administration Services	$387.0	$601.7	$389.7	8,582
Earnings to households	$252.6	$325.6	$167.0	4,354
Rail Transportation	$916.6	$1,423.5	$719.5	14,364
Water Transportation	$54.7	$96.9	$44.6	940
Truck Transportation	$620.1	$1,044.1	$534.4	12,921
Subtotal $12,961.1		$20,029.0	$8,406.0	195,682
Plus initial changes:				
Value of ethanol production		$13,530.0	$252.6	
Value of co-products		$2,819.5		
Total Annual Operations		$36,378.6	$8,658.6	195,682
Grand Total		$47,619.1	$12,310.1	238,641

Source:
John M. Urbanchuk, Director, LECG, LLC, 1255 Drummers Lane, Suite 320, Wayne, PA 19087,

表5.1 生物乙醇工业对美国经济的贡献（2007年）

生物乙醇工业能够增加就业，尤其对工资水平较低的发展中国家更是如此。以印度为例，生物能源部门已经成为非常有潜力的就业部门。蔗糖工业作为生物乙醇的支柱，是全国最大的工农业复合型产业，也是4500万农民及其家属（相当于全部农村人口的7.5%）的生计来源（2003年）[1]。

在中国，从以玉米为原料制取燃料乙醇的技术经济性看，由于玉米原料价格偏高，生产1吨燃料乙醇需3.3吨玉米，仅原料成本就达4620元（1吨玉米1400元左右），企业在国家每吨补贴1600元基础上可保本获微利。需要提及的是，国家对燃料乙醇的补贴是一种"多赢"之举。因为，加入WTO后，我国政府将粮食出口补贴改为对粮食加工生产企业的补贴，因此，对燃料乙醇的补贴不但是国家对燃料乙醇产业的支持，也是国家带动粮食生产和农民增收、同时创造大量就业机会的措施。有专家估算，按我国每年生产400万吨燃料乙醇推算，可拉动160亿元以上的直接消费，创造约50万个就业岗位，在生产、流通、就业等相关环节都可以给国家创造收入。以木薯等代粮作物为原料制取燃

---

[1] Joseph B.Gonsalves.An Assessment of the Biofuels Industry in India.Prepared for United Nations Conference on Trade and Development. UNCTAD/DITC/TED/2006/6.

料乙醇技术正在研发阶段，其经济性好于玉米燃料乙醇，直接成本可控制在2500元/吨范围内（天津大学）。

从长远看，燃料乙醇生产应以农林废弃物纤维质为原料。从上海奉贤2005年的"纤维素废弃物制取燃料乙醇技术"项目看，已完成的年产600吨乙醇中试示范生产线，按每7—8吨秸秆生产1吨燃料乙醇计，每吨燃料乙醇的生产成本在4300—5500元左右。从安徽丰原已经运行的秸秆燃料乙醇项目看，生产规模为5万吨/年，秸秆原料成本2100元/吨（约6吨玉米秸秆生产1吨乙醇，秸秆按350元/吨计），其他成本3800元/吨（包括酶制剂、耗水电和蒸汽、其他加工费等），总生产成本约5900元/吨（庄幸、姜克隽，2008）。虽然目前利用秸秆纤维素制取燃料乙醇的成本高于玉米燃料乙醇，但随着技术的逐步成熟，其生产成本将会大大降低。另外，由于燃料乙醇具有与MTBE汽油添加剂同样的作用，所以，如果考虑到燃料乙醇的这一作用，对燃料乙醇的定位和定价来说都还有较大空间。

5.2 对粮食价格的影响

近年来，国际农产品价格在多种因素的共同作用下急剧上涨。自2002年以来，粮农组织名义粮食价格指数已经翻了一番，实际价格指数也迅速上升。自2008年中期以来，受增收预期（粮农组织，2008b）的影响，一些商品价格已经开始回落。但是，当前的农产品市场状况之所以引人注目，一是因为世界范围的价格急剧上涨并不仅限于少数几种商品，而是如前所述涵盖了几乎所有的主要粮食和饲料商品；二是如《经合发组织—粮农组织2008—2017年农业展望》（经合发组织/粮农组织，2008）预测，在短期冲击的影响逐渐消退以后，价格很可能还会保持高位运行。很多因素促成了这些状况，但很难量化这些因素各自的作用有多大。

在可能发挥作用的因素中，名列前茅的是许多新兴国家经济和人口的快速增长导致各农产品市场（即谷物、油料作物和畜产品）之间的联系更加密切；另一个显著因素是农产品市场和化石燃料与生物燃料市场之间的联系更加密切，影响了农产品的生产成本和需求。与金融市场之间更加紧密的联系以及美元对多种货币汇率的下跌也发挥了重要作用（粮农组织，2008a）。

对中国来说，近年来也经历了粮食价格的持续上涨。总体来看，引起中国粮食价格上涨的因素主要有：

（1）伴随着人口增长和肉食性需求的增长，对粮食的直接需求和间接需求都出现了持续增长；1987年来，我国人口出生率持续下降，但依然超过死亡率水平，人口规模呈缓慢增长趋势，2011年总人口比1987年增加了23.3%，1987—2011年年复合增长率达到0.87%。假设人口出生政策不变，预计我国2020—2025年将达到人口高峰，对粮食需求达到阶段性顶峰。生活水平提高，消费升级带来饮食结构变化，粮食饲用需求快速增长。2001年后动物蛋白占人们消费比重显著提高，而粮食通过饲料转动物蛋白系数低于1，如粮食转猪、鸡肉比例分别在55%、57%左右，进一步增加了对粮食饲用的需求。

（2）成本上涨成为国内粮食价格长期上涨的重要推手。粮食需求较为刚性，因而成本可转嫁，成为粮食价格上涨的重要推手。2006—2010年，玉米、小麦、稻谷成本分别上涨了53.6%、52.8%和47.9%。随着刘易斯拐点①的临近，人工成本持续上涨；土地稀缺性带来租金成本上升趋势不变，粮食总成本上涨推动粮食价格持续上涨。

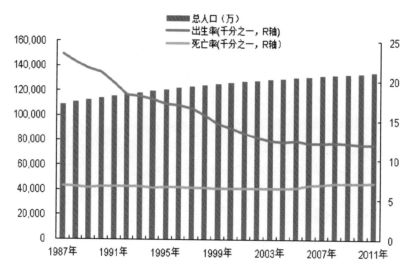

图5.1　1987—2011年总人口增长

资料来源：平安证券公司（2012）。

---

① 刘易斯拐点，即劳动力过剩向短缺的转折点，是指在工业化过程中，随着农村富余劳动力向非农产业的逐步转移，农村富余劳动力逐渐减少，最终枯竭。由诺贝尔经济学奖得主刘易斯在人口流动模型中提出。

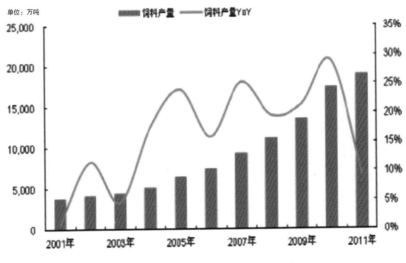

图5.2　2001—2011年粮食饲用需求

资料来源：平安证券公司（2012）。

（3）货币流动性增加是引起名义价格快速上涨的重要因素。可以说，在最近的国内粮食价格上涨中，生物乙醇项目的发展并没有起多大作用。主要影响因素仍然是供求关系和货币因素。在国际市场上也可以看到类似的情形（见图5.3）。

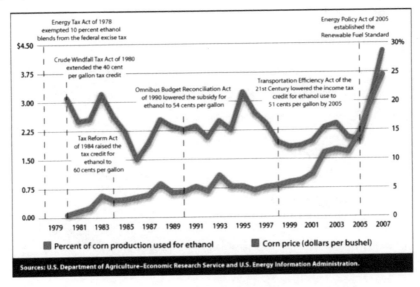

图5.3　1980—2007年美国能源用玉米占比与玉米价格趋势

实际上，粮食价格上涨只不过恰好与发展生物能源同时出现而已，背后真正起作用的还是粮食生产的周期性、刚性需求的增长以及最重要的——货币流动性的增加在起作用。这一点从图5.4可以看出来。按照世界银行（2011）的数据，如果以不变美元计算，世界食品价格有的只是周期性变化，并没有一个明显的上涨趋势。图中的两个高峰期与世界石油价格的两个高峰期接近重合，这显示出食品价格与能源价格的正相关性。

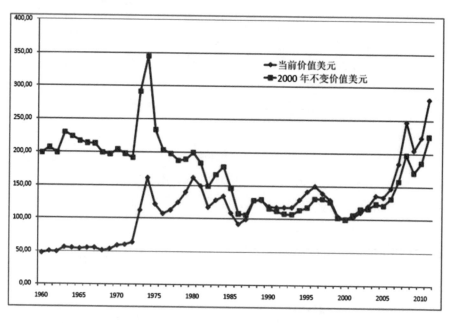

图5.4　世界食品价格指数（年度），按当前和不变价值美元计算

（1960—2011年，2000年＝100）

5.3　对农民收入的影响

陈瑜琦等（2010）选择中国广西壮族自治区能源作物生产大县武鸣县为案例区，在2010年3—4月开展了实地农户调查，调查数据反映的是2009年作物种植情况。调查发现：目前广西地区甘蔗仍较多用于传统制糖工业，用于生物能源生产的主要作物为木薯。近年来武鸣县木薯种植面积显著增加,由2004年的19916.33公顷增加到2008年的24972公顷,增加幅度达24.48%。主要原因是:一方面,生物能源与传统木薯淀粉厂对原料展开竞争,一定程度上推动了木薯收购价格的显著提高;另一方面,木薯种植投入较少,仅从种茎投入看,目前当地农户基本采取预留的方式,节省了资金支出。

从木薯与其他作物的种植收益对比看(其他投入包括灌溉、地膜和雇用劳动力等资金投入类型),2009年武鸣地区木薯平均每公顷纯收益11123.04元,甘蔗种植收益为12138.36元/公顷,稻谷平均6984.04元/公顷,而玉米生产每公顷纯收益约为5104.61元,花生仅为2851.36元(见表5.2)。木薯种植的经济收益显著高于其他作物,说明能源作物相对于粮食作物有显著的经济竞争力。

表5.2　2009年中国广西武鸣县主要能源作物与粮食作物投入产出对比分析

作物	资金投入/(元/hm²)						产出			收益/(元/hm2)
	种子	农药	化肥	机械	其他	资金投入总额	主产品产量/(kg/hm2)	主产品产量/(元/kg)	主产品产值/(元/hm2)	
木薯	0.00	214.02	3121.90	402.66	197.11	3935.70	28303.28	0.53	15058.74	11123.04
甘蔗	1140.00	466.67	5342.92	825.00	1708.33	9482.92	70275.00	0.31	21621.28	12138.36
稻谷	767.82	947.42	3193.63	920.43	107.60	5936.90	6057.14	2.13	12920.94	6984.04
玉米	790.76	381.84	2783.91	336.32	62.67	4355.50	5800.00	1.63	9460.11	5104.61
花生	1129.09	407.73	2218.64	586.36	47.73	4389.55	2011.36	3.60	7240.91	2851.36

资料来源:陈瑜琦等(2010)。

5.4　发展生物乙醇对土地利用的影响

生物能源是否威胁粮食安全不仅是各大国际组织和各国政府关注的焦点,也一直是学界争论的主要议题。一方面,有学者提出生物能源通过减少粮食市场供应量和抬高粮食价格威胁粮食安全,尤其是那些低收入食物短缺国家人民的基本生存需求。2007年美国23%的谷物,巴西54%的糖料,欧盟47%

的植物油都被用于生产生物能源①。由于大量农产品用于生产生物能源，很大程度上减少了国际市场的食物供给量②。市场供给量的减少必然带来价格的提升。世界银行（World Bank）研究表明：2002年第一季度至2008年第二季度，国际粮食价格上涨了140%，生物燃料的贡献率达75%。经合组织—联合国粮农组织（OECD—FAO）认为生物能源对2008—2017年谷物、植物油和小麦价格上升贡献率分别为42%、34%和24%③。生物能源生产逐渐成为近年来很多国家和地区陷入粮食危机的重要原因④。而另一方面，也有一部分学者否认生物能源发展威胁粮食安全，主要理由包括：农产品中只有1%—10%被用于生产生物能源，不会影响粮食价格⑤；可以利用作物秸秆等农业废弃物为原料生产生物能源⑥；农业劳动生产率不断上升使得粮食总产量大幅度提高，可以弥补能源生产消耗的粮食⑦；世界上只有1%的耕地用于能源作物种植，不会威胁粮食生产⑧；可以利用边际土地种植能源作物，做到能源作物不与粮食作物竞争土地等⑨。

可见，生物能源是否威胁粮食安全的焦点是生物能源生产对粮食市场供应量的影响。从生物能源对粮食市场供应量的影响方式看：一是燃料乙醇和生物柴

① FAO-Food and Agriculture Organization, Bioenergy, Food Security and Sustainability-Towards an International Framework [C].High-level Conference on World Food Security: The Challenges of Climate Change and Bioenergy.Rome, 3-5 June, 2009.

② Boddiger D.Boosting biofuel crops could threaten food security ［J］.The Lancet, 2007, 370（9591）: 923-924.

③ FAO-Food and Agriculture Organization.The Market and Food Security Implications of the Development of Biofuel Production [C].Committee on Commodity Problems, Rome, 20-22 April 2009; Phalan B.The social and environmental impacts of biofuels in Asia: An overview ［J］.Applied Energy, 2009, 86（Supp1）: S21-S29.

④ Muller A., Schmidhuber J., H oogeveen J., et al.Some insights in the effect of growing bio-energy demand on global food security and natural resources ［J］.Water Policy, 2008（10）: 83-94.

⑤ Kerckow B.Competition between agricultural and renewable energy production ［J］.Quarterly Journal of International Agriculture, 2007（46）: 333-347.

⑥ Hazell P., PachauriR K.Bioenergy and Agriculture: Promises and Challenges [M].International Food Policy Research Institute（IFPRI）, 2006.

⑦ Goldemberg J., Coelho S.T., Guardabassi P.The sustainability of ethanol production from sugarcane ［J］.Energy Policy, 2008（36）: 2086-2097.

⑧ FAO-Food and Agriculture Organization. Second FAO Technical Consultation on Bioenergy and Food Security[C].Summary Proceedings.Rome, 2008.

⑨ P imentel D., Patzek T.Ethanol production: Energy and economic issues related to U.S.and Brazilian sugarcane ［J］.Natural Resources Research, 2007, 16（3）: 235-242.

油等第一代生物能源生产直接消耗食物；二是木薯、麻风树和红麻等非粮能源作物种植通过与粮食作物竞争耕地资源，影响粮食播种面积和总产量。而无论是食物种植还是非粮能源作物种植，最基本的资源投入类型之一即为土地，因此生物能源对粮食安全的影响可以归结为能源作物与其他作物对土地的竞争。

中国生物能源生产起步较晚，到2007年燃料乙醇总产量为160万吨生物能源占地77.421万公顷，占农作物总播种面积的0.5%[1]。依据国家发改委制定的《可再生能源中长期发展规划》，到2010年，我国生物能源生产目标具体为：燃料乙醇200万吨，生物柴油20万吨；到2020年，燃料乙醇1000万吨，生物柴油200万吨。按照土地足迹法计算，要实现这个目标，2010年需要投入农作物播种面积的2.8%（435万公顷）用于能源作物种植。2020年投入农作物播种面积的17.41%（2698.6万公顷）用于能源作物种植[2]。

表5.3 全球及部分国家生物能源利用及占用耕地情况

地区或国家	年份	生物能源生产情况	生物能源占用耕地面积
世界	2004	生物能源生产约330×10^{8}L	占地1400×10^{4}hm^2,约为全球耕地面积总量的1%
	2007	生物能源总产量近800×10^{8}L占能源产量的16%	占地4275×10^{4}hm^2,占全球耕地面积的2.85%
	2030	生物能源占用世界交通能源消耗的5.9%	占地5300×10^{4}hm^2,占全球耕地面积的3.8%
巴西	2008	乙醇产量250×10^{8}L生物柴油量11×10^{8}L	甘蔗种植面积805×10^{4}hm^2，占耕地面积13.64%
美国	2007	乙醇产量333.12×10^{8}L生物柴油量19.49×10^{8}L	玉米占地930×10^{4}hm^2,大豆占地面积325×10^{4}hm^2
	2016	生物能源要代替5%的汽油，替代目前交通消耗柴油的13%	投入12800×10^{4}hm^{2}的土地用于玉米生产

---

[1] 国际新能源网.爱尔兰发布2007—2008年度中国生物能源产业研究报告，2008-04-07。"报告指出：2007年，中国燃料乙醇产量达一百六十万吨，其中百分之八十以玉米为原料，按照比例1∶3.3推算，共消耗玉米400万吨。"

[2] Y ang H., Zhou Y., Liu J.Land and water requirements of biofuel and implications for food supply and the environment in China ［J］.Energy Policy，2009（37）：1876–1885.

地区或国家	年份	生物能源生产情况	生物能源占用耕地面积
欧盟	2006	生物能源占交通能源使用量的1.2%	占地3100×10^{4}hm^2,占总耕地面积的3%
	2020	生物能源占交通能源使用量的10%	占地17500×10^{4}hm^2,占总耕地面积的15%
中国	2007	燃料乙醇产量达160×10^{4}t	占地77.421×10^{4}hm^2,占农作物总播种面积的0.5%
	2010	燃料乙醇200×10^{4}t生物柴油20×10^{4}t	占地435×10^{4}hm^2,占农作物总播种面积的2.8%
	2020	燃料乙醇1000×10^{4}t生物柴油200×10^{4}t	占地2698.6×10^{4}hm^2,占农作物总播种面积的17.41%
法国	2003	生物燃油产量41×10^{4}t	占地32×10^{4}hm^2,占耕地面积1.73%
	2010	生物燃料占能源消费的5.75%	占地面积200×10^{4}hm^2
印度	2007	—	生物柴油占地面积40×10^{4}hm^2,占耕地面积的0.25%
	2012	柴油中计划加入20%的生物柴油	政府计划投入1120×10^{4}hm^2,种植麻风树

资料来源:陈瑜琦等(2010)。

第六章　资源潜力分析

生物乙醇的植物来源主要有三类:糖料作物、淀粉类作物、纤维质材料(见图6.1)。目前糖料作物如甘蔗,淀粉类作物如玉米、小麦、马铃薯等制取生物乙醇的技术已经非常成熟,纤维质材料制取乙醇的技术尚未成熟,还在发展之中。糖料作物和淀粉类作物制取乙醇的技术关键在于副产品DDGS的精加工以及节能技术的进展,而纤维质材料制取乙醇的技术关键在于工业酶技术的应用。

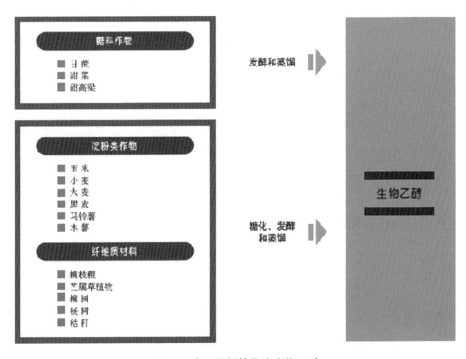

图6.1 农业原料转化为生物乙醇

资料来源：联合国粮农组织。

6.1 土地资源保障

土地与水是关系生物能源产业规模化持续发展的最重要因素。国土资源部《2008年中国国土资源公报》指出：全国耕地18.26亿亩、园地1.77亿亩、林地35.41亿亩、牧草地39.27亿亩、其他农用地3.82亿亩。

耕地是生产粮食作物的重要资源，种植非多年生的能源作物如甜高粱、木薯之类也需要占用耕地。我国人多地少，耕地资源稀缺，并且耕地数量在快速减少。根据1996年以来的国土资源部耕地数据以及1996年以前国家统计局的耕地数据，从1949年到1965年，我国耕地面积的变化以增加为主，峰值为1965年的13886万公顷；从1965年到现在，耕地面积的变化以减少为主。目前，中国土地减少的速度在加快。生态退耕、建设占用、农业结构性调整和灾毁耕地是耕地减少的主要原因。改革开放以来，随着经济的快速发展，我国耕地面积已经减少了一成以上，而土地整理复垦开发长期以来保持着比较低的水平。据预测，到21世纪中叶，我国耕地因建筑及退耕等消耗要比现在减少20%左右（江宁，2006）。总体上，耕地应首先保证粮食的供应，未来存在由于技术发展而使得单位面积农作物产量成倍增长的可能，但现阶段用耕地专门生产生物能源原料是不现实的。

为避免与粮争地，边际性土地资源被寄予厚望。据《中国可再生能源发展战略研究丛书——生物质能卷》调查，我国具有潜力生产生物质原料的边际性土地13614万公顷，相当于现有耕地面积，其中宜农后备地734万公顷、宜林后备地5704公顷、边际性农地2000万公顷、边际性林地5176万公顷。

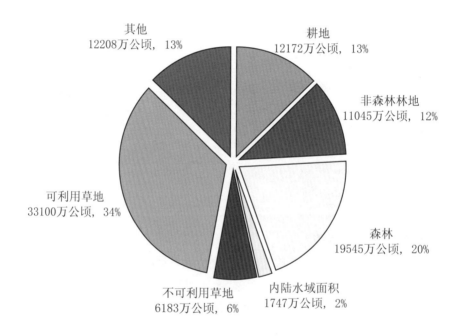

图6.2　中国土地资源情况

资料来源：国家统计局，《中国统计年鉴》（2011）。

但是，未利用的土地能否转化为生物能源原料基地与当地的气候条件、土壤状况、水资源供应以及生态环境等因素密切相关，不合理的土地垦殖往往在环境、经济上得不偿失，实际能够转化成种植能源作物的土地数量要大打折扣。同时我国边际土地资源多分布在西北部地区，与水资源、人口呈逆向分布，这给实际开发带来相当大的困难。由于绝大多数未利用的土地地处偏远、自然条件恶劣、土地开发成本巨大，利用边际性土地生产生物能源还需要一定的政策支持。

我国有约1亿公顷不易耕种的荒瘠土地，可用于种植作为酒精原料的作物。我国每年还产生约7亿吨秸秆，多数未有效利用。因此，我国发展燃料酒精资源丰富、潜力巨大。目前，国内已经利用盐碱地、沙土地成功种植了甜高粱，也建设了纤维素酒精的示范基地，虽然还存在一些问题，但已经展示了产业化的前景。

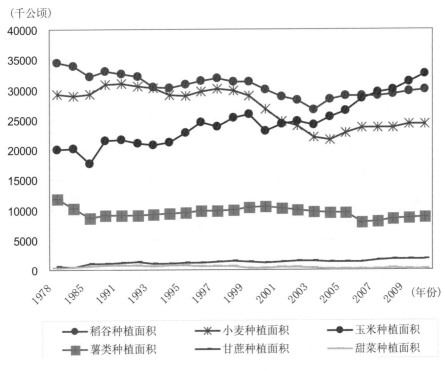

图6.3 农作物种植面积

6.2 淀粉类作物的资源保障

小麦、玉米、高粱等谷类作物和甘薯、木薯等薯类作物是最主要的用于生产乙醇的淀粉类作物。我国当前的燃料乙醇生产主要利用玉米和小麦陈化粮。虽然陈化粮概念已经退出历史[1]，但是储备粮仍然有正常的更新。随着我国粮食产量的增长和粮食储备的增加，正常情况下陈化粮资源应该是有保障的。

根据温家宝总理的讲话（2010年12月26日）[2]，中国粮食储备接近2亿吨。粮食储备中储备粮以小麦、稻米、玉米为主，其中，小麦占50%以上，稻谷占30%上下，玉米占17%左右，其他豆类占3%左右。根据《中央储备粮管理条例》（2003年8月15日发布），中央储备粮实行均衡轮换制度，每年轮换的数量一般为中央储备粮储存总量的20%至30%。按照25%计算，则每年轮换的小麦为2500万吨，稻谷为1500万吨，玉米为850万吨。25%的更换率相当于存放的第四年轮换，按照原有陈化粮的认证标准，这种粮食已经不再适合直接食用，只能进行饲料加工和生产工业乙醇。

尽管有不明数量的陈化粮还是成为了人们的口粮，但是这种行为是违法的，应该受到惩处。假定轮换粮食的一般可以用于工业乙醇的生产，那么每年可以用于生产生物乙醇的陈化粮约为小麦1250万吨，稻谷750万吨，玉米425万吨。其中玉米陈化粮的数据与实际情况一致（庄幸、姜克隽，2008），表明这种估计还是可行的。小麦与稻谷数据没有文献验证，但是如果与实际情况有出入，则表明很有可能还是非法进入了口粮或其他不正当用途。

按照生物乙醇生产的技术产出率（见表6.1），这些轮换储备粮能够生产的生物乙醇量为760万吨，远远高于目前我国的生物乙醇产量（2011年为169万吨），也高于"十二五"规划的400万吨的目标[3]。

---

① 国家粮食局.目前已经不存在陈化粮处理问题［EB/OL］.腾讯财经，http：//finance.qq.com/a/20120907/001701.htm.

② 温家宝.中国粮食储备接近2亿吨［EB/OL］.财经网，http：//magazine.caijing.com.cn/2011-01-05/110610927.html.

③ 国家发改委等政府部门制定的《可再生能源发展"十二五"规划》提出，到2015年，中国生物燃料乙醇利用量将达到400万吨

表6.1 生物乙醇产出率

作物种类		玉米	稻谷	小麦	木薯	甜高粱	能源甘蔗
作物产量及酒精产出量	单位面积产量（t·hm⁻²）	5.12	6.311	4.252	40	90	70
	糖或淀粉含量（%）	69	75	66	25	14	12.5
	酒精产出率（L·t⁻¹）	410	450	390	150	100	70
	单位面积酒精产量（L·hm⁻²）	2099	2840	1685	6000	9000	4900
	价格（元·t⁻¹）	1050	1900	1440	380	240	195
	乙醇生产成本（元·t⁻¹）	4240	7000	4700	4259	4000	4600
能效转换	酒精产出比（t·t⁻¹）	0.3	0.36	0.29	0.33	0.079	0.053
	吨作物产乙醇含能（MJ/t）	8040	9648	7772	8844	2115	1423
	吨作物农业生产能耗（MJ·t⁻¹）	3756	3650	3605	2854	214	275
	吨作物工业生产能耗（MJ/t）	11271	10956	10638	6554	1196	1196
	运输与销售能耗（MJ·t⁻¹）酒精	506.4	506.4	506.4	506.4	506.4	506.4
	吨作物乙醇生产总能耗（MJ·t⁻¹）	15179	14788	14390	9575	1450	1498
	燃料酒精的能效转换率	0.53	0.65	0.54	0.92	1.46	0.95

资料来源：张纪鹏等（2008）。

6.3 非粮作物资源保障分析

按照我国可再生能源发展规划，中远期将主要用非粮类如薯类、甜高粱、木质纤维素等生产燃料乙醇。主要的非粮淀粉和糖料作物如表6.2所示。

表6.2　主要的淀粉和糖料作物

作物种类	糖/淀粉含量（%）	乙醇产量（升/公顷）	环境适应性	主要产地	目前应用
木薯	35.0	2900	土壤要求不严，耐瘠薄	分布于淮河、秦岭一带和长江流域以南，以广东和广西的栽培面积最大，其他亦有少量栽培	制乙醇，用作饲料和提取淀粉
甜菜	16.0	5600	适应性强，耐严寒，耐高温	黑龙江、新疆、内蒙古	制糖，乙醇
甘蔗	10.0	5400	热带、亚热带，喜高温，需水量大	广东、广西、云南	制糖，乙醇
甜高粱	10.0	5400	抗旱，抗涝，耐盐碱	分布广泛，主要在西北、华北、东北、华南、华东和华中地区	乙醇，饲料
菊芋			干燥，喜光，耐低温，耐盐碱	原产北美，我国各地普遍栽培	制糖，食品添加剂，乙醇，饲料

资料来源：中国科学院青岛生物能源与过程研究所（2010）。

　　甘蔗是热带、亚热带作物，具有喜高温、需水量大的特点，具有较高的光合作用效率和干物质积累能力。我国最大的甘蔗种植地区是广西、广东和云南，这三省区种植面积达1200万亩以上。甘蔗种植条件要求较高，开发适于边际性土地种植的甘蔗品种比较困难，同时由于我国对于食糖的需求持续增长，因此只有糖业加工副产物的糖蜜、蔗渣能够应用于能源生产。

甜菜是北方经济作物,喜冷凉,具有适应性广、耐低温、耐盐碱、耐干旱等特性。黑龙江、新疆和内蒙古三省区是我国甜菜的种植大省,面积均在100万亩以上。针对我国甜菜资源存在数量少、类型单一和遗传基础狭窄的问题,科研工作者利用现有的种质资源进行品种间杂交,经过选择已经培育出一批具有丰产、高糖和抗病等优良性状的新型种质材料,为能源甜菜的应用开发奠定了基础。目前甜菜仍然主要用于制糖,可以用于生产生物乙醇的甜菜和甜菜糖蜜资源还都比较少。

甜高粱又称糖高粱,是粒用高粱的一个变种。我国甜高粱栽培历史悠久,在我国各地均曾有种植历史,目前种植区域主要分布在东北和华北地区,以山西、内蒙古、辽宁、吉林和黑龙江为主。甜高粱适应性强,耐涝、耐旱、耐盐碱,对土壤肥力要求不高,生长迅速,生物学产量高。甜高粱的需水量仅为甘蔗的三分之一,是很好的节水作物,特别适合我国广大干旱地区栽培。但大规模种植尚未形成,尤其在深入开发、综合利用方面还非常不够。

甜高粱生长期较短,在我国南方一年可收获2—3次。甜高粱生物产量高,一般籽粒产量为200—400千克/公顷,茎秆高达4—5米,茎秆产量(鲜重)可达3000—4500千克/公顷。甜高粱的秸秆榨汁、种子均可用来生产乙醇,研究表明,甜高粱单位面积乙醇的产量和玉米相比可提高35%左右。

木薯是世界三大薯类作物之一。木薯光合效率高、抗逆性强、耐瘠薄,是我国南方广西、广东、海南、云南四省区很具潜力的能源作物。我国的木薯种植主要在广西,其次为广东、海南、云南、福建、江西,其中广西占65%左右。近年中国木薯种植面积在650万亩左右,鲜薯总产量达到总产量850万—880万吨[①]。

此外,我国还大量进口东南亚生产的木薯。2010年中国木薯干片进口量566万吨,2011年488万吨。2011年进口量约占到总量的72.7%。

---

① 中国淀协木薯淀粉专业委员会、广西木薯产业协会,2011—2012年中国木薯产品数据统计。

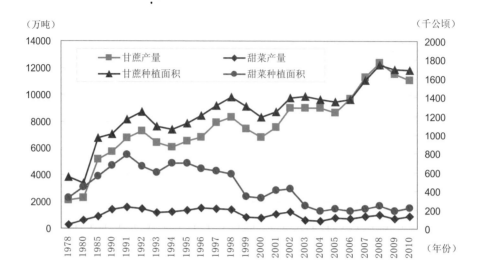

图6.4 甘蔗生产情况

资料来源：国家统计局，《中国统计年鉴》（2011年）。

目前中国每年可以用于制取生物乙醇的甘蔗糖蜜大约为400万吨，产出率按0.25计算[1]，每年可以生产100万吨左右的生物乙醇；每年木薯国产与进口合计约为1200万吨[2]，产出率按表6.1的0.33计算，可以产出400万吨生物乙醇。甜高粱等生物资源由于目前没有推广种植，因此不予计算。

6.4 纤维质植物资源保障

纤维素乙醇是人们对生物乙醇的厚望。木质纤维素是地球上最丰富的可再生资源，据估计木质纤维素原料占世界总生物质量的50%，由木质纤维素生物转化成的燃料乙醇越来越引起世界各国的广泛关注。

---

[1] 《南宁（中国—东盟）商品交易所甘蔗糖蜜现货交易手册》（2010）。

[2] 中国科学院青岛生物能源与过程研究所（2010）数据，广东木薯产量约800万吨，占全国总产量60%以上，因此粗略估计全年木薯产量为1200万吨。

表6.3　木质纤维素类植物

植物	生物产量	环境适应性	主要产地	应用
甜高粱	鲜种高产纪录为169吨/公顷	抗旱、抗涝、耐盐碱	分布广泛，主要在西北、华北、东北、华南、华东和华中地区	乙醇，饲料
柳枝稷	20吨/公顷	试种中	试种中	乙醇或其他石油为原料的产品，如塑料
芒属植物	30吨/公顷	抗干旱，耐贫瘠		饲料 乙醇 药用
柳属植物	15～20吨/公顷	喜光，喜热，耐干旱，耐盐碱	西北干旱、半干旱地区及华北滨海盐碱地区	建筑、饲料、中药材、乙醇

资料来源：中国科学院青岛生物能源与过程研究所（2010）。

据美国能源部门预测，到2015年可以解决现有的技术和经济问题，实现纤维素乙醇工业化生产。2002年美国能源部和诺维信公司合作，投资1480万美元，研究把纤维素和半纤维素酶解为可发酵糖，再发酵制取乙醇。到2005年，其关键技术纤维素酶有了突破，生产3.785升燃料乙醇所需纤维素酶成本从5美元降至0.05美元。低成本价的纤维素酶不再是发展纤维质水解制取燃料乙醇的制约因素，由此可以推测纤维质原料生物转化燃料乙醇工业化的进程有望提前。目前，全世界已经有几十套纤维质原料经纤维素酶水解成单糖的中试生产线或小试生产线，大部分是以乙醇为最终主产品（于婷、傅永福，2008）。

农作物秸秆是粮食作物和经济作物生产中的副产物，主要由纤维素、半纤维素和木质素三大部分组成。农作物秸秆资源量通常根据农作物的产量及不同作物的草谷比进行估算。2009年我国农作物秸秆资源量如表6.4所示。

表6.4　2009年我国农作物秸秆资源量（估算）

作物种类		作物产量（万吨）	草谷比	秸秆产量（万吨）
谷物	稻谷	19510.3	1	19510.3
	小麦	11511.5	1	11511.5
	玉米	16397.4	2	32794.8
	其他	737.1	1	737.1
豆类		1930.3	1.5	2895.45
薯类		2995.5	1	2995.5
棉花		637.7	3	1913.1
油料	花生	1470.8	2	2941.6
	油菜籽	1365.7	2	2731.4
	芝麻	62.2	2	124.4
	其他	255.6	2	511.2
糖类	甘蔗	11558.7	0.1	1155.87
	甜菜	717.9	0.1	71.79
合计				79894

资料来源：中国科学院青岛生物能源与过程研究所（2010）。

　　从利用方式上看，农作物秸秆的主要用途是农村能源、牲畜饲料、还田肥料和工业原料，另外还有很大一部分秸秆被露地焚烧或浪费掉。秸秆作为农村的生活燃料已经有悠久的历史。但是，多数秸秆燃烧属于直接燃烧法，热转换效率很低，一般低于20%，还有70%—80%的有机碳和植物养分成为挥发物，既污染空气，又浪费资源。如果把多余的秸秆收集并合理进行能源利用，不仅有利于解决当前所面临的能源问题，还可改善环境、增加农民收入，是一件利国利民的事情。但是秸秆的密度很低，即使打成高致密草捆也不过300千克/立方米，远远低于常规能源甚至粮食的密度。而秸秆的生产有很强的季节性和地域性，在不同的时间和地区，秸秆供应量和价格差别明显。因此秸秆的收集、运输和储藏存在很大问题。

纤维素资源中制取乙醇的产出率（见表6.5），如果把秸秆资源的乙醇产出率简单估算为每吨产出300升，折合为重量单位为0.237吨乙醇/吨秸秆。再假定全国秸秆资源中有10%用于生产燃料乙醇，则纤维素乙醇产量可达1900万吨左右。

表6.5　纤维素生物乙醇产出率

生物质作物		作物燃料转化量 （公升/公吨）	作物生产量 （公吨/公顷）	土地燃料产量 （公升/公顷）
主要组成	种类			
纤维物及其他	蔗渣	280	18	5040
	干草	340	9.1	3100
	木材	300	12	3500

资料来源：苏宗振，我国生质能源发展趋势与农业政策。

综合以上分析，可以看出，生物乙醇的资源保障是很充分的，轮换储备粮资源充分利用可以产出760万吨乙醇；糖类作物资源可以产出500万吨乙醇；而一旦纤维素乙醇生产成本降到合理水平，即使按10%的原料投入计算，也可以产出约1900万吨的乙醇。

第七章　政策分析

发展生物能源是一个系统性的工程。目前对是否充分发展生物乙醇还存在一定的争论。本章将对国内外生物乙醇的发展政策做一梳理，并提出对"粮食—能源之争"这一问题的看法，最后在前面研究的基础上提出对中国发展生物乙醇产业的建议。

7.1 对生物乙醇发展政策的评述

生物乙醇产业的发展，与多方面政策有着密切的关系，如农业政策、环境保护政策、能源政策、财税政策等。本节对国外重点国家和中国的发展政策进行简单的回顾。

7.1.1 主要国家的生物乙醇发展政策

表7.1总结了与生物乙醇有关的农业政策，表7.2总结了几个主要国家的生物乙醇政策。

7.1.1.1 巴西的生物乙醇政策

巴西全部能源消费中约45%来自可再生资源，反映了对水电（占14.5%）和生物质（30.1%）的综合利用情况；2006年在国内可再生能源供给中，甘蔗的利用占可再生能源的32.2%，占国内所有能源供应的14.5%（全球生物能源伙伴关系，2007）。

表7.1　与生物乙醇有关的农业政策

欧盟	共同农业政策（CAP）：允许休耕地种植非食用作物。非休耕地从事能源作物生产且与工厂有合约之农民每公顷可得45欧元援助（碳扣抵额补贴），最大援助面积150万公顷
法国	1.工厂以食用油菜市价95%以上价格向农民收购，增加农民所得与就业机会 2.休耕地生产能源作物仅作工业使用，并立法推动农业发展 3.自2005年起对汽油经销商实行渐进式税率，鼓励汽油与生质酒精混合
美国	1.生质能计划：（1）以超过前年度生质能产量为基础给予生产者补贴，支付率为生产量小于6500万加仑者有资格商品使用以增加生产时每2.5原料单元偿还1原料单元；大于6500万加仑生产者增加生产时每3.5原料单元偿还1原料单元。（2）补助原料成本货物税（如大豆货物税扣抵额为1美元/加仑/1.4/2.5×0.4） 2.立法要求制订促进生质产物研发政策 3.提供贷款保证及协助有资格农民、农场经营者及农村小型企业购置再生能源系统及周转金 4.提供农家及农村企业发展新附加价值产品如酒精与生质柴油
巴西	1.推动初期设定收购价格鼓励农民种植 2.原料购自家庭农业及巴西北部、东北部或半干燥地区的时，PIS（社会整合计划贡献）/PASEP&一氧化碳FINS（社会安全财务贡献）税全免

表7.2　世界主要国家/地区的生物乙醇发展政策

市场保证	强制市场使用	欧盟：运输部门需消耗生质燃料2%
		美国：汽油须含2.78%可再生燃料；政府车辆需用生质柴油
		中国：强制五省全省及四省部分地区使用酒精汽油；与同标号汽油同价
		泰国：政府机关、国营机构车辆强制使用；政府办公区只售95酒精汽油
		巴西：不供应纯汽油［4种燃料：纯乙醇（含水），乙醇汽油，MEG和柴油］
价格奖励	补贴政策	加拿大：补助建造酒精生产工厂；鼓励投资酒精工业及再生能源
		巴西：建置后勤供应系统
		澳洲：对新或扩充生质燃料容量计划提供资本补助
		中国：针对生产成本进行补贴
财税优惠	对生产设备及消费者给予税项扣减减免、贷款补贴	欧盟：E5减免5%能源税；100%生质燃料豁免能源税
		法国、加拿大：货物税减免
		美国：生产纤维素酒精贷款保证；提供生产业者税项优惠及货物税扣抵（减税0.1348美元/公升）；课征进口税0.1427美元/公升
		巴西：酒精免税；工厂进口材料及机械免税
		中国大陆：免征5%消费税；增值税先征后还及库存粮政策补贴
		泰国：货物税减免；机械进口免税；免8年公司营业税；免生质柴油货物燃料税

巴西一直是对生物能源部门进行国家管理的先驱，并在生物燃料领域特别是利用乙醇作为运输燃料方面，积累了丰富的经验和专长。巴西将乙醇作为汽油添加剂的做法可以追溯到20世纪20年代，但是直到1931年，利用甘蔗生产的燃料才正式开始混入汽油使用。第一次石油危机之后，政府于1975年启动了《国家乙醇计划》（ProAlcool），为大规模发展蔗糖和乙醇产业创造了条件。该计划旨在减少能源进口和促进能源自立；其主要目标是将汽油和无水乙醇的混合物引入市场，并为开发完全使用水合乙醇燃料的汽车提供激励机制。在第二次大规模的石油冲击之后，政府在1979年实施了一个更宏大更全面的计划来促进新种植园和一批纯乙醇燃料机动车的开发。政府出台了一系列税收和金融激励措施。该计划引起了强烈的反响，乙醇生产飞速发展，完全使用乙醇燃料的汽车数量也随之快速上升。

　　为该计划提供的补贴原本是临时性的，因为从长远来看，预期油价走高可以使乙醇具有竞争力。然而，由于1986年国际油价滑落，取消补贴成为问题。此外，蔗糖价格上涨引起乙醇供应不足；1989年乙醇在一些主要消费中心的严重短缺破坏了该计划的实施。

　　1989年至2000年间显示出这样的特点，该计划一系列经济激励措施解体，政府在很多其他方面也放松了管理，从而影响了巴西整个燃料供应体系。1990年，管理巴西蔗糖和乙醇产业60多年的蔗糖与乙醇研究所被撤销了，该产业的生产、配送和销售活动逐步移交给私营部门来进行规划实施。随着补贴的结束，水合乙醇作为燃料的用量大幅缩减。但是，随着1993年强制性混合规定的出台，要求所有零售加油站的汽油必须加入22%的无水乙醇，无水乙醇和汽油混合物的利用由此得以快速发展。该混合规定目前仍然适用并根据蔗糖与乙醇部际委员会制定的百分比要求，混合范围可在20%—25%间浮动。

　　随着乙醇燃料的复苏，巴西乙醇利用的最新阶段始于2000年，其显著标志是2002年实施的产业价格自由化。世界市场的高油价进一步促进了乙醇出口。蔗糖和乙醇产业动向开始更多地依赖市场特别是国际市场机制。该产业得到了大幅投资，用以扩大生产并应用现代化技术。近年国内市场发展的一个重要因素是对"乙醇—汽油"双燃料汽车产业的投入。这种汽车也称为"弹性燃料"汽车，可以利用汽油和乙醇混合物为燃料。

　　相比之下，生物柴油在巴西仍是新生产业，相关政策也都是新近出台的。2005年生物柴油法规定，要在2008年和2013年分别达到2%和5%的最低混合要求。为反映社会融合和区域发展关注，巴西建立了税收激励体制以鼓励北部和东北部地区的家庭小农场生产生物柴油原料。根据《社会燃料法案》（Selocombust í vel Social）这一特别计划的规定，从贫困地区家庭小农场购买原料的生物柴油生产者可以减少支付联邦所得税，并且可以从巴西开发银行获得资金。这些农民被组织起来成立合作社并得到推广人员的培训。

巴西目前的生物能源政策基于由部际小组制定的联邦政府《农业能源政策准则》。与联邦政府整体政策相呼应，农业、畜牧和食品供应部已制定出计划以满足本国生物能源需求。《巴西2006—2011年农业能源计划》的目标是，确保巴西农业企业的竞争力并为具体公共政策提供支持，包括社会融合、区域发展和环境可持续性等。

7.1.1.2　美国的生物乙醇政策

目前，利用玉米生产乙醇在美国生物燃料生产中占主导地位，2007年产量达300亿升；其次是利用大豆生产生物柴油，达20亿升。美国还投入大量资源用于开发和应用下一代生物燃料技术。

美国目前正在实施一系列政策以促进生物能源发展，包括2005年《能源政策法案》、2007年《能源独立与安全法案》、2002年《农业法案》和2000年《生物质研究与发展法案》，其中一些涉及用于交通运输的液体生物燃料。

20世纪70年代受石油价格冲击之后，卡特政府以《1978年能源税法案》开始对生物燃料实行金融激励措施。该法案规定对酒精混合燃料免除100%的汽油消费税，当时该税率为每加仑4美分。最近，《2004年美国创造就业法案》出台了从量式乙醇消费税抵扣政策（VEETC），为混合商和零售商提供每加仑乙醇51美分的税收减免。《2005年能源政策法案》使从量式乙醇消费税抵扣政策延伸至2010年并将范围扩展到生物柴油。利用农业原料生产的生物柴油每加仑可以获得1.00美元的抵税额，而利用废弃油脂生产的生物柴油每加仑可获得50美分的抵税额。有几个州也出台了若干消费税减免政策。从量式乙醇消费税抵扣政策适用于所有生物燃料而不区分来源国。但是，要对进口乙醇征收每加仑54美分和2.5%的从价关税。

《2005年能源政策法案》对可再生能源制定了定量指标。事实上，由该法案建立的可再生能源标准（RFS）要求在美国销售的所有车用汽油必须在2012

年以前达到75亿加仑（1加仑=3.785升）可再生能源含能量的目标；2012年以后，该百分比含量必须维持在2012年的水平。有几个州还已实施或计划实施自己的可再生能源标准。

2005年的法案也继续资助生物质计划，提供5亿多美元促进利用生物技术和其他先进加工工艺，用纤维素原料生产出与汽油和柴油具有成本竞争力的生物燃料，增加生产那些在制造设备中减少化石燃料消耗的生物产品，示范利用纤维素原料生产液体运输燃料、高价值的化学产品、电力和热能的综合生物精炼技术的商业化应用。《2007年能源独立与安全法案》制定了更宏大的数量指标，规定2008年要达到90亿加仑可再生燃料，而到2022年要逐步增加到360亿加仑，其中210亿加仑为高级生物燃料（160亿加仑纤维素生物燃料，50亿加仑其他高级生物燃料）。

在经费资助方面，《2007年能源独立与安全法案》授权在2008—2015财年期间，每年拨款5亿美元用于生产高级生物燃料；相对于目前使用的燃料，至少要减少80%生命周期温室气体的排放。该法案还预示进行2亿美元的资助计划用于安装乙醇（E85）加油基础设施。

《2002年农业法案》中有若干条款可促进生物提炼厂的发展，为原料生产者提供激励措施，并为农民、地方部门和民间社会提供教育计划，宣传生物燃料生产和利用的好处。2008年5月国会投票通过的《2007年农业法案》将玉米乙醇抵税额从每加仑51美分减少到45美分，并出台了纤维素乙醇每加仑1.01美元的抵税额。

（资料来源：联合国粮食及农业组织：《生物能源：前景、风险和机遇》，罗马，2008。）

7.1.2 我国现行的生物乙醇发展政策

为了促进燃料乙醇生产，我国政府从21世纪初期就开始采取了多项政策鼓励措施。2001年，政府发布《新能源和可再生能源产业发展"十五"规划》以及《变性燃料乙醇及车用乙醇汽油"十五"发展专项规划》，强调发展燃料乙醇及其他可再生能源是"优化能源结构，改善环境，促进经济社会可持续发展"的重要战略措施之一。2002年，国家发展和改革委员会等八家部委共同发布了《车用乙醇汽油使用试点方案》，决定在河南省和黑龙江省的5个城市试点使用含10%燃料乙醇的汽油。

2004年之前，国家主要通过以下四项措施来鼓励生物燃料的发展：一是免除乙醇汽油（含10%的乙醇）5%的消费税；二是免除所有燃料乙醇生产企业的生产所得税（17%）；三是中央和地方政府对燃料乙醇生产企业所使用的原料（主要是国家粮食储备中的陈粮）进行补贴；四是中央政府对燃料乙醇生产企业按照"保本微利"的原则进行直接补贴，使每个企业都能获得一定的利润。

在前期试点的基础上，2004年中央政府又扩大了燃料乙醇生产和使用的试点范围，并发布了《车用乙醇汽油扩大试点方案》和《车用乙醇汽油扩大试点工作实施细则》，决定将使用乙醇汽油的省份从原来的2个增加到9个。燃料乙醇年均产量设定目标是130万吨，约占全国汽油需求总量的1.1%。这两项新政策同时保证国家将继续从财政上对燃料乙醇生产企业进行扶持。但是为了鼓励和促进企业提高自身生产效率，政府将对企业的补贴标准改为按照"平均先进"的原则定额补贴，2006年每吨燃料乙醇的直接补贴为1370元。

2005年，我国政府颁布了《可再生能源法》，明确将大力发展包括燃料乙醇在内的可再生能源。根据该法精神，中央政府制定了《可再生能源中长期发展规划》，计划到2010年，掺加燃料乙醇的汽油占中国汽油消费总量的一半以上，到2020年，我国燃料乙醇的年生产能力达到1000万吨。为了达到上述目标，中央政府又下发了《关于发展燃料乙醇和生物化工财税扶持政策的实施意见》，明确了对燃料乙醇与生物化工行业的四大财税扶植政策，包括建立风险基金制度、实施弹性亏损补贴，对原料基地进行补助支持，对具有重大意义的技术产业化企业的示范补助，以及税收扶植四个方面。2006年以来，由于国际和国内农产品价格的大幅上涨，政府又出台新政策，要求避免燃料乙醇"与人争粮"和"与粮争地"。新的政策规定将不再批准设立新的用粮食作物生产燃料乙醇的企业。

7.2 对"能源—粮食之争"的政策思考

目前困扰生物乙醇发展最大的障碍在于对粮食安全问题的考虑，也就是"能源—粮食"之争。实际上，这一问题的实质在于社会利益的分配，也就是让农民获得较高的种植收益还是让市民获得廉价的粮食供应。

7.2.1 我国农业生产能够满足粮食安全的要求

正常情况下，我国的粮食安全是有保障的。我国粮食年产达到近6亿吨，还可以通过国际市场调剂余缺。

"粮食安全"至今尚无一个统一的概念。应用最广泛的是联合国粮农组织于1974年在世界粮食大会上提出的关于粮食安全的概念，粮食安全从根本上讲指的是人类目前的一种基本生活权利，即"保证任何人在任何地方都能够得到未来生存和健康所需要的足够食品"。1983年4月，粮农组织又对粮食安全的概念进行了修改，提出粮食安全的目标为"确保所有的人在任何时候既能买得到又能买得起所需要的基本食品"。这一新概念包括三项具体要求：（1）确保生产足够多的粮食；（2）最大限度地稳定粮食供应；（3）确保所有需要粮食的人们都能获得粮食。也就是说既要发展生产，提高粮食供给能力，又要增加收入，提高购买力。目前，FAO的概念已为联合国、世界银行等国际机构以及一些国家的政府和研究机构所普遍采用。

国际社会的粮食安全标准。联合国粮农组织于20世纪70年代提出，将一个国家的粮食储备占当年粮食消费量的14%视作粮食警戒线；将一个国家的粮食储备占当年粮食消费量的17%—18%（其中周转储备粮占12%，后备储备粮占5%—6%），保障世界库存粮食可供两个多月消费的需要视作粮食安全线。FAO（1995）考虑到交通运输的发展、全球经济一体化及农产品市场开放等因素，对原有指标进行了修正，调整为15%—19%（周转储备占12%，后备储备粮占3%—7%）。

国内提出的粮食安全标准。洪涛（2002）认为，我国已加入世界贸易组织，有关"粮食红线"的传统指标应进行调整。肖春阳（2003）提出，可由粮食库存安全系数、粮食产量波动系数、粮食外贸依存系数、贫困人口的温饱状况等4项指标组成粮食安全指标体系。综合考虑，粮食库存安全系数20%—25%，粮食年末结转库存量在1000亿—1250亿公斤内；粮食产量波动系数2%左右，粮食常年生产能力4850亿公斤左右；粮食外贸依存系数保持在5%左右[①]。

20世纪80年代以来，我国粮食安全状况有根本性的改善，目前已稳定地跨越了温饱阶段，中国粮食安全水平已处于发展中国家的前列，某些指标甚至达到了发达国家的水平。上面多提的标准，无论是国际标准还是国内标准，中国都已经全面达到。也就是说，中国的粮食生产已不再是仅仅满足人们的口粮需求，而是使人们吃得更好。而一个国家人民的口粮需求得到了满足，也就达到了基本的粮食安全的水平。因此，中国粮食生产可以在保证粮食安全储备的基础上，生产出

---

① 国家发改委产业经济研究所课题组（2006）。

人民需要的口粮，其余的可以通过国际市场来调剂余缺。这样的话，即使国际市场发生波动和不测事件，人民的基本生活不会受到影响，可减少动物性等奢侈品的消费，而且用于其他用途的土地也可以还原为粮田重新进行粮食生产。

7.2.2　利益分配是问题的关键

生物乙醇发展所涉及的粮食安全问题，其实关键是能否买得起的问题，不是有没有的问题。在我国经济快速发展、非农业部门利润水平大大高于农业部门，且粮食消费只占一般城市居民消费不到30%的情况下，社会完全有能力承受稍微高一点的粮食价格。而且，生物乙醇的发展还可以带来较低的汽车燃料价格。

实际上，目前粮食和食品价格处于高位，更多的原因是由于中间环节的成本过高，而不是农民获得了较高收益。如果能够控制好中间环节的高收益或者减少中间环节，完全可以实现粮食价格的回落。

7.2.3　我国生物乙醇的发展可以实现不"与粮争地"

从第六章的分析结果看，生物乙醇原料资源是充裕的。大量轮换储备粮资源可以用作生物乙醇的原料，应强化轮换储备粮的管理，使之顺畅进入生物乙醇生产路线，防止进入口粮。此外，我国还有大量糖类植物资源以及未来的纤维质生物资源。因此，我国完全可以做到不与口粮争地，而只利用轮换储备粮和非粮生物资源就能满足对生物乙醇的需求。目前轮换储备粮供应不足，只能说明有大量的轮换储备粮进入了非法的流通渠道。如果靠这种方式来满足市场对粮食的需求，从法律和道德层面都说不过去。

7.3　对我国发展生物乙醇产业的建议

7.3.1　发展生物乙醇的定位应该是作为石油能源的重要补充，而非替代能源

尽管多年来一直存在对石油资源枯竭的担忧，比如石油峰值理论，但是石油供应尚未明显出现疲态。近年来，石油价格剧烈波动，尤其是石油价格在2008年暴跌之前长期保持高位运行，造成一种"石油危机已经到来"的假象。事实上到目前为止，国际石油供应一直比较充足，油价的波动根本上是某些大国的政治企图以及国际金融资本的博弈，油价在金融危机中的暴跌充分显现了这一点。如果以不变美元来看国际石油价格，实际上的油价波动就没有那么剧烈，似乎也不存在一个长期的上涨趋势。虽然近年来国内油价上涨较快，但是如果以粮食价格或者猪肉价格作为参照，实际的汽油价格甚至下降了。

（单位：美元/桶）

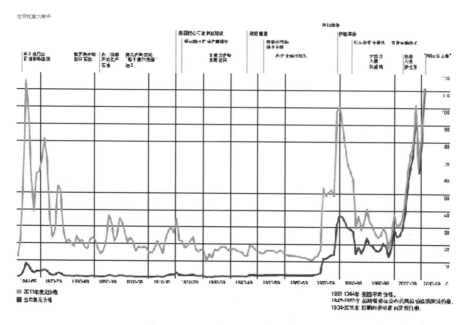

图7.1　1861—2011年间的原油价格

资料来源：BP Statistical Review of World Energy June 2012中文版。

　　石油价格高企为生物能源发展带来了机会，但商品间的相关性使得油价带动生物燃料成本明显提升。因此在石油枯竭的信号出现之前，生物能源不会大规模替代石油，而是作为一种战略和金融手段影响石油供求关系，并为将来大规模替代石油做技术上和资源上的准备，能够在时机成熟时几年内规模化，逐渐取代石油的位置。资源的准备是最重要的，而当前还没有确定的适宜生物质资源（包括能源植物、能源藻类和能源微生物资源）预期可以稳定地、廉价地提供大规模生物能源的生产，而这些资源的寻找、培育、形成需要相当漫长的时间。

　　因此，生物乙醇的定位应该是对石油能源的补充。既可以作为汽油燃料的添加剂，比如E10、E25，也可以在局部地区替代部分汽油作为汽车的燃料，但是在近期绝不会大规模地替代石油资源。

7.3.2　严格执行储备粮管理条例，发展糖类作物生产，保障生物乙醇原料来源

通过前面的分析可以看出，如果能够充分利用轮换储备粮资源以及糖蜜、木薯等糖类生物资源，已经能够满足对生物乙醇的需求，甚至大大超过生物乙醇中长期规划的生产能力。因此，应该通过严格执行储备粮管理条例等相关法律法规，强制轮换储备粮足额保障生物乙醇的原料需求。同时，再通过其他鼓励措施，在边际土地尤其是盐碱地、沙化土地上发展甜高粱等能够改善生态条件的能源作物。在这个前提下，生物乙醇就不会对我国的粮食安全产生负面影响，也有利于防止轮换储备粮进入人们的口粮，酿成新的食品安全危机。不仅如此，通过在边际土地上发展能源作物，还能取得良好的生态效益。有专家估计，利用易改造的盐碱地种植甜高粱，可以提供年产4000万吨燃料乙醇的原料（庄幸、姜克隽，2008）。

7.3.3　加强产业技术的基础与应用研究

先进的生物质能源产业具有巨大发展潜力，同时具有高投入、高风险。生物质能源关键技术研发是当前生物质能源发展的主要任务，国家应划拨专项基金鼓励新技术研发，支持原料植物、高效产油微生物、沼气微生物等种质的筛选和培育，鼓励基因技术在生物质原料物种开发中的应用，深入研究有关基因工程、代谢工程、酶工程的基础理论和应用等方面的科学问题，加强有关平台化合物及下游产品的基础性研究。推进纤维素水解、发酵生产平台化合物的示范项目，生物质气化多联产示范项目，纤维素生产乙醇、低浓度乙醇脱水制乙烯示范项目等工程的建设，提高技术产业化转化能力。支持国内国际合作，鼓励成果共享，实现跨越发展。

7.3.3.1　加强非粮能源作物高产和在边际土地上规模化生产的研究

高产作物如甜高粱、薯类等迄今仍未有专门为乙醇生产的规模化种植。用甜高粱取代玉米等粮食作物作为原料生产酒精的新工艺，不仅能节约粮食、降低成本、带动发酵产业，振兴酒精生产行业，而且能推进可再生能源事业和畜牧业的发展。目前高产作物在育种、实验种植等方面取得了一定进展，但较少进行在边际性土地上种植以及在现有耕地替代种植方面的全面技术经济可行性分析。今后应大力加强这方面的研究与推广工作。

7.3.3.2　加强纤维素乙醇低成本生产技术的研究

纤维素乙醇利用秸秆、谷壳、林业采伐剩余物、加工残余物等富含纤维素的农林废弃物为原料，价格便宜，供应充足，不会对粮食安全产生威胁。然而纤维素类生物质季节性强、能量密度低、收集贮存困难，同时，纤维素水解技术、气化技术、合成技术尽管原理上已实现，但在技术可靠性和经济可行性上仍存在严重障碍，需要更多的基础性和实用性研究投入。在这些问题得到解决之前，不宜对纤维素乙醇的生产寄予太高的希望，尤其不必在生产环节给予过高的补贴。

7.3.4　调整财政补贴的结构，推动生物乙醇产业技术进步

生物燃料成本往往大于常规燃料，尤其在初期阶段，构建生物质能源供应体系各个环节，如原料生产与运输、燃料生产、加注站、车辆应用等都需要补贴才能顺利发展。应当看到，补贴不仅是为了生物燃料的推广，更是为了鼓励创新，促进先进技术、先进工艺的产业化，改善能源供应，减少排放。发展生物燃料不能急功近利，对各种生物燃料的补贴要适当。如果通过补贴扶持了落后的技术和工艺，达不到既定目标，将会阻碍生物质能源产业健康发展。从长远发展角度看，补贴应当与环境效益、节能减排效益等相挂钩。

粮食乙醇的补贴是国家财政上的沉重负担，如丰原生化2009年燃料乙醇补贴达2246元/吨，加上国家在粮食生产方面的补贴，折算到每吨汽油当量的燃料乙醇补贴超过了4000元，而汽油价格为每吨6000元，燃料乙醇的价格中，补贴加上消费者承担的热值差额占了67%。然而，对于这些补贴所产生的效益却没有专门的评估。

根据第三章和第五章的分析结果，如果企业按照循环经济模式组织生产，利用副产品DDGS的高附加值，完全有可能实现盈亏平衡甚至获得一定的收益。这取决于企业是否进行足够的研发投入和技术改造。因此，政府有关部门可以逐步减少针对生产环节的财政补贴，而相应提高对研发和技术改造方面的鼓励措施，督促企业采用更为经济的循环经济技术。

7.3.5　以循环经济模式推动生物乙醇产业发展，实现饲料生产与能源生产的复合

生物乙醇的发展，根本上还是要依靠企业实现一定水平的盈利来实现产业的良性发展。单纯生产生物乙醇，企业效益并不会最大化，企业会产生较多

的废弃物，如含较多有机质的废水，会造成严重的环境污染。而如果采取循环经济的生产模式，充分提取副产品中的有用成分，尤其是提取蛋白质成分DDGS作为高质量的饲料成分，就有可能大幅提高企业收益，并减少可能的废水污染。DDGS的饲养价值与其本身原料的粮食相比，不但不会减少，反而得以增加。此外，其他剩余物可以用于生产沼气，从而最大幅度提高能量收益，减少废弃物排放。

这种循环经济的生产模式，比直接利用粮食来生产饲料要经济得多。目前我国的牲畜饲料大量使用玉米作为原料。其实，玉米作为饲料来源也主要是利用其中的蛋白质，对于玉米中的淀粉物质并没有得到最佳利用。如果与生物乙醇生产相结合，先把玉米中的淀粉转化为乙醇，再把蛋白质转化为高质量的饲料成分，剩余物用于生产沼气，就可以实现物质和能量的最佳利用。因此，我们要实现观念上的转变，充分认识到通过循环经济模式，饲料生产和生物乙醇生产并不矛盾，二者可以有效结合，形成一种饲料生产与能源生产的有机复合的循环经济生产模式。

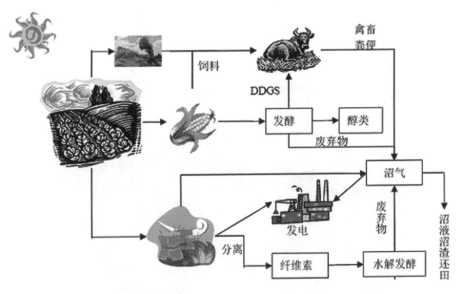

图7.2　饲料生产与能源生产复合的生物乙醇产业循环经济模式

我国生物乙醇生产企业已经在循环经济模式上进行了探索。表7.3为燃料乙醇相关产品开发情况。

表7.3　生物乙醇企业相关产品开发情况

公司	生产能力（万吨）	相关产品生产情况
吉林燃料乙醇有限责任公司	40	酒糟蛋白饲料（DDGS）32万吨/年，玉米油2.25万吨/年，乙酸乙酯5万吨/年
河南天冠集团	50	小麦谷朊粉4.5万吨/年，高纯度低压液体二氧化碳2万吨/年，小麦麸皮20.3万吨/年，小麦胚芽2032吨/年，DDGS蛋白饲料12万吨/年，沼气1800万立方米/年
安徽丰原生物化学股份有限公司	44	乙烯1.7万吨/年，环氧乙烷2万吨/年

资料来源：中国科学院青岛生物能源与过程研究所（2010）。

一个案例是河南天冠集团燃料乙醇产业链（见图7.3）。天冠集团以清洁生产为主线，实现了循环经济所倡导的"资源—产品—资源再生"物质流动模式。在燃料乙醇生产过程中建设谷朊粉生产线、PPC全降解塑料生产线和利用酒醪生产沼气，实现更高水平和更深层次的开发增值，支持企业健康发展。其中利用酒醪生产沼气，最高年产达1800万立方米，供南阳市6万户居民生活使用。

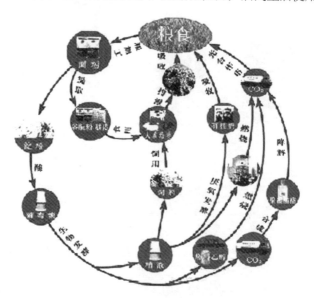

图7.3　天冠集团燃料乙醇产业链图

资料来源：中国科学院青岛生物能源与过程研究所（2010）。

7.3.6 大力发展农业，通过发展有机农业减少化石能源成本

7.3.6.1 鼓励农业生产，实现粮食稳定生产

基于我国目前耕地持续不断的减少、地力减弱，水资源供给困难以及可供开垦的土地资源已经消耗殆尽的情况，增加粮食单位土地产量、对土地进行保护性开发、实现农业的可持续发展是保障粮食安全、发展生物质能源的重要的前提。应采取各种生产补贴鼓励农业生产，如粮食直补、农机补贴、良种补贴、化肥补贴等。在我国宜农荒地资源缺乏的情况下，只有扩大复种面积，增加复种指数，才能保证播种面积的扩大。农业基础设施建设可以提高耕地质量，改造中低产田，改良盐碱地，是农业生产发展的坚实物质保障。提高农业生产的现代化水平，发展节水灌溉，逐步开发各地的宜农荒地。严格执行耕地保护制度。大力发展生物产量和经济产量高的作物品种。加大品种培育工作，在作物高产与高抗逆性中寻找最佳平衡点。

7.3.6.2 充分利用退耕还林、退耕还草土地生产能源生物质

我国的耕地中约有3%的耕地由于土地条件、自然条件以及水资源条件等原因不适合耕作，需要实行退耕还林、退耕还草措施。这一部分土地合理利用一般属于生态改善过程，并且开发条件比石漠、沙漠等荒地的条件要好。因此可以利用这一部分土地根据其土壤、气候等特性种植适宜的多年生草本或木本植物，既可达到保护土壤、改善生态的目的，又可供应生物质原料，同时还能增加农民收入。在近期阶段，退耕土地可作为能源作物种植的重点领域，国家需要在政策上引导农民在不适合耕作的土地上种植能源作物，对适宜能源作物进行品种筛选和改良、农艺技术等在技术上进行支持，并加大补贴力度。

7.3.6.3 发展有机农业，减少化学品投入和能源投入，降低能源作物成本

从本文的研究可以看出，生物乙醇生产成本中占最大份额的是原料成本，也就是能源作物的成本，而且作物成本与能源价格存在很强的正相关，当石油价格上涨时，作物生物乙醇原料的粮食成本也会上涨。因为农业生产也需要大量的化学品投入，主要是化肥的投入，而化肥的来源也是石油、煤炭、天然气这些能源资源。这就产生了一个悖论，当能源价格高的时候，人们希望通过发展生物乙醇来替代部分化石能源，但是化石能源价格高涨也带来了生物乙

醇成本的增加。要想打破这一悖论，必须大力发展有机农业，利用现代生物技术和有机农业技术，减少化学品的投入和化石能源的投入，从而降低能源作物成本。

7.3.7　重视发展生物乙醇过程中的生态影响

生物液体燃料的温室气体减排功能受到质疑。生物能源的一个重要的特性就是"碳中性"，即生物能源燃烧所释放到空气中的二氧化碳，可以被生物能源生长过程吸收的二氧化碳所抵消。但这种说法受到了越来越多的质疑。能源植物的种植及收获需要消耗肥料、农药和动力，生物燃料生产和提纯过程也要消耗大量化石能源；能源植物种植引起土地需求的增长，有可能毁林开荒，破坏天然碳汇，使数百年来积聚于土壤中的碳由于垦殖而大量分解，增加温室气体排放；毁林开荒还可能引起生态和环境问题，造成难以挽回的灾难性后果。

一般认为，能源生物质的种植是一个生态改善的过程，这种看法是片面的。只有在荒漠、贫瘠等自然条件恶劣、原本生物群落匮乏的地区种植高抗逆性植物的时候成立，这种情况下，生态效益甚至大于能源效益。然而，水、肥的缺乏以及自然条件的恶劣必然导致生物质资源产量低下，这些地区的投资意味着高投入、低产出。总体上，这些投入是值得的，它改善了生态和环境，形成了新的碳汇而实现减排作用，不过这些地区很难成为生物质资源的主要供应地区。

能源作物一个重要的特点是高产，也就是说能够实现光合作用的最大化或最优化。实现这一点，要保证能源作物足够的、合适的水、肥、光照、温度等自然条件，拥有这些条件的地区必然是生物群落发达的地区，如东南部地区等。新型能源作物是外来物种，甚至是新创造的物种，有可能挤占生物群落比较发达的土地，并且新型能源作物具备更强的适应能力、更有效的阳光利用率、更高的生物量产量，这将带来诸如物种入侵、基因入侵、生物链破坏、物种灭绝等严重生态问题（中国科学院青岛生物能源与过程研究所，2010）。近年来，发展能源农业所导致的生态和环境破坏的报道屡见不鲜，如巴西种植甘蔗、东南亚国家种植油棕破坏原始热带雨林等，历史上人类也经历了将大量原始林地、草原改造成良田过程。当然这并不是不可以接受的——当能源需求和生态、环境发生矛盾的时候，采取一种对环境影响最小、实现能源供应效果最大的生物能源开发利用方式是必要的，以保证环境和社会协调发展。生物能源将来的发展也需要土地来种植能源作物，为了避免走破坏的老路，需要对环境及生态现状及新物种对现存生物群落的影响作尽可能详细的调查研究，尽最大可能地做好保护物种、保存基因等工作，生态问题将和生物能源技术不可分割，必然受到广泛关注。

在发展地域上，并不是所有的地区都适合发展生物质能源。与其他可再生能源相比，生物能源价格便宜，但生物质能源利用光能的能效低，同时要消耗大量水资源，因此在水资源供应紧张的地区如西北地区等并不适合大量发展生物质能源，而应当以风能、太阳能等其他可再生能源为主，生物质能源作为补充，种植的植物应具有低耗水、高抗逆的性能，主要用于改善当地生态环境，避免水资源流失。

参考文献

［1］国家发展和改革委员会能源研究所可再生能源发展中心.《中国非粮生物液体燃料试点示范技术选择与评价（中国生物液体燃料规模化发展研究（专题报告二））》，2008年8月。

［2］国家发改委产业经济研究所课题组.我国中长期粮食安全若干重大问题研究综述［J］.经济研究参考，2006（73）：26-48.

［3］黄季焜，仇焕广.发展生物能源对我国区域农业生产和农民收入的影响［D］.中国科学院农业政策研究中心，2006.

［4］黄季焜、仇焕广：发展生物燃料乙醇对我国区域农业发展的影响分析，《经济学季刊》2009年1月第8卷第2期，727—742页。

［5］孔德柱等：燃料乙醇生产用生物原料的土地使用、能耗、环境影响和水耗分析，《过程工程学报》第11卷第3期，452-460页，2011年6月。

［6］江宁.生物液体燃料——燃料酒精［J］.Review Article Chinese Journal of Nature，2006，29（1）.

［7］李胜、路明、杜凤光：中国小麦燃料乙醇的能量收益，《生态学报》第27卷第9期，2007年9月。

［8］联合国教科文组织，科学、技术和工艺咨询附属机构，第十二次会议临时议程＊项目5.3：有关保护和可持续利用生物多样性的新问题和正在出现的问题——生物多样性与液体生物燃料生产，执行秘书的说明（执行摘要）。

巴黎，2007年7月2-6日。

［9］联合国粮食及农业组织：《生物能源：前景、风险和机遇》，罗马，http://www.fao.org/catalog/inter-e.htm，2008.

［10］联合国粮食及农业组织：生物能源：前景、风险和机遇，《2008年粮食及农业状况》

［11］马丁·斯考慈，孙国栋，沙里尼·瓦及哈拉，可里司顿·威廉："中国生态系统"1997年9月30日。

［12］《南宁（中国—东盟）商品交易所甘蔗糖蜜现货交易手册》，2010。www.ncce.biz/up/doc/《NCCE甘蔗糖蜜交易操作手册》.doc。

［13］钮劲涛，陶梅，金宝丹.玉米基燃料乙醇的综合效益分析，《湖南农业科学》2010（21）：105-107页.

［14］平安证券公司，《农产品价格系列1——国内粮食价格专题仍在上涨通道，预计年内上涨10%左右》，2012—08—15.

［15］苏宗振，我国生质能源发展趋势与农业政策——生物产业机电工程之机会与挑战。农委会农粮署。http://www.bime.ntu.edu.tw/资料下载/生質能源發展趨勢蘇宗振科長.pdf

［16］我国生物质能源产业化战略研究课题组.我国生物质能源产业化战略研究，国务院发展研究中心调查研究报告，2007（7）-（14）。

［17］许晓菁，王祥河，晋明芬等.甜高粱生产燃料乙醇的研究进展［J］.现代化工，2008：17-21.

［18］于婷、傅永福：纤维素乙醇发展的现状与对策，中国农业科技导报，2008，10（S1）：35-40。

［19］欧阳林，周韶辉，张跃等.2008.重庆市甘薯资源调查及其发展燃料乙醇产业潜力分析.中国农学通报［J］：410-414。

［20］袁展汽，肖运萍，刘仁根.2008.江西发展能源作物木薯的可行性及前景分析.江西农业学报［J］.：93-94+99。

［21］岳国君、武国庆、郝小明：我国燃料乙醇生产技术的现状与展望，《化学进展》第7/8期（第19卷），2007年8月，1085-1090页。

［22］岳海奎.我国科学家破解甜高粱生长难题［J］.科学时报，2007.

［23］张纪鹏、姜慧、霍炜、赵红：农作物乙醇燃料的综合效益分析，

《农业工程学报》［J］．，第24卷第2期，2008年2月，299—303页。

［24］张希良等：我国发展生物液体燃料的资源与技术潜力分析，《中国能源》第31卷第3期，2009年3月，10—12页。

［25］中国科学院青岛生物能源与过程研究所：中国生物能源发展现状与技术预见［EB/OL］．http：//www.qibebt.cas.cn/xscbw/xxcp/ztbg/201110/P020111026499140612013.pdf，2010－05.

［26］庄辛，姜克隽.推广使用生物燃料是我国的一项长期战略［EB/OL］．www.eri.org.cn/uploadfile/13039807958xitong20080shengwu.pdf，2008.

［27］Alexander E.Farrell，Richard J.Plevin，Brian T.Turner，Andrew D.Jones，Michael O'Hare，Daniel M.Kammen（2006）.Ethanol Can Contribute to Energy and Environmental Goals.SCIENCE VOL 311.JANUARY 27 2006.

［28］Angela Graf and Koehler Tom（June 2000）.OREGON CELLULOSE－ETHANOL STUDY.Submission to the Oregon Office of Energy.

［29］ASIATIC Project，Finat Report，Ethanet，China，2005.

［30］BBI International Revised Final Report Economic Impact Assessment for Ethanol Production and Use in Hawaii.November 14，2003.

［31］BEST Deliverable No D9.14.Review of fuel ethanol impacts on local air quality.May 2008，London. SUPPORTED BY THE EUROPEAN UNION.

［32］Cheng Xu，（2006），Statues of China's Renewable Development，report p resented at conference of Expert Consultation on Biofuels，Los Banos，Philippine，August，2007.

［33］Christopher Pala（2010）.Study finds using food grain to make ethanol is energy－inefficient. Environ. Sci.Technol.，44（10），pp3648－3648.

［34］Doug Koplow，Earth Track，Inc.Cambridge，MA.Biofuels－At What Cost? Government support for ethanol and biodiesel in the United States. Prepared for：The Global Subsidies Initiative（GSI）of the International Institute for Sustainable Development（IISD）Geneva，Switzerland. October 2006.

［35］Energy and Environmental Analysis，Inc.（July 2006）An Assessment of the Potential for Energy Savings in Dry Mill Ethanol Plants from the Use of Combined Heat and Power（CHP）.Prepared for：U.S.Environmental Protection

Agency Combined Heat & Power Partnership.

[36] EREC (2008) .RENEWABLE ENERGY POLICY REVIEW FRANCE.

[37] EREC (2008) .RENEWABLE ENERGY POLICY REVIEW ITALY.

[38] FAO.2008a.Soaring food prices: facts, perspectives, impacts and actions required. Document HLC/08/INF/1 prepared for the High-Level Conference on World Food Security: The Challenges of Climate Change and Bioenergy, 3 - 5 June 2008, Rome.

[39] FAPRI, (2007), The Biofuels Industry: Impacts on Levels and Volatility of World Market Prices, presentation on project LINK meeting, Beijing.

[40] Government of the State of São Paulo, March 2004.Assessment of greenhouse gas emissions in the production and use of fuel ethanol in Brazil.

[41] Hanegraaf MC, Biewinga EE, van der Bijl G.Assessing the ecological and economic sustainability of energy crops.Biomass and Bioenergy 1998; 15 (4e5): 345e55.

[42] Harro von Blottnitz, Mary Ann Curran.A review of assessments conducted on bio-ethanol as a transportation fuel from a net energy, greenhouse gas, and environmental life cycle perspective.Journal of Cleaner Production 15 (2007) 607-619.

[43] IEA, Biofuels for Transportation: An International Perspective, 2004.

[44] IFPR I [International Food Policy Research Institute]. (2006) .Biofuel Production in Developing countries, unpublished working paper, IF2-PR I, Washington DC.

[45] Ignacio E.Grossmann, Mariano Martín (2010) .ENERGY AND WATER OPTIMIZATION IN BIOFUEL PLANTS. This work was presented as Plenary Lecture in the 2nd Symposium on Sustainable Chemical Product and Process Engineering.

[46] IPCC, 2000: Land-Use, Land-Use Change, and Forestry.Special Report of the Intergovernmental Panel on Climate Change, R.Watson et al.

（eds.），Cambridge University Press，UK.

［47］Joseph B.Gonsalves（2006）.An Assessment of the Biofuels Industry in India.Prepared for United Nations Conference on Trade and Development. UNCTAD/DITC/TED/2006/6.

［48］Kadam KL.Environmental benefits on a life cycle basis of using bagasse-derived ethanol as a gasoline oxygenate in India.Proceedings of the South African Sugar Technology 2002；75：358e62.

［49］Kaltschmitt M，Reinhardt GA，Stelzer T.Life cycle analysis of biofuels under different environmental aspects. Biomass and Bioenergy 1997；12（2）：121e34.

［50］Kim S，Dale BE.Global potential bioethanol production from wasted crops and crop residues. Biomass and Bioenergy 2004；26（4）：361e75.

［51］Lester R.Brown，（2007），Distillery Demand for Grain to Fuel Cars Vastly Understated：World May Be Facing Highest Grain Prices in History，report of Earth Policy Institute，Washington DC.

［52］J.Sheehan，et al.，1998. An Overview of Biodiesel and Petroleum Diesel Life Cycles.

［53］John Reilly and Sergey Paltsev. Biomass Energy and Competition for Land. MIT Joint Program on the Science and Policy of Global Change.Report No. 145 April 2007

［54］Joseph B. Gonsalves（2006）. An Assessment of the Biofuels Industry in India.Prepared for United Nations Conference on Trade and Development. UNCTAD/DITC/TED/2006/6.

［55］Mark O.Barnett（2010）. Biofuels and Greenhouse Gas Emissions：Green or Red? Environmental Science & Technology，44（14）May 1：5330-5331.

［56］Michael Wang Ethanol：The complete energy life cycle picture. The Greenhouse gases，Regulated Emissions and Energy use in Transportation（GREET）model was developed by Dr.Michael Wang，Argonne National Laboratory's Center for Transportation Research，with support from the U.S.

Department of Energy's (DOE's) Office of Energy Efficiency and Renewable Energy (EERE).

[57] Niven RK. Ethanol in gasoline: Environmental impacts and sustainability review article. Renewable and Sustainable Energy Reviews 2005; 9 (6): 535e55.

[58] OECD - FAO.2008.OECD - FAO Agricultural Outlook 2008—2017. Paris.

[59] OECD [Organization for Economic Cooperation and Development], (2006), Agricultural Market Impacts of Future Growth in the Production of Biofuels, report to Directorate for Food, Agriculture and Fisheries Committee for Agriculture, Paris.Shapouri1 (2003) .Supply and social cost estimates for biomass from crop residues in the United States: Environmental and Resource Economics 24: 335—358.

[60] Oak Ridge National Laboratory BIOMASS AS FEEDSTOCK FOR A BIOENERGY AND BIOPRODUCTS INDUSTRY: THE TECHNICAL FEASIBILITY OF A BILLION—TON ANNUAL SUPPLY.April 2005.

[61] Oak Ridge National Laboratory.December 2010. BIOMASS ENERGY DATA BOOK: EDITION 3. http: //www.osti.gov/bridge.

[62] Orbital Engine Company. A Literature Review Based Assessment on the Impacts of a 20% Ethanol Gasoline Fuel Blend on the Australian Vehicle Fleet. Report to Environment Australia. November, 2002.

[63] Per H.Nielsen and Henrik Wenzel, June 2005.Environmental Assessment of Ethanol Produced from Corn Starch and used as an Alternative to Conventional Gasoline for Car Driving.

[64] Pimentel D. Ethanol fuels: energy balance, economics, and environmental impacts are negative. Natural Resources Research 2003; 12 (2): 127e34.

[65] Quirin M., Ga ¨ rtner O., Pehnt M., Reinhardt G.Comitigation through biofuels in the transport sector e status and perspectives. Heidelberg, Germany: Institute for Energy and Environmental Research (IFEU) ; 2004. Main

report.

[66] REN21 (Renewable Energy Policy Network for the 21st Century), Renewables 2011, GLOBAL STATUS REPORT.

[67] Richard K.Perrin (April, 2008) .Ethanol and Food Prices—A Preliminary Assessment Working Paper 03-08.Department of Agricultural Economics, University of Nebraska, Lincoln.

[68] Rocky Mountain Fleet Managers Association, 5-14-2008.Ethanol Production, Distribution, and Use: Discussions on Key Issues. Gerry Harrow, National Renewable Energy Laboratory.

[69] Rosenberger A., Kaul H.P., Senn T., Aufhammer W.Improving the energy balance of bioethanol production from winter cereals: the effect of crop production intensity.Applied Energy 2001; 68 (1): 51e67.

[70] S.C.Bhattacharya. Biomass energy and densification: A Global Review with Emphasis on Developing Countries.

[71] Shapouri H., Duffield J., Wang M. The energy balance of corn ethanol: an update.Agricultural Economic Report No.813. In: USDA, editor; 2002.

[72] Tad W. Patzek. A First-Law Thermodynamic Analysis of the Corn-Ethanol Cycle.Natural Resources Research, Vol.15, No.4, December 2006 (2007)

[73] Texas Comptroller of Public Accounts, THE ENERGY REPORT, MAY 2008.www.window.state.tx.us.

[74] Texas State Energy Conservation Office, "Energy Crops for Fuel", http://www.seco.cpa.state.tx.us/re_biomass-crops.htm. (Last visited April 21, 2008.)

[75] THE MINNESOTA PROJECT, AUGUST 2009.Transportation Biofuels in the United States: An Update.

[76] Tiangco V., Prah Sethi, Zhiqin Zhang, BIOMASS STRATEGIC VALUE ANALYSIS IN SUPPORT OF THE 2005 INTEGRATED ENERGY POLICY REPORT. JUNE 2005 CEC-500-2005-109-SD.

［77］Tiffany，D.G.&Eidman，V.R.2003.Factors associated with success of fuel ethanol producers.Staff Paper Series P03-07.St.Paul，MN，USA，Department of Applied Economics，College of Agricultural，Food，and Environmental Sciences，University of Minnesota.

［78］Yu S.&Tao J.2008.Life cycle simulation-based economic and risk assessment of biomassbased fuel ethanol（BFE）projects in different feedstock planting areas.Energy，33（2008）：375 - 384.

［79］Tyner W.E. & Taheripour F.2007.Biofuels，energy security，and global warming policy interactions.Paper presented at the National Agricultural Biotechnology Council Conference，22 - 24 May 2007，South Dakota State University，Brookings，SD，USA.

［80］Ugarte，D.Torre，Burton English，Kim Jensen，Chad Hellwinckel，and Brad Wilson，（2006），Economic and Agricultural Impacts of Ethanol and Biodiesel Expansion，www.ethanol.gec.org.

［81］UN [United Nations]，（2007），Sustainable Energy：A Framework for Decision Makers，UN report.New York.

［82］ UNCTAD.Biofuels-Advantages and Trade Barriers.Paper Prepared by Suani Teixeira Coelho，4 February 2005.UNCTAD Document UNCTAD/DITC/TED/2005/1.

［83］World Bank （2011）.commodity prices（Pink Sheet），http：//go.worldbank.org/4ROCCIEQ50l.

［84］World Energy Council（2010）.Biofuels：Policies，Standards and Technologies.

辑三

闲暇走笔

保护城市人文遗产要彰显多元化和多样性

今天的中国，正在经历着快速城市化的历史变革过程。在过去30年的经济发展中，包括上海在内的中国城市的格局都在迅速现代化，几乎所有的老街区都在迅速翻新改造，或者变成崭新的建筑群。这就产生了一个巨大的矛盾：新的城市建设布局在让生活更美好的同时，也与保护城市人文遗产形成了激烈的冲突，有的甚至成为了让大众舆论备感焦虑的社会问题。

城市的人文遗产都是不可复制的稀缺资源。破坏容易，恢复很难，就算是按照原来的面目重建，赝品哪能与遗迹相提并论！更为重要的是，类似问题如果再不高度重视的话，我们留给子孙后代的城市，就会是一个丧失历史记忆、缺乏文化传统和人文精神的城市。从根本上说，这也有悖于现代化城市建设的初衷。

下面，我与大家分享一下我对三个问题的思考。

一、城市历史人文遗产的保护原则是什么

对于一座有着悠久历史传统和文化传统的城市来说，要保护的人文遗产实在太多了。所以也经常听到有人说：保护的道理都懂，但是如果这个不能拆，那个也不能动的话，城市怎么发展？对于城市的规划者和管理者来说，这是一个共同的烦恼，所以我们要首先搞清楚一个保护的原则。

1977年，当中国刚刚走出对传统优秀文化产生巨大破坏力的"文革"噩梦时，世界上优秀的建筑师们就聚集在秘鲁的首都利马，就"城市文物和历史遗产的保护"，发表了一个《马丘比丘宪章》，提出了一个著名的原则："城市的个性与特征取决于城市的体形结构和社会特征，因此不仅要保存和维护好城市的历史遗迹和古迹，而且还要继承一般的文化传统。一切有价值的，说明社

会和民族特征的文物必须保护起来。"这段话浓缩了"马丘比丘精神"的两个方面：一个是保存历史遗迹和古迹，另一个是保护有价值的社会和民族特征的文物。

对于许多中国城市的现状来说，"保存"文章做得很优秀，"保护"文章做的不及格。为什么？因为人人都知道历史遗迹和古迹有着重要的经济价值，是招徕四方旅游者的聚宝盆，谁都愿意积极保存。但对于"有价值的社会和民族特征的文物"，就搞不明白是什么东西了，淡然漠视并随意毁坏的现象比比皆是。

与此形成鲜明对比的是，我们去欧洲历史上的一些经典城市旅游，就会发现，人家在保护城市人文遗产上做得非常出色的地方，恰恰就是保护"有价值的社会和民族特征的文物"，与城市发展历史有关的人文遗产，几乎做到了举目可见，甚至触手可及。

对于追求世界级大都市定位的上海来说，这个问题更加具有紧迫性。上海城市人文遗产的保护工作起步较早，城市规划也早就嵌入了这个议题，对于城市开埠以来有名气的历史古迹，应该说都很在意保护，政府的投资力度也很大。但是对于有价值的社会和民族特征的文物保护，我觉得还是远远不够重视，空白点还有很多。最近发生的两起人为破坏优秀历史建筑物的案例，就足以给我们敲响警钟。

二、保护好名人故居是保护上海人文遗产的重要抓手

习近平总书记20多年前主政福州时，对修缮保护福州的历史之源、文化之根的"三坊七巷"说过这样一段话："评价一个制度、一种力量是进步还是反动，重要的一点是看它对待历史、文化的态度。要在我们的手里，把全市的文物保护、修复、利用搞好，不仅不能让它们受到破坏，而且还要让它更加增辉添彩，传给后代。"总书记为什么如此重视，因为他非常清楚，从晚清到民国，三坊七巷中走出了许多名人，几乎浓缩了半部中国近代史，如果把他们的生活痕迹全部抹去，等于给历史留下了空白。

福州如此，上海更有过之而无不及，因为上海是整部中国近代史的一个缩影，在晚清到民国的这一段波澜壮阔的历史中，几乎所有的历史名人都曾经

在上海生活过。沪上的名人故居之多，恐怕要居全国之首。我认为，对上海这座城市来说，"有价值的社会和民族特征的文物"，除了人们常说的外滩建筑群、百年商业街、石库门建筑和水乡古镇外，上海的众多名人故居也是一个重要内容。

名人故居，群星灿烂，是上海人文遗产的一大特色。但为什么一些名人故居却没有被刻意保护，甚至被随意毁坏，留下很多空白点呢？原因在评判哪些名人故居需要保护的问题上，我们缺乏一种历史的求实精神和务本态度，对名人的标准太苛刻，对名人的生平不了解，对名人的故居不敬畏。其实，只要是对历史的进步、城市的文明有过贡献的，在中国近代史上有过作为的，我们都应该尽可能地通过各种方式，保存和保护他们曾经生活过的痕迹，以彰显城市人文遗产的多元化和多样性。

由此我想起一件往事。我曾在上海岳阳路190号宴请朋友，这座小洋楼是民国名医牛惠霖、牛惠生兄弟俩的诊所旧址，如今是一家餐馆。门口有一块小小铭牌，用短短两句话，记载了这座历史优秀建筑的前生往事。我想顺便看看1927年时，牛惠霖在白色恐怖下为陈赓大将看病的房间，可惜没有标记，也没人知道。更让我感叹的是，当我谈起牛家仲昆时，座中诸公竟然都很茫然。其实，民国名医牛惠霖、牛惠生是值得后人纪念的。牛家是晚清的沪上望族，与宋庆龄家族有数代的交情渊源。兄弟俩是中国最早的国际级名医，既给蒋介石、汪精卫看过病，也给红军将领陈赓开过刀。他们不仅开办了中国第一家骨科医院，还是中山医院的第一任院长，对达官贵人与贫困市民一视同仁，还在炮火纷飞的抗日火线上救助过伤员，高尚的医德为世人赞誉。如果我们只是在意保护建筑物，而忽略了与建筑物相连的人物和他们生平事迹的陈列，真是城市人文遗产的一大缺憾。

可以想象一下，如果我们把上海开埠以来的所有名人故居都保护和开发好，既保存历史优秀建筑，也留存这些名人的生平事迹，上海就可能涌现出数以千计的历史人文景观。通过不可移动文物，陈列历史名人的生平事迹，不仅可以充实中国近代史，还可以极大地丰富城市人文遗产的内涵。

三、城市的规划思路要与时俱进，要有"升级版"思考

从改革开放初期到现在，随着城市经济的快速发展，上海的城市规划实际上也在不断修订，规划建设的重点也经历了一个从抢先发展城市经济、优先解决市民住房、彻底改变城市布局的过程。最近市委市政府提出的新目标，是建设一个"令人向往的卓越的全球城市"，建筑可以阅读、街区适合漫步、城市始终有温度，着力打造"创新之城、人文之城、生态之城"。可以这么说，在未来的城市建设和管理中，必须置顶考虑如何更好地保存城市历史记忆、保护城市人文遗产。

任何人文遗产都是一种文化形态。上海城市发展历史的基本特征是中西文化的融合，上海是一座移民城市，多民族文化的碰撞交融，才给上海带来了浓墨重彩的文化色调，这是城市人文遗产中不可或缺的一部分。这方面也有不少空白点。譬如，我们讲起20世纪前30年的上海租界文化、上海的"欧风美雨"时，关注的重点往往是英美文化的侵袭，以及它们遗留的历史陈迹，往往忽略上海历史上犹太人和白俄这两大移民群体带来的文化影响力。实际上，上海滩上的法兰西格调文化的传播，更多是由当时倾慕法兰西文化的白俄移民完成的。上海的第一家洋菜馆、第一家咖啡馆、第一家女性内衣店、第一家西式糕点店等，都是白俄移民开办的。非常可惜的是，在历史传承链上，如今都存在空白的中断。还有20世纪"二战"时，上海曾经接纳过近2万犹太难民，这是上海这座城市的历史闪光点，但是如今犹太难民曾经来过这里的痕迹，也是陈迹难寻。我觉得，城市规划的"升级版"思考，应该着手考虑解决这些问题。

现代城市的本质是文化，一个没有文化传承的城市是没有品位的城市。我与大家分享这些零碎的思考，就是希望城市人文遗产的研究和保护，更加注重多元文化、多样文化的历史细节保存。只有把这种细节充分挖掘出来，展现在世人面前，上海这座城市才能更加焕发出与众不同的、独特的历史价值和历史魅力。

（此文系在"城市人文遗产研究与保护展望"
圆桌会议上的演讲，2017年）

创新文化是企业发展之"神"

一个企业靠什么发展壮大？当然有许多标准答案。但是我认为，最重要的是要建立一种与企业特征相吻合的企业文化。企业规模无论大小，都只是企业之"形"，内在的企业文化才是企业之"神"。一个优秀的企业家，既要追求企业之"形"，也要培育企业之"神"，努力做到"形神兼备"。

经过20年的砥砺奋斗，我们把奥盛集团企业文化定性为"创新文化"。因为奥盛集团从创业的那一天起，就面临着新技术、新材料的创新挑战。如果不立足于创新的话，连第一步都无法迈出去。创新是奥盛集团与生俱来的灵魂，也是奥盛集团的凝聚力之源，更是奥盛人时刻不敢忘怀的立身之本。2016年，奥盛集团的"创新文化品牌"被评为"上海市十佳企业创新文化"。

创新靠人才，更靠团队，但从根本上说，靠的是一种创新文化。我经常对企业员工说："一年创新，靠智慧；几年创新，靠团队；多年创新，就要靠企业的创新文化平台来支撑。"

凡是卓有成效的企业文化，就像"润物细无声"的春风，虽说看不见，摸不着，但是只要身处其间，人人都能感受得到。多年来，奥盛集团创新文化形成的文化氛围，实际上就是一种"习惯使然"，它就在我们身边，浸透在科技人员的协同之间、上下级部门的配合之间，甚至普通员工的人际关系之间。

什么是奥盛集团的创新文化？我有一个简洁的概括，叫作"一个本质标识+三个鲜明特征"。

奥盛集团创新文化的一个本质标识，就是"责任"两字。

这是奥盛企业文化的核心定位。奥盛集团的主业是大桥缆索，这一行当的最大特点，就是肩负的责任大如天！全世界的制造业，无论是生产大件商品还是生产小件商品，如果发现质量问题，绝大多数都是允许召回改进的，唯独大桥缆索不行。

建造大型桥梁，都是为了百年大计。承重的大桥缆索如果出了问题，即使是极小的缺陷，也有可能造成无法想象的灾难性后果。话再说回来，任何新技术创新和新材料使用，都是充满不可预知风险的。谁也无法拍胸脯保证，创新的技术、创新的产品，一定不会出现任何问题。这就是奥盛集团一年365天，天天要面对的一对尖锐矛盾。

正是这种严肃得几乎近于残酷的客观现实，才催化出了以"责任"为本质标识的奥盛集团创新文化。举例来说，奥盛集团对缆索产品质量的内控原则是：在企业的缆索实验室里，再大的风险也能接受；缆索一旦上了桥梁工地，再小的风险也要把它消灭在萌芽状态！说实话，老虎也有打盹的时候，要百分之百做到这一点，再严格的规章制度也可能会有漏洞。只有每个奥盛员工心中始终牢记"责任"两字，成为一种本能的自我要求，才能真正做到严防死守，万无一失。奥盛集团让国内外用户钦佩的是，迄今为止的20年中，奥盛集团的大桥缆索质量，始终保持着"零事故纪录"。

奥盛集团创新文化的第一个鲜明特征是：奥盛创新文化的世界视野。

奥盛集团的科技创新团队，是由不同年龄段的人组成的。其中既有60来岁的技术权威，他们功成名就，甘当人梯，也有一批30多岁的技术专才，他们富有激情，敢闯敢拼。这种梯形组合形成了"双翼齐飞"的团队优势：既有传统老经验的传承，也有时代新思维的融合。如今，在老一辈专家的言传身教下，年青一代都挑起了大梁，譬如集团技术总监就是30多岁的年轻人。

奥盛集团在培养年青一代科技人才时，首先要求他们的成长起点要高，要有开阔的国际视野，要了解国际前沿科技的进展。因为今天的中国已经融入了全球经济格局，早已不是白手起家、闭门造车的时代了。要善于学习、利用国际业界的先进理论和技术，迎头赶上，超越他们。为此，奥盛集团专门拨出经费，鼓励和支持30多岁的年轻人去参加世界桥梁协会和全球业界的高层次会议，与那些世界顶尖的缆索专家在一个平台上互相交流。说实在话，在过去十多年间，全球新建的大跨度桥梁，绝大多数都在中国大陆，奥盛集团在建桥第一线也积累了很多实际经验，那些国际上的顶级专家也需要这些信息和经验。

把国际视野与本职工作结合起来，是奥盛集团创新文化的一大特色。参与国内外高层次的专业交流，对奥盛年轻人的成长很有帮助。

奥盛集团创新文化的第二个鲜明特征是：奥盛创新文化的全员创新。

在中国制造业中，奥盛集团是个年轻的企业，企业员工普遍年轻，但人人喜欢钻研技术，企业中的学习气氛很浓厚。特别在生产第一线上，员工们在实践中搞个小改革、小发明的，是常有的事情。其中，有一个始终在车间里埋头工作的工人师傅，还获得了"上海十大工人发明家"的称号。奥盛集团很重视基层员工这种主人翁的首创精神，发现典型事例，马上予以表彰，并以此为抓手，层层推进，通过各种形式大力倡导集团上下全员创新的新风气。

奥盛集团的全员创新积极性，说明员工们都把公司当成了自己的家。反过来说，公司也把员工当成是家里人。奥盛集团不仅从来不拖欠员工薪酬，而且高度重视员工的生活质量。譬如，奥盛集团在外地的工厂食堂，都是聘请一级厨师掌灶，想方设法给员工们吃得好一些。为了活跃年轻员工的业余生活，地处浙江嘉善西塘镇的生产基地，还特地建造了符合国际赛事标准的篮球场。多年来，奥盛集团就是从这些不起眼的点滴细节做起，渐渐孕育出了企业创新文化的全员创新氛围。

奥盛集团创新文化的第三个鲜明特征是：奥盛创新文化的民族情怀。

奥盛集团在承接全球地标性桥梁缆索工程中，屡屡创造了世界纪录。这些里程碑式的工程，无不彰显了奥盛集团创新文化的一份民族情怀。

为什么这么说？这里有一段不为人知的历史。

历史上，悬索桥也称为吊桥。就是把森林中的各种原始材料做成承载重力的悬索，用来吊桥通路，这个构想源于远古人类的伟大发明。但就史料确凿记载而言，中国是世界上最早以文字记载"悬索吊桥"的国家。公元前285年，秦国取西蜀，诏命李冰镇守。为打通崎岖的蜀道，李冰父子聚集民力，造了七座桥梁，其中有一"笮"桥，就是一座以竹子为吊索的吊桥。

古代中国人以"吊"承力的伟大智慧，可以说是整整影响了人类两千多年的造桥史。直到今天，仍在影响着世界各种悬索桥形式的发展。

如果用一个人的成长过程来比喻的话，在世界悬索桥历史的"幼年时代"，中国是天下"吊桥"的唯一"独步"者。在此后一千多年的悬索桥历史的"青年时代"，中国更是高歌猛进，一直执世界"吊桥"牛耳，屡有惊人的建筑奇迹。譬如说，公元前50年，中国四川境内就建成了长达百米的铁索桥。后来，东汉时建成了澜沧江霁虹桥，三国时建成了澜沧江功果铁索桥，隋朝时建成了金沙江塔城关铁索桥，唐朝时建成了怀远铁索桥。就连赫赫有名的"大渡桥横铁索寒"的四川泸定桥，也是清朝康熙年间建成的。而同时期的西方，哪里有铁索大桥的影子？

1665年，游遍天下的徐霞客写的《铁索桥记》的游记被法国传教士Martini发现，阅读后叹为观止。1667年，他回国后，撰写了《中国奇迹览胜》一书，其中特别介绍了中国建于公元65年的云南兰津铁索桥。该书风行一时，曾被译成多种文字多次再版，西方这才知晓了以"吊"承力的中国"悬索"概念。世界科技史学家李约瑟的研究也证明，只有当这些书籍在西方出版后，中国古人在造桥时以"吊"承力的"悬索"智慧，才被西方认识和接受。

此后，随着西方工业革命的成功和现代大工业的兴起，这才催生了大桥设计的新思路。19世纪后半叶，奥地利工程师约瑟夫·朗金和美国工程师查理斯·本德，分别独立构思出自锚式悬索桥的造型。以此为起点，现代悬索桥的理论模型和构造方式开始逐渐成熟。1915年，德国设计师借助新材料的优势，在莱茵河上建造了世界第一座大跨度的自锚式悬索桥"科隆—迪兹桥"。从此，在科技创新力量的推动下，大跨度悬索桥以"吊"承力，成为人类征服大海、大江、大山"天堑"的利器，也迎来了悬索桥历史的"壮年时代"。

反观20世纪的中国，这个创造了人类杰出智慧的东方古国，由于频频战乱导致制造业落后，在悬索桥历史的"壮年时代"，不仅没有进步，反而大大远远落后于西方。一直到20世纪后期，中国才真正开始了民族复兴的"龙抬头"。中国古老的以"吊"承力的大智慧，也开始化身为让世界惊奇的大桥缆索，实现这个梦想的重任就落在奥盛集团的肩上。

我之所以要反复讲这个大历史观，目的就是要把奥盛集团的发展壮大，放在一个历史的大趋势中去定位。从历史的角度来看，奥盛集团的应运而生，象征着曾经辉煌于世界的中国，开始续演以"吊"承力的新故事了。这既是我个人的历史情怀，也是奥盛集团创新文化的民族情怀。从某种意义上说，奥盛集团现在所做的一切努力，就是在重振华夏老祖宗的志气。

今天，中华民族正在伟大复兴的崛起中，奥盛集团每架设一座刷新世界纪录的大桥缆索时，我们心里都会感到万分自豪，因为我们是在发扬祖宗的智慧，继承先人的荣光，这也是奥盛集团创新文化的动力源泉。

创造新时代的"风筝传奇"

经过一年多的友好商谈，奥盛集团和新加坡JCS公司今天终于达成了投资框架协议。可以预见，在不远的将来，这两家企业的优势互补、强强联合，势必掀开中国制造的航空发动机涡轮叶片的崭新一页。在此，请允许我以奥盛集团和我本人的名义，向所有在座的同仁和朋友致以热烈的祝贺！

今天我们的签约，事业起步也许不那么显眼，但是它却连接着中华民族的一个伟大梦想，那就是发展壮大我们自己的航空事业，让中国的大飞机最终也能"呼啸长空，翱翔九天"。为了实现中华民族的这个梦想，让我们从最微小的航空零部件做起，把航空发动机中不可或缺的涡轮叶片，做成世界上最有科技含量的、最可信赖的产品，为中国的大飞机事业以及亚洲航空制造业配套，以尽心尽力的作为，作出自己应有的贡献。

此时此刻，我不禁想起了一个叫"风筝"的东西，在座的不少朋友，估计小时候都放飞过这种"扶摇直上万里长空"的玩具。风筝是中国古代的伟大发明之一。两千多年前，自从伟大的思想家墨子发明风筝后，中华民族的代代杰出先人，就为这个美丽的"风筝传奇"，不断地奉献着自己的智慧。譬如，名匠鲁班为它改造了木质结构，大将韩信为它增加了竹哨音响，蔡伦造纸为它更换了材质，画家张择端更是把飞翔的风筝画进了他的不朽名画《清明上河图》……

在我看来，风筝问世的那一刻，实际上就开启了地球人类"渴望飞翔"的追梦之旅。因为风筝是世界上最早的重于空气的飞行器，从本质上说，风筝的飞行原理和现代飞机很相似。美国国家博物馆中的一块牌子上，就醒目地写着："世界上最早的飞行器是中国的风筝。"

19年前我创办奥盛时，就曾经立下过一个"志存高远"的志向。19年过去，奥盛集团实现了一个"远"字，今天奥盛制造的桥梁缆索，已经架设在全国各地乃至世界各国的大型桥梁上，走向了遥远的远方。从今天起，奥盛集团要开始谱写一个"高"字，衷心希望经过我们两家企业的携手奋斗，能创造出一个新时代的"风筝传奇"——把我们的"叶片"组装进中国制造的航空发动机里，送到高高的苍穹去巡天。

北宋诗人寇准在讴歌风筝的一首诗中写道："清风如可托，终共白云飞。"我们今天的梦想就是，希望我们未来合资公司生产的涡轮叶片，也能"终共白云飞"。让我们为之努力奋斗吧！

请允许我提议：我们共同举杯，为了实现这个美丽的"风筝"梦想，也为了在座各位朋友的身体健康、工作顺利、生活美满，干杯！

（此文系在奥盛航空发动机配件项目签约仪式上的讲话，2015年）

活出超越梦想的人生

两百多年前，著名的古典主义哲学家、教育思想家费希特曾在他的《有关最为明显的错误教育的日记》一文中，对儿童乃至青少年教育进行过深刻的思考。在这本日记中，费希特就教育的原则问题提出了两点主张：第一，主张通过理解来学习；第二，主张培养受教育者的独立思考能力和独立判断能力。这两种主张可以看作是费希特教育思想体系的奠基石，两百年来，对教育的发展产生了深远的影响。

因此，今天我感到非常荣幸，能够以汤傲成同学父亲的身份，作为家长代表对平和双语学校的领导和老师表达深深的感激。在我眼里，平和就是一所充分体现费希特这两种教育主张的学校。在这里，学生获得了充分的自我发展空间，在求知中充满愉悦，在挑战中充满欢欣。在这里，知识的传授跨越了技术的门槛，使学生拥有了人文情怀；视野的开阔超越了文化的屏障，使学生拥有了国际化的世界观。平和的教育，是学生们奋飞的起点，是他们完善自我的最重要的第一步。在此，请允许我代表所有的家长，向平和学校表示最衷心的感谢。

汤傲成同学在平和度过了九年的难忘时光，我不知道在座的同学当中有多少人和他一样，将自己宝贵的青葱岁月与平和紧紧地维系在一起。我也不确定，今后你们是否还会在另一个地方连续就读九年。如果是这样的话，那么应该是大学本科、硕士和博士的连贯教育。如果一所大学能够让你们心甘情愿地把自己的青春全部倾洒在那里，那么她一定是一所出色的学府，不仅有追求真理的严谨作风，更有温暖博大的人文关怀。这种大学，是人一旦就读，就会终身为之骄傲的教育圣殿。我祝愿同学们在几年之后都能够进入这样的一所大学，在自由博爱的环境中去追求你们的理想，去实现你们的自我。

十天以后，汤傲成同学将远赴英伦求学，带着平和在他身上留下的深深的烙印。我祝愿他，也祝愿所有今天从平和起步奋飞的同学，展开羽翼，放飞梦想，一步一步实现自己的精彩人生。同时，我也祝愿平和继续秉承自己的办学理念，不断追求卓越。我希望，许多年以后，当汤傲成和他的同学们都长大成人成才的时候，能够为曾经在平和这样一所优秀的学校里就读而备感自豪，而平和也能够为培养出他们这样优秀的学生而深感骄傲。

最后，在我即将结束今天的讲话之前，请各位允许我再一次引用费希特的话。1804年，费希特在他著名的《教育箴言》中指出：教育一个人就是给他机会完善自我并赋予他控制自我的力量。如今，两百多年过去了，我们面对着的是一个无法预测的、迅猛发展的时代，完善自我、实现自我因而变得更加任重而道远。在这一过程中，我们当然需要像平和这样优秀的教育机构，同时，我们每一个人更需要在社会这个宏大的教育殿堂中时时刻刻怀抱着"终身学习"的理念，让学习这件最令人愉悦的事情陪伴我们的一生。在知识和技能上不落人后，在修养和品格上受人尊敬，让我们的梦想成真，活出超越梦想的人生。我愿以此与各位一起共勉。

（此文系在平和双语学校毕业典礼上的嘉宾演讲，2009年）

梦想与光荣

——音乐会寄语

20年前，一群志存高远的年轻人，在沪江之滨开始了他们的追梦之旅。他们当时心怀的梦想，就是想在跨江越海的大桥上架设起一道道绚丽的弧形彩虹。

今天，这个梦想已经成为现实。匆匆而过的20年光阴，消磨了他们的青春，也创造了一个"挽手山川，飞越雄关"的奇迹。世界各地的那些地标性大桥上凌空飞架的缆索，无不见证着他们的梦想和光荣。

不忘初心，方得始终。未来20年的征程从今起步。在这个值得珍存的时刻，他们要用一台集精彩朗诵和演唱于一体的视觉盛宴，来抒发自己的内心喜悦，寄托自己的报国豪情，希望在未来岁月中创造出更出色的辉煌。

在此，我谨代表这一群志同道合的伙伴们，特别感谢叶小纲、濮存昕、罗怀臻三位仁兄。从最初的主题策划到最后的演出合成，他们为这场原创性音乐会倾注了大量心血。

我真挚地感谢廖昌永、周涛、万山红、魏松、张国勇、林振地、石倚洁、李秀英、梁波罗、张芝华、徐晓英、韩蓬、于浩磊等艺术家。他们在各自的艺术领域中，都是屈指可数的翘楚人物。感谢他们在百忙之中拨冗同赴盛会，参加演出。

同时，我还要由衷地感谢汪灏、王海鹰、张庆新、韩生几位带领的主创团队在晚会呈现过程中付出的智慧与辛劳，他们的专业素养与奉献精神也令我深为感佩。

我相信，集中了如此众多杰出艺术家智慧和才华的音乐会，肯定能给观众带来一场美妙绝伦的艺术享受。在此，我要对所有参加这次演出的演职员们，一并表示衷心的感谢！

　　感谢所有来宾和朋友们，从四面八方欢聚到上海东方艺术中心，与我们一同庆贺奥盛集团20岁生日，与我们一同度过这一美妙的时刻。

（此文系在"挽手山川　飞越雄关——奥盛集团20周年
音乐会"上的致辞，2017年）

勤勉学习　卓为人才

　　大学阶段，是一个青年人学习专业知识、树立世界观、人生观，完善人格的重要人生阶段。面对大学浩瀚的知识海洋、宽广的发展领域，每个有志于求知的青年都应该是平等的，而一些品学兼优的学生却由于贫困的家境将失去这个最佳的求学黄金期。

　　奥盛奖学金的捐赠，是我作为华东师大校友，履行校友义务，回馈母校的一种方式。希望通过这一奖学金的设立，切实帮助到生活上有困难的优秀学生完成学业，并鼓励他们钻研求精，自强不息。

　　华师大的校训"求实创造，为人师表"意味深长，它不仅要求一名学生踏实学习，在知识的汲取与拓展上有创造性的思想，更要求学生有为人师表的风范，这就在学识和道德上对学生提出了更高的要求。我希望接受奥盛奖学金捐赠的学生都能够具备这样的品质。

　　奖学金的设立是学校与社会对学生的关怀，同时我也相信接受捐赠的同学一定会勤勉学习，卓为人才，奉献社会，将来以自己的方式回报社会、回馈母校。

（此文系在华师大奖学金捐赠仪式上的讲话，2009年）

让历史的火焰照亮未来

两年前，即2009年9月23日，同样的下午，同样是在这个报告厅里，同样是在接受聘书……那一刻与今天是如此相似，时光似乎倒流，历史仿佛重演。

但是，历史永远都不会只是简单的重复。两年前，我手中接过来的，是一本滚烫的兼职教授的聘书，在当时的受聘感言中，我表达了自己的欣喜之情和感激之情。两年后的今天，我从俞校长手中接过的，是一本厚重的校董证书。此刻，我的内心汹涌澎湃，所有的语言似乎都显得苍白，都不足以表达我的欣喜和感激。我只能说一句：我感到非常高兴和荣幸，在母校60周年华诞之际，能够受聘成为她的一名校董，感谢母校！

请各位允许我把回顾历史的眼光投得更远一些。回首过去的十年，在母校的温暖怀抱里，我的身份实现了从学生到兼职教授再到校董的转变。而过去的这十年，可以说是我迄今为止的生命中最宝贵的十年，是母校，在这宝贵的十年中陪伴、呵护并见证了我的一路成长。从始至终，我都愿意把内心的喜悦和前进的收获与母校分享，并从她的支持中得到真知、信念和力量。

作为校友，我想，一定有一种东西，把我们和学校紧密联系在一起，让我们与她唇齿相依，为她向前所走的每一步而动容，这种东西，我把它称之为"情感"，深切而亘古不变的情感。就在昨天晚上，我在华师大的BBS论坛上面，看到一个年轻的学生把华师大的英文缩写ECNU通过音译加意译的方式，还原成了中文"一生爱你"。这个简短的留言深深打动了我，我知道，只有当一所大学带领着学生执着地探求科学的时候，只有当一所大学引导着学生勇敢地追求真理的时候，只有当一所大学充分注重培养人的个性与道德修养的时候，只有当一所大学给予她的师生体贴细致的人文关怀的时候，只有当一所大学拥有博大深厚的、而且是润物细无声的文化的时候，她，才能让她的学子在她生日来临之际，发自肺腑地说上一句"一生爱你"。

1923年，德国著名存在主义哲学家雅斯贝尔斯（Jaspers）在他《大学的理念》一书中曾说："大学的理想要靠每一位学生和教师来实践。"今天，我想，在实践大学理想的群体里，除了学生和教师，校董一定也是其中的一员。

此刻，我作为一名校董，不仅和那个年轻的学生一样，对母校怀有深切厚重的情感，我更感到了自己追求和肩负的使命。今天我们来到这里，是因为我们有责任为学校的繁荣出力献策，是因为我们与学校有着无法割舍的血脉联系，更是因为我们同在座的和不在座的华师大人一样，都有一个坚定的、不可变更的信念：这是所美好的、令人自豪的大学。

同之前的学生身份、兼职教授及博导身份相比，我觉得，作为校董，这不应该是我成长的终点，而更适合作为一个起点。如果说在今天之前都是学校陪伴着我成长，那么从今天开始，身为校董，我会陪伴着学校一起成长，同时，在校董会这个平台上，我会让自己的心灵和视野更深沉、更开阔，以高度的责任感和锲而不舍的事业心，为母校带来骄傲。

今年，母校诞辰60周年。回首这60年的岁月，有许多东西值得我们去梳理、去探究、去思考，60年的历史虽然不够久远，但是只要我们怀着情感和信念以及科学的态度去审视这段历史，那么它的火焰就一定会照亮未来，就一定会指引我们走向更高、更远。

（此文系在华师大校董受聘仪式上的讲话，2011年）

同窗朗润　滋我润我

非常荣幸地接受邀请，在北大国发院2017年毕业典礼上，作为校友的代表致辞。首先，请允许我代表北大国发院的历届校友，对2017年北大国发院的毕业生致以热烈的祝贺！祝贺你们学业有成，即将告别老师和同学，奔向远方，大展宏图！同时也祝贺你们从今天起，由一个朗润园的学子，转身为一个北大的校友，走进了北大国发院的校友大家庭！

同窗朗润，相濡以沫，是人生美好的青春岁月；泱泱北大，滋我润我，是学子永远的精神家园。在此，我以一名北大国发院校友的身份，与大家分享一点个人心得。

人类自从有了传道解惑的学堂后，菁菁学子都在用一生的努力，演绎一个主题相同的情感故事：曾经同窗求学，从此印证辉煌，因为校友是我们的共同名字。

在中华传统文化中，当年的私塾学子虽然不知道"校友"这个现代名词，但是他们也非常珍视"同师同科"的这一段青春岁月。人生际遇有穷有达，师门情谊总是历久弥新，这就是历来被士林所称道的"古谊高风"。

无独有偶，在英文的语境文化中，也有个词是描写大学生活时必不可少的，这个词就是Alumni。中文翻译过来，就叫"校友"。Alumni一词最早出自拉丁语，原本是汲取营养之意。后来它的含义，就渐渐演变成了当代人理解的"校友"意思。

Alumni这个词，就像是一条神奇的纽带，它不仅可以让毕业生与母校终身保持着一种难以割舍的"血缘"联系，而且学子们鲲鹏展翅后，都愿意能尽自己所能来回报母校的哺育之恩。相信我们北大国发院的校友，也会用自己的行动，发扬光大"Alumni"精神。

亲爱的校友们：北大学生的身份，只能证明我们一段时间的优秀；而北大校友的身份，则需要我们用一辈子的优秀来证明。北大的朗润园，永远在注视着每一个曾经在这里苦读的学生。让我们用自己未来一点一滴的优秀，不断给母校带来惊喜！希望母校也永远以我们为傲，以我们为荣！

（此文系在北大国发院2017年毕业典礼上嘉宾致辞，2017年）

为当代中国桥梁喝彩

在五月鲜花怒放的季节，非常荣幸地参加世界桥梁大会，和国内外桥梁界的朋友们欢聚一堂，共同探讨新世纪的桥梁学术。

回顾过去的20年，中国取得的十大经济建设成就，名列前茅的就是中国的桥梁建设成就。全球新建成的地标性桥梁，以及刷新或赶上世界纪录的桥梁，大多在中国。因此，无论从新建桥梁的数量还是从质量来说，新世纪中国的桥梁建设成就，把世界桥梁的设计水平、科技成果、建设规模，都大大推进了一步。

奥盛集团是专注于桥梁缆索制造的企业，我们非常幸运地赶上了中国桥梁事业快速向前推进的好时代。譬如，在世界桥梁排名榜上，海峡跨径世界第一的中国杭州湾跨海大桥、峡谷跨径世界第一的中国云南龙江大桥等，缆索全都是奥盛集团制造的。

奥盛集团在桥梁缆索事业上屡创辉煌的原始动力，在于我们抱着一种"敬畏桥梁历史、继承先人荣光"的严肃态度，希望在我们这一代人手中，能续演好炎黄先人以"吊索"承力的"神话"。这既是奥盛集团的历史情怀，也是奥盛集团的企业精神。

大家知道，面对大海大江、高山峻岭，人类自古以来就没有畏缩不前，很早就开始思考如何用智慧来突破大自然的阻碍。无论在南美洲的陡崖峭壁，还是在欧洲大陆的深山峡谷，我们都能看到早期人类用森林中的各种原始材料，做成承载重力的悬索，想办法渡过大河小溪的遗迹。这也是悬索桥的最早雏形，历史上被称为"吊桥"。

用吊桥来代路，这个构想源于古人类的伟大发明。但是，中国是世界上最早以文字记载"悬索吊桥"的国家。据历史文献记载：公元前285年，强大的秦国吞并了西蜀，秦王诏命建造了伟大的水利工程"都江堰"的李冰镇守这片土地。李冰父子为了解决"蜀道难"问题，聚集民力，建造了七座桥梁，其中有一座"笮"桥，就是一座以竹子为吊索的吊桥。

此后，世界一千多年的悬索桥历史，实际上就是一部中国桥梁史：公元前50年，中国四川建成了长达百米的铁索桥，东汉时建成了澜沧江霁虹桥，三国时建成了澜沧江功果铁索桥，隋朝时建成了金沙江塔城关铁索桥，唐朝时建成了怀远铁索桥等等。

1665年，中国著名旅游家徐霞客写的《铁索桥记》一书被，法国传教士马天尼（Martini）发现，阅读后叹为观止，他后来撰写了《中国奇迹览胜》一书，其中特别介绍了中国建于公元65年的云南兰津铁索桥。该书风行一时，曾被译成多种文字，多次再版。英国著名的科技史学者李约瑟在他《中国科学技术史》一书中说：马天尼让西方认知了古代中国造桥时以"吊"承力的"悬索"概念。

但是19世纪后，中国由于故步自封、闭关锁国，加上连年战乱，没有跟上现代工业革命的步伐，也没有出现工业大生产的格局，导致制造业毫无起色，在桥梁建设上大大落后了。直到20世纪80年代，邓小平主导的改革开放，才开始催生民族复兴的"中国梦"，也催生了让世界为之惊叹的桥梁建设新貌。

几乎与此同时，我在上海组建了以研发、制造、安装、养护桥梁缆索为主业的奥盛集团。从中国第一条斜拉索桥梁"南浦大桥"开始，奥盛集团以科技创新为驱动，年年刷新缆索制造的技术和工艺，多次获得国家级科技奖和工程奖，先后完成了国内外900座大桥的缆索工程。

前不久，奥盛集团旗下的浦江缆索，运用具有自主知识产权的"入鞍段索股预成型"新技术，完成了峡谷跨径世界第一的云南龙江特大桥缆索的供应和协同架设，比工期提前57天，创造了世界桥梁史上主缆架设的最快速度。最近，浦江缆索又中标了广东虎门二桥——坭洲水道桥和大沙水道桥的缆索制造供应。这是国内首次采用1960MPa强度的索股，我相信，浦江缆索一定能做好缆索的制造、供应和服务，会有更优秀的表现。

人类征服大自然的脚步是没有止境的。在新一代科技创新力量的推动下，更长、更大、更高的桥梁奇迹将不断出现在世界上，征服更多的江河湖泊、深山峡谷，让地球真正成为"地球村"。中国政府提出的"一带一路"的伟大构想，就是体现了人类这个美好的理想。

　　21世纪的桥梁事业是大有作为的。奥盛集团愿与在座的桥梁界朋友们一起努力，为全球桥梁事业做出更杰出的贡献。

　　　　　　　　　　　（此文系在世界桥梁大会上的演讲，2016年）

我对大学"校友会"的理解

"校友会"这个词在西方社会并不陌生。近二三十年来，Alumni（中文译为"校友"）一词在西方各语言体系中迅速蔓延。一所大学，尤其是名牌大学，成立校友会是再普通不过的事。西方众多知名大学大多拥有自己的校友会，校友会对于西方大学的建设与发展是一支十分活跃的民间力量，以哈佛为例，其校务基金在2009年上半年达260亿美元，其中大多来自历年校友的捐赠。

母校是学子永远的心灵家园，是学子在外奋斗、漂泊后的心灵港湾。在校友会这个团队中，校友之间远离了世俗和官场的喧嚣，以一种完全平等的方式、一份纯真的情感交往，为彼此的心灵除去些许现世的琐碎。校友会的存在，增进了校友间的感情，凝聚了校友的力量。

相对中文的"校友"，西方语境中的Alumni内涵更加丰富，除去"校友"这层意味，还有"基金会"的含义。Alumni把校友终身与母校保持联系视为天经地义，将尽自己所能来回馈母校的培养视为理所当然。在Alumni眼中，对母校用各种方式进行支持，这是一种道义上的责任，也是所有学校成员的义务。在我看来，这无疑是校友会另一个重要的职责。当我们离开母校，始终有一条无形的纽带将我们联结，母校赋予校友以无尽的心灵源泉，而校友对母校也应秉持一份持续的关注。

追溯历史，虽然Alumni一词早在西方社会出现，但真正被重视，建立起校友会网络，还是在20世纪八九十年代。20余年的时间使西方校友会茁壮成长，在西方社会中的地位越来越举足轻重。与之相比，我们存在二三十年的差距，但还有迎头赶上的机会。

前几天，美国著名"常春藤"大学耶鲁大学的校长查德·莱文日前出访英国时，接受《卫报》采访中讲述了这样一个观点：只需一代的时间，也就是

20至30年，中国的顶尖大学将可以和美国常春藤联盟大学分庭抗礼，成为世界性的一流学府。希望在这二三十年的时间里，中国的校友会也能蓬勃发展，赶上甚至超越西方校友会在校园事务中起到的作用，为中国顶级学府融入世界一流大学而助力。

2010年

校友要终身与母校保持不可割舍的联系

非常感谢华师大校方给予我这样一个机会，让我代表在座的和不在座的各位校友为母校58周年校庆讲几句话。

在欧洲，教育与历史是两个紧密相连的概念，它们构成了文化自我认知的核心。一所大学如果没有几百年的积淀，其校庆很难走入人们的视野。在博洛尼亚大学、剑桥大学和海德堡大学面前，五百年的学府也尚属年轻，然而与中国源远流长的教育传统相比，即使是最古老的大学也只能望其项背。而我们的母校所承载着的，正是中国这数千年的教育传统；孕育她成长的，也正是中国深厚的教育文化土壤。因此，我们有足够的理由，在母校每个生日来临之际，济济一堂，共同庆祝并分享成长的喜悦。当我们欣喜地回眸昨天的时候，我们所关注的，不仅仅是过去半个多世纪的岁月，我们还会放眼辉煌浩瀚的历史长河，因为我们根植于此。而当我们携手共同缔造明天的时候，我们所追求的，不仅仅是一个充满阳光的未来，更让我们所倾心的，是用教育来谱写新的历史，因为这是我们肩上的任务。

谈到大学的任务，德国现代教育制度的奠基人威廉·洪堡指出，大学兼有双重任务，一是对科学的探求，一是个性与道德的修养。当我们迈入一所大学求学的时候，我们实际上是朝着完善自我的方向迈出了一大步。在大学里，我们在追求科学和真理的同时，也在塑造着自己的人格；我们在获得了各种专业知识和技能的同时，也培养了自己的良知、理性、意志、胸襟、真诚和责任。今天，当我们这些校友共同追忆在华师大度过的往昔岁月时，我们有充分的理由相信，那是我们人生道路上最重要也最关键的一程。

近二三十年来，在大学的语境中，有一个词语在英语、德语、法语、意大利语、西班牙语等西方各大语言中迅速蔓延、普及，并深深地扎下根来，成为描写大学状况必不可少的内容，这个词就是Alumni，中文翻译成"校友"。Alumni一词出自拉丁语，原本是汲取营养之意，直至14世纪以后，才渐渐转变成了"校友"的意思。这种转变，首先要归功于剑桥和牛津。早在数百年前，这两所学府就致力于让毕业生与母校终身都保持着一种不可割舍的联系。19世纪以来，Alumni一词在美国得以发扬光大，它所表达的意思，绝不仅仅只是指某所大学的毕业生，而是有更为丰富的内涵。Alumni把终身与母校保持联系视为天经地义，将尽自己所能来回馈母校的培养视为理所当然。在Alumni眼中，对母校用各种方式进行支持，这是一种道义上的责任，是所有学校成员的义务。

与中文里的"校友"相比，我更愿意认可西方语言中Alumni一词的丰富内涵。如果我们追本溯源，那么毫无疑问，曾经的我们在母校汲取营养，而当我们离开大学的时候，其实并没有渐行渐远，而是永远有一种情怀和责任将我们和母校紧密相连，使我们无论身在何处，都能够和母校血脉相依。

让我们携手共同缔造明天，携手共同谱写新的历史！

（此文系在华师大五十八华诞校友音乐会上的演讲，2009年）

心怀天下　报国无悔

　　从2003年起，我就参加了上海知联会，迄今已10多年了。在这个荟萃人才、集聚智力的平台上，我最大的感受是：在市委统战部的精心指导下，中国传统知识分子所推崇的"一己之力，报国无悔"的精神，在这儿代代传承，它熏陶了我们每一个人。

　　历史上的知识分子被称为"士子"。在两千年的历史变迁中，优秀士子的人生际遇，一直与国家民族的命运起伏捆绑在一起。民族兴，人生大有作为；民族衰，人生碌碌无为。因此，古代的优秀知识分子都养成了"心怀天下，心忧其民"的特殊品格。今天，虽然历史天空转换了，但这个特殊品格依然在我们新一代知识分子的血液中流淌。我对它的认识是：所谓心怀天下，就是今天我们说的"大局观"；所谓心忧其民，就是今天我们说的"使命感"。只有认识到这一点，才能在"知识分子与民族复兴"的这个大命题下，正确找到自己拼搏奋斗的出发点和落脚点。

　　我是上海领军人才，全国优秀博士后。我一口咬定的"青山"，就是预应力材料尤其是大桥缆索的研发和制造。特大型桥梁，不外乎悬索桥、斜拉桥和拱桥，缆索是必不可少的。作为一名知识分子，我当年的抱负，就是要成为世界上最顶尖的桥梁缆索供应商，以此来为中华民族的复兴大业添砖加瓦。

　　我带领团队从填补国内空白做起，依靠科技创新，孜孜不倦地追求极致和完美的"工匠精神"，历经19年奋斗，企业已形成了以桥梁缆索制造为核心的完整产业链。在英国皇家《桥梁》杂志的全球行业排名中，悬索桥的全球市场份额我们占51.2%，斜拉桥的全球市场份额我们占54%，当之无愧地成为全球第一的大跨径桥梁缆索供应商。

　　截至目前，我所领导的科技团队已获得重大科技成果13项，其中参建项目获国家科技成果一等奖2个、二等奖1个，詹天佑奖、鲁班奖79项。拥有100余项发明专利。正因为我们有科技创新的核心竞争力，所以投标美国新地标旧金山—奥克兰新海湾大桥时，我们击败了全球12个对手，并在美方全球聘请的40多位工程监理挑剔的眼光下，交出了优异的答卷，指挥美国工人一气呵成地完成了工程建设，质量完美度受到美方高度评价。当我站在大桥下，看见全球观光者翘着大拇指说"Made in China"时，民族自豪感油然而生，胸中激荡不已。

新华社在评论我国20年间取得的经济成就时说：我国惊艳世界的十大建设成就，第一是高铁建设，第二是桥梁建设，因为世界上海峡跨径第一和峡谷跨径第一的特大桥都在中国，而这些都是我们的作品。19年来，我们为国内外800多座桥梁制造和安装了缆索，浩浩长江上有一半以上的大桥缆索也是我们制造的。特别是今年4月通车的云南龙江特大桥，峡谷跨径世界第一，海拔高度亚洲第一。我们运用独立知识产权的"入鞍段索股预成型"技术，缩短工期57天，创造了世界纪录。龙江特大桥标志着"中国制造"的大桥缆索，已经华丽转身为"中国创造"，也标志着我们为"一带一路"的国家发展倡议，做好了充分的技术储备，随时听候祖国的召唤。

中国是世界上最早以文字记载"悬索吊桥"的国家。公元前285年，李冰父子就在山路崎岖的四川建造了一座以竹子为吊索的吊桥。此后，世界一千多年的造桥史，实际上就是一部中国领跑世界的铁索桥梁史。英国著名学者李约瑟在《中国科学技术史》一书中指出：古代中国造桥时以"吊"承力的"悬索"概念，对人类的造桥想象力产生了重大影响。所以从某种意义上说，我们所做的一切努力，就是在重振华夏老祖宗的志气。前路漫漫，我们更要努力向前，以更辉煌的成就来证明中华民族在21世纪的伟大复兴。

回顾我的成长历程，每一步台阶都是在市委统战部的悉心扶持下，一步步踏上去的。没有党的教育和培育，就没有我今天的成就。此恩难忘，涌泉报国，当待来时。

（此文系在上海知联会成立30周年座谈会上的讲话，2016年）

"哲学之士"的感悟

今天，在这样一个庄重而热烈的场合，我受聘为华师大的兼职教授。当张书记将聘书交到我手中，将红色的校徽佩戴到我胸前的时候，我知道，我已经开始踏上了一段新的人生旅程，在我面前开辟了一个新的世界，我多年前的梦想终于在这一刻变成了现实。

这一份兼职教授的聘书，在我眼里，意味着自己多年以来在学术方面所做的努力得到了尊重、在经济研究方面所取得的成绩得到了认可，这种来自学界的尊重和认可，要比来自业界的更让我感到欣慰。请允许我向华师大校方的知遇之情表示诚挚的感谢！

在欣喜和感激之余，我也在认真思考，作为一名"兼职教授"，究竟应该以怎样的方式去融入到大学的教育洪流，并同时丰富这一称号的内涵？

今年是2009年，也是德国最伟大的古典主义剧作家兼诗人席勒诞辰250周年。当这个星球上所有被文明感化了的角落，都在重新品味并分享席勒带给我们精神财富的时候，请允许我在此引用他所追崇的大学精神尺度。1789年5月26日，刚过而立之年的席勒受聘为耶拿大学的历史学教授，当天，他做了他身为人师的第一场演讲，这就是名垂青史的《何为普遍历史及普遍历史何为？》。在这场演讲中，席勒主要阐述的是对整个现代世界形成过程中的"德国理念"具有重要意义的"普遍历史"学说，同时，也针对大学里的学者，提出了一对针锋相对的概念，即"利禄之徒"。和"哲学之士"。前者为利禄而奔波，后者为科学和真理而献身。

毫无疑问，席勒本人，便是一位当之无愧的"哲学之士"。他当时受聘的是一个所谓的"编外教授"职位，即没有薪水的职位。但是，这并没有影响席勒的学术研究热情，此后的数年里，他完全停止了文学创作，而是作为一名史学教授，将全部的心血不求回报地倾注到了史学和美学的研究中去。耶拿大学并没有忘记这位编外教授，150年以后，耶拿大学这所留下了莱布尼茨、费希特、黑格尔、歌德、谢林、马克思等无数圣贤足迹的顶级学府，更名为弗里德里希·席勒大学。

如今，先哲的思想光芒在我们的头顶照耀着。当我在思考"兼职教授"的意义时，不由得想到了席勒，想到了他的"哲学之士"。对我而言，兼职教授是一笔宝贵的财富。首先，它赋予我一个新的发展平台，让我能够抛却杂念——即使是暂时——倾力从事学术研究，去追求科学与真理。我很高兴能够在不惑之年得到这样一个机会，因为，只有过了这个年龄，才能够真正明白：在这一生当中，其实，没有什么东西比科学和真理更值得去追求。其次，兼职教授的头衔赋予了我一个广阔的思想交流的空间，在大学这个精英云集的地方，无论面对的是老师还是同学，讨论、切磋、交流，甚至质疑、争辩，这一切，不仅会让学术思想变得更加成熟，也会让我们的人格发展得更加完美。再次，作为兼职教授，我能够有机会将自己的见解和感悟，与大家一起分享。分享这件事情本身，便会带来极大的快乐。何况，我深信，在分享的过程当中，我一定会从你们身上汲取更多的营养，让我在看待固有事物的时候，能够获取一个崭新的视角，从而让我面前的世界豁然开朗。最后，也是最值得一提的，"兼职教授"的身份，能够让我有机会去做一个受人尊敬的"哲学之士"。如果说，与两百多年前的德国相比，在当今中国的现实社会中，"哲学之士"带有明显的乌托邦色彩，那么，何不把它看作是一个前进的方向？何不把它当作我们的理想？正如席勒所说："真正美丽的东西必须一方面跟自然一致，另一方面跟理想一致。"

最后，请允许我用下面这句话来结束我今天的感言："回顾昨日，惭勉有加；展望明天，壮心不已。"

（此文系华东师大兼职教授受聘仪式上的演讲，2009年）

338

中国书法对汉字传承的重要性

今天参加华东师大建校66周年书法篆刻作品展开幕式，我感到很荣幸。这个展览不仅展示了100多幅精美绝伦的艺术作品，而且展示了华师大６６年来绵延传承的校园文脉。作为一名校友，我对母校多元化的教育成就备感自豪，对书法篆刻展的揭幕表示热烈祝贺！

我研习书法也有40多年历史了。今天利用这个机会，我想与大家分享一点我研习书法艺术的个人心得。

我一直认为：中华三千年文明史历经磨难而没有断裂，中华传统文化开枝散叶而归于一统，与中华汉字一以贯之的固化式传承是分不开的。可以这么说：如果没有汉字，一部大中华历史根本无法保存得如此完整；如果没有诞生"书法"这种独特的艺术形式，远古的汉字也是很难传承到今天的。

书法艺术对汉字的有效传承，所起到的作用是巨大的。往历史深处看，中国书法是沿着两条平行的"艺术标杆"往下传承的。一条"标杆"是如何把汉字写得更加标准，另一条"标杆"是如何把汉字写得更加漂亮。从李斯统一篆体笔画开始，一直到"颜骨柳筋"的出现，再到"宋体楷书"一统江湖，这些先贤们所做的努力，就是为了把"方块汉字"写得更加标准化。而自从汉碑隶书由"庶民化书风"一跃成为"庙堂体"后，以王羲之为代表的历代书法大家，前赴后继地创造了很多种带有个人艺术风格的书体。他们虽然生活在不同的历史阶段，但艺术追求的目标是一致的，那就是为了把"方块汉字"写得更加奇古浑朴、诡谲多变，让书体更加漂亮。这两个艺术标杆的交辉互映，这才催生了源远流长、韵味无穷的中国书法艺术。

从古到今的学子们，无不以"习书"作为开蒙的必备功课。直到今天，练习书法的人群依然是人数最多的。今天我们书写书法，不能仅仅停留在"把汉字写得标准"的层面，还要努力把"汉字"写得更加飘逸潇洒！我觉得，只有度法森严，才能熔古荟今，只有博采众长，才能真正做到"胸中有古人，下笔无古人"，形成一家之体。

中国书法是一种在长达3000年来的传统规范下，创造出来的极为个性化的精致艺术。这种东方艺术形态，西方人在很长时间内无法理解。相对来讲，他们对中国古代的绘画、瓷器、家具等器件，比较容易理解。直到20世纪上半叶，西方收藏界人士才开始认识中国书法的精妙。他们的西方思维是这样评价的：中国书法是"一种从广阔而巨大的传统中生发出来的创造行动，一种对早已存在的古代艺术进行革新并建立个人风格的艺术"。由此可见，中国书法的传承和发扬光大，正未有穷期！中国书法走向世界，让不同民族的更多的人理解并欣赏它的精妙，也正未有穷期！我们应当为之自豪地努力！

（此文系在华师大建校66周年书法篆刻展揭幕上的

嘉宾演讲，2017年）

走进新时代的民营企业家应有怎样的新作为

党的十九大给我们带来一个"热词"，那就是瞬间爆红中国大地的"新时代"三个字。这不仅是以习近平同志为核心的党中央的政治判断，也是习近平中国特色社会主义思想的重要表述之一。这几天来，我看到许多人都在细心掐算着，到2035年自己多少岁数，到2050年又是多少岁数，足见"走进新时代"也是全国人民的共同期盼。

走进新时代，民营企业家应该有怎样的新作为？

我觉得，在学习、贯彻、落实十九大精神时，民营企业家要自问一个问题：新时代对于我们到底意味着什么？新时代与我们的关系到底有多大？我觉得，一个企业家无论天赋如何优秀、能力如何强大、机遇如何巧合，总是离不开你所生活的时代。尽管历史是成功者的历史，你可以讲述人生传奇。但是从根本上讲，时代是怎样的色彩，你就是怎样的命运，这是不以人的意志为转移的。譬如，我们今天取得的成就，就无法离开那个"敢吃第一个螃蟹"的改革开放时代。同样的道理，在习近平思想指引下的中国特色社会主义新时代，就是我们人生中的第二次巨大的命运恩赐和人生转机。

这个新时代，是一个更加呼唤创新创业勇气的时代，是一个可以充分展示个人才干的时代，是一个"只要肯去攀登，一切皆有可能"的时代！作为一名有远大志向的企业家来说，以前你不敢想的，也许今天可以想了，以前不敢干的，也许今天可以干了，以前不能成功的，也许今天可以成功了。一言以蔽之，新时代与民营企业家的关系实在是太密切了。我们应该感恩党带领我们走进了这个新时代，应该感恩命运的垂青，让我们赶上了这个新时代！我相信，在新时代中，国家的进步和强大，会让每一个国民的生活发生巨大的变化，也会让每一个民营企业家的人生道路发生巨大的变化。

民营企业家应该以怎样的心态走进新时代？在当代中国的历史上，有三个历史转折关口，被人们称为"新时代"。第一个新时代是1949年，毛泽东在开国大典上宣布"中国人民从此站起来了"，敏感的诗人讴歌"时间开始了"，历史翻开了崭新一页。第二个新时代是1988年，邓小平宣布改革开放，让历史重新走进了百花争艳的春天。第三个新时代就是党的十九大，这个时代是实现小康社会的决胜阶段，也是建成社会主义现代化强国的关键时期。我相信，只要一想到在我们这一代手中，将要完成两千年来无数英明的帝王将相、杰出的仁人志士都梦寐以求的"强国梦"，每一个人心中都会涌动起自豪之情。

有什么样的心态，就有什么样的作为。我们必须清醒地认识到，虽然习近平总书记为我们指明了方向、描绘了蓝图、制订了方略，但是新时代不是天上掉下来的馅饼，也不是马鞭指处的望梅止渴的梅林。我认为，新时代要靠踏踏实实的"走"，方能意气风发地"进"。这一个"走"字，就形象地要求肩负中国经济繁荣昌盛重任的民营企业家，绝不能有半点观望、懈怠、游离的心态，而要拿出比走进第二个新时代时更大的干劲，撸起袖子加油干才行。

民营企业家走进新时代的抓手是什么？在我看来，抓手就是创新。最近在学习贯彻中央25号文时，大家都在讨论如何更好地弘扬企业家精神。企业家精神的灵魂就是创新，这也是企业家精神区别其他职业精神的地方。回首当年我们创业和成长的历程，说到底，都是靠创新两字取得的；在新时代中，要把事业做得更大更好，只有继续坚定不移地创新，离开创新只会一事无成，就会落后于新时代。

这方面我的体会很深。奥盛集团从创业起步时，就秉承创新精神，填补了国内科技空白。此后一直以科技创新为驱动，发展壮大企业。无论是立足大桥缆索制造20年的主业，还是近年来投资新兴的高科技企业，我们秉承的理念一直没有变，那就是以新材料革命带动新产品革命，再以新产品开拓全球新市场。我坚信，科技创新是我们这个时代的主流，是挖掘不尽的聚宝盆。只要抓住这个牛鼻子，我们就可以高唱凯歌，大步迈进新时代。

不忘初心，牢记使命。让我们扬帆起航，抓住这个千年难遇的时代机遇，跟着新时代的前进步伐，走向人生的光辉顶点。

2017年

党外人士要加强政治修养

在新的历史时期，作为一名党外领导干部，只有不断加强自身修养，才能跟上时代的要求和党的要求。

自身修养的范畴很广，内容有很多，但是最重要的修养、置顶的修养、提纲挈领的修养，就是政治修养这一条。只有不断提高自身的政治修养，才能在思想上和行动上具备高度自觉的看齐意识，与以习近平总书记为核心的党中央保持高度的一致。反之，如果在政治修养上"犯迷糊"，就会认不清天下大势，把握不住历史发展的战略机遇。

作为党外人士来说，加强政治修养，必须对中国当代历史的发展方向要有一个清醒的认识。从1921年中国共产党成立到今天，我党领导全国人民已经整整奋斗了96年，期间跨越了三个历史阶段：一是中国要"站起来"，二是中国要"富起来"，三是中国要"强起来"。前两个历史发展阶段的目标都已经实现，现在我们在习近平总书记的领导下，正在朝着实现第三个伟大目标，大踏步地前进。

党的十八大以来的五年中，习近平总书记着眼于世界格局的变化和中国经济社会的发展趋势，发表了一系列重要讲话，提出了一整套科学的、完整的、富有中国特色的治国理政新理念新思想新战略。这是在新的历史条件下，让中华民族"强起来"，自立于世界民族之林的根本指导思想。习近平总书记的思想，不仅要管一阵子，而且要贯穿于"两个一百年"，要融入中华民族伟大复兴的整个历史进程。对于这一点，我们必须要有这个认识高度，要不断深入学习，用它来武装自己的头脑，紧紧跟上党中央的战略步骤。

加强政治修养，还必须对我党的历史要有深刻的了解。中国共产党之所以能成为世界上执政历史最长、领导民众最多、取得成果最辉煌的政党，不是没有原因的。一个很重要的原因，就是我党是一个创党初心始终不忘、奋斗目标始终不变的政党，同时也是一个不断以果敢行动来修正自身失误、完善自身建设的政党，为了人民的根本利益，即使"刮骨疗伤"，也在所不惜。30多年前的改革开放，就是一个例子。十八大以来，党中央反腐倡廉的霹雳风暴，重塑为政清明之风，更是一个让全国人民精神为之大振的例子。

我党在长期领导人民奋斗的过程中，特别是在历史转折的重要关头，在肩负重任的关键时刻，总会形成一个强有力的领导核心，并以核心的智慧和意志，团结全党和全国人民，突破万难，奋勇向前。今天，习近平总书记是我党新一代领导核心，这个核心地位是在我党五年来的政治生活中形成的，是经受了考验的，是得到广大人民群众热烈拥护的。所以，进一步牢固树立政治意识、大局意识、核心意识、看齐意识，是提高自身政治修养的重中之重。

加强政治修养，作为党外人士来说，必须在实现中华民族伟大复兴的历史进程中，找准、找对自己的位置。个人的力量虽然很渺小，但是也要在党的阳光哺育下，折射出自己的光彩。我是一个无党派人士，多年深耕民族制造业，近年来承蒙组织信任，安排我担任了一些领导职务。无论是全国政协委员还是普陀区政协副主席，无论是市工商联副主席还是知联会副会长，我担任这些职务的主要职能，就是紧密配合党组织，做好统战工作。因此，除了加强自身政治修养外，还要团结更多的党外人士，汇聚更多的社会力量，共同承担起我们这一代人的历史使命。

短短五年中，在以习近平总书记为核心的党中央坚强领导下，我国经济政治各方面都发生了深刻的变化。正如习总书记说的那样："现在，我们比历史上任何时期都更接近中华民族伟大复兴的目标，比历史上任何时期都更有信心、有能力实现这个目标。"我们躬逢盛世，既是这一伟大历史进程的见证者，也是参与者，应当为之兴奋，更要为之竭尽全力。

2017年

罗浮香梦图

南宋 汤正仲

设色纸本轴

纵136厘米，横65厘米

原清代宫廷收藏。著录《秘殿珠林石渠宝笈合编》第九册第1502页　上海书店版

汤正仲画梅得其舅——宋代画梅大家扬补之真传。刘克庄《后村集》云："江西人得补之一幅梅，价不下百十金。"解缙在其《春雨集》中说："予乡先辈扬君补之，世家清江。所居萧州，有梅树大如数间屋，苍皮藓斑，繁花如簇。补之日临画之大得其趣，间以进之徽庙，徽庙戏曰村梅，因署奉敕村梅。更作疏枝冷蕊，清意逼人，而徽庙不及见矣。南渡后，宫中以其梅张之壁间，有蜂蝶集其上，上惊怪，求补之，而已物故，不可得矣。"宋徽宗笑评补之画梅是"村梅"，以示与艳冶的"宫梅"有所区别，这恰好反映了宫廷贵族与在野的文人士子的艺术审美趣味不

同。这里简述扬无咎，可以让我们更深入地了解《罗浮香梦图》的渊源。

据元代夏文彦撰《图绘宝鉴》记载："汤正仲字叔雅，江西人，扬补之（无咎）甥，后居黄岩，号闲庵，开禧年（1205—1207）贵仕。善画梅竹松石，清雅如敷粉之色，水仙兰亦佳，大抵宗补之别出新意，用汤氏叔雅印。"据明代朱谋垔撰《画史会要》载："汤正仲，字叔雅，江西人，扬补之甥，后居黄岩，号闲庵。水仙兰亦佳，弟叔用，（据俞剑华先生编《中国美术家人名大辞典》汤叔用条：（宋）一作叔周，亦善画梅。另有汤淑周条：（宋）即汤叔用。）能墨梅。"据明代汪砢玉撰《珊瑚网》载，汤正仲在其《霜入千林图》上有长题："昔王允道送水仙五十枝与山谷先生，欣然作咏凌波仙子生尘凡之句，至今脍炙人口。余欲水墨画五十枝俱梅，号曰霜入千林图，凡落笔趣向，疏淡稠叠，纤悉去处，癖于七载而就，所谓能事不受相促迫是也，他日此轴流传名世之家，为余爱惜之，嘉泰（1201—1204）改元岁在辛酉季上休日。江右汤正仲叔雅书于丹丘寓舍云。"文后有作者简介："汤正仲，字叔雅，江右人，扬补之甥，写梅法补之，后居黄岩，号闲庵。楷书遒劲，学褚河南而加老。有女嫁希泉（赵希泉），写梅竹，每以父闲庵图书识其上。"明代文嘉《钤山堂书画记》亦有载（此文略）。再据清代会稽童翼驹撰《墨梅人名录》载："……故汤君始出新意，汤君自云得其舅氏扬补之遗法，其小异处则又有所受也。观其蕴藉敷腴，诚有青出于蓝者，特未知其豪爽超拔之韵视补之为何如耳。"读这些资料，当对欣赏这件汤正仲唯一一件《石渠宝笈》注录传世作品大为有益。

《罗浮香梦图》右下角署款"开禧丙寅（1206）春王月，汤正仲画。"后《霜入千林图》五年。嘉泰、开禧均为南宋宁宗皇帝赵扩的年号。汤正仲的生卒年现已无考，但从扬无咎生于1097年殁于1169年推断，1206年的汤正仲当属其中晚年了。再从明以前各书有记载的两三件当时尚能看到的画上所能提供的信息推断，也大致如此。他这时对梅花已专注了十数年的功力，由"疏淡稠叠"而更臻老迈了。

此图画月夜寒梅景色，老梅粗干扭曲蜿转，盘枝错节；细枝劲挺直拔，密密匝匝。一轮皓月，让满树的梅花和两只隐在梅中似睡非睡的鸟，都笼罩在一片清光醉人的夜色中。树上的梅花有含苞，有待放，有盛开。含苞者，画嫩枝尚未疏张，枝头已着花蕾，预报花期将临；待放者，舒展的枝干有些含苞初绽，犹如含羞的少女，半露粉靥；盛开者，旧枝新条，繁花朵朵，尽情绽放，香气袭人，春深似海。汾亭诗人石岩题道："密翠长条野岸边，花枝如雪半笼烟。浓香残月玲珑影，照见花间夜鸟眠。"（钤：石民瞻印）一幅疏影横斜，暗香浮动的诗情画意跃然纸上。应该着重提示的是，画家高妙的表现手法。画家以薄粉轻染月夜柔纱般飘浮的几段烟岚之色，使画面充满朦胧月光。着意描画月光，于当时可谓之一绝也。再是敷粉梅花，每花先薄而匀地铺一层粉底，再于花瓣顶端着厚粉略勾，朵朵梅花凸于纸上。对中国绘画稍有究心者尽知：粉须慎用，易染"脂粉"之疾也。汤君之月梅，冰清玉色，堪称又一绝也。历时八百余年，斯图品相如新，无断无裂无渍无破损，可以想见历代藏家激赏、珍惜、宝爱有加，世所罕见，实为三绝也。难怪宋末元初的大画家赵孟坚也要学他，在赵的《画梅竹诗卷》中就有这样两句："从头总是扬汤法，拼下功夫岂一朝。"可见汤正仲的梅在当时的影响之巨。汤君画《罗浮香梦图》若此，实令赏鉴者五体投地，无怪历代项子京们在画角处、签条上、锦裹边到处留下"神品"、"神品上上"、"无上神品"、"子孙永保"等的惊叹与赞誉了。

那么在图上以隶书题诗的石岩是谁呢？他究竟是什么时候的人呢？长长八百余年，浩浩书山，茫茫人海，一时何以寻得？读文敏信札，见有《致民瞻仁卿十札》一卷，民瞻一名令余兴奋不已，此民瞻是我要找的石岩吗？记得他于名款后落有一枚《石民瞻印》，故迫不及待，一口气读完赵文敏给民瞻的十封信和后纸历代跋文。真是大喜过望，真应了那句名言："踏破铁鞋无觅处，得来全不费工夫"。后纸跋文中有林少穆（则徐）一段文字尤为精彩："民瞻石氏名岩，京口（今镇江）人，善隶书，学韩择木，能画山水、人物、花卉。与子昂有亲，常馆其家。延祐元年（1314）十一月十九日，子昂书嵇侍中（嵇康之子嵇绍）庙额，是夜，民瞻在馆中梦一丈夫，晋衣冠，流血被面，谓民瞻曰，我嵇某也，今日赵公为我书额，当谢之，烦为致辞。民瞻觉，犹汗流，审此则子昂书诚可通神，而民瞻与子昂若非至交，神亦不于其身是梦也，翰墨缘即香火缘，幽明之道，不隔如是、如是"。石岩时宿赵孟頫家中，非与"有亲"，交往不密，难有此梦。从赵孟頫的信亦可显见，下面略摘信中几段："启事顿首再拜，民瞻宰公（因做过县尹，故有"宰公"之称。）仁弟足下，孟頫谨封……承示画梅及观音像一，如来意题数字其上，却用奉纳。""孟頫再拜，民瞻宰公老弟足下，雨中想无他出，能过此谈半日否？""孟頫再拜。民瞻宰公仁弟足下……若民瞻来杭州，能辍半日暇，便可来小斋一游观也。向蒙许惠碧盏，何尚未践言耶。""孟頫顿首再拜，民瞻宰公老弟足下，孟頫奉别甚久，倾仰情深。……外蒙远寄碧盏，不敢拜赐，并付去人归壁。乞示至，镜子谨已祗领，感激、感激……""孟頫再拜，民瞻宰公弟足下，别久不胜驰想……承示以墨竹，大有佳趣，辄书数语其上，浼损卷轴，深知罪戾，不知民瞻见恕否。……寒近，要鹿肉，千万勿忘……""……承远寄鹿肉，领次，至以为感，但家人辈尚以为少，不审能重寄否。付至界行绢素，已如来命写《兰亭》一过奉纳，试过目以为然乎？不然乎，紫芝有书，今附来使，以书复之。"从上面所摘可以弄清一：石赵两家关系着实亲近，亲近到要东西无须讲礼貌，"寒近，要鹿肉"，可以嘱人"千万勿忘"，一次送来"家人辈尚以为少"，并要求重寄的程度。可以弄清二：石岩确实如林则徐所说，善画。信中赵孟頫收到他画的梅及观音像还有墨竹。赵按石岩请求为画题字，并用所寄绢素，如命书写《兰亭序》。在信札卷后的跋文中还有一句介绍："石氏民瞻者。之时以文学才名为东南士人冠。亲联松雪。故一时词翰制作，石得多藏焉"。此后，余于元代书家邓文原作《急就章》卷后见石岩署年款跋："天历庚午（1330）清明日，汾亭石岩民瞻观于武林宗阳明复斋"。至于他的生卒年就不得而知了。现在可以清楚的是，石岩是元朝名士，石氏于《罗图》所题诗句的时间当在公元1206年画成之后约百余年。

这件作品诗塘为咸丰帝御题：罗浮香梦。钤：咸丰御笔之宝。裱边：宋汤叔雅罗浮香梦图，心太平斋藏，荫椿题。锦裹（原清宫旧物）素娟签条题：宋汤叔雅梅花，无上神品。天杆边签条题：汤闲庵梅花咸丰御题罗浮香梦，神品上上，钤：臣汶印记。鉴藏印：神品，子京所藏，墨林秘玩，项子京氏、南昌袁氏家藏珍玩、子孙永保、湖海楼书画印、嘉庆御览之宝、嘉庆鉴赏、石渠宝笈、宝笈三编、仁和王绍延收藏图书、莱山真赏、王氏宝日轩书画记、迟庵所藏。著录上海书店版《秘殿珠林石渠宝笈合编》第九册《石渠宝笈三编》第1502页。吴湖帆的《梅景书屋书画目录》这样记着：宋汤叔雅《梅花双鹊图》轴，纸本，精品。

2005年秋，笔者有幸见到慈禧皇太后于"光绪己丑孟春试灯日御笔仿宋人汤正仲"《梅花双鹊图》。仿作与原作同大，布局构图，位置经营极似原作，慈禧皇太后仿品为小写意画法，与原作有所不同。

　　慈禧的《梅花双鹊图》作于1889年正月十五日前的一两天（试灯日在旧俗中有指正月十三日的，也有指正月十四日的）。此画纸本水墨立轴，月色朦胧，密枝繁花，双鹊栖眠。画中共钤印十方，款、跋三条，后仿原作配护套，上吴湖帆题签条。这些款、跋、题签内容丰富，颇为有趣。慈禧向有以己之书画赏赐近臣的雅好。正月十五日元宵节这天，慈禧将这件仿汤正仲的《梅花双鹊图》赐给了近臣潘祖荫。

　　说到潘祖荫，不能不多说几句。现藏于北京中国历史博物馆的大盂鼎，现藏于上海博物馆的镇馆之宝大克鼎，早年都是他的珍藏。此二鼎是研究中国古代史和美术考古学的珍贵资料，它们在学术上的价值，堪与毛公鼎、散氏盘和虢季子白盘媲美。解放初期，这两件西周重器经由潘氏后人潘达于先生捐赠国家。有趣的是，大克鼎与慈禧的《梅花双鹊图》都同在光绪十五年（1889）这一年被潘祖荫收藏，并且两件藏品都有李文田的题跋，画上他题了诗。而在《西周大克鼎金文拓片》挂轴上，李文田还亲笔撰写了释文和跋语。

　　潘祖荫（1830—1890），潘曾绶之子。字伯寅，号郑盦，小字凤笙。清代苏州府吴县人。状元宰辅潘世恩之孙。潘祖荫从小颖异机灵，祖父特别喜欢。19岁时，因祖父80岁赐寿赏举人。21岁考取国子监学正学录。23岁中咸丰二年（1852）壬子科会试第九名，殿试一甲第三名进士及第，授翰林院编修。累迁侍读学士，大理少卿。同治时，历任光禄寺卿，都察院左副都御史，工部右侍郎，南书房行走。光绪元年（1875），授大理寺卿，补礼部右侍郎，晋任刑部、工部尚书，官至军机大臣，加太子太保衔，算得上慈禧的心腹重臣了。得赏此画时，潘祖荫59岁，这对他来说，不能不算是一项殊荣。他将画精心装裱，再工工整整在裱边写下"慈禧端佑康颐昭豫庄诚寿恭钦献崇熙皇太后御笔，龙飞光绪十五年正月十五日赐太子太保工部尚书兼署户部尚书，臣潘祖荫"的文字。记录此画来历，炫耀后人。一年后潘祖荫去世。画作左上方的那首题诗，出自咸丰九年进士，礼部副侍郎李文田之手，诗云："五云深处写清妍，天藻飞翔得气先。正是未央前殿月，横斜疏影最澄圆。"李文田学问渊博，著作等身，书艺超群，在晚清有盛名。但此题未署年月。据《清史稿》记载，潘祖荫光绪十一年迁工部尚书，光绪十六年十二月在工部尚书任上病故。李文田则是在潘病故之月出任礼部右侍郎的，在此之前，他一直在苏、浙、川、赣等省任职。为此，有人推断"这首诗应该是在潘祖荫去世之后题写的"。笔者则不以为然，李文田为《西周大克鼎金文拓片》挂轴所题释文和跋语署年即为"光绪十五年五月"。

这是此画的成因，其传承也一样清晰有序。潘祖荫没有子女，由其弟潘祖年的儿子过继给他，作为嗣子。不料两个先后立嗣的男孩都早殇。潘祖年只剩下两个女儿，大女儿嫁到吴江同里徐家，次女潘静淑嫁给画家吴湖帆。潘祖荫在京都逝世，遗产就由其弟祖年继承并悉数运回苏州。1915年潘静淑与吴湖帆在苏州完婚。奁中陪嫁的文玩书画极多，此画亦在其中。

吴湖帆嗜古如命，家中所藏极富。世所皆知，他是著名学者书画金石藏家吴大澂之后，潘吴两家联姻，造就了20世纪我国近现代最著名的六大收藏家之一的吴湖帆。慈禧临摹的《梅花双鹊图》为其爱妻陪嫁之物，自非等闲视之。他二人名其书斋为"梅景书屋"，可见对梅情有独钟了。更有意思的是连同慈禧临摹的母本——汤叔雅的《罗浮香梦图》不知何时也收入了"梅景书屋"，以致夫妻二人仿其原装，为慈禧的画也做了宋锦护套。

慈禧的这件仿品是很重要的。它可以让后人更为立体的，更加多维的赏鉴《罗浮香梦图》。慈禧的仿摹，就如同一件尘封了800余年的瑰宝，在120年前被这位老太后精心备至地擦拭了一遍，更显现了《罗图》的艺术价值。汤正仲的《罗图》于清宫庋藏了近百年左右，后人通过慈禧在仿品中的细腻笔触，被带回到公元1889年，在这个颇为特别的历史视点上与《罗图》亲密接触。

应该说，面对汤正仲的《罗浮香梦图》，面对南宋朝，公元1206年的这件珍惜罕见的国之瑰宝，所有后世赏鉴者都是幸福的。

山居图

元　曹知白

纸本设色轴

纵65厘米，横24厘米

著录一：《虚斋名画录》卷七，《中国书画全书》第十二册第475页，上海书画出版社1998年4月版

著录二：徐邦达《改定历代流传绘画编年表》第35页，人民美术出版社1994年4月版。

本幅题记："英上人访仆于云西小筑。相与剧谈话旧。因作山居图以贻之。时至元（后）三年（1337）仲春望前一日（农历二月十四日），曹知白记"。钤"贞素"白文印。鉴藏印：项墨林鉴赏章，玄照，寿平，虚斋鉴藏。画外签条题：曹云西山居图。钤印：锡山华氏珍藏，碧梧书屋。裱边另有鉴藏印八方：碧梧书屋珍藏，乌程顾寿鹏印，子孙永昌，锡山华氏珍藏，晓园私印，长乐，庞莱臣珍藏宋元真迹，庞莱臣珍藏。画外签条上有印两方：一为锡山华氏珍藏，一为碧梧

书屋。此锡山华氏是何时人物一时难以知晓。锡山华氏之名可谓大也，声名亦为久远。从东晋时华宝，明代大收藏家华夏，及后来因拒剃发令被杀的华允诚，直到清代锡山华氏仍是名门望族。此碧梧书屋主人不见其名号，着实让我犯难。从画里画外的收藏印看，此画在锡山华家重新装裱过，嵌裱于画右的签条说明这一点。

以本人推测，碧梧书屋主人藏此画当于王鉴之后。我的理由是，本幅右下角"项墨林鉴赏章"是第一枚加盖的鉴藏印，"玄照"是第二枚。王鉴此时用"玄照"印，说明他钤此印时尚在康熙元年（1662）之前。而后有恽南田的"寿平"，再而后是庞莱臣的"虚斋鉴藏"。"虚斋鉴藏"画里画外都有，可认定其藏此画于华氏之后。为何推之为王鉴之后呢？我基于通常意义上钤盖鉴藏印的礼数顺序。另外，我还认为碧梧书屋主人有较好的绘画修养。试想，此图除"贞素"白文印外没有任何闲章时，第一个盖鉴藏印的最合理的位置，就是下方左右两角中的任意一角，余下的一角便是第二方鉴藏印的合理位置。前二人用印都较为谨慎，印的大小，朱色的轻重都没有危及画面。当然，此二人非同一般，一个是有明一代最具实力的大收藏家，一个是一生跨两朝的大画家（王鉴生于1589年，卒于1677年），于中国传统绘画的素养都是冠顶高人。"玄照"印上的两方印用得也较为适当，但都加盖在曹知白的墨迹之上，除此之外，画幅两边已无可用印之处。左边不必说，右边似乎空白处其多，为何不可用印呢？这和此画的构图有极大的关系。本画幅的构图是左实右虚，背左而面右的，图左的石壁，叠瀑飞泉，坡石丛树，水榭明轩，一概都是左实右虚，背左面右，以此达到意象深远（向右伸出画外）、气韵生动的效果。打个比方，就好比中国围棋中的气与眼，此图右边的虚白正是这气口。试想，若在项元汴的印上（此处还有一琴童）加盖闲印，画面必觉闷塞。所幸者，画图没有落在乾嘉皇帝手中。故猜断，碧梧书屋主人见可钤印的两角被占，又不屑于左边的"寿平"或"虚斋"的位置，于是重新装池，另嵌签条，题签加印。我想说，此图几百年间尽落在好人家了，局外（局条外）各印用得也都很得体，得体表现在上小下大（不失重）；左大右小（不悖此画左实右虚之理）；各印与画芯保持足够而恰当的距离（对画作应有的尊重）。此画的裱工也是值得称道的，本幅为仿宋双色裱，匀薄挺括，绢色素雅，格局宽松疏展。数百年来，画轴没有丝毫折裂断痕，在我所藏数百件字画中也不多见。

上面对碧梧书屋主人改装、题签、用印的议论只是推测，推测的依据仅是极普通的常理。不循规矩，不按常理的事太多太多，说不准还是项子京之前的人也未可知，人家压根儿就不忍在画上落印。具体而明确的结论留待日后吧，留点悬疑才好，什么都一目了然还算古画嘛？古画的魅力总时时萦绕着你，让人无法割舍，爱不释手。最起码，对锡山华氏家族中的碧梧书屋主人就得让我牵挂着，直到找到他，多有趣的事呀！

曹云西的山居图和我见到的他存世不多的那几件作品有些区别。如现藏于台北故宫博物院的《疏松幽岫图》、现藏于上海博物馆的《溪山泛艇图》，再如他的《扁舟吟兴图》《群峰雪霁图》《石岸古松图》等。他的画因初学李成、郭熙，到其晚年很多画作仍留有此二人遗风，而《山居图》中就几乎见不到北宋李、郭二人的身影。

曹知白传世的画约十件，件件都让人印象深刻。我最爱其两件，本幅《山居图》和《扁舟吟兴图》，后幅画得灵而厚，赏者如饮玉液琼浆，只是其树头的画法仍为郭熙的蟹爪程式。此幅就不同了，虽无《扁舟吟兴图》般的厚润，但笔墨潇洒自然，意态松弛随兴，画面真实空灵，趣味悠远宁静。对画面真实空灵中的"真实"两字的评议，是颇费了我一番心思的。对宋元山水的赏析，无人用这两个字议论的。古山水历来追求意境的虚空，面对一片虚空，或曰永远的虚空，才能比较出《山居图》难得的真实意味。画上第二叠水口边的石、树，明暗虚实的变化极为丰富，第二叠瀑布落下，水雾从深潭中升起，巉岩壁立，越向下越淡出，与画面前景的丛树拉开了足够的纵向空间，树后依坡临水筑房屋水榭三五间，景物空间，山石结构，云水雾霭，描绘得真实可信，这于元朝中期，于曹云西本人的画风，都是别有新意的。这也与他作画当时的心境有关，英上人不知是不是浙西三高士中的顾瑛，英上人的来访，相与剧谈话旧，因作山居图助兴。这种情况下作画无时间局迫，无情感负担，可谓无为之为，随兴发挥，必得自然天成之趣。

曹知白（1272—1355），字又玄，一字贞素，号云西。华亭（今上海松江）人。据记载，知白身高七尺，美须髯，是个美男子。在元朝，江南部分地区被称作浙西，这浙西有三个以招徕宾客而闻名的富豪文士，一是华亭的曹知白，一是昆山顾瑛（阿瑛），再一个是无锡的倪云林（1301—1374），此三人又被称江南三名士。他们虽然没有做过官，但都因富甲一方而又为人豪爽，在社会上有着相当大的影响。

华亭曹家的园池花木闻名一时，他自己又擅长诗文书画，"所蓄书数千百卷，法书墨迹数十百卷"，故当时一些文人画家多喜欢与他交往，如大画家黄公望、倪云林都是云西小筑的常客。黄、倪二人对曹知白绘画评价很高，黄公望在曹知白为明叔作《重溪暮霭图》上题道："云老与仆年相若（黄大曹三岁），执笔儒墨，既有年矣，老而益进。于今诸名胜善画家。求之巧思者甚多。至于韵度清越，则此翁独步也。至正九年（1349）五月廿五日。大痴学人公望题识。时年八十又一。"（摘自明·汪砢玉撰《珊瑚网》）。

在《重溪暮霭图》上尚有明末董其昌一段题，补录其后："云西吾松之淀溪人，与倪迂大痴以画相倡和。胜国之末，高人多隐于画。云西为多田翁，盖其家足置郑庄之驿，以延款名胜者。其昌题"（摘自明·汪砢玉撰《珊瑚网》）。

至正二年（1342），倪瓒经过杨维桢书斋时，见到曹知白的《溪山无尽图》，"别有会心"，"爰题三绝于左"。其中一首曰："曹君笔力能扛鼎，用意何曾让郑虔[①]。黄公望认为老友有"王摩诘遗韵"。明代何良俊说："吾松善画者在胜国时，莫过曹云西。"以上两位曹氏同时代大画家和两位明代曹氏松江同乡的议论，让后人对曹知白的绘画成就有了更为深刻的认识。

曹知白的绘画成就和艺术风格对后世的影响深远，尤以对其家乡松江的影响为最。他的绘画技巧及其特有的文人气质，藉着整个有元一代画风的嬗变，袭领着浓郁的地方色彩，为明末以董其昌为首的松江画派的形成奠定了基础。

---

① 郑虔（唐），字弱齐，郑州荥阳（今河南荥阳）人。天宝初为协律郎。开元二十五年（737）官广文馆博士。善画鱼水山石，时称奇妙。（详见《中国美术家人名辞典》第1389页）

柳阴垂钓图

明 唐寅

设色绢本立轴

纵52厘米，横63.5厘米

原为著名中国古文字学家、考古学家、书法家、中山大学教授容庚先生旧藏。著录于清代方濬颐辑著《梦园书画录》，见《中国书画全书》（上海书画出版社1998年版第十二册第256页）。另见著录于福开森《历代著录画目》，江苏广陵古籍刻印社1994年影印本第256页。出版于《潘受书画回顾》特刊，新加坡博物馆1995年第80页。

在方濬颐的《梦园书画录》中这样记着：明唐子畏柳阴垂钓图立轴。绢本。今尺高一尺六寸阔二尺。细笔。远山峰峦重叠。小桥横路。矮屋出于树间。两岸烟柳参差。一渔父蓑笠扁舟。寒溪独钓。写生入妙。此六如居士得意笔也。右（实为左）钤印五。一率口（九）嘉猷元禋公裔。一字式周再字苍峰鉴赏之章。一端溪何叔子瑗玉号蘧盦过眼经籍金石书画印记。一文从简。一沈蕴清印。右角钤六如居士大印。柳花如雨散云端。一钓临江意独难。借问玉盘供鲙（脍）客。可知风雨许多寒。吴郡唐寅。唐寅的题诗后，实际署款为"吴郡唐寅画"五字，并钤印：唐伯虎、唐寅私印、南京解元三方。鉴藏印中最早的可能要算"文从简"，文从简乃文征明曾孙，文征明仲子文嘉之孙，文元善之子，生于明万历二年（1574），卒于请顺治五年（1648）。鉴藏印中，距今最近的是"仁恺审定"，杨仁恺先生生于1915年，是近年离世的"国宝"级古书画鉴定家。著名红学家、原中国艺术研究院副院长冯其庸先生誉其是"一位大学问家、大研究家"。

唐寅在仕途落魄后，曾作过一次千里壮游，足迹遍及江苏、安徽、江西、湖北、湖南、福建、浙江七省，历时十月，饱览了南国的名山大川，从而滋润了其山水画的创作笔墨。纵观唐寅的山水画创作，取法于宋人居多，尤以取法李唐、刘松年为最。《柳阴垂钓图》一派江南山村水郭图景，图中景致更多吴中地貌风情特征，非常接近画家本人的现实生活环境。他的山水画创作，如现藏上博的《春游女几山图》《落霞孤鹜图》，现藏南京博物院的《春泉听风图》，北京故博的《钱塘景物图》《幽人燕坐图》，再如他的《华山图》《山路松声图》《函关雪霁图》《石林消夏图》《空山观瀑图》等等，无论是北方的华山还是南方的钱塘，一律都是峭崖石壁，绝大多数的山水作品都少有此图的写实风格。

《柳阴垂钓图》画的不是"画栋珠帘，落霞孤鹜"般仙山琼阁境界，也不是"俯看流泉仰听风"或"路旁仙杏发柔条，载酒携琴过野桥"的儒雅情怀。《柳阴垂钓图》以平实的景致罗列，写出了真实的渔夫生活。"借问玉盘供脍客，可知风雨许多寒"的诗句，饱蘸对渔夫深刻而朴实的情感。唐六如一向给人以"江南第一的风流才子"，"龙虎榜中名第一，烟花队里醉一场"（见现藏上博唐寅《秋风纨扇图》用印。）的印象，孰不知他也有些凡俗的情感，关心民众疾苦的襟怀，也有关注并歌颂民众生活的德行。这同时显示了

《柳阴垂钓图》的特殊价值，一种独有的，无以替代的价值。

除上面所说，此画在章法上与惯常以高远法表现"连江叠巘，缠缠无穷"的江山景色有所不同，此画没有像他的其它山水画那样，常以层层飞泉叠瀑，将山峦一层层推高推远，这张画的视平线似在画幅的五分之三处。近景纷繁复杂，参差烟柳、湖泊、扁舟、堤岸、板桥、人家，平远广阔；远景山峦，延绵起伏，简约清朗。在绘画技法上较之前面提到的其它山水画创作亦有所变化。其它山水多为高山大岭，山石硬峭，多有壁立垂悬的巨石，并常在浓墨皴染的山石间留出道道空白，颇似现代版画中的刀刻痕迹，黑中存白，对比强烈。而《柳阴垂钓图》则不然，用笔多细劲中锋，纤而不弱，力健而有韵，刚柔相济；皴法变化丰富，短斫、长披、方折、圆转交替使用。树的画法细密工谨，山及坡的画法则主以披麻，兼以乱柴皴法。干湿并济，苍秀之至，墨色既富浓淡变化，又具清雅的整体格调。看题诗之书法，既不是其中期学颜真卿兼而沈氏门风，更不是早期主宗欧阳率更（询）瘦硬方整的书风。此时书法已是赵松雪、李北海的风韵了。

唐寅（1470—1523），字伯虎，又字子畏，自号六如居士，桃花庵主，逃禅仙史，江南第一风流才子等。长洲（今苏州）人。明弘治戊午（1498）中应天府（今南京市）第一名解元。翌年会试，因牵涉科场舞弊案而被革黜，后靠卖书画诗文为生。画师周臣而青出于蓝，凡山水、人物、花卉、翎毛，无一不能，无一不精。在精研和吸收历代绘画优长的同时，主要继承了南宋院体画法，并多有创造，尤具"文人画"特质，独成秀润、缜密、流丽的艺术风格。与文学家徐祯卿、书法家祝允明、画家沈周和文征明等人均有师友之谊，是"明四家"之一，亦是"吴门四子"之一。著有《六如居士全集》传世。

行书五言律诗

明　文徵明

纸本立轴

纵140厘米，横32厘米

收录于上海书画出版社2007年十二月版《朵云集珍》第13页。

文徵明自作诗文："春雨绿阴微，雨晴春亦归。花残莺独啭，草长燕交飞。香篋青缯扇，筠窗白葛衣。抛书寻午梦（枕），新暖梦依微。"款：徵明。钤：文徵明印（白），徵仲（朱）印二方。鉴藏印有：铁声鉴赏（朱），唐云审定（白），邦达审定（朱）。裱边有潘伯鹰、谢稚柳、启功、杨仁恺题。潘伯鹰题曰：文徵仲书自坡谷以求晋唐，此轴放笔为直干尤合作也，人品既高风华自足。此无待于外者，后学潘伯鹰谨题，乙未（1955）十月敬为蓬莱孙公子仲威兄。谢稚柳题曰：此文徵明中年笔，文书出于山谷而特为劲挺，左题故人潘伯鹰所言极是，孙仲威亦吾友也，丁卯（1987）深秋壮暮翁稚柳观因题。钤印：稚柳（白），壮暮翁（朱）。启功题：妙诣见精微，钟王谛有归。吟诗声入律，洒墨势如飞。意快风增扇，春来暖透衣。三行堪寓赏，何必定三希。一九八八年仲春获观，次停云元韵，其末字当是希，盖笔误耳，启功。钤印：启功私印（白），元伯（朱）。杨仁恺题：明代吴门四家中以文衡山享年最高，书画盛名传千古，此乃文氏行草五律，光彩照人，裱边有近代名家，品尤可珍也，和溪仁恺题。钤印：杨（朱）。

文徵明（1470—1559），初名璧（亦作璧），字徵明，后更字徵仲，号停云，因祖籍衡山，乃别号衡山居士，人称文衡山。长洲（今苏州）人。"吴门画派"创始人之一。与唐伯虎、祝枝山、徐祯卿并称"江南四大才子"（也称"吴门四才子"）。与沈周、唐伯虎、仇英合称"明四家"。54岁时以贡生诣吏部试，被授职低俸微的翰林院待诏职位，故又称文待诏。这时他的书画已负盛名，求其书画者很多，由此受到翰林院同僚嫉妒和排挤，文心中悒悒不乐，自到京第二年就上书请求辞职回家，三年中三次递交辞呈，57岁时获准辞归故里，自此致力于诗文书画，终身以戏墨弄翰自遣。

文徵明出身书香门第，祖父及父亲都是文学家，但文徵明幼时并不甚聪慧。稍长，学文于吴宽，学书于李应祯，学画于沈周，终成大器。晚年声誉卓著，号称"文笔遍天下"，"海宇钦慕，缣素山积"。文徵明享年90，是"明四家"中最长寿的一位。90岁时，还孜孜不倦，为人书墓志铭，未待写完"便置笔端坐而逝"。他的墓在吴县陆墓文陵村，现为江苏省重点文物保护单位。明正德四年（1509），文40岁时，御史王献臣弃官回乡后，请文徵明为其设计蓝图，建成了以山水为主，疏朗平淡，近乎自然风景的中国园林之祖——苏州拙政园。

回到他这件自作五言律诗的行书书法作品上来。以笔者之见，此作以得永禅师及鲁直风神为主，而兼备各家。文徵明此作每用笔必曲折其笔，宛转回向，沉着收束。但在字的架构和气格上，总带有从沈周那里传来的《松风阁诗帖》中的影子，神态开张洒荡，如此书右边第一行第二个"春"字，撇与捺开张的样子，一派鲁直遗风。而第三行的"衣"和"依"两字末笔一捺又是章草写法，其势外放而不同于其它各字那样"沉着收束"，更显伸展延长的意味。

确切地说，文徵明的字如智永，如东坡，如山谷，如钟、王都不错，但又都不尽然，文之书有其鲜明的独有面貌。他浸润各体，能入能出，自成其家数。何良俊（元朗）《四友篇丛说》评云："……国中尽有善书者，但非法家书耳……自衡山出，其隶书专宗梁鹄，小楷则师《黄庭经》，为余书《语林序》，全学《圣教序》，有见其《兰亭图》上写《兰亭序》，则咄咄逼右军，乃知自赵集贤而后，集书家之大成者，衡山也。"在这件文徵明自作五言律诗的行书作品上，我们惊喜地看到几乎集中了二十世纪末我国所有古字画鉴定方面的一流大家，他们异口同声地给予了这件文氏杰作以极高的评价。

潘伯鹰认为，文书之华彩风雅是因其人品高格所至，而谢稚柳亦抱同感。杨仁恺先生说文氏行草光彩照人，盛名千古。启先生更不愧为文苑名宿，短短六十六字说出了极其丰富的书评、诗评内容，启迪了后来者赏习这篇杰作的心智。老先生精辟恳切的话语，表达了他对这件至真至美的传世艺术精品崇敬、激赏的态度，他认为文氏的这件行书作品，可以和王羲之的《快雪时晴帖》，王献之的《中秋帖》，王珣的《伯远帖》媲美，并具有同样的艺术价值。老先生还温和、谦恭地指出文氏诗中首句与末句同用一"微"字"盖笔误耳"，"其末字当是希"。

启先生的"次停云元韵"诗是对文氏书作的最好赏析，也是对文氏书艺成就的最高评价。在启先生的"赏析"面前，一切就此作的评述都显多余。面对文徵明的这件行书作品，余愿效法启功先生之所为[1]，近赏——步幅小小地后退三步——而后面对大作行躬身大礼。真圣贤为也！

---

[1] 1972年，田原先生携当时尚未出名的林散之先生草书作品去北京见启功。启先生住医院，田原将林老书作张于壁上。启先生下床，移步上前近赏书作，片刻，脱下线织睡帽，步幅小小地向后退了三步，对着林老的草书作品躬身施以大礼。不久，有"当代草圣林散之"一说自东瀛传来，自此，林散之书名大噪。

陈洪绶对日本浮世绘的影响

关于陈洪绶对日本浮世绘影响的这个话题，谈者不多，所谈亦不深。其中，在研究陈洪绶的相关论文集里，赵成民的《陈洪绶的艺术及对日本浮世绘的影响》一文颇有新意。

笔者对这一问题的关注，主要是缘于对印象派画家作品的喜爱。19世纪后期，浮世绘被大量介绍到西方，当时的前卫派画家如莫奈、梵高、高更、毕加索等，都从中获得了各种启迪。欧洲当时对日本艺术的崇拜，以至在那里产生的日本主义热潮，从实质意义上说，不仅推动了印象主义和后印象主义的发展，也为西方在向现代主义文化的发展中发挥了广泛影响。

浮世绘是日本江户时代和相扑、歌舞艺伎一起盛行起来的最具有代表性的民俗艺技之一，也是当时最具有平民色彩的画种。

让我们先来了解一下浮世绘产生的江户时代。江户时代通常从1603年算起至1867年为止，也就是从德川家康被任命为征夷大将军的庆长八年算起，至德川家康第十五代将军德川庆喜将政权奉还朝廷的庆应三年，约265年。这时期日本的政治中心从原来的京都，移集到了德川家的居住地江户，也就是今天的东京。所以这段时期在日本历史上被称为江户时代，在历史上也被称作是德川幕府时代。

和许多绘画术语一样，"浮世绘"一词在学术界至今没有明确的界定。一般认为"浮世"一词原为佛教用语，是指短暂、虚假而又无常的人间尘世，对应于超脱轮回、美妙永恒的佛世界。从这一意义上说，广义的浮世绘是指那些描绘人世间日常生活的非宗教绘画作品；而狭义的浮世绘，则主要是指江户时代出现的，以青楼女子、戏剧演员和自然风光为基本表现主题的版画作品。有一段关于浮世绘画的描述，曾出现在日本著名小说家井原西鹤1682年撰写的《好色一代男》中，是目前已知资料中被认定为最早出现"浮世绘"一词的文献。

浮世绘，通俗一点的说，就是日本的风俗画、版画，和我国的杨柳青、桃花坞年画相似。浮世绘的主要表现形式有两种：木版画和肉笔画（毛笔画），前者是刻制印刷而成，后者是手绘而成。江户时代的人们，更珍惜比版画产量小得多的肉笔画。但是，浮世绘之所以能在长达两三个世纪的时间内保持旺盛的生命力，很大程度上是仰仗在木版画这一领域的不断探索。因此，浮世绘样式的展开，可以说主要是在版画领域中进行的。从技法上说，浮世绘木刻版画并不追求木刻用刀的意味，却非常注意木质纹理的表现效果，而且对于画面线条的流畅程度极为重视，并把这一追求放在了主要的目标位置。一件好的版画作品，通常需要画、刻、印三者通力合作。早期的浮世绘大多局限于黑白两种色调。大约到宽保年间（1741—1744），一些浮世绘画家才开始制作多色的套印版画。

元禄时期的菱川师宣是浮世绘的创始者。在浮世绘二三百年的艺术发展过程中，先后涌现出六位浮世绘的绘画大师。他们是铃木春信（被称为揭开浮世绘黄金时代帷幕的大师）、美人绘大师鸟居清满与喜多川歌麿、戏剧绘巨匠东洲斋写乐、写实派大师葛饰北斋，以及将风景绘技巧推向顶峰的一立斋广重。浮世绘在江户时代的生存与发展并不容易，它当时不仅一再受到官方的压制，而且还面临着文人画、写生画以及西洋画的夹击。然而，浮世绘却在这种恶劣的环境中表现出顽强的生命力和适应能力。浮世绘画家们兼收并蓄，推陈出新，以不同的表现手法拓展出宽广的表现领域，并形成众多的风格流派。

与日本历史上的其他画种相比，浮世绘的兴盛期并不算长，从江户早期的单色木刻版画，到明治维新初期彻底被现代印刷术所取代，也不过二三百年。

在欣赏浮世绘作品的过程中，笔者明显感受到中国文化、中国绘画，尤其是明代以及明末清初的中国画对它的影响。当时的著名画家陈洪绶的绘画风格及绘画理念对浮世绘影响最大，特别是他的单色木刻版画插图，甚至直接成为了早期浮世绘师们的学习模板。

日本历史上向来重视对中国文化的学习与承袭，其方式和渠道往往是多种多样的。明末清初经过浙江沿海口岸来中国的日本商人，他们为日本带回了大量的中国优秀绘画作品。其中有唐寅的《美女图》、仇十洲的《春宫图》，而那个时期代表中国木刻版画最高水平的陈老莲人物作品也不可避免地被带到日本，后来成为直接影响日本浮世绘的主要艺术源泉。陈洪绶的"水浒人物"在一百多年之后的浮世绘中后期仍被不断地临摹、刻版、翻印，甚至一度达到风靡的程度。

陈洪绶以古为新的"独家样"式的人物画法，那种新颖多变的构图，特殊的人物变形处理，如他独有的长头大下巴，或大头小手的标志性人物特征，都为后来的浮世绘师们承袭下来。赵成民在《陈洪绶的艺术及对日本浮世绘的影响》一文中说："浮世绘的重要领衔画家，德川时代的葛饰北斋，包括后来的安藤广重等等恰恰是从东方艺术来源的中国，从号称'狂士'怪杰的陈老莲艺术中吸取了大量的精华，甚至一些画面都是直接从陈老莲木刻版画中摹仿的。"不仅如此，我们还可在稍后的宽政年间（1789—1801），看到"役者绘"中最著名的画家东洲斋写乐笔下深具陈老莲特征的改版人物，鹰钩鼻子、大嘴，正如《日本绘画史》所描述："甚至不惜牺牲正常的人体比例，人物箕张的双手小得与硕大的面部完全不成比例。"陈洪绶深具"叛逆"视角的审美情趣，以及他那种彻底"摆脱"了院体正统派的美学观念，继而引发的他多少显得"怪异"的构图、变形、色彩、用线、布置等等，无不被日本后来的浮世绘师们广泛吸纳。有研究证明，陈老莲的这些"叛逆"、"摆脱"、"怪异"被浮世绘师们广泛借鉴，普遍运用，使其创作得到社会下层民众的认可。他们学着陈老莲的样子，"拒绝了工整与对称"，选择了"歪曲与缺损"，从而吻合并进一步顺应了日本民众的审美选择。正因为此，浮世绘才得以很快普及，成为最受民众欢迎的大众艺术样式。

但在日本一部专门论述浮世绘的专著中，作者这样认为："江户之前的日本绘画大多受中国艺术的影响，无论是作为古代美术的佛教艺术，还是中世的墨画山水，都由于对外来文化毫无批判的亦步亦趋而丧失了民族艺术的主体性。惟有浮世绘才是真正大众化的民族艺术。"笔者对此观点颇存疑意。可以清楚看出，在持此观点的日本人心中，潜含有不言自明的国粹意识，只是它在某种程度上也道出了浮世绘在日本绘画史上的特殊地位。

笔者的存疑是：浮世绘摆脱了对中国绘画的"亦步亦趋"吗？

日本的三宅正太郎在他的《东方与西方现代美术》一书中说："日本19世纪以来艺术发生了巨大变化，也正是中国艺术和西方艺术影响的结果。"这位著名美术理论家进一步具体地剖析道："日本人线感较强，而面感较弱，这是日本人的弱点，中国人与之相比就较强于日本人。"他接着指出："如中国明代版画家陈洪绶的线与面都很刚硬。"三宅正太郎在这本书的另一章节里讲道："喜好歪曲和缺损的形，在日本不仅局限于艺术家与茶道人，这还是广大日本民众的欣赏习惯。因此，喜爱歪曲与缺损的造型……是日本民众的美学准则，这种从中国院体正宗中摆脱出来的品格，完全是对正统美学的叛逆。"

浮世绘对陈洪绶的继承还不仅限于此。

从小处说，浮世绘大师如葛饰北斋、东洲斋写乐、安滕广重都通过构图、版式、布局、线条、变形、用色等等继承了最具陈洪绶特点、也就是最具陈洪绶"独家样"式的技法，如鹰勾鼻子、小眼睛、小手、宽下巴、长脸等等。除此之外，浮世绘画家们主要是接受了陈洪绶完成的对正宗的、中国院体绘画的摆脱，对正统美学的叛逆，并追随在陈洪绶树立起来的"喜爱歪曲与缺损"的艺术理念之后。浮世绘对陈洪绶的这种承袭，应该说是对陈洪绶的绘画认识、创作思想和艺术理念的全面而深刻、带有本质意义地承袭。重要的是，陈洪绶的创作思想解放了在中国绘画传统束缚下的浮世绘，浮世绘的大师们真的在一个特定的、具有"独家样"式的范围里，摆脱了对中国传统的"亦步亦趋"，这样的承袭彻底改变了浮世绘的个体面貌和整体命运。

江户时代之前的日本绘画大多受中国艺术的影响，而江户时代的浮世绘依然受着中国艺术的影响。但是之前的影响与这次的影响不同，那种"毫无批判的亦步亦趋"被陈洪绶的"摆脱"与"叛逆"行为彻底推倒了。一种顺应民众审美心理的、全新的陈洪绶绘画创作理念引导着浮世绘画坛，真正不断追求"独家样"式的创作风气在日本大行其道。近三个世纪的浮世绘，可能无数次地翻用过陈洪绶惯用的旧题材，但技巧日新月异，风格千变万化，别出心裁的"独家样"式层出不穷。

1917年，周作人在他的《日本之浮世绘》一文中曾这样描述："日本昔慕汉风，以浮世绘为俚俗，不为士大夫所重。逮开关后，欧土艺术家来日本者，始见而赏之，研究之者日盛。"

如今，颇有讽刺意味的是，藏有浮世绘数量最多的美术馆并不在日本国内，而是美国的波士顿美术馆。这起码说明一个问题：日本人对浮世绘的重视不够。而有关陈洪绶对浮世绘艺术的影响，则更加不为研究者所重视。

丰溪秋色图

清　弘仁

水墨纸本轴

纵109.5厘米，横33.5厘米

著录：《中华文物集粹》第93页，图版四〇，（台）国立历史博物馆，1995年。展览：中华文物集粹展，北京故宫博物院，1995年。

本幅题识：庚子（1660）秋。挂单丰溪之祥符寺。行径踽凉。冷然善也。昭素居士屡为过存。周旋提携。曾无倦色。求诸古人不可多得。矧今世泛爱炎凉哉。顷击钵海上。乃复解橐远及。因为此纸寄赠。所谓图将严壑意。聊亦答高深。居士磅礴精该。又当发噱。弘仁。钤："渐江"白文印。

顺治十七年（庚子，1660年，时年51岁），是弘仁作画多而精的一年。这一年，他都在歙县，或登黄山，或居五明寺澄观轩。庚子春寒，他到了歙县桃源坞，住在族弟江注家，读唐诗，画了《唐人诗意图册》。尔后，他又到了丰溪吴氏介石书屋，画了《丰溪山水册》，本幅《丰溪秋色图》亦为此时之作，此

时他"挂单丰溪之祥符寺"。八月，弘仁在他的澄观轩中，还画了《溪畔清音图》。此图原为黄宾虹所藏。冬初，弘仁又到了休宁，驻锡建初寺。画《秋日山居图》，上题："老年意孤成缩涩，乍见停云有会心；笔墨于斯需一转，纵横无碍可全神。……余此写秋日山居，略存倪迁遗意。学人弘仁。"庚子年腊月，弘仁又从休宁回到了歙县，依旧住在他的澄观轩中。他在轩中画了不少画，如现藏上海博物馆的《林泉出山图》、《黄海松石图》都作于庚子年。第二年，也就是农历辛丑年，顺治十八年（这里顺便说一句，渐江入清后作画从不题清年号），他又为昭素居士画了一套山水册，上题："学人为昭素居士染册十数番，悉是雨中课也。阁笔复为简点，殊见荒涩，颇不耐观，直负主人存恤之意，且又得纵赏所藏墨迹，所谓虚来实归，惭感深至。辛丑二月，弘仁谨识。"《丰溪秋色图》后三年，也就是癸卯年十二月二十二日，弘仁在歙县五明寺去世，其时为清康熙二年，公元1664年1月19日。弘仁的墓至今完好，仍在歙县西郊披雲峰下，太白楼之左，旧日余过练江游太白楼读碑时，曾顺道去墓上拜谒祭扫。

世人都晓倪云林是弘仁顶礼膜拜的人物。有诗为证：倪迁中岁具奇情，散产之余画始成；我已无家宜困学，悠悠难免负平生。另曰：疏树寒山淡远姿，明知自不合时宜。迁翁笔墨予家宝，岁岁焚香供作师。从他的这两首诗中看出，他把倪云林奉为自己做人的楷模，以他为榜样，潜心艺事，以免使自己蹉跎了岁月。尽管弘仁已出家，但他要通过"困学"，使自己成为陶潜、倪瓒式的名士高人。在清初四位画僧中，弘仁要算是一个出家后与尘世脱离得最彻底的人了。他不像八大山人那样，出家后仍然悲愤难抑到几近精神失常的地步，也不像石涛那样身为世外人却热衷于社会的交往联络（接驾康熙，巴结权贵等）。同髡残相比，两人的出身相似，出家原因也近同，但两个人的性格气质又大不一样。髡残性格孤耿，感情外向，很容易冲动，不会掩饰自己，而弘仁却是一个涵养深厚，能很好地控制自己感情的人。他出家后，每日挂瓢曳杖，芒鞋羁旅，或长日静坐空潭，或月夜孤啸危岫，俨然是一个"不食人间烟火"、"丝毫尘世不相关"的世外高人了。在这一点，确实很像他所崇拜的倪云林。只不过倪的精神世界中，释、道、儒三教，道的成分更多些，而弘仁却用袈裟掩裹着自己苦痛的灵魂。

从《丰溪秋色图》看，弘仁早年学过黄公望的画是可以确定的。在他后期个人风格形成后，还时时有此画风出现，本幅矶头叠石的画法，就很明显流露着这一特征。但通幅弥漫着云林子的神气。确实，通观弘仁的山水画，笔墨精谨，格局简约，山石取势峻峭方硬，林木造型盘弩遒劲。而本幅稍有不同，倪云林的东西更多，但又能"于极瘦削处见腴润，极细弱处见苍劲，虽淡无可淡，而饶有余韵"（清·扬翰《归石轩画谈》）他很少用粗笔浓墨，也较少（不是没有）点染皴擦，不让作品中出现丝毫的粗犷霸悍、张扬外露的习气，全以精细的松灵之笔徐徐写出，于空灵中显充实，结构出一派纯净、幽旷而又峻逸隽永的意境，给人以品味无穷的审美感受。

在清初四画僧中，弘仁最突出的艺术特点是清逸刚淳，这在相当程度上得力于他的用笔。汤燕生称他在用笔上具有"千钧屈腕力，百尺鼓龙鬣"的气魄和功力。但这千钧之力又不是一泄无余，而是缓缓使出，如盘弩曲铁，控制得恰到好处，行于当行，止于即止，并做到不可增一，不可减一。山石林木的形貌、体量和神髓，就是靠这钢筋般的线条结构出来，剔除了芜杂和浊秽，如钢浇铁铸般不可动摇。所以有人说："石涛得黄山之灵，梅清得黄山之影，渐江得黄山之质。"得黄山之质，就是得黄山之骨，而这质骨，不也正是渐江和尚不肯随世俯仰，视谀媚如仇雠，惜名节于慎独，宁为玉碎，不为瓦全，秉赋刚正，志操清亮这一人品的写照与表征吗？"千古文章根肺腑"，画道亦然。记得陈傅席先生曾说过："渐江的画代表真正的山林之士和遗民画的最高水准。在当时享有那样高的声誉，几乎没有第二人能和他比并。但时代变化了，人的思想也在变化。他的画在大鉴赏家和具有相当修养的学者心目中保留着崇高的地位，而一般人则难免感到不易欣赏了。"

弘仁（1610—1664），本姓江，名韬，字六奇，后改名舫，字鸥盟。新安歙（今安徽歙县）人。明末诸生，尝读五经，习举子业，又事母至孝，是典型的儒家信徒。明亡后，顺治二年（1645）清兵进逼徽州，他曾奋起反抗。失败后，又投奔当时称帝于福建的唐王政权，继续从事抗清复明的斗争。唐王失败后，复明已无希望，他到武夷山削发为僧，法名弘仁，字无智，号渐江，又号梅花古衲。数年后，渐江返回故里，其后，"岁必数游黄山"。后来目睹清王朝的强大，反抗已属不能，于是心灰意冷，断绝了一切跃跃欲试的念头，安静地研究绘画，取得了巨大的成就。

渐江和石涛、石溪、八大山人并称为"四大画僧"和汪之瑞、孙逸、查士标并称为"新安四大家"。当时，以渐江的画享誉最高，收藏家以无渐江画为"恨事"，"江南人家以有无渐江定雅俗"。渐江开创了新安画派，亦称黄山画派。

后　记

　　人民政协历来是藏龙卧虎的舞台，贤士心怀天下，高人胸有沟壑，虽"趣舍万殊，静躁不同"，但俯仰之间，笔下善抒怀者多。中国文史出版社出版《政协委员文库》以流布文脉。2017年岁初，出版社的同志提议我也集纳一本文集。我不是专门从事文化事业的人，闻之忐忑，亦感汗颜。

　　昔时太史公曰："藏之名山，传之其人"。传统读书人的这种终极追求，我一直很是景仰。但是当代学子身处的时代不同，人生追求更加绚丽多彩，我也走上了一条与新时代特色吻合的人生道路。虽说束发以来，读书未敢歇，喜爱文字的积习也一直没变，但我有自知之明，人生坐标与做一个合格的文人是越来越远了。

　　为了不辜负朋友们的厚望，利用余暇，勉为其难，把近年来电脑中保存的林林总总文字重新梳理了一遍。收录到这本书中的大抵是三类文章：一是我发表的几篇经济论文，包括博士论文和博士后论文；二是我在杂志上开设点评古代书画专栏的文章，钩沉古书画的文史知识，一直是我的所爱；三是这些年来以嘉宾身份所做的一些有关教育文化主题的演讲文字。若管中窥豹的话，倒也可大致折射出我的一个生活侧影。

　　苏轼《稼说》中云："博观而约取，厚积而薄发。"这是历来读书人的一种为学境界，也是我多年孜孜以求的一种目标。人生有涯知无涯，博观无止境，约取方谓自得也！有思于此，故将本书命名为"博约集"。是为跋。

2017年11月

图书在版编目（CIP）数据

博约集 / 汤亮著. —北京：中国文史出版社，2018.2
（政协委员文库）
ISBN 978-7-5205-0127-9

Ⅰ. ①博… Ⅱ. ①汤… Ⅲ. ①经济—文集 Ⅳ. ① F-53

中国版本图书馆 CIP 数据核字（2018）第 036270 号

责任编辑：程　凤

出版发行：	中国文史出版社	
网　　址：	www.chinawenshi.net	
社　　址：	北京市西城区太平桥大街 23 号　邮编：100811	
电　　话：	010—66173572　66168268　66192736（发行部）	
传　　真：	010—66192703	
印　　装：	北京地大彩印有限公司	
经　　销：	全国新华书店	
开　　本：	787×1092　1/16	
印　　张：	23.5　　插页：1	
字　　数：	384 千字	
版　　次：	2018 年 5 月北京第 1 版	
印　　次：	2018 年 5 月第 1 次印刷	
定　　价：	68.00 元	